香港製造

與流行音樂人談創意及科技發展

楊漢倫
曾奕文
編著

匯智出版

責任編輯：羅國洪
文字編輯：吳君沛
封面設計：張錦良

香港製造：與流行音樂人談創意及科技發展

編　　著：楊漢倫、曾奕文

出　　版：匯智出版有限公司
香港九龍尖沙咀赫德道 2A 首邦行 8 樓 803 室
電話：2390 0605　　傳真：2142 3161
網址：http://www.ip.com.hk

發　　行：聯合新零售（香港）有限公司
香港新界荃灣德士古道 220-248 號荃灣工業中心 16 樓
電話：2150 2100　　傳真：2407 3062

印　　刷：陽光印刷製本廠

版　　次：2024 年 11 月初版

國際書號：978-988-70507-5-9

序

自古以來，音樂都是人類文化的重要部分。它是一種超越語言的表達形式，不單可以喚起情感，並有着激勵人們的力量。音樂一直在世界各地經歷了不同的演變。而隨着科技的發展，它近年的轉變更是翻天覆地。時至今日，創意和科技在音樂製作中已經缺一不可，它們像是一枚硬幣的兩面：一方面，創意可以令人提出創新的想法，所以它是音樂製作最基本的元素。它有助探索新的聲音和風格，並推動着無限的可能性。沒有創意的音樂製作將會是缺乏生命力的。

另一方面，科技是讓創意得以發揮的工具。它為音樂人和製作人提供了前所未有的方便，令本來不可能的變成可能。因為音樂科技的進步，音樂製作人可以嘗試不同的聲音，甚至將音軌層疊，並創造複雜的編曲，這些都是僅僅依靠傳統樂器無法實現的成效。除此之外，科技也使音樂人不需要在專業錄音室工作也能夠製作出高質量的錄音，令進身音樂行業的門檻大大降低。

科技對音樂製作產生了深遠的影響。它改變了音樂的創作、錄製及發行的方式。作曲、編曲及錄音軟件（簡稱 DAW 的 Digital Audio Workstations）的出現使音樂人能夠在自己的電腦上製作音樂，而無需再倚賴昂貴的設備或專業錄音室。像 Pro Tools、Logic Pro 和 Ableton Live 等等的 DAW 為音樂人提供了一系列可以用於編曲和製造聲音的工具和效果。

除了DAW之外，科技還催生了電子合成器（synthesizer）、鼓機（drum machine）和採樣器（sampler）等工具。這些科技不單可以模擬傳統樂器的聲音，而且還能提供以前無法實現的新穎獨特的聲效。此外，各種虛擬樂器（virtual instruments）和電腦的外掛程式（audio plug-ins）都已成為現代音樂製作不可或缺的工具，甚至促進了新的音樂風格的發展。

簡而言之，創意可以令作曲人創作出動人的旋律、打造令人難忘的「hook line」（點題句），令歌曲脫穎而出。如果有獨特的創意再加上科技的運用，便可以推動無限的可能性，創造出大眾從未聽過的音樂與風格。

近年來，創意與科技對音樂製作的影響開始受到各國學者的關注。例如在《音樂的未來：創意、科技和商業的革命》（*The Future of Music: Manifesto for the Digital Music Revolution*）一書中，作者Kusek及Leonhard探討了數碼時代對音樂產業的影響，從音樂創作、錄音、分發和營銷等方面進行了深入分析。[1] 該書對音樂產業的現狀和未來趨勢進行了研究，從而提出了一些有關音樂創意、版權保護、商業模式和消費者行為等方面的觀點和建議。另外，《電子和電腦音樂》（*Electronic and Computer Music*）涵蓋了電子和電腦音樂的歷史、技術和理論，並探討這些技術對音樂創作和演出的影響。[2] 在這本書中，作者Manning介紹了包括電子合成器、電子控制器（digital

---

1 Kusek, D., & Leonhard, G. (2005). *The Future of Music: Manifesto for the Digital Music Revolution*. Berklee Press.

2 Manning, P. (2013). *Electronic and Computer Music*. Oxford University Press.

controller）、音序器／編曲機（sequencer）、電腦軟件和硬體等的基本概念和技術。作者強調新興技術的功能特性及其對媒介創意發展的影響，並涵蓋了商業和非商業領域的關鍵發展。

雖然有不少外國學者已經討論過創意與科技對音樂製作的影響，但在香港學界似乎缺乏對此題目的研究。本書源於教資會資助的研究計劃，以訪談的方式收集資料，梳理2000年後的科技發展如何影響粵語流行曲製作。本書以一手資料呈現的方式，輯錄了二十位音樂人的訪問稿，當中包括監製、作曲人、填詞人、演唱會band leader、唱片公司高層及混音師，讓他們以親身經驗去分享科技發展怎樣影響音樂製作。雖然內容當中有不少篇幅都涉及科技與創意的關係，包括音樂科技發展的進程，以及它怎樣影響本地流行曲的製作；但除此之外，從眾多訪問中，我們可以瞭解到不少有關本地流行曲製作的事宜，例如由最初demo製作至歌曲「出街」的過程、不同音樂單位的合作方式，以及唱片公司的策略等等。這些寶貴的一手資料可以令讀者更加容易瞭解音樂創作的微妙之處，從而對香港粵語流行音樂的發展、本地創作人的創意及遇到的挑戰有多一點的認識。

無可否認，科技對音樂製作產生了顯著影響，但從多位受訪者的口中可知，創意仍然是音樂創作最重要的一環。如果沒有創意，科技只是一堆工具而已。創意驅動着音樂人去探索新的聲音和風格。在音樂製作中，創意和科技之間的關係是一個複雜而多方面的問題。總括而言，兩者的關係將會繼續發展和變化。隨着科技的進步以及新的工具和技術的出現，音樂製作人將繼續尋找新的創作方式，去挑戰不可能的界限，並創造激勵和感動人們的音樂。

除了教資會的研究計劃資助外，本書得以出版亦有賴香港藝術發展局的出版資助。但更重要的，是當中二十位音樂人願意付出他們寶貴的時間。在受訪的時間之外，他們更為原稿提供了不少寶貴的意見，在此我們表示萬分感謝。本書盡量以口語化形式表達，務求令讀者可以感受到每位音樂人的語氣及受訪時的氣氛。

目錄

＊受訪者排名以筆畫為序。

第一章

王雙駿

王雙駿，香港土生土長的音樂人，1990 年加入樂壇，由助理唱片監製開始一路拓展至其他範疇，成為編曲人、作曲人、唱片監製、演唱會音樂總監及監製等。曾合作歌手包括劉德華、羅文、梅艷芳、巫啟賢、草蜢、陳奕迅、謝霆鋒、張學友、容祖兒、麥浚龍、楊千嬅、樂隊 Supper Moment、吳林峰、Mirror、陳卓賢、江燁生、李駿傑及柳應廷等。王雙駿曾榮獲叱咤樂壇至尊唱片及編曲人大獎、十大勁歌金曲最佳歌曲監製及最佳編曲大獎、全球華語歌曲排行榜全年最佳編曲獎及台灣第三十屆金曲獎等獎項。

不斷突破 comfort zone 的作曲人
——王雙駿

因為喜歡認真而入行

我是在 1990 年 6 月入行的，所以都算是「遠古時代」了。我本來是在藝能製作做 artist management 的，它現在還未結業呢。當時公司很好，他們知道我有組樂隊和玩音樂，所以當他們與寶麗金 joint venture，一起成立一間唱片公司時，便問我有沒有興趣加入。有趣的是，我第一個反應是「不願意」，為甚麼呢？因為我為人比較早熟，我很年輕的時候就想，即使我加入他們，也未必可以學到東西，我當時還未看到有甚麼人可以令我有所得着，所以最初我沒有應承他們。

過了一段時間，當他們再問我，我就答應了。因為當時公司開始認真地做唱片，那時他們找了杜自持去製作唱片（當時他是以 freelance 的形式合作），這下子我就覺得有興趣了，因為我可以跟着一位很出色的人學習，所以便入行了。那時是很開心的，因為這好像一個小朋友，突然去了一個遊樂場，或玩具店，而且有一個很好的人引導着。我還記得第一次進入錄音室的時候十分興奮，雖然以前我組樂隊的時候也因為錄製一些 demo 而進過錄音室，但與正正式式自己成為錄音室的一員是很不一樣的。

邊做邊學，實戰換取豐富經驗

以前的制度模式和現在很不一樣。以前你會看見很多現場實戰，但現在這年代，大家做一個編曲或 recording（錄音）也是各自在自己的家裏做，經常都不用見面，傳送檔案便可以了。與以前是不一樣的，那個年代你要在錄音室裏完成所有東西。例如杜自持會去到錄音室寫 full score（總譜），所有東西都寫在譜裏，我就可以看着那份 full score 去學東西了。譬如如果是一些他自己 programme 的音樂，他會看着那份 full score 彈奏下去，並輸入到 sequencer 裏。那時還未用電腦，都是用 hardware 的 sequencer。我從小到大都是一個比較喜歡觀察事物的人，所以我站在旁邊看着；我一邊看，即使看不懂也慢慢看，自己思考一下。所以當時是很興奮、很開心的。

雖然是在上班，但我完全沒有工作的心態，反而好像每日都在上學一樣，甚至比上學更加用功。我由那時才開始學習關於錄音室的知識，又或者如何去編曲，如何去寫樂譜。例如，杜自持會給我一份總譜，叫我幫他分譜，即是把它由一份總譜寫成不同的樂器，給不同的 position。好啊，我便去嘗試一下。雖然我也很害怕，始終我沒有接受過正式的訓練，我只是運用以前上音樂堂學過的知識來寫譜，但就嘗試一下了。幸好，我也可以做到。

在我抄寫樂譜的時候，也可以學習一下，這是一個訓練來的。例如有一些樂器本來不是 C key 的，你要在樂譜上立即轉調，好像 alto saxophone 要升六度，便要立即「腦筋急轉彎」。我可以訓練自己如何用一個很有效又盡量不要出錯的方法去轉

key，那是十分有趣的。還有，在那個年代還是用手寫的，真的是對着一份五線譜便手寫出來。這一切我覺得是很幸運的，因為有機會以實戰的形式去訓練，當然當中也會有出錯，但也是一個很好的經歷，你要犯過錯才會明白下一次要小心一點。現在用電腦寫譜就不需要這個崗位了，只需按一個掣便分好了，而且全都轉了對的 key。

所以我常常說，我很幸運早入行，還可以經歷過一段時間是用人手操作的，甚至那時候錄音室裏的 multi-track（多音軌），我們也是以 analogue（類比訊號）帶製作，兩吋闊，共 24-track，很重的。那時候我試過一個人拿着三卷錄音帶由佐敦步行至尖沙咀，正值大熱天時，真是拿到汗流浹背……但我那時真的很興奮，因為還是小孩子，沒有甚麼包袱。我可以在錄音室裏日以繼夜、夜以繼日地一直學習。

其中有一個階段，大概是工作到第二、三年的時候，杜自持會放手讓我獨自去處理一些事情，例如他會說：「要做 mixing（混音）啊，不如你幫我跟進一下吧？」我就會和 sound engineer（音響工程師）兩個人一起動手製作。那時候，有關錄音室裏的那台 console（混音器），我開始學會了一些基本的知識，略知一二了。然後兩個人就好像「鬬木」那樣，即是類似「你再處理一下，我要去睡，我睡醒時再到你睡吧」，是這樣輪流在 console 前面拿着個睡袋就睡覺了。試過有一次很深刻，因為那時候寶麗金的 studio 裏其中有一個部分是 office，有一些在 studio 的工作人員、秘書等在上班，他們都和我很熟了。有時候睡醒，已見他們全都上班了。

那時候的 vibe（氛圍）和現在很不一樣，我也很懷念。我那時真的很幸運，很快已經可以接觸到很多不同的音樂人，尤其是我的前輩，譬如蘇德華，還認識了倫永亮，很多人也是在那裏認識的，而趙增熹也是在那個年代認識的。因為那時有個好處，就是大家會在同一間錄音室裏，例如我在 studio A 工作時，他在 studio B 工作，吃飯的時候就會在 common area 裏聊一會天，交流一下。我當然趁那些時間向他們學習，或者聽一下他們聊天，我會自己去吸收。

所以我入行是很幸運的，你想一下，就是一個甚麼也不懂的小朋友，在那裏大量吸收。而且以前沒有現在那麼方便，遇到問題可以到 Google 找方法，所以很多時候便會開口向人請教。例如晚上工作完後杜自持會載我回家，因為我們住在同一區，我便會在車裏向他請教，說：「剛才我看見，為甚麼你會用這個 chord（和弦）呢？」我也會問很多不同的問題。我基本上一入行就好像正式「落場」一樣，可能與時下的「小朋友」不一樣。他們要上學，在學校學了一些東西。但理論還理論，到實踐的時候你的理論能運用到多少呢？就要看你如何運用這套拳。我常常說，好像學功夫一樣，無論有甚麼招式，但當你突然真的要打架了，你會不會真的在思考你應該用第幾式呢？可能你想到的時候已經要挨打了。所以你學會知識後便要消化，要好像呼吸一樣不用提醒自己，就像你走路的時候也不會想着左腳走完便輪到右腳。

以上這個過程是十分重要的，我很幸運，因為一開始便逼使我要實戰做音樂；而我在年輕的時候不用睡太多，因為真的很興奮。以前我很多時候也會由朝做到晚，那時早上起床還要乘車到杜自持家叫他起床，「糟糕了，怎麼會沒有人應門？」

那時候還未有手提電話，是很麻煩的；之後便一起外出工作。有時候他十分忙碌，一天工作兩節，可能白晝要錄音，夜晚便要混音。但我認為那幾年是很寶貴的，基本上我現在所做的工作有很多也是從那幾年學到的。當然還要加上自己後期很多的「學費」，碰了很多釘，但你的根仍然在那裏。而且那時認識到很多不同的人，因為有很多不同的人，令我學到不同的東西。就好像我常常提到的杜自持，他有一套自己的理論我是一直在學習的，但與此同時我又會認識到一些人，他們與那套理論是相反的。他們不是正統音樂訓練出身，而是在 disco 打碟，他們是 dance music 出身，沒有甚麼理論，做音樂一切也是憑直覺，那麼我又能從那些人身上學到了一些新東西。因為我年輕的時候也算是雙線發展，一邊組樂隊，另一邊我又有些朋友比較偏向製作舞蹈音樂，他們是在 disco 打碟的，我也有吸收一些關於 dance music 的知識，所以演變到我現在甚麼音樂類型也喜歡。我常常說，音樂這樣東西那麼廣闊，應該可以探索不同的範疇，可以是很好玩的。

我想我大概是在十四歲開始玩音樂、組樂隊的，直到現在。每一樣東西，對我來說，其實沒有「冤枉路」，我每一步也有所得着，即使有些事成為反面教材也好。有時你會遇到一些人，你就會知道千萬不要學他。譬如有些人經常遲到，你知道遲到會影響整件事的運作，你便知道守時的重要性，尤其是這個行業。我常常說「沒有規矩」，但有些時候就是要很有規矩才能運作的。當然我們是很自由的，不過譬如我們做音樂，以為編曲很自由，但有一些東西還是要有的，即是自律性，我也是那時學習到自律與否是很影響製作過程的。

學習創作，先好好思考

我就是在之前談及的情況之下開始我的音樂工作，總之我是很幸運的，我想我與很多人相比也是幸運的。因為我遇到了很多人，又很幸運地我是一個很會觀察的人，我不會看到某種狀況便馬上開口去問，我從小到大都會先思考。我會先觀察，再思考。當想不通的時候，我才會開口去問問題。這樣的學習歷程其實十分重要，有時候你未思考便問問題，與你思考了才問是兩回事來的，你要經過這個過程，才能訓練到自己。現在有很多人想也不想便開口問，我對這種人很反感。譬如有些東西你只要多想一步便會知道答案；即使你想不通，思考也是很重要的。我們做創作的，無論是音樂也好，甚麼也好，我們思考的模式、思考的方向都要很 abstract（抽象）。

其實，有時候思考的方向並不是固定的，你可以反方向來想，你可以繞一圈，你可以向上，也可以向下想。這是一種訓練來的，沒有固定的 formula 可以讓你背下來。我有時也會想究竟沒有受過正統音樂訓練是好還是壞呢？其實也沒有答案。這麼多年來，當然也會接觸到一些受過正統音樂訓練的朋友，會看到他們有 pros and cons（優點和缺點），有時就是正正因為他們受過正統的訓練，可能他們對於某些事情的看法，或是某些東西，是沒有這麼大膽的。他們會說：「不是啊，我讀書的時候不是這樣……」「老師沒有這樣教啊。」當他還是一塊海綿的時候，他學了一種 theory（理論），一種方法，這沒有對或錯；唯獨老師可能會告訴他凡是 theory 就一定是對的。但就算對，又是否只需靠 theory 來完成所有工作呢？是否所有東西也要以理論為基礎呢？其實我們永遠有一些東西是學不完的，所謂「理論」很多也是一路累積下來的不同經驗，現在我們在學校所學到的理論和一百年前是否一樣呢？是不一樣的。和二百年前也一樣嗎？也不一樣，一定是在evolve中，在進化中。

不斷探索音樂創作形式，是工作也是興趣所在

我有時會反其道而行。譬如今年我在做阿Jer柳應廷的歌曲的時候，我想有一些orchestra的元素在其中，我便會看一看譬如一些orchestration的article，現在上網比較方便，我甚至乎會看YouTube等，也會購入一些書籍。這純粹是我自己的想法，唱片公司沒有要求——即使他們有想法我也不會聽，哈哈。因為我覺得orchestra才可以營造出我心目中想要的那種感覺，譬如就算我要做一首所謂「衝得好衝」的歌，好多人會想到「好衝」當然是一些很rock的結他、很厲害的鼓聲。但我想了一會兒，覺得還是不足夠。在我的心目中，有甚麼比full orchestra更「衝」呢？又或者有甚麼會比兩樣東西混合在一起更「衝」？譬如我在年頭所做的那首〈狂人日記〉，明明那首歌是「好衝」，但它是沒有結他聲的，我只是運用了整隊orchestra去做「衝」的效果，那種感覺製作出來就不一樣了；這就不是只有數個人的氣量，而是幾十人的人氣在那裏。雖然我不是錄真的樂器，但現在sample的質素已經很好。我其實大概在2000年開始已經對這樣東西有很多幻想，我仍然很想做一個live concert是band加full orchestra。

以前我也有做過orchestra的recording，在06年我和Juno

（麥浚龍）有做過，我們當時飛去匈牙利 Budapest（布達佩斯）那裏錄製，但那時候我不是自己編製 orchestra 那部分，而是找一些較為專業的音樂人去編曲。但到了現在，我有一些想法在腦海中，有時候很難每首歌曲也表達：「喂，我想怎樣怎樣……」有時候未必可以很準確，或是未必會有共鳴，所以我想自己寫。幸好現在有些科技可以搭救，可以在電腦面前 mock up，不用像以前那個年代，寫完之後要到演奏的時候才知道不行。其實我以前還未去到編很大規模的 orchestra，只是編寫 strings（弦樂），但也要「交學費」，就是寫完樂譜後直到演奏的那一刻才知道不行，那麼我唯有之後假手於人。那時我在想，還是找回一些更出色的人去寫吧，可能我自己寫三天也不夠他們用三小時寫得那麼好，對不對？但很多時候，在某些情況下，你會覺得雖然沒有問題，但卻不是自己最想要的作品。所以當我今年花了很多時間在 orchestra 的編曲上，我開始寫的時候真是覺得「書到用時方恨少」——當然我不是要求寫得很厲害，始終那是很深的一回事。

好像〈砂之器〉這首歌，我真的放了很多心機。其實花心機是最低消費來的，不應該視為 bonus。我很怕有些人會想：「嘩！他很花心機呀！」因為花心機是應該的啊！不要慢慢令花心機變成一個加分的項目。我從小開始也覺得花心機是應分的，就算我現在教我的兒子也是這樣：首先要盡力，之後的都是之後的事。如果不盡力就算得到好成績也是不值得高興的，因為，下次你怎麼辦？你有多少次運氣？你完成那件事情，首先是你要喜歡，但如果你不花心機，先不論喜不喜歡，那件事就算有好成績也是不應該高興的。

與此同時，我也會做那些韓風類的歌曲。我其實對於很多不同的 genre（類型）也很喜歡，即如 orchestra 這麼 organic 的我也很喜歡，但如果你說：「我想做一首『好衡』的 full band」，我也很喜歡，因為我很喜歡研究如何錄製到聲音。在某些時候我很 geeky，我會研究一下如何把聲音錄得更好，例如鼓聲，還有其他聲音，要怎樣錄呢？與此同時，製作 dance music 我也很喜歡，那是另外一種技術來的。以前真心覺得那些用雙手去彈奏的人出色很多，那個結他手多麼「勁」，那個 pianist 多麼「勁」，那些才是真正的 musician。我現在很反對這種觀念，每一種音樂做得好的話都是一種技術來的，都是一種 art form（藝術形式）。製作 dance music 不是如你所想那樣容易的，要如何做得好呢？所有東西做得好都不容易，單是我選擇用哪一種聲音也選了足足數小時，甚至乎花一天也選不了。因為就好像興建樓房一樣，你的 foundation 不可以做得不好，所以我需要思考我起的那一個「底」，我需要揀一種聲音，我要選擇套鼓的聲音，或是 bass 的聲音……可能會選到天荒地老也說不定。

其實當中是有很多 tricks 的，譬如我有一次叫同學們：「不如你們做一個 remix 來聽聽。」但當聽到他們的作品就會知道，他們應該不習慣做這樣東西，他們會回答：「對呢，我第一次做。」所以是一聽便聽得出的。我想他們動手製作的時候便知道原來是不容易的，不會覺得「哦，這些 pattern 很容易嘛」。當然，相比起要製作 full orchestra 是容易一點的，但反之亦然，若你叫製作 orchestra 的人去製作 dance music，他們也是做不到的。所以我是很貪心的，在音樂方面，先不要計算我入行之前的經歷，我在入行這三十一年，每天回錄音室我也很興奮。我很想快點找一些東西來創作或學習，我夜晚在家中有時也會看一下不同的東西，我老婆也會說：「你也真的很geeky。」即使現在，我仍然看很多「how to …」的資訊。

我不是單純為工作需要，我是真心喜歡的。因為創作時你必需要貪心才可以有進步，否則你會很快厭倦。當然你可以很專於某一樣項目，譬如你只是彈鋼琴，彈得非常出色，沒有問題。但其實是沒有 conflict 的，就算你專心彈鋼琴，也可以當彈鋼琴是你的 full-time job；就以工作為例，你可以有很多 part-time job，你工餘的時間當然可以做與音樂無關的事也沒有問題，你喜歡畫畫、喜歡唱歌、喜歡睡覺也可以。我覺得一個真的很喜歡音樂的人是應該貪心的。

科技發展與實踐相輔相成

最初我們都是用人手做 mixing 的。人手 mix 首先要錄製得很好，在錄製的時候就要同時去 mix，那時的 level 及 tone 要盡量調校到一個很近似的水準。到現在這個世代，很多時候你問那些 mixing engineer，他們最痛苦的就是收到一些 tracks，驅使到他們說：「糟糕了，現在不是 mixing，而是 fixing 啊。」一百多條 tracks，有很多都是不行的，需要修改——你明白我在說甚麼吧。以前我們的那個年代，一卷帶只有二十四條 tracks，有一條用了來製作 time code，只剩下二十三條，你懂得用嗎？你要計算着，例如我錄製一套鼓聲，我有四個 tom-tom（筒鼓），我一個用一條 track 吧？這是不可能的！只可以用一 pair 去錄所有 tom-tom。你的 level 和 tone

選擇好了就只用一 pair，甚至乎 tom-tom 連 cymbal 也只可以用一 pair。那麼你便需要處理得很好，你的耳朵一定要好，並在錄音時就要拿到一個很好的 balance，這樣你才可以做到，不能說在 mixing 的時候才再修改。在錄製時就要整理好了，若錯了，之後便是錯了。所以這是一種訓練，就等於你用 smartphone 一樣，你現在已經回不去了，你沒有了手機就不行，會渾身不自在。但從前也沒有啊，也是這樣生活，因為以前沒有嘛。

以前，我們會在那些 fader（推桿）上貼了很多 marking tape，一邊 rehearsal 的時候，一邊 run 着，就會 mark 下：「咦，那個 vocal 可以了，verse 在這裏，chorus 可以晚一點在這裏，咦？但那一句……」你會記下很多 marks，通常也是關於 ride 那個 vocal 或是關於結他 solo，可能就只有我和一位 engineer，二十隻手指，二十三條 tracks，還要加上 effects 的 return，你就這樣推 fader 啊。那是一個十分寶貴的經驗，我常常都說這些就是訓練，當前期做得好的時候，日後製作便會很舒服；或者是，你後期到 mixing 的階段時，如何去 polish 它，如何可以做得更好？而不是說：「糟糕了，這是個災難來的啊！」不是這樣的。

到了後期，因為我在初入行的時候是用 SSL（Solid State Logic）混音控台的，它本身已經有 computer，automation[1] 也開始有了，它還不是 moving faders 來的，但已經有 VCA（voltage-controlled amplifier）——也很好玩的。我也很懷念那時候，

---

1 Automation 是指在混音過程中設定音軌的音量後，使那台 console 的 fader 可以每次都跟着設定去行走。

由那時開始那些 mix 便可以更加 detailed。剛才我所說，開始日以繼夜、夜以繼日，就是在那時候。你會開始覺得：「有 automation，哇很棒，你可以推一顆按鈕……咦不好，cancel 再來；咦也不好，undo 再來……咦，終於成功了！」你可以經歷這些過程。年青人嘛，當然是把青春用盡了。我很記得那時一位前輩 Joseph Ip 葉廣權，他在錄製的時候便已錄得很好，所以他有時候會走過來開玩笑。那時候我還是年輕人，他會揶揄地說：「用不用 mix 這麼久啊？」那時候我們 mix 了八至十個小時，他會說：「我兩小時便可以完成了！」我便說：「你就當然啦！」當時他真的兩小時便完成了，而且 mix 得很好。

所以以前真的很開心，在 studio 會有這類人，前輩又不會擺架子，只是有時候會揶揄一下你，但其實，如果你虛心一點，便會知道他不是只來取笑你，而是想教你，只是他沒有「實牙實齒」地開口而已。如果你懂得觀察，便知道為甚麼會這樣，因為他們錄製的時候已經錄得很好。他錄的時候，「直尺 fader」已經幾乎完全 balanced 了，所以兩小時就完成得到。我們兩個小朋友 mix 了十小時也好，完成品卻十分爛，監製一句：「不行啊！」，便要打回頭再 mix。我記得那時正在為劉德華製作〈一起走過的日子〉，當我們 mix 完時監製說：「不行啊，那個二胡聲很細。」再 mix 後，「不行啊，還有甚麼甚麼……」又要再執，以前就是這樣子。當然現在科技超方便，我們由沒有 automation 到有 automation，然後由 analogue 帶轉到 digital 帶，雖然最初也只有二十四條 tracks，但 time code 已經可以另外製作，所以我又多一條空帶可以用了。還有就是很乾淨喔，譬如有些 punch in 的 point 會乾淨一點。與此同時，那時候已經開始用電腦製作了——那時還未有 Pro Tools，那個軟件叫做 Sound Tools。

那是九十年代初吧，當時已經覺得很神奇。那陣時在寶麗金的錄音室，有位歐丁玉監製，他是一個瘋子，只要有新科技他便會立即買回來，所以很多科技我也因為他才接觸到。譬如第一次看到的 Macintosh Classic，我記得這是我入行沒多久已經買了的第一部電腦，是黑白的，小小的，螢幕很小那部。我那部 Macintosh Classic 直至現在仍還在。我第一次看見彩色的 Macintosh 好像是 Mac 2 甚麼的；還有我記得 Mac IIFx，那是旗艦級，那時不知要多少萬元。這樣，我就開始接觸到一些 digital 的 recording software。我就覺得：「好厲害，很神奇啊。」基本上我在起初已經是整隊 band 裏的科技人了。可能是因為我已經入行，所以看到「咦，其他人是這樣做的」。譬如以前人們流行用 MIDI（Musical Instrument Digital Interface），我已經玩 MIDI programme change。我們會一路行着那個 sequencer，隊 band 就會跟着一起彈奏音樂；到了某一個位置，sequencer 便會 send message 給那部鋼琴去轉聲，轉聲彈了兩句又會再轉聲。

我當時已經在玩這些了，因為那時整隊 band 只有一個人彈琴，但我又想音樂很 full。譬如去參加 band 的比賽，我會到那時 Tom Lee 的一間分店，叫做 Tower——不是 Tower Records，那是間琴行來的，在金馬倫道。以前金馬倫道尾是 Tom Lee，在金馬倫道上還有一間小的 Tom Lee，在麥當勞旁邊，以前叫做 Tower，那時候我有位朋友在那裏工作。我就會問：「可不可以拿那個 vocoder 來錄製入 sampler？」接着，錄製完成後，就拿那張錄製了 vocoder 的 floppy 去比賽。因為我知道比賽有甚麼琴 provide 給我，它有一部 Roland S-50 sampler，所以到了 music break 的時候，便會 trigger 回那個 sample，我們已經會這樣玩。我對於那些東西也是很熱衷的，我記得那時候在朋友的 band 房有一部 DX7 MKI，我是會拿 menu 看的，小時候看覺得很深奧。那個 menu 會指出如果你開 programme 是會有一種聲音的，我就照着那份不知多少頁的 menu 逐步計算，有時候不小心按錯，又要由頭再來一次。當我按完時，已經不知不覺地弄了兩個小時，才能 programme 到一個聲音出來。雖然那個聲音是沒有特別的，沒有用，但是那個過程令我大開眼界。

這樣，我便好像突然間打開了一道門，看見另一個宇宙的模樣，所以那時候我開始對科技有一點探求的精神，我很喜歡看 menu，開始玩 multi-track。我試過製作一首歌，是要 sync（合成）兩部 24-track 才夠用的。那時候我便覺得很好，既然有兩部 24-track，又有 synchronizer，那便 sync 着來 mix。那時候好像是 Frankie Hung（洪天佑）[2] 第一次幫我 mix 歌曲，當時是 1996 年。然後，我便開始自己買了一套 Pro Tools，剛好 Pro Tools 是 24-bit。那陣時算是很心痛地買，因為很昂貴。買了後我拿到 Avon Studio 使用，他們那時還未有那台機器，因為當時 digital 是在行 16-bit，他們在用 SONY 的 multi-track 3324，就算之後出了 3348 未是 HR 的時候也只是 16-bit；還有他們那時有個「一知半解」的理論：「到錄製 CD 的時候也是

---

2 Frankie Hung（洪天佑）是本地一位資深的 sound engineer。

16-bit 的，為何需要 24-bit 呢？」我說：「不是啊，總之我就用 24-bit 吧，我錄在自己的 Pro Tools 裏。」就算我用回自己的那個 AD/DA（數位類比轉換），我的聲也是好一點，證明我是對的。不要以為所有東西運用 digital 就是好聲，如果你本身那個 source（音源）的 resolution 高，那麼，即使之後由 24-bit 降低至 16-bit，也會是「好聲」的。

那時就是這樣和大家爭拗一番，我就自己帶器材去錄音室。之後當然就是科技的突飛猛進了，我指的是 DAW（Digital Audio Workstations）愈來愈 powerful 了。Pro Tools 在開始的時候，可能行不知多少條 track 便快要死機了，當時用的 hard disk 還特定要買那些轉數很快的才行，10000 轉、7200 轉才行，5400 轉已經運作不了，要額外多幾個 hard disk 一起才行，但慢慢就開始變成只要有一個 hard disk 就可以運行到了。科技對我來說，在 recording 那方面，是它把所有東西都變得容易了。譬如現在我接觸到的朋友，他們對於 track count 或者 plug-in 是沒有甚麼概念的，因為他們可以無限地開，所以有些朋友看到真實器材時會說：「嘩，我終於看見真身是這樣，一直以來我也只是在 plug-in 中看過，不知 hardware 是怎樣，原來是這樣的。」我會說：「對啊，其實兩樣東西是不同的，你不要認為 plug-in 可以代替到它，那是不行的。你把它當作另外一種聲音去處理、去想就可以了。」我有經歷過那些時候，我認為真的有鈕掣給我扭動是比較開心的。當然所有東西都變得容易了，也是一件開心事來的，真的很方便。所以我不是那種 old school 的人，甚麼新事物也不接受是不行的。

我是 hybrid 的，有些東西我覺得是要接受時代巨輪的，我們正在做現在的事，不只是懷舊嘛，所以我會把兩種東西結合。譬如你看到那些鼓是六十年代的，它是這種聲音，那麼我會把它買回來，之後便用 Pro Tools 去錄製它。其實我也有 analogue multi-track 的，實不相瞞，我有一台 24-track 的機，但現在要 set up 很麻煩，又要 cal 啊，又要弄很多東西。我有很多聲音，並把它們錄製在電腦中，即是代表我會用新的科技去錄製舊的樂器。你自己都要 balance，玩和實戰也真是有一點分別的。所以我覺得科技，我們要 embrace 啊。

當然，你要想想如何運用科技去幫助你 achieve 到你想做到的東西，因為現在的科技無論有多出色，它也不會自動運作，也需要經你一雙手、經你的腦袋去思考如何運用。無論現在用任何的 plug-in 也好，甚麼 software 也好，你也要去 operate。你要去用，你如何用呢？這是非常重要的，對我來說現在電腦就好像其中一樣樂器那樣，同一部琴，你彈奏是這樣，他彈奏是那樣。同一樣東西不同的人去運用也有不一樣的 touch，沒有秘密的，我能用的電腦你也能夠用，我可以用的 software 你也可以用到，沒有甚麼國防部、太空總署的科技，沒有的啊，是關乎你如何運用。所以回到最根本的問題，就是你如何運作，instead of 那部電腦如何運作，這是頗重要的一件事。

藉科技發展而促成的作品

剛才我提及，我第一次要用兩部 digital 24-track lock 在一起變成 48-track 的歌，是草蜢當年 cover 達明一派的〈天花亂墜〉，那首歌叫作〈天花亂墜之墜亂花天〉。它為甚麼要這麼多

tracks 呢？是因為我用一隻歌玩了很多不同的款式，在那首歌裏你會聽到有 funk、有 jazz、有 heavy metal 等等，總之有不同的 genres 在其中，所以我所用的 tracks 會相應地多了。我沒辦法不用這麼多 tracks 啊，否則我就做不到我想做的效果。再加上是草蜢，只計 vocal 最低消費也要三條 tracks，再加上他們自己又有唱和音，又會變出很多條 tracks。另外我又有 brass、又有 strings，你聯想一下，那時是需要很費勁的，所以唯有是這樣才能做到。而且那時的音樂製作還叫做蓬勃一點，你可以 book 兩間房來錄製。現在當然不行了，所以當年也是頗瘋狂的。這是其中一首我很記得是藉科技幫助而促成的歌。

還有甚麼呢？我想還有阿 Jer 的作品吧，譬如做〈人類群星閃耀時〉、〈砂之器〉、〈狂人日記〉這三首歌。正如我剛才所說，幸好我所編的 orchestra 部分也有科技讓我可以不斷嘗試。因為現在的 sound library 做得很好，有很多不同的 articulation 可以用，只要你用心做 programme，是幾可亂真的，所以我是真假混合在一起的。例如 strings 我會真假搭着，大概錄了四 round，再加上一些 sample，完成後的效果都頗接近真實的，但當然與真實還差很遠，那是另外一種東西來的。我再重申一次，這只是用辦法做出來，因為我曾經錄製過真實的弦樂團，現在用 sample 我就會想：「不行啊，真的還真是『真的』，『真的』真是『爽』很多。」現在就是因為有科技的搭救，令我有一些瘋狂的 idea 也算做到。不用像以前一樣，要有足夠的 budget 才能夠做到，現在起碼可以做到接近的效果，這也是科技對我的幫助以及我從中得着的好處。

當你想做到那樣事情的時候，就要想很多不同的辦法，我直至現在也是這樣的。譬如我以前想得到腦海中的某種聲音，我便要想一想。我試過用鼓機 programme 了一個 beat，但那個 beat 不是我想要的聲音；那時候沒有這麼多 plug-in，我還記得是在家中做的，我把那種聲音 feed 入一個這麼小的結他 amp 裏，接着我有一個鐵的垃圾桶，我把那個結他 amp 放進垃圾桶裏，我把一支咪（microphone）放進去錄音，這樣就做到頗接近我想做的那個聲音，很 metallic，有很多 distortion。那首歌是陳奕迅的〈反高潮〉，當中「個底」有一個 loop，我就是這樣 programme 出來的，如果是現在的話，當然容易很多了。以前就是玩這些啊，經常也這樣做。

現在有 plug-in 就容易完成了，以前就是要人手 plug-in 啊。資源有限嘛，我又不是有很多 gear，所以就要用手頭上有的東西去做。這個也是我一路以來學習的東西，手頭上有甚麼就要用盡它們，只要用盡它們其實都「有排玩」。以前便會花很多精神、時間和心機在這些位置；甚至我現在用 plug-in 也好，如何運用它也是心機來的。每一顆按掣你如何扭動，全部也是要嘗試的，並不是一個 pre-set 出來就可以了。我是很麻煩的，就算開了 pre-set 出來也會再修改才安樂。如果不是這樣的話，便總會有「明明可以做得更好」的感覺。

正如我剛才所說，我當科技是其中一件樂器般運用。啊，還有一個東西是很好的，就是現在科技可以幫你同時在歐洲不知哪裏錄製 strings，再立即送回來，即是不用飛過去。其實，你飛過去也是自己「八卦」而已。還有現在，要錄製音樂真的不用外出也可以啊，這些也是科技帶給我的好處，或者我想和不知甚麼人合作也可以。

香港和外國音樂人的分別

記得當年做謝霆鋒的音樂作品時，我去了日本錄音，那裏有一本很厚的 musician 的 contact book。每年也會出一本，好像字典那麼厚，齊備了幾乎所有音樂人士的聯絡資料，包括經理人或者他們的 publishing（音樂出版）公司，亦有 production house、band 房、recording studio 等等，總之全都齊集了，好像「黃頁」一樣——現在的年輕人可能已經不知甚麼叫「黃頁」。我當年真的在那本 contact book 尋找，我會看唱片，譬如我喜歡哪一些唱片，或者「啊，我喜歡這一個鼓手啊」，我就會尋找，叫日本朋友幫忙聯絡，當真的找到了就立即乘飛機過去。那時候還 afford 得到，「哇！這位就是和椎名林檎合作、在她第一隻唱片中負責打鼓的河村智康。」就是這樣便認識了他。我常常形容有公司給錢你去上學的感覺。去了那裏之後，真的學到很多東西，我很喜歡去別的地方錄音，每一次都很開心，學到很多，譬如學習到他人的做事態度。另外，我近年做 mastering（母帶後製）時，認識了美國的一位 mastering engineer（母帶工程師），也是朋友介紹的；終於我早兩年去 New York 的時候，便與他見面吃頓飯、聊天。那些在外國的經驗，如果要說，真的可以說很久。現在當然就容易些了，只要 send file 去，他簡單錄製一下便可以交給我。這些就是科技啊，是真的 globally 去找不同的人合作。

其實，我不是說香港的 mastering engineer 不行，而是有時想將最好的東西帶回香港。我去別的地方錄音，我有很多東西也是在那裏學回來的。或者去別的地方做 concert 的時候，在那裏的 crew 中又會學到一點東西回來。譬如，日本人是有很多東西值得我們學習的，單是學習他們的紀律、那種整齊就已經很重要了。當然，還有另一種東西也很重要，如果他們看到香港人工作的 schedule 是會很想死的，因為我們很快嘛，我們半年可能已經可以籌備到一個紅館的 concert 出來；但對於他們來説，連開會也不止用半年吧，因為他們所有東西也要傾到最「篤」、最 precise，例如那支咪的高度要多少，他們會去到很細微的位置，那麼我在那裏又吸收到一點東西回來。其實，你的 preparation 做得好一點，到了真的要動工的時候便會省一點時間、省一點精神，那麼你便可以做得更好。所有人也是如此，當所有人，無論是歌手也好，musician 也好，一坐到那個位置，所有東西已經 ready，就不用去到那一刻才要弄這樣弄那樣，甚麼甚麼不對。

我最討厭的是甚麼呢？我最討厭就是看到整地也是那些亂七八糟的線，我接受不了。我每一次也會叫他們清理好，要整齊、乾淨，舞台上不會有東西絆到，這樣才可以的嘛，這些是必須學回來的。是的，我覺得我們在這個年代很幸運，我們可以有機會去其他地方吸收別人的好東西，那為甚麼不行動呢？説到底我不是崇洋，我只是想把那樣東西學回來。可能我入行的時候，大家都覺得好像香港的 music scene、香港的錄音技術，甚至我們的 musician 的能力很弱，做不到別人外國的聲，總是做不到外國的 quality。但我深信不是呀，沒理由的呀。

當然大環境會有某些影響，例如香港人要接觸音樂都要很主動地去接觸，你要自己去聽、自己去找。相反，很多外國人一出生時，音樂便已經來找他了，好像返 church 已經有很多音樂，或者上學已經有很多接觸音樂的機會。所以為甚麼人們常常都説他們的 groove（律動感）好一點，就是因為這樣。香港不是這樣的，音樂對香港的小朋友來説只是一個科目，因為要考試或拿分數進入某一間學校，就要 pick up 一種樂器來學，所以是不一樣的。

我常常都希望 provide 到一點，令我們自己能進步。我近年少了出國錄音，一來是因為現在疫情的關係。以前我在做 tour（巡迴演唱會）的時候常常想，反正我們都來到了，我不如找些東西來錄製；現在已經兩年沒有機會飛，所以就算了。現在便「深閨」一點，所有東西也在這裏做了。

所以最近這兩年我少一點和外國的音樂人合作，雖然我很喜歡到別的地方錄音，但是我心裏也有另外一種想法：如果有一樣東西很重要，我都希望可以盡量採用本地的樂手和創作人。盡量吧，因為有一些真的沒有辦法。譬如我想要某一種聲音，在香港我未找到有這樣的 touch，我便去其他地方錄音了。或者是，譬如那時吹 brass，我真的很想得到那種聲音，很想得到那種感覺，而我聽説日本人是可以做到的，於是我又去了。去錄製的時候，我是在學習「為何」，為何他們可以做到這種聲音呢？但是如果你説現在，近年我是盡量希望可以採用我們自己的人，尤其是年青一點的樂手。

好好「玩」音樂

近十年來，我很希望可以採用多一點年輕人的東西，我認為這個是十分重要的。因為如果你稱得上有些經驗，你就應該將那樣東西接力，不是說：「讓我教你們吧！」而是要接力，總之要有一個好一點的 platform 去做。好像我小時候那樣，在實戰之中去學一點東西。當然我覺得最重要的，並要讓他們學到的，就是心態，而不是某些技術。技術不是首要的，從來對我來說最重要的也是那個心態。你要知道你用甚麼心態去做這場 show、去彈奏這首歌、去做好這個 tour。你在當中看到多少便多少，學到多少便多少。當他們再成熟一點，他們便可以將這樣東西一直傳承下去，我認為這樣會比較健康。否則就會完蛋嘛。

另外，我很反對有行內人常常說「撈嘢」，我是很痛恨這個說法的。我真的很不喜歡，真的不要這樣呀，開玩笑也不要這樣，這個詞語很難聽。我連平時也不會告訴別人我是「做」音樂的，只會說我是「玩」音樂的，我明白這個可能只是我個人對於字眼的執着而已，但是音樂真的不是「做」出來的，是「玩」出來的。你的態度可以是很正經地處理，但是心態上去到那個根本，你還是應該去「玩」，你要覺得快樂才行的。因為它在你的作品當中是真的能傳染開去，別人是 feel 到的，你的作品裏究竟帶給我 happiness，還是 formula、計算出來的，這個是真的 feel 到的。

創意如何在監製的工作裏呈現？

在監製的工作中，創意如何才能呈現？其實，只要你個人「分裂」就可以了，因為作曲和編曲 somehow 是傾向主觀一點的，但監製則傾向客觀一點，所以你常常要在你的崗位跳來跳去，要知道何時應該跳，何時不應該跳。要 self-produce 是很難的，我都算有一點經驗，交過學費，會好一些。你要知道有些時候要放手給自己，即是你不能每分每秒也監製「上身」，有些 ideas 你不要這麼快便 ban 了自己，要讓自己 think big。譬如寫歌的時候，就任意妄為地寫。有些東西你自己會有個「底」，你有了個「底」，便知道自己可以去到多少。但你那樣東西不要過分地全都拿出來；計算了第一句，再計算第二句，之後再計算第三句，不要這樣。我常常都跟大家說，寧願你隨心去寫，寫完後你全首再聽一次，寧願整首不要，把它丟掉再重寫一遍，也會比「嗯，我下一句如何可以令其他人更喜歡呢？如何可以令歌曲更加流行？」更好，這樣就算你完成了，也會沒有靈魂，這是能夠聽得出的。你聽得多就知道，有些歌真的很流暢，真的是「一首歌」，有些歌只是用不同的句子堆砌在一起，很有野心地計算出來。所以自己要懂得何時是天使，何時是魔鬼。

編曲就更加要天馬行空。如何去 visualize 一首歌呢？那你就用你的聲音，或者不同的樂器，甚至乎選擇不同的 chord。Chord 中的 tension 或 texture 如何去做到你想做的東西，我覺得這個很「天人交戰」，有時可能用得太深了，唯有自己取捨。這些就是經驗，慢慢會令你那個「天人交戰」的時間縮短，你會知道何時是「唉呀！不用想了呀！」的狀態。我工作慢的其中一個原因便是完成後會重新再聽，可能是睡醒後；我通常都會多放幾天，再聽一次便會覺得「這個位置不行」，因為很多時候無論寫也好、編也好，有些位只是你自己捨不得丟掉而已。「啊！我想了三小時，才終於想到這一句出來。」但可能你當下已經在想：這句是否很奇怪呢？很多時候我們只是捨不得而已，當你過了這個想法，過了一個 weekend 回來一聽，那個感情沒那麼深厚了，就會改了那句或丟掉它。

這些情況是經常發生的，很多時候也是在做「斷捨離」，你就是要在客觀和主觀之間不斷來回地跳來跳去。由於通常我寫的歌也是自己編的，自己去 produce，所以我從來的訓練也是這樣的。我自問又不是那些會寫很多，而且又能寫得很好的人。我通常是自己有某些 projects 要做，差不多全部的歌也是 tailor-made。我很少隨便地寫一首歌，我通常也是要「度身」的，尤其是近年。譬如阿 Jer 那些更加要「度身」，因為有太多 criteria 在當中。我常常都說，糟糕啦，愈想愈多；而只有自己才會滿足得到自己，因為這麼多的掣肘，如果你要找其他人寫歌，你就要 brief 他：「你要用這個 key，你要這樣啊，還有那樣，去到尾聲要怎樣……」才沒有人會理睬你呢！

譬如做阿 Jer 那三首歌是很麻煩的。那個故事是 2021 年的 series，是那年十月的時候完成的。我在 2020 年已經在想，明年做甚麼好呢？所以那時候我就打電話給 Supper Moment 的 Sunny（陳仕燊），問他可不可以寫一首歌給阿 Jer，因為我知道他是阿 Jer 的偶像來的，那就不如找他寫歌開心一下吧，也頗有意義的。即是本身這個意義已經好像很感動了，所以就叫了他寫歌。我那時候還跟他說了一些比較瘋狂的想法，因為那時已經在構想〈狂人日記〉給阿 Jer，我想看看可不可以再做一些多變化及瘋狂點的作品呢？那就試試看吧。當寫完第一頁時我就覺得，不對啊，於是我便對 Sunny 說：「不如這樣，你不要理會我，你用自己 instinct 去寫那首歌出來吧。」與此同時，我就開始找吳林峰去寫〈狂人日記〉，整理好就把那些 reference 給他聽：「我想這樣，那個 dynamic 會這樣。」因為他是很乖的，他很願意聽，而且他有那個 talent 去吸收我說的話，所以很快便寫出來。而我與此同時已經開始做〈狂人日記〉，我就 set 了些規矩給自己，orchestra 呀，甚麼呀。

當完成〈狂人日記〉後，接着 Sunny 便交了那首〈人類群星閃耀時〉的 demo 給我聽，嘩，很「正」呢！但不行，這首歌一定要放在結尾。那麼現在有開首，也有結尾了，中間怎麼辦呢？我又很壞地 set 了一些規矩給自己和團隊。首先，我想那些歌曲是音樂上的「頂真法」，我希望第一首歌和第二首歌是連結的，第二首和第三首又是連着的。這聽起來好像不太難，但其實是很麻煩的，我跟小克說我連歌詞也要一模一樣。他當時已經有〈狂人日記〉的「狂」字出來了，那麼我還問他……因為我已經決定了中間那首要自己寫，因為有很多東西要 read，並已經決定了第三首的開首要怎樣。於是我就在想，那個 key 該怎麼辦呢？因為〈狂人日記〉是 C# minor，那麼我下一首歌也要用這個 key，或者是一個 relative 的 key，總之要順利過渡到，而不是突然間轉了，這就很麻煩。〈人類群星閃耀時〉唱歌的那個 range 是有限制的嘛，而你在不同的 key 只能用到某些音。由於有這麼多麻煩的掣肘，我還是自己做好了。

我再問小克，〈狂人日記〉之後呢？有甚麼字可以用？有沒有甚麼字可以拿出來去 inspire 我寫甚麼音？他寫完給我之後，我便覺得有問題，因為那些全部也很低音，〈狂〉的最後三顆音是 la do re，下一首歌的音不能跌下去啊，我不能 la do re la, 那樣，於是我就寫成 la do re me re do，變了我下一首歌一來便是 E，即是我用了 E major 這個 key，la do re me re do，然後我就開始寫，由 me re do 開始寫下去。開始時是 E major key，在 chorus 時我就轉了 C# major，我就是用這個方法轉去運行下一首歌。其實那時候已經在想，因為 Sunny send 給我那首〈人類群星閃耀時〉的 demo 是 D key，但我覺得他的歌以 D key 去唱其實很高，要 drop 半度才行，drop 半度就是 C#，那麼這首歌由 E 去 C# 就可以連接到了。我就是這樣計算，用這個方法去寫。而且他那首歌本身 verse 的那些 chord 是這麼難，1 chord 之後 4 minor，所以我在寫〈砂之器〉的時候，用 outro 先鋪排了這條「路」給它，我在想第三首是要這樣連接，所以我在第三首開始做編曲的時候便決定，首先那個 tempo 要不一樣，〈人類群星閃耀時〉是要快一點的。雖然我一開始已經和 Supper Moment 說了，但即使我解釋了整件事他們也不太明白，還有因為我要多加一段使那個 tempo 可以「上」到去，而不是突然之間加速，這是很複雜的。另外，我跟 Supper Moment 的阿雞（梁燿鵬）說：「不如這樣吧，你幫我想一個只有結他聲的 intro。」那個想法其實就好像是幫〈砂之器〉的 outro 彈奏一些結他，是要跟〈砂之器〉吻合的。與此同時，我又要「抽走」〈砂之器〉的旋律，但是「抽走」後又不能令那個結他聲聽出來很「濕碎」的樣子，所以也是頗 challenging 的。來來回回好像弄了差不多第三次我才滿意，最後才變成好像〈砂之器〉的 outro 是做成這樣，之後〈人類群星閃耀時〉就做了那樣的 intro。我是想做到這樣的效果的，我做了一個把三首歌連着去 mix 的版本讓商台播，因為我想給大家聽到其實本來的 final picture 是這樣的。

所以有很多這些很麻煩的事，再加上我們上年（2020年）的三首歌一直加了很多motive在裏面，類似一首歌疊另一首歌。譬如在第三首歌〈風靈物語〉時會recall第一首〈水刑物語〉的某一些句子，即使在編曲上，我也是一直在重疊的。所以做〈人類群星閃耀時〉的時候，我就把前部分的一、二、三、四、五首歌的element全部都放進去，有留意這兩個series的人就會知道發生甚麼事，我覺得這樣很好玩。即是其實你在聽音樂的時候，它原來不只是在眼前，而是整體也可以有關連的。

我其實主要的心態是怎樣呢？我的心態就好像我們小時候看漫畫、小説——因為我喜歡儲存一套的東西。就好像這套小説有六集，當你看完第一、二集後覺得很「正」，就放在書架上，如果你有追，便會買第二本，看的時候你又會發現它與前面部分有些關係；然後你繼續追看第三本、第四本、第五本，最後看完第六本大結局之後，當六本書一起放在書架上，它們的書脊便是一幅畫。我就是這樣想，所以便需要很有系統地去做。譬如去到〈人類群星閃耀時〉的時候，因為有Supper Moment的參與，我又不想規範他們太多，所以我就用我自己，並based on他們有的東西，再去想怎樣可以將這些東西放進去。所以便要思考、要設計，很幸運地又真的成功。這個難度是三倍，但是滿足感可能不止三倍，我set給自己的遊戲規則原來可以令到遊戲更好玩。

我覺得我從來的心態都不是要做一些只是給你「懂」的東西，我剛才也提及，有一樣我覺得很重要的就是我自己要先覺得「過癮」。因為我要愛我自己的作品，從而令我做的每一個

step，去到 finishing product 也是「有血有肉」的。但我不是做產品出來賣嗎？我覺得不止是這樣的，負責任一點當然是要它受歡迎啦，但與此同時就是我要令它有生命、有靈魂，再加上這個團隊的阿 Jer、小克，他們也不是「人咁品」。我覺得很好的就是，你要遇到一些好的「人腳」，因為你是孤掌難鳴的，一個人能做多少東西呢？唱的那個人，他是 frontman 來的，也是 presenter，他是負責唱的。難得連他也很明白，他也是這種人，你做的這個創作他也認為很好玩，而寫歌詞的人又願意一起玩，那麼你當然就會一起玩啊！

其實只是如此而已，我不是很偉大要立志做一些甚麼所謂的藝術品；我從來也是先滿足自己，滿足到自己才可以滿足到其他人。如果你只是滿足其他人，滿足不了自己，這是不足夠、不好玩的，你便不會給予自己一個 motivation 去繼續。所以，為甚麼我玩了這麼多年也很喜歡，就是因為我喜歡讓自己開心，我 keep 着令我們每一隻歌、每一天做的事也很有趣——你自己會覺得有趣的嘛。你每天也會吃飯啊，對不對？很多東西是天天也要做的，但你怎樣令它的感覺和感受不一樣呢？這是其他人未必能幫助你的。對着同一件事，你想怎樣做是你的修行，是你的選擇來的。即是同一件事你可以覺得很開心，有些人卻會認為不夠開心。有些人會說，我今天可以吃飽已經很開心了，但有些人會說「我想吃鮑魚」。這是你自己的選擇，我常常都說，你改變不了別人的心，你不能夠兩句說話便改變一個人，但你最容易改變的是你自己。即如「半杯水」的那個道理一樣，就是你怎樣去看。所以當然是要讓自己先高興啊，自己高興之後做出來的東西便會好，你做得開心便會用心去做，用心去做差極也有一個底線。雖然未必很好，但差極也有底線。但如果你沒有用心去做，而只是用「交貨」的心態……説真的，你問我，做了那麼多年，我也有這樣的經驗，我要做一樣東西出來有何困難，都是這樣做而已。但你做一首歌出來，publish 了就一世的了，對不對？我不能令自己後悔的嘛。所以我從來也覺得心態上是要自己先開心了，自己先愛了，其他東西再算吧，再看看怎樣自己喜歡，而且又能迎合到某些要求。始終你不能夠只有自私，只顧自己喜歡，不行的嘛；但這個是後來的事，就算怎樣也好，首先一定要自己先喜歡了才行。

譬如我做 concert 的時候，雖然我是 band leader，但我會用夾 band 的心態，即是大家是同一個 level 的，只不過我要處理多一點東西，或者我要去做一些決定而已。所以我的心態會有所不同，譬如有一些上一代的 band leader，他們可能會把所有東西都寫下來，其他人便一字不漏地彈奏出來，以前那一代是這樣的。但這一代，或者由我開始，就覺得不是這樣。這樣不好玩，應該説，這樣不夠好玩，尤其是到了我們這一代的 musician，大多不是一些 well-trained，或是 sight-reading 很厲害的人。可能 so-called 對上一代來説，這樣是不行的啊，萬一突然之間給你一份譜，你便會處理不到。但是我覺得，現在時代不同了，我們又不是做夜總會，會有哪位客人想唱一首甚麼歌，突然之間叫你彈奏。反而我覺得有趣的是，現在的樂手們會回去修改那份譜，並且回去聽一下 original 是怎樣，再加一點自己的元素，這樣他們便會多了時間和空間去 create 一個新的——即是一個 based on original，但又有新 touch 的「物體」。

我覺得這樣會有趣一點、好玩一點，對不對？你既可以玩得開心，又可以投入一點。

我是由某些位置到某些 gesture 也很講究的人，做 concert 時，我會很講究那些擺位，我要和所有樂手有 eye-contact。因為我會由零開始去討論，所以有時候 concert 最開首的會議是有關 stage design 的話，我便會說：「喂，可不可以不要將樂手這樣分開四個角？」他們很流行這樣擺放的，但我會說：「我希望盡量放在一起，就算不是放在一起，總之我盡量想我們是『一團人』。你們的想法要改一改了，不要覺得我們十多個人可以這裏放四個，那裏放幾個。這樣不好玩，我不止是來工作的，我又不是棋子。」對，我會很注重 eye-contact，因為有時候是要有些默契的，還有有時候要讀唇，因為不想在咪裏影響到 artist，如果他正在唱歌而你不斷大叫怎樣怎樣……我盡量也不想騷擾到 artist，除非我要救他一命。試過很多次：「喂！你當心你的裙襬！不要動不要動！」但很多時，我也盡量用 eye-contact 去令大家 alert 某些東西。其實是很 old school 的，即是以前那些做夜總會的要降多少個 key 是完全不用說出來的，而是用手勢。所以 eye-contact 很重要，還有真的會好玩很多的。

夾 band 對我來說是我最開首玩音樂的根來的，所以基本上我現在做 concert，也常常覺得只是夾 band 而已，和我玩的人也盡量是我要夾到的那些人。其實我最講究不是在於他的技術有多高超，而是這一群人夾不夾得到。很幸運地，近年我那些 band 感情也是頗好的，像我和阿臣（陳奕迅）的 DUO Band，直至現在十一年有多了，我們的 group 依然很活躍，有時大家會問候一下，或者 share 一些好笑的東西，生日啊甚麼的也會聊聊天。譬如 2019 年我做千嬅（楊千嬅）的那個 tour，我們到現在仍然會聯絡。因為我覺得很重要的是 beyond 工作的關係，那個本身是要很投契的。當你在台上，所有東西會容易很多。對，是那個 chemistry，我是在這方面很講究的。我很怕在 band 裏有一個會說三道四啊，或者是很計較的人，總之一有那種人我就不行了，會立即覺得不好玩；又或者，試過一群人大家一到了後台就只望着電話，拿着 iPad，拿着電腦，要不就是在工作，或者在打遊戲機，這樣我也是不行的。我是慣了在後台大家有 physical contact，會聊天啊、玩啊，bully 一下其他人。可能我很 old school，我是喜歡這樣去建立關係，譬如有時一起找東西吃，慶功的時候又可以一齊玩。我想我不一樣的地方，在於我真的是從夾 band 開始的，所以對我來說玩音樂就是這樣啊，不是這樣的嗎？

科技發展有助現場演出的準備

有時，我會用其他人做 programme，例如我會有一個 programmer[3]。但如果是我自己的話，我會用 Digital Performer（數碼化音樂製作軟件）。我剛才說過，我在 1990 年入行的時候一開始是用 Performer（Digital Performer 的前身），那個是我第一個接觸的 music software，只有 MIDI，還未能錄製到 audio（聲訊）。當然到後期就轉了用 Digital Performer，我

---

3 Programmer 的工作是在演唱會之前，準備好除了由樂手演奏的部分之外現場需要播出的聲音。

也比較熟悉一點。然而，若干年之後，我已經沒有繼續使用了。我現在是用 Pro Tools 來 programme 的，即是編曲我也是用 Pro Tools 的。我有用過 Reason（數碼化音樂製作軟件），我逼自己用 Reason 去做一首歌，自己去編也試過。反而現在是做 live show 才用 Digital Performer，為甚麼呢？就是因為它有很多 function 其實是很好的。我以前跟着杜自持的時候有做過 programmer，我們以前的 programmer 其中一樣很重要的是，譬如那位歌手「發台瘟」入遲了兩拍，我們便要立即去補救。Programmer 是要同時間一起去救的。現在很多人都救不了他們的 programme，因為一開始運行就要行到尾，不能在中間突然返回一個對的位置，但 Digital Performer 便可以這樣了——我深信其他的 software 也可以，但 Digital Performer 很方便。當然你要有齊 tempo map，你在樂譜裏要 mark 好那些 bar numbers，那麼你基本上就是 instant 的了。譬如你在第五十九個 bar 甩掉，你便先去第六十一個 bar 等，當音樂去到第六十一個 bar 時按鍵進入便可以了，這樣就神不知鬼不覺地和音樂同步了。

它還有另外一個好處，就是每一首歌有一個 sequence，它可以運行一個 chunk，一個 chunk 裏面有很多個 sequence，即是一個 chunk 等於一個 concert。那麼在下面便有很多個 sequence 了，當你要調換 rundown 就可以這樣調，每一個 sequence 的 setting 也可以不一樣，還有就是可以 change。譬如在一個 sequence 中你 set 了一個 end-point 在那裏，完了之後它便會跳去下一個 sequence，即是直接跳去下一首歌，餘此類推。甚至乎它可以自己 play，不過我們不會這樣做，因為太危險了。有時真的可能有些突發的東西，「唉呀！不要呀！停呀！」

因此，我暫時都覺得用它最安心，雖然 Digital Performer 可能有很多人也沒有用過，尤其是較年輕的已經不知道是甚麼來的，他們可能會用 Logic，或是 Ableton Live，也有很多人用 Pro Tools。但譬如我的 programmer 是用 Ableton，當我在練歌的時候問：「我們可不可以在中間 music break 前的兩個 bar 入？」他便要弄很久，好像要拿餅錄音帶 cue 回對的位置那樣。我就想，糟糕啦，如果我以前這樣的話會被人責罵，甚至不知飛些甚麼物件過來。以前是很嚴謹的，是要求立即做到的，所以我便覺得不行啊。這個嚴謹度我要堅持，而現實真的會有這個情況出現，是真的會「發台瘟」的：「糟糕了，遲了一個 bar 那怎麼辦？」那麼就要立即追回啊，而我還要一邊自己在彈奏呢。這個就是我覺得好玩的地方，當我在彈奏時，「咦！錯了」，又入回，有時他們看到也歎為觀止：「哇，你是怎樣入回去的？」「怎麼又會去到下一格？」即是你去到下一盞紅綠燈你便入回去了。

如果你沒有這個 mentality 便不行了啊！你便會在想：「死啦！死啦！」我不是這樣的，我在那 0.01 秒，那個「死啦」在我的腦海裏出現了 0.01 秒後，我下一格已經想着怎樣去救，這是訓練出來的。如果你自己還要在彈奏，怎樣才能這裏一邊彈奏，那裏又一邊轉呢？有沒有位置要放棄呢？你要立即去處理。有時我覺得要有一點這些刺激的東西才好玩，否則不如播 MMO（Music Minus One，即有伴奏無主唱），為甚麼要玩 live？就是因為每一個 department 也可以 live 到嘛。

科技帶來現場演出工作模式的變化

我第一次做 band leader 應該是 96 年，是去新加坡做草蜢的 show。不過那一次不是 full band，是四件樂器加「嚴重」programme 的那種。因為草蜢的歌基本上都好像是在 MMO 上面玩一樣的。當時當然艱苦得多了，你要砌那些 programme 出來，真是艱苦很多。我開始做 production 的時候已經 set 好一些「後路」了，即是現在我們不是流行有些 stem[4] 甚麼的？如果我沒有記錯，是我發明的。但當年我的出發點是我很喜歡看外國的那些音樂雜誌，即是那些 mixing magazine、recording magazine 之類；看到別人做 recording 時，很多時在 mix 的時候會分開很多 stem，即是一套 drum and bass 錄去兩條 channels，keyboard 又去兩條，然後再 process……，如果我把那些 stem 錄製出來，那麼我之後想再處理也還可以。我最初是這樣想的，然後當我開始做 live 時，我發覺可以用回那些 stem 去呈現那種原本的聲音。由於會令 mixing engineer 花更多功夫，開首時會被別人嫌棄說：「吓，不用了吧？」但現在已經變成常態了。

我記得我在 1999 年第一次做紅館 show 的 band leader 時，我們還在用我初時認識的所謂出 programme，即是 live 有個 sequencer，是 hardware 的 sequencer，把所有 sampler 及 module 帶去，然後用 MIDI 去 call。那時是用 TASCAM DA-88

4 Stem 是「Stereo Masters」的縮寫。它是由完整混音音檔分拆出來，並依照樂器類型分類的獨立軌道。Stem 通常是經處理後的 stereo 音軌，常見可分為 drums、bass、synth 及 vocals 等等，有時也會因音樂內容及需求而調整。

（數碼化多聲道錄音機器），是行帶的 format 的。我記得最開始做阿臣和謝霆鋒也是，我尤其記得謝霆鋒的那一場，因為我那時候要做 tour，我們自己買了兩部，我們那時買了 Fostex 的 multi-track，好像是 16-channel，我們還用了兩個 Pelican case 裝着。當過美國海關的時候，立即被人問是甚麼來的，這樣又弄了一整天。因為是 2001 年的事，剛好過了「九一一事件」，真的很嚴格。在 2002 年時跟梅艷芳做 tour 也很麻煩，海關看着一個這樣的箱子，內裏裝了不知甚麼，他就會對你說：「你出去到外面再排一次隊。」但我說：「甚麼？」並且沒有理會他，強行排旁邊那條隊，最後竟然無事！就這樣過了關。

那時出 show 不單要行帶，又要行 hard disk recorder，到後期就開始用電腦，一直在演變；但其實萬變不離其宗，也是 playback 當中的 stem。最初可能比較簡陋，可能分開六條，到現在分開幾十條也可以，即是如果你行 Dante，其實你基本上可以六十四條那樣扔出去。我沒有這麼瘋狂，我只是行十六條而已。其實這些東西若你處理得好就夠了。還有，以前他們用 analogue console 就會慘一點，因為千禧後的音樂編曲開始複雜一點了，用 analogue console 其實是不太容易 handle 到的。不過去到 digital console 後便能 recall，所有東西也可以 recall，一轉下一個 snapshot 就連那些 EQ（Equalizer，等化器）等 effect 也全部轉變，所有東西也可以轉作另一件事，這樣你才可以追貼一點現代的編曲。所以有時若遇到那些很 old school 的 engineer，還在用 analogue，那就麻煩了，一定不能呈現出原來的聲音。那個演變其實近這十多年也差不多，就是我剛才所說，現在行 Dante 可以再分多點出來，即是如果 mixing engineer 是有心機的話，便會好玩很多，可以修正得再仔細一點。

亂世出英雄，樂壇新人一直存在

編監〈樂壇已死〉一歌，我常說這是個沒有計劃的計劃，完全是小克多口說了一句：「我想寫一首〈樂壇已死〉，有沒有人可以給我一首旋律？」就這樣便開始了。我說：「如果你的〈樂壇已死〉有甚麼想我幫手的話，記得要告訴我啊！」然後他又真的找我幫忙，我便說：「那麼，不如這樣，一做便要正經做！不要隨便拿個結他出來放上網就算，總之包在我身上！」然後我便 call 其他人說我們想做一首這樣的歌，大家也是義務做的——我覺得我的 reward 就是在那裏，因為我看到大家其實很有心。接着大家便來錄音，連 MV 共十多天就完成了。

這一首歌也令我很實在地看清楚現在的年輕人——雖然在過去那兩年大家都對年青人重新定義，覺得他們並不是想像中那麼沒有想法的。而做這首曲時所給我的感覺就是，譬如那隊合唱團全部人也互不相識，是由不同的地方過來的，但他們一來到便立即說：「好啊，做啊，唱啊。」完全不計較甚麼，真的很用心去做。不止錄音，還有之後的 MV，或者有甚麼突然之間又要再補唱等等，他們全部也不會計較，有些甚至說：「不好意思，我要上班啊，我下班才來可以嗎？」他們全部都是這樣的。這使我 aware 到，其實我們在香港有很多很好的年青音樂人，他們不單心態上很好，而且也很有 talent。

所以，你看見這兩年一些最受大家歡迎的，大多是新人，或者是 indie（獨立）界的代表，他們沒有大公司 support，其實這些人從來也在，只是你有沒有將 focus shift 向他們那裏，他們一直不斷在做音樂，不過你永遠只是望着某一部分歌手而已。當由於某些原因那些人可能停工了，但另一班人仍在繼續創作，去到這個時候，你便看得見他們了：「嘩，原來很『正』的，有一個叫做林家謙，有一個叫做 Serrini，又有個叫 Tyson Yoshi。」原來有很多我們所謂「地下」的一點也不「地下」，你可以看到「有危便有機」，亂世出英雄嘛。

這一年其實也是很開心的，我看到很多人冒起，或者是多一點人知道他們所做的東西，甚至乎是原來有很多人是因為他們而留意本地樂壇，現在已不再是：「沒有啊，我只聽 K-pop 的。」又或者只聽歐美的。所以這一年我覺得是頗意外的收穫，譬如有時我們會看到 audience 給阿 Jer 的 comment 說：「你們做的這幾首歌那樣那樣……」即是他們又 read 到我們的 message，而且聽回廣東歌，這個是我意想不到和很高興的。因為其他人說甚麼「樂壇已死」，其實是不會的嘛，怎會死呢？其實只是那個 format 轉換了而已。如果你覺得還是需要賣不知多少萬張唱片才叫樂壇，那麼 sorry 了，那當然是死了。但我常常說，時代巨輪正在運行，是沒有人可以阻擋的，你只能夠跟它一起行，只能夠思考如何在當中做得好一點。

其實，你只要改變自己去 adapt 現在這個世代，就不會「死」了。以前是買唱片，接着開始有盜版 CD，又有人開始說「死」；有盜版也「死」，然後有 MP3 又「死」，怎樣「死」呢？只是整個 format 轉了而已。或者這樣說，當我們返回幾百年前只有 live show，而沒有 recording 的時候，那麼你便去做 live 啊。你現在做的歌放上各大平台那裏，其實只是派卡片而已，你不要想在那裏賣到多少。Sorry，現在那裏是不會令你富裕起來的。那麼便做 live 啊，今年也有很多 online 的 live，也很成功。其實，那些全部也是一些很好的機會去 spread out 你的作品，或是你整個人。這就是新常態，不像從前我要開紅館啊甚麼甚麼，不是的了，我覺得現在真的不是這樣。

只要肯做，香港流行曲就不會死

我是樂觀的，我從來對這些東西也很樂觀，因為只有你才會自己做「死」自己。其實你只要願意做、用心做便不會「死」。絕處怎樣也可以逢生的，這麼多年來也是這樣。不要常常亂說以前八十年代、九十年代很豐盛，move on！你要知道地球從來也沒有停過，無論發生甚麼事，甚至現在 COVID-19（2019 新型冠狀病毒），有沒有崩潰？它仍然在轉。你不要站在原地想當年，真的不要這樣，不要浪費時間去想當年。你如果常常想當年的話就沒了啊！其實過去了嘛，那些日子你可以懷念，你可以想起之後笑一下、開心一下，但不代表那是最好的，You'd never know，明天可以更好！你不動便不會好，你動一下便有機會變得更好。

我覺得無論音樂也好、做人也好，道理也一樣。可能我已經去到這個年紀了，開始很怕看見那些年紀差不多大的人在這裏說：「嘩！那時多麼好啊！對不對？」對，但不代表現在不好嘛。那時好，現在也可以好。在某些情況下，那時可能舒適一點，機會多一點，但其實現在可能更好玩啊，對不對？就算我現在讓你回去，你也未必覺得好玩的。我有經歷過，那時有那時的好玩，但你在九十年代時也可能會說八十年代有多好。如果我再這樣數算，六十年代也很好啊，如果你總是要鑽牛角尖的話，怎樣也會鑽到的。

本地流行樂壇前景：經歷高低潮是平常事

我沒有想過，我從來也沒有覺得本地流行樂壇是有病還是死了，所以沒有想過它現在是「復活」還是甚麼。我從來也覺得現在好像是一個 journey，一個 journey 總要上斜坡，要走一條窄一點的路，沒有水時便要「潤水」；這裏有車坐，那裏我們不用急，停一停，欣賞一下風景，或者紮營，我們明早再走過。這是一趟 journey，還有這個 journey 最「正」的地方是甚麼呢？就是沒有目的地。玩音樂的好處便是你玩到死的那天也可以繼續玩，臨死之前的那一刻你也可以在舞台上，對不對？嚴格來說，真的是這樣，又不是有年齡上限或體力上限，沒有的，你看我都幾十歲了。

所以我們要想一想為甚麼會被淘汰，如果有些東西你不跟時代一起走下去的話，你被淘汰也是應分的。所以為甚麼我要跟現在的「小朋友」說，你要在這個時候 set 好你自己的心態，你要貪心一點，不要自己封了自己的路，因為如果有朝一日你做了十年、二十年後才發覺糟糕了，我這二十年只會烹煮一味餸菜，去到那個位置你要重新再學，難道你要返回二十年前嗎？不行的啊。所以 from day one 你便要訓練自己可以很 flexible，總之你要「周身刀」。或者這樣說，你先不要自己推開一些機會，你要 embrace，你可以喜歡某種東西，但並不代表其他東西就是不值得你去接觸、不值得你去研究、不值得你去學習的。譬如中樂我也很喜歡，我很喜歡把一些中樂的元素放在流行曲中。我 so far 也叫做過一下，也很開心。我慶幸自己是這樣的人。

我到今時今日也覺得還有很多東西未做，還有很多東西未學，還有很多東西未玩，不做是不是很不值得？可能有很多跟我差不多時期入行的音樂人，要不是退休，就是轉行了，或者正在過第二種生活。這也沒有問題，每個人對於自己的生命有不同的追求，但我就覺得讓我繼續玩下去就可以了。給我長命一點，讓我繼續玩，也好過我今年很厲害，但我之後不能玩。我不想這樣，所以我說我已經很幸運了，沒有東西可以怨了。

編者的話

王雙駿，行內人稱為 Carl 叔叔，是香港非常資深的作曲人、編曲人及監製，更是少數能夠出色地製作出不同類型音樂的製作人。他喜歡挑戰自己，不會停留在自己的 comfort zone，所以可以經常製作出不同類型的音樂。從訪問中可以感覺到他對於音樂的追求是永無止境的。他不斷強調「玩」的重要性，而他亦非常享受音樂製作的過程，更重要的是他經常保持不斷學習的心態。正由於這個原因，他才能在香港樂壇屹立三十多年，並仍然能製作出最前衛的音樂，所以 Carl 叔叔對音樂的熱誠和態度是很值得新一輩的音樂人學習的。

（訪問日期：2021 年 11 月 8 日）

第二章 朱國英

朱國英（Tony Chu），1992 年加入香港音樂行業，擁有豐富音樂版權及唱片業務管理經驗。於百代音樂版權（EMI Music Publishing）的十二年工作期間，致力推動中港台音樂版權發展，亦曾與多名知名創作人合作。2011-2023 年期間擔任香港作曲家及作詞家協會（CASH）理事，協助該版權協會的發展。目前於寰亞音樂（Media Asia Music）擔任行政副總裁，管理唱片部門日常運作及業務發展。

歌曲作品背後的版權管理人——朱國英

入行三十載，由改編歌年代開始

我是在 1992 年加入香港音樂界工作的，現在已經入行約三十年了。最初加入一間叫嘉音唱片的公司（已結業），當時旗下藝人有倫永亮、李國祥、李樂詩、李蕙敏等人。剛入行的時候，我並不是處理歌手的歌曲製作及宣傳等方面的工作，而是加入了一個叫版權部的部門，主要負責詞曲作品版權的運作（music publishing），例如如何授權，如何收版稅，以及如何管理創作人。

那個年代香港的音樂製作及出版主要以做改編歌為主，幾乎有七成都是日本及歐美的歌曲。當時韓國歌曲並沒有現在那麼流行，主要都是改編日本的歌曲。嘉音唱片的總公司在日本，它只是在港設立的分公司，日本總公司叫 Pony Canyon，而台灣的分公司叫波麗佳音，因此當時都有代理一些日本知名作曲家的歌曲。所以，我除了處理版權的工作以外，還可以聽很多日本已經出版了的音樂，甚至有機會接觸到在日本製作而快將出版的歌曲。

我的工作是將手上已有的音樂資源，推介給本地不同唱片公司的監製以及不同崗位的人去篩選。如果合適，就會用來作中文的改編歌，讓不同歌手選用，這就是我入行初期做的工作。我亦會負責管理那個年代頗為有名氣的音樂人，例如倫永亮。他除了是本地歌手還是一位創作人，所以我也會管理他創作的歌曲的版權。另外，我也負責處理很多作曲人和填詞人的版權。那個年代其實還未有很多人擁有自己作品的版權，即現在所謂的「original publisher」在當時並不太流行，因為當時是以改編歌為主。此外，當年的創作人都是 freelance 性質，他們幫一家唱片公司的歌手寫完歌，就把歌曲簽給該公司的版權部。當時我很慶幸遇到一位很有前瞻性的老闆叫 Susanna Ng，她覺得創作人應該擁有自己的創作版權，而當唱片公司需要用他們的歌曲時，便應由創作人以授權的方式讓唱片公司使用，而不是把歌曲「簽死」給唱片公司。由於初入行就可以與那麼有名的創作人工作以及管理他們的版權，那個階段提供了很多讓我學習的機會。到 1996 年，Susanna 再給予我機會加入 EMI Music Publishing Hong Kong 工作，我在那裏工作了十三年，主要負責詞曲版權的管理。因為 EMI Music Publishing 是國際公司，所以我有更多機會接觸到外國的東西。

我到 EMI Music Publishing 工作時，因為已累積了管理本地歌曲版權方面的經驗，所以我當時開始去台灣新開的分公司，接觸台灣的創作人，把香港的經驗帶到台灣交流。那邊的創作人都認為香港在音樂版權的運作方面是頗為先進，所以我們在台灣都順利開了分公司，而且發展得不錯。

幾年後，我又再有機會在 EMI Music Publishing 北京開設的分公司工作。直至 2008 年，我才離開 EMI Music Publishing，並嘗試做自己的事業，開設了自己的版權公司，繼續與以前管理過的創作人合作，包括何韻詩與何秉舜的 Goomusic、陳奕迅的 Easyjoint 和音樂人 CY Kong（江志仁）的 See Wise Productions，他們都委託我處理版權的事宜。管理一年左右後，我便覺得一個人管理太吃力了，所以我將這些作品的版權管理的 administration 工作都交予舊公司 EMI Music Publishing 負責，畢竟大家關係都不錯。2009 年 10 月，由於當時英皇唱片需要找一個人去管理版權的事宜，之後我便去了那邊工作了一段短時間。

後來在 2010 年，我便加入了東亞唱片，並一直工作到現在。在 2012 年，公司成立了寰亞音樂，以拓展更大的中國內地市場。加上東亞唱片早期收購了華星唱片，所以我的工作範圍內便需要管理三個 labels 的事宜，即寰亞音樂、東亞唱片及華星唱片。我在加入了這家公司以後才算真正加入唱片製作的工作，因為以前只是管理詞曲版權以及擔任管理人。雖然現在也有這樣的工作，但公司有另外一位很有經驗的同事叫 Viki Chan（陳詠瑜）處理，而我就主要負責整個唱片部的其他業務，例如唱片製作、宣傳及發行等等。由於我一直是負責版權的工作，對於 legal document 或合約都比較熟悉，所以我還是想處理多一點公司在這方面的工作。除此之外，我也是 CASH（香港作曲家及作詞家協會）的其中一個 director，已經幫忙了七至八年的時間，也有給予 CASH 業務運作上的意見。

九十年代中電台帶動本地原創作品

我記得在 1995 年左右，商業電台宣佈會全力支援原創的作品。在每年一月一日舉辦的「叱咤樂壇流行榜頒獎典禮」上，該電台 CR2（第二台）的掌管人俞琤（YT）在當年的頒獎禮中宣佈開始支援原創作品。這並不是指不會播放改編的作品，YT 只是鼓勵大家推動本地原創。此舉對當時業界有頗大的衝擊，因為不少香港唱片監製都依賴改編歌。改編歌製作得比較快，在已有的製成品上再加工，會比較容易令他們知道哪些歌在本地市場流行，所以很快便可以製作出一首歌曲。

突然如此大的轉變，讓業界有些不知所措；而當時電台掌管人就將這個使命給了張學友。因為張學友當時被稱為「歌神」，既然是「歌神」，就應該在新的專輯中推動本地的原創作品。當然本地也有人寫歌，可是並不是很多，而且不算太活躍，所以業界當時會覺得：「怎麼辦呢？」雖然當時我不是在張學友所屬的寶麗金唱片公司工作，但是因為我做詞曲版權，而我當時所管理的創作人是可以跟任何音樂人合作的，所以我有時也會跟張學友的監製歐丁玉聯繫。我除了嘗試跟香港的製作人合作，還會去找歐美、新加坡及馬來西亞等歌曲的原創作者幫忙寫歌，以開拓不同地方創作人的作品。就是說，以前通常會選已經面世的作品改編，後來則要找還沒面世的 demo 作品去做歌曲。

八、九十年代的版權公司

八十年代後期至九十年代初也有幾間頗為活躍、並開始與作曲人合作的版權公司。例如許愿（Clarence），他當時有一間製作連版權公司叫 Fried Rice Music/Stardust Music，當時簽了新加坡一位很有名的製作人 Dick Lee（李迪文），還有 Peter Kam（金培達）、黃偉年等早期的製作人。為甚麼他們會有這樣的合作呢？因為當時許愿也創作了不少電影配樂，適逢黃偉年及 Peter Kam 也很擅長這方面的工作，所以就有這樣的一個合作關係，從而又管理了他們的創作版權。由於製作人通常都是不擅於處理文件工作的，所以 licensing（授權）的工作都是交託給別人做，這樣就交託了給我舊公司（嘉音唱片）的版權部負責。

另外，我也有負責很早期的一間版權公司 Passport Publishing 的工作，當時主事人是現在很有名的音樂監製 Alvin Leong（梁榮駿），還有很早便已很活躍的 CY Kong、陳輝陽及 Alex San（辛偉力），有一班很年輕的音樂人在旗下，故當時都有接觸過他們及管理他們的作品。

其實九十年代初，除了改編歌以外，最主要的本地創作者就是以上所談及的人了。當然他們也要跟當時的外國音樂競爭，因為改編歌曲在當時幾乎佔了市場的七成。他們當年在樂壇是很活躍的，由於他們大都是很棒的編曲人，而改編作品其實也需要做編曲，只不過是以「執聲」為主。所以那時候就算自己創作的歌曲可以獲得出版的機會不高，但他們在音樂工作上依然能夠得到可觀的收入，因為他們會參與很多改編歌曲的編曲，有些創作人甚至可以一天完成兩首歌曲的編曲。那個年代因為是卡拉 OK 事業十分蓬勃的時期，除了原裝歌手拍攝的卡拉 OK 版本以外，還有很多卡拉 OK 製作公司會製作跟原創聲音不一樣的 Laser Disc。當時有很多這樣的公司會製作俗稱「口水歌」的碟，這樣便衍生了很多工作機會。因為每首歌都要彈奏旋律，那時候我記得有一個音樂人一晚會彈二十首歌來錄製到光碟中，一晚彈二十首歌的話，已經有大約二萬元的收入了，就是說彈一首歌也有大約一千元的收入。因為有很多工作機會，大家都擁有不錯的生活條件。

同時，唱片公司的收入也頗為可觀，尤其是國際唱片公司的規模很大，在改編歌的年代，它除了令本地音樂生意很蓬勃以外，還可以向本地聽眾介紹外國的藝人，因為當改編歌曲受到歡迎，觀眾便會找原曲來聽。當時有很多精選碟都是改編作品的原裝版本，這些碟銷量也很好，甚至可以帶動那些國際藝人到東南亞地區發展；如果有時間和興趣，這些藝人也可以出席很多不同的演出和活動。因此，當時這一類國際唱片公司除了在母公司所在地發展得很好以外，所屬的藝人在香港地區亦受到追捧，他們的唱片銷量很好，使他們在國際層面的收入很可觀。那時候的嘉音唱片就有這樣的優勢，當時日本最厲害的兩個創作歌手單位，一個是中島美雪，我估計在東南亞地區曾經有七、八十首改編歌源自於她的作品；另外，還有一個男子組合叫 Chage and Aska，他們很多歌曲也被改編成為中文版本。嘉音唱片部門推出他們的唱片時，銷量也很好；另外，中島美雪亦因為這樣的緣故而有機會在香港文化中心開演唱會。

當時大部分的唱片公司都比較開放，它們只會選擇好聽的歌，而沒有特別限制說不能選擇別人版權的歌曲。其實現在也有改編歌，但通常這不會是優先考慮。例如，我現在的公司寰亞音樂旗下的歌手鄭秀文，她在四、五年前就很喜歡在網上尋找和聽不同的音樂，有時候聽到一些很好聽的歌曲，她就會告訴公司的同事說：「這首歌曲很好聽啊！有沒有機會可以做中文版？」例如她有一首作品叫〈Creo on Mi〉，就是她跟王嘉爾

（Jackson Wang）合作做出來的歌。其實，這首歌本來是歐洲的歌曲，後來找到是屬於 Sony Music Publishing 的版權，就找香港 Sony Music Publishing 幫忙去問那邊國家的公司可不可以讓我們去改編，它們同意之後，就做了個中文版本。然而，這其實是個偶然，要視乎歌手本身的想法，還有他喜不喜歡到處聽歌。

唱片公司考慮做不做改編歌應該沒有特別的原因，而是純粹考慮歌曲本身是否好聽。雖然 1995 年商台要全力推動本地原創，慢慢衍生很多本地的創作人，但其實到現在這個階段它們（商台）已經沒有在說原創曲，因為改編歌現在已經不是一個大氣候（常態），九成九都是原創作品，所以也沒有特別說你這首是改編歌曲，我們不太支持。現在不單沒有這種說法，大家也不會在意這首歌本身是否屬改編歌。另外，現在和以前有一個很大的分別，就是在改編歌很流行的年代，我覺得佔了一半以上的改編歌都是取自大家已經耳熟能詳的歌曲，例如會用很流行的歐美歌曲去改編。然而，現在則有所不同，例如之前所談及的鄭秀文，她不會去找一些很耳熟能詳的歌曲。她要改編的原曲通常都是不知道哪個國家、哪個藝人的。

處理改編歌版權的困難

我知道有一些業界朋友可能一直有一個錯誤的想法：我想要一首外地的歌便自己去買。但其實是買不到的，因為這首歌的版權是不會屬於你的。他們也可能會問：「你買一首歌回來改編是不是很貴的？」其實從來都沒有「貴」這個字。我不排除韓國版權公司會想收一個很貴的價錢，它們比較關注授權費的多少。但是歐美、日本的考慮從來是跟錢無關的，它們會覺得如果你們想改編我們的作品，就要看你的歌手平時唱甚麼類型的歌曲；第二，就是要你們先寫中文版的歌詞，然後翻譯成它們會看的語言，有些甚至會要求直譯。其實這是頗為困難的，但是如果它們有這個要求，通常我們都會寫跟原曲很接近的題材，甚至把句子寫成跟原曲類似的意思，那麼它們可能就會批准你改編它們的歌。有時候它們沒有要求你寫原曲的那些內容，但如果覺得都適合那首歌，改編後的詞就算未必與原曲一樣，通常都不會偏離太多。例如本來是情歌，如果要改編成宗教音樂，它們便會考慮是否批准我們去改編，他們批准的準則不是在於金錢。

改編歌其實有兩個主要做法。第一個，由於所屬公司不想你們做出一個版本跟原本的編曲有太大的偏差，有時候它們會直接問原本的編曲是否適合我們使用。如果編曲適合中文版的話，那麼就授權那個編曲的版本給我們使用，然後就需要商討價錢，這就可能視乎本地唱片公司是否負擔得起。其實本身重新編曲也有一定的支出，所以亦會考慮原本的編曲是否適合我們本地的藝人唱。第二個，有可能因為要轉 key 而不能用原本的編曲。當然也有其他不同情況，不過是否重新編曲，機會其實也是一半一半。

科技帶動與外國音樂人合作的機會

因為我本身不是一個製作人，並不是「落手落腳」做

technical 的東西，所以未必能夠在 technical 的事情給予任何評論。但是如果就錄音科技而言，例如器材使用，當然是變得愈來愈先進，這樣便促進了跨地區性的錄音工作。雖然音樂製作最好是大家在同一個環境進行製作及錄音，這樣整體氣氛上會比較舒服，溝通也會比較好；可是因為疫情關係，科技讓我們可以遙距透過網上溝通而能夠完成錄音。其他部分例如混音以及後期工作，如母帶處理等等，很多時候也會尋找外國頂尖的音樂人幫忙。近年十分流行與這些外國音樂人合作，故科技上的方便除了讓我們可以尋找出色的音樂人以外，也可以幫助我們尋找其他地方的音樂人，從而有多一點不同的可能性去製作音樂。

不過，尋找頂尖的外國音樂人合作，通常都純粹是由香港的音樂人主導。因為唱片公司在音樂製作及水準的要求上，一般都不會給予太多限制，我們通常只是給予預定的 budget 讓音樂人去做音樂，不會干預他們找甚麼人合作，最重要是最後成果的質素，保證歌曲是唱片公司可以用的。

唱片商要平衡銷售量及作品創意

我想如果可以兩邊平衡便是最理想的狀態。唱片業務範圍其實很廣泛，在我自己的工作範圍中，我們會先關注音樂的創意，還有就是以音樂人與歌手的自由度作為首要。至於如何將音樂化為生意，也是唱片公司另外一個要面對的問題。尤其是我公司有一個很好的資產，就是我們在十多年前買了華星這個寶貴的 catalogue 回來；另外，當時我們也買了劉德華一個時期的 catalogue，讓我們公司有幸可以從這個寶貴的資產去產生收入。因為這些財政上的幫忙，我們公司可以支持新歌手的發展，從而取得平衡。不過以純粹生意的角度而言，若然問唱片公司，十間有九間都會說不會不顧生意的部分，當然拿到平衡就最好了。

科技進步下揀選歌手或歌曲的考量

唱片公司在簽歌手時絕對會有不同的考量，所以在每一家公司裏面能夠容納的歌手類別都會有一定的規劃。例如，市場上可能有很多有創意或者有自己風格的歌手，不過他們在創造收入方面未必是最理想的，那麼公司可能就會希望在 roster 裏面可以有不同類型的歌手，他們有不同的能力而讓盈利收入方面可以取得平衡。因為我們公司也有很多不同的歌手，所以在這方面需要有所規劃。例如，我們有一些商業性比較高的歌手，所以在收入的平衡上也是做得不錯的，但是我又覺得不可以不讓一些新晉歌手有機會發展。很多時候較商業性的歌手會比較容易有更多的收入，而這通常都會集中於一些較資深的歌手，因為他們比較有能力開演唱會，以及創造其他方面的收入。但年輕的歌手可能還需要時間去發展，所以我們在取得平衡時，也要支持新人的發展。

現在基本上除了傳統媒體以外，另外還有數碼媒體，即是 digital media。本地有很多很成功的付費音樂平台，好像 KKBOX、MOOV 等等。另外，因為科技進步，令到一些如 Facebook 或 Instagram 的 social media 變得很普及。那麼這會不會影響我們如何評估，又或者選擇與哪些歌手合作呢？這當然會成為我們其中的一個選擇指標。現今的唱片公司就如一個有經驗的團隊，以輔助的方式去幫助歌手發揮本身的才能。通常歌手本身已經有經營一些東西，而唱片公司的角色就是看如何把它的效益發揮到最大。這很多時候都要看藝人本身的主動性，還有他（或她）有沒有甚麼想法。簡單來說，歌手是否勤奮都會有直接的影響，因為你在 social media 愈是活躍，便愈能讓其他人留意。這就很容易帶動到觀眾留意得到你的作品，甚至牽涉到收費平台上你的歌曲的流行度，所有事情都是有關連的。所以，如果說到科技對唱片公司在歌手的投資、合作等等之上的影響，其實歌手本身也有一定的條件能夠讓我們參考。

不過，我們也會考慮和像「一張白紙」的新人合作，因為他在外面沒有人認識，我們可以由零開始和他溝通，再發掘他的才能，然後再透過傳統方式或以現在的科技去幫他 develop，這也未嘗不是一件好事。因為沒有前設嘛，所以考慮用這些素人的好壞比重上，我覺得是一半一半的。或者，我可以用另一個角度去講這件事：科技的出現本身已促成不同音樂平台的發展，好像最早期就是手機的鈴聲，由最初的單聲道發展到可以用唱片公司的錄音作鈴聲，其實這某程度上已經衝擊到音樂行業的市場。概括一點來說，在未有這些事情發生之前，音樂界裏最重要的還是實體唱片的銷售。在這種實體銷售中，唱片公司與版權公司已經建立了二十多、三十年的關係。例如，唱片公司要用作曲人及填詞人的版權時，應該如何去取得授權；而在一些 license 上，每方面的事情都已經有了所謂的「定價」。千禧年左右因為手機鈴聲出現，而這些商業事情在過往實體銷售運作中是沒有出現過的，所以當時其實有不少衝擊，讓我們思考應該如何對待這種轉變，包括大家在收入上應該如何去計算。因為我們以前是沒有這方面的規則的，對於如何拆帳、如何訂立規則等問題，我們都是毫無頭緒的。

其實那時候就曾經發生過一點小風波。因為始終香港有很多國際唱片公司，它們的總公司都是在外國，而這種衝擊並不止限於香港，世界各地也同樣面對，所以這些本地的國際唱片公司也需要參考他們總公司在歐美或其他地方的做法。這些國際公司在那時候便需要不斷與其他公司進行交流。雖然最後都能訂立了一些規則，不過卻花了一些時間。除了公司之間去訂立所謂的計算方法之外，當時最大的困難其實就是處理這些網上平台如何獲得版權持有人的授權、以致它們可以營運的問題。那時候，我記得香港最早期應該是 EOLAsia 的「一按來音樂網站」（Click The Music On@EOLAsia.com）開始做合法的數碼音樂下載，而 MOOV 亦都開始成形了。由於香港一向都是實體運作，例如唱片公司要這首歌曲，當需要裏面曲詞的版權時，就要找相關的公司去處理。這種工作關係已經建立了二十多、三十年，大家都已經很接受，對於這種運作模式亦已經很熟習，而且很多時候都只是牽涉本地的公司。但當要在 digital 的音樂平台做生意，以 MOOV 為例，突然之間發現如果要在不同公司得到本地與外國歌曲，原來有三百萬首。那麼究竟如何可以找到那三百萬首歌由誰去寫，而創作人又屬於哪一家公司呢？

當時那些音樂平台公司便要面對這樣巨大的困難，大家都不知所措，究竟這個生意怎樣去做，如何可以用得到那些歌曲？不過慶幸的是，香港有一個版權聯盟，那個聯盟其實已經成立了很多年，叫作 Music Publishers Association of Hong Kong（MPA，音樂出版人協會香港有限公司）。香港本地比較活躍的作曲及填詞人版權公司，在那個年代大概有二十間，而現在則大約有三十間，當中包括那時候我所工作的 EMI Music Publishing、Universal Music Publishing、Warner Chappell Music 等等。其實，有很多這些公司在香港做生意，它們有這樣的一個聯盟，並且大約每三個月開一次會，以交換市場消息，又或者在業界上有一些 licensing 的模式需要 upgrade，它們也會討論。我在 EMI Music Publishing 工作的時候，適逢亦擔任那個協會的 chairman（主席）。那時候大家就開始想一些方法，希望可以幫助到 digital 音樂平台在業界的運作。最後大家想到一個方法，就是透過 CASH 協會去做，因為本身 CASH 協會就管理着全香港公開播放的作品的版權，所以 CASH 擁有全部版權公司的曲詞作品資料。至於如何可以幫助到這些音樂平台，如何可以找出這三十多家公司然後每首歌曲去 check 呢？我們就找到一個 one-stop（一步到位）的方案。我們所有會員授權 CASH 協會，叫它去跟這些客戶協商，一次過給予一個 collective license 它們使用，那麼就可以建立到正式授權合作的關係。CASH 會幫這些版權公司收錢，然後再分配到對應的公司與創作人，從而讓類似 MOOV 這些 digital 的音樂平台可以運作，而不用額外請五十個人天天去 check 版權的問題。不過台灣就真的很厲害，他們真的可以用這種方法，例如 KKBOX，它們逐首歌曲去查，仍然可以用這個方式運作；香港就用我之前所說的模式。當業界逐漸出現其他 digital 的音樂平台時，便仍然繼續沿用我說的這個方法，甚至直到現在大家依然也在用這個方法。這個也是科技出現以後業界運作模式的一個轉變。

那麼科技的進步有沒有令唱片公司的銷量有所下跌呢？絕對有。在音樂生意上，實體和 digital 的關係在慢慢地轉變。一開始可能百分百是實體銷售，然後當科技慢慢出現後，開始有兩成是 digital，八成是實體。這個情況一直慢慢地改變，到現在我相信絕大部分唱片公司的收入都是 digital 大於實體銷售。但若說現在是否可以回復以前的收入呢？我覺得不同公司有不同的情況，要看是全世界還是單純香港。如果單純以香港去計算，我覺得現時 digital 的收入仍然未可以補償得到實體銷售的跌幅。但到了國際層面，我們可以從新聞裏看到包括環球唱片、華納唱片、Sony 唱片等等，這些公司的業績都是上升的。它們業績的上升可以反映出 digital 的銷售其實是可以補償得到實體銷售的跌幅，但是在香港的層面，digital 的銷售則未必能補償得到。

有這情況，我覺得是因為過往實體的銷量實在太大了。以前每一款實體款式可以推出很多不同的版本，以致在九十年代實體的銷量非常之大。至於 digital 的模式是以月費聽歌，由於香港的人口不多，再加上很少人會 subscribe 多於一個音樂平台，所以當市場成熟了後，就如現況一樣。以往實體銷售時，可能會因為有新的銷售策略而增加了唱片的銷量，但 digital 的話，無論音樂做得如何出色，又或者有不同的版本，最終聽眾也只須付大約四十八元的月費去聽，這就是一個叫作

streaming（串流）的市場。本身實際下載（download）的市場，基本上對我個人而言已不存在，因為那已經不是一門生意了。最早在蘋果出 iTunes 的數年間，我覺得都算尚好一些，因為 streaming service 並沒有現在那麼多。不過當慢慢大家都以月費的形式去聽歌，這便導致了實際下載市場的數字變得很低。因此和 Apple 的合作，我覺得那只是一個很皮毛的收入；還有其實 iTunes 說了很多年會被取消，蘋果也説過要放棄 iTunes download 的業務，因為它們也未必能做到收支平衡。

唱片公司現時的營運策略

唱片公司現時的業務沒有規限一定只做唱片的發行、宣傳及製作，而很多時候當簽了一個藝人回來時，如果他懂得創作的話，唱片公司也會希望他創作的作品能由旗下的版權公司負責管理，亦希望他們的經理人合約可以在唱片公司的範疇內，甚至希望有權幫他開演唱會。因此，那個歌手給予公司的 right（權利）愈多，便可以令唱片公司更容易發揮，也能在規劃及收入上更容易得到平衡。當然有時候，有些歌手可能不是每方面都簽給唱片公司，但如果覺得他真的很有潛質的話，唱片公司都會去做，只不過通常都希望所有方面也可以包含在合作範圍裏面。

通常一般歌手都是先簽約一間經理人公司——你可以當是我現在的公司，因為我公司旗下也有經理人部門。不過，外面也有獨立的經理人公司，而基本上所有的 rights 都是屬於經理人公司。這些經理人公司會拿着這些 rights，去尋找合適的合作夥伴。例如，在尋找合適的唱片公司去商討合作的事宜時，便需要考慮，是否把所有 rights 都按條件給予唱片公司呢？一般而言，唱片公司當然希望全部擁有，但是當這個藝人和他的經理人公司有條件去作出選擇時，他可能會覺得外面的演唱會公司做得更好，所以便希望將來是由那間公司來舉辦演唱會，而合作的唱片公司只需負責唱片的製作、發行和宣傳。他們會篩選，而這便取決於那個 artist 和經理人公司本身有沒有那個談判的條件了。

這是一個很普遍的現象，原因在於香港的音樂圈裏面，很多監製和製作人都會留意市場上一些有潛質的藝人歌手或者 singer-songwriter。由於現今科技很先進，大家不需要很大的投資，就已經可以有基本的音樂器材去幫那個歌手做到一些初步的作品。監製和製作人在那個階段可以和 artist 建立起一種互信的關係，而這些製作人亦與唱片公司有多年的合作關係，所以他們會很積極地介紹那個新人給唱片公司，這也是其中一個 artist 入行的途徑，或者說是現時普遍的入行方式。這種方式可以幫助唱片公司除了在市場上自行尋找歌手以外，更多了一個管道，通過音樂製作人更容易 spot 到一些 artists。本身我公司也很歡迎這一類型的合作，例如馮穎琪是我自己在公司簽的第一個 songwriter，我跟她也是二十年的朋友；當她發展 Frenzi Music 時，我覺得她旗下的 artists 很 talented，所以便和它們合作。最初和 Frenzi Music 開始合作的時候，當時只有兩個 artists，一個是黎曉陽，另一個是鄧小巧。過了兩年後，我們又覺得，它們新加入的樂隊 Nowhere Boys 也不錯，所以就想看一下有沒有合作機會。至於我們和另一間公司 Strawberry

Fields 的合作便有少許不一樣，它本身就是一間運作很獨立的公司，只不過是想找一些發行管道或者版權管理的合作方式。Frenzi Music 則不一樣，它們希望在製作方面繼續由自己負責，宣傳發行則交由合作夥伴全力去做，唱片投資都是由我們公司負責的，藝人管理則大家合作。

我們會採取如此 flexible 的合作模式，是因為我們很欣賞那個 artist。我們先沒有理會他是屬於哪間製作公司，因為我們很難留意外面整個市場，有時候甚至不知道那個 artist 是否已經有公司，又或者公司擁有權可能比較複雜。所以我們首先希望認識 artist 背後的團隊，然後瞭解大家是否「合得來」。因為一切都要看大家的做事方式和風格等，如果大家都「合得來」才會合作。我自己在公司九年內第一次有這一種合作是 C AllStar 這個組合，他們的公司是 Kingdom C。本身我們已經覺得 C AllStar 這個組合挺有趣，碰巧公司的同事以前和 C AllStar 的老闆和製作人在新城電台是同事，所以就問一下他們，然後就一拍即合了。我們已經合作了九年，大家都很尊重地各自發展，也做到成績。在互相信任的前提下，就有更高的自由度讓他們製作音樂，我們負責公司最擅長的宣傳和其他東西，至於製作就交給他們；但大家如果有意見，也會很願意溝通，一起商量怎樣去發展。這類型的合作模式在過去這麼多年一直都有，只不過現在比較普遍。不過，唱片公司也不能過於倚賴其他公司去發掘新人，不然就會變得很被動。正如剛才所說，我們還是要經常留意市場，只不過有時會發現，那個有潛質的新人背後原來是有團隊的。

數碼化下不同公司合作發行

因為我們唱片公司未必會投放很大的資源在歌曲上架及版稅分配系統（system）上，很多時我們的焦點都是集中在製作和宣傳上，所以無論是版稅或是現在 digital 發行的一些配套，我們都會找合作夥伴。好像華納唱片便會幫我們做這些 digital 的發行工作，這也是我剛剛提到的科技帶來的影響和方便。譬如說，原來某些唱片公司會在 system 的 development 這些科技上投放很多資源。在這個領域上，外面的獨立公司是不會有這些配套的。以我估計，外面的獨立公司之所以要找唱片公司合作，除了是因為風格上很「夾」，或者想得到唱片公司的投資以及依靠它很強的宣傳能力之外，另一個原因就是由於唱片公司可以提供 system 上的協助，例如版稅計算、發行事項，而且在上架之前都要透過一些系統才能進行歌曲的 delivery。這種合作提供了獨立公司覺得方便的模式，而它們自己又不用投資這些配套去做事。除了唱片公司會有這些好的配套以外，外面還有其他獨立提供這些服務的公司。外國有很多這些 service provider，香港有一間叫 Golden Dynamic Enterprises Limited，它會提供上架服務。缺少了這些類型的公司，歌曲是沒法上架的。

發行其實是一個頗複雜的過程。過往在實體銷售的情況下，可能會簡單一點。一個歌手如果不找唱片公司，只要認識一些外面的唱片行和拆家（wholesaler），帶着自己的作品去找他們，而他們也對你的音樂有興趣，他們就可以幫你處理好。但是 digital 的話，就算你做好了一首歌，然後去 Apple

Music 敲門，它們通常都不會做你的生意。因為基本上需要某些 system 才能將你的音樂 deliver 到平台上，所以需要中間人（service provider），這樣才比較方便。透過剛才提及 service provider 的合作方式做，歌曲某程度上是全世界都能上架的。

這種營運模式可以從兩方面看。一方面是好事，因為你的歌可以被世界各地的人聽到。雖然最後是否世界各地的人都會聽是你很難掌握得到的，但至少有個平台，這永遠都是一件好事。然而，當你比較一下以前沒有科技的時候，你可能會問，為何那個時候的歌曲的流行程度和關注度會更加高呢？因為以前流行程度是掌握在傳統媒體的手中，香港唱片公司需要宣傳的媒體就只有那幾間電台及電視台，只要你歌曲的水準足夠，那十個、八個媒體又同時願意替你大力宣傳，你那首歌便差不多是整個香港的焦點，一般人聽歌就是聽當月那十首歌，這就是令那首歌流行度高的原因之一。相反，現在科技發達了，每個人都用 subscription 的形式去電子平台聽歌，他們可以自己選歌，包括非本地的歌，這便會把注意力分散了，而且很難整合所有媒體一定要幫你同一時間只推一首歌。加上，現在的聽眾有太多選擇，先不計其他的娛樂，就算聽歌都很難只是專注於一首，這令業界都覺得再有一首流行度很高的歌是很難的事，因為有很多新事物令新歌變得很快就過時了。對於唱片公司，唯一不變的策略就是要做最好的產品出來，那是在所有環境底下基本上都一定要做的。只可以說唱片公司是在如此多媒體的情況下，盡力令更多平台幫助自己宣傳。

科技下的舊酒新瓶：經典作品再版發行

科技的進步很多時都會開發到一些新 format（格式）的出現，就算是 CD 都有很多不同的 mastering 的方法。一直有人研究不同的方法，使舊的 catalogue 聽起來有不一樣的感受。一些國際公司如 Universal、Sony 會有部門專門去負責這件事，外面亦有一些科技研發的公司，它們會在音樂上發掘一些新的模式。因此，當有新 format 推出的時候，若你的 catalogue 是有代表性的話，就可以透過新 format 重新出版，從而產生收入。譬如我公司很經典的歌手就是張國榮和梅艷芳，當有新 format 的時候，他們的作品就可以重新推出。不過我們也必須小心而不能太過分，因為始終來來去去都是那些歌，所以需要篩選一下，看看其實那首歌在市面上是否真的很受歡迎。就算舊 catalogue 真的很有潛力，但做了出來也不能讓享受音樂的朋友覺得太濫。

我們跟歌迷會有密切的聯繫，有時會因應他們的要求，例如為某周年紀念而去做，所以大家都會去發掘一些我們已經保存了，但還未被發表的母帶。雖然那是一些珍貴的寶藏，但為何以前沒有推出呢？會否是因為歌手不喜歡才沒有用那個 take 呢？我們這一代未必會知道那時候發生甚麼事，除非去問製作人，所以要很小心處理。我們公司也試過，可能買回來的母帶太多了，當時不能做完；那麼我們就會去找不同的同事或者外面的 studio，請他們幫忙將一些積存下來的寶藏，或者是在 master tape 找到的一些合適的歌給樂迷聽。雖說這是一門生意，但也可以令樂迷聽到一些以前未被推出的音樂。

這些舊歌的銷售保證是大於新歌的，因為坦白說，在市場上有很多收藏家或者是忠實的樂迷，無論推出甚麼他們都會買。若是新歌的話，很多時現今的聽眾也不一定要收藏那個實體碟，因為現在太方便，在不同的 digital 媒體都可以聽得到，所以新一代歌手的實體銷量可以預期是愈來愈低的。反而舊的經典，target 是比較年長的樂迷，他們在情感上覺得需要收藏，所以對象上是不同的。剛剛提及的一些重新再做，或以不同 format 出版的作品，它的對象都一定不太是年輕人。雖然我們也有心想推介給新一代的聽眾，但效果一定不及想收藏的人。

香港樂壇愈走當地語系化，愈要增撥資源協助新血

如果把香港和外國對比，首先應該是市場 size 的不同。以疫情為例，當舉辦實體演唱會變得很困難，網上或虛擬的音樂會就能幫助歌手有演出的機會，不過這在香港的市場是不容易看得到的，因為大家大部分時間都只是做一些免費的 concert 以維持 artists 的曝光率。由於外國的市場大，例如韓國歌手想辦一些 virtual concert（虛擬演唱會），可能在同一時間便可以有幾百萬人在看，從而帶動收入。反觀香港的市場比較小，未必能實現帶動收入的效果。

另外，就是各地文化的差異，韓國政府會投放很多資源支持音樂業界。此外，韓國的音樂人有很多都是從外國學音樂回來的，而且大部分都在外國成長。我不敢說是否有直接的

關係，但這無疑可以使韓國音樂更好地迎合外國市場。另一方面，韓團作為偶像，鮮有來港接觸歌迷的機會，所以每當他們來港時，香港的樂迷都會很瘋狂。反之，香港的歌迷很容易就接觸到本地的歌手，因此不會造成這種追星的情況。再者，在音樂的層面而言，香港音樂的局限性愈來愈多，現在只有本地市場。有別於以往，香港音樂可以去到亞洲不同地方，現在外地的市場選擇相對多，他們有自己的音樂，所以他們現在已經不太需要香港的音樂。

目前，新的香港歌手是比較難衝出去其他地方的。以前舊的歌手有比較多的機會可以外出宣傳，例如到星、馬、台等地區，有能力的歌手可以到美加地區，甚至去歐洲做大大小小的演出。當時主要都是做給當地華人看，加上傳統媒體的集中，讓他們可以廣泛地流行。但到了現在，其實鄰近國家都不太需要外來的中文音樂，再加上現在歌手的流行程度沒有以前那麼高，未必有能力去海外演出，所以他們想親身到海外演出，機會其實比較低。雖然 digital 可以方便不同地方的聽眾聽到香港的流行曲，不過沒有傳統媒體集中的關注度，要衝出香港便變得很困難。加上現在社會的變化，很多音樂公司都會以很貼地的題材去做音樂，所以在香港生活的聽眾可能會很有共鳴，但其他地方的聽眾卻未必，音樂的本土化讓香港的歌手更難走出去。因此，香港音樂式微的主要原因未必是歌手的水準或創作的質素下降，反而可能是社會及經濟發展，以及音樂當地語系化的因素所造成。

我認為這個現象並不是一、兩間公司的策略就可以改變，也要看每一間公司是否有耐性去培育新一代的音樂人。我個人認為培養新人是必要的，雖然未必能夠做到世界性的流行，但是我始終覺得不可以沒有了廣東歌。另外，不知道未來的發展會如何，但所謂以往的「經典」其實也是累積回來的，雖然現在感覺好像廣東歌的聽眾少了，不過因為音樂也需要傳承，就算現在市場變小了，收入範圍沒那麼大，可是我覺得在五十年之後，當時的聽眾可能也會想聽這十年間的歌曲，所以我覺得應該做的我也會繼續做下去。雖然可能年輕的一代未必會有興趣追尋我那個年代的歌曲，即是八十及九十年代的音樂，但到他們年長之後，不可以沒有音樂給他們聽。雖然未必能夠讓現在的歌手衝出香港，但我們仍需要繼續做下去。

我覺得政府可以撥出多一些資源，例如搞音樂博覽，又或者讓香港本地的音樂人透過政府的資助去其他地方做表演。其實，目前政府也有些許的資助，政府在近六、七年曾支持過團體舉辦一個叫「搶耳音樂計劃」（Ear Up Music）的 project。我跟「創意香港」的朋友聊天時也覺得他們挺開心，他們的音樂都比較獨立，透過這個計劃，他們也有機會到海外不同的地方，甚至到歐美做音樂交流，這些都是由政府的 funding 去支持的。「創意香港」亦很滿意，因為政府每一年也有給予資助去幫它們發展。因此，我覺得如果有愈來愈多這類的支持，是會對香港樂壇的發展有利的。另外，香港音樂人比較缺乏場地，先不說大型的場館，就算小型的表演空間也不足夠，所以希望有多一點商界的有心人願意借出他們私人的地方，或者以比較便宜的價錢讓音樂人可以租場地來進行表演。某些地產商也有提供過以上的幫助，不過從另一方面看，它們也可以得到藝術上的包裝，讓其他人覺得那個場地有一定的藝術氣息。

另外，好像「創意香港」資助的「埋班作樂：音樂創作及製作人才培育計劃」等活動，亦能有效推動香港音樂發展。我就是其中的一個評審，我覺得它們整體的構思是給予新晉的音樂人機會去做音樂。這個計劃是以很有經驗的音樂人去帶領他們創作，因為如果全部都是新的音樂人，所做出來的效果未必能夠平衡歌曲的可聽度；加上有馮穎琪跟周耀輝主導，他們都很懂得怎樣去發動這類型的計劃，不但能在活動加入藝術性的元素，而且懂得動用身邊不同的媒體關係去做宣傳，讓活動變得更立體和更高水準。「創意香港」的朋友都很喜歡，如果有更多類似的 project 出現，我覺得是一件好事。

數碼年代下香港流行曲的發展

說起流行曲創意的發展，在唱片公司的運作方式下，創意可以說一直以來都受到固定框框限制着。例如，有些公司會期望歌手的歌曲不要太商業化，也有一些覺得不如為了迎合市場而集中創造很多不同的情歌。然而，當產業一直發展下去，因應 digital media 的運作，單曲製作開始流行，音樂的方便性變得更高，導致最近十年、八年有很多獨立的製作。我個人認為現今流行曲在創意發展上其實愈來愈好、愈來愈多元化，亦愈來愈多可能性。至於能不能廣泛地讓聽眾聽得到，是另外一回事，可是在流行曲的創意上我覺得音樂的質素是愈來愈好的，歌曲也變得愈來愈有趣。我不太懂得把本地流行歌曲與外國歌曲比較，但我覺得大家的運作模式其實差不多。當今流行曲在創意上的進步對唱片公司也有一定的衝擊，讓唱片公司開始反思其實不可以一直為了市場而墨守成規地製作商業掛帥的作品。其實我們公司已經算比較開放，可以容納不同類型的創作者，而現今的傳統媒體也開始有支持這些獨立音樂的趨勢。

至於唱片公司的發展方向，通常是由一個團隊去決定的。為甚麼是由團隊去決定呢？因為會牽涉到不同崗位的工作人員，他們是否有能力，是否適合去做，都是要由團隊自己去判斷。如果團隊覺得不適合，可是高層又要求做另類音樂，而同事又未必懂得怎樣去做，便需要整個團隊去決定。除了一些獨立唱片公司有很明顯的風格之外，其他比較大的唱片公司都是相對多元化的。當然我們會做有市場的音樂，因為這樣才可以有資源去支援比較有風格的音樂創作，我們很難只做「不賣錢」的音樂，很少會有這種狀況。

本地樂壇前景：
流行曲貼近社會風氣，細廠牌要尋找生存空間

以前情歌可能在比例上會比較受大眾歡迎，因為普遍較能讓大眾有共鳴。可是現在的趨勢下，我覺得會有比較多非情歌類的歌曲出現，未來也一定會有更多情歌以外的音樂。因應社會的變化，也會有愈來愈多貼近社會狀況而創作的歌曲。當然，大家都懂得拿捏尺度，不會創造太偏激的歌曲出來。我覺得未來音樂一定會變得愈來愈多元化，第二就是歌曲創作會趨向更貼近社會風氣。

我們唱片公司一直以來都面對很大挑戰。大的廠牌比較容易生存，至於一些較小的獨立公司，它們生存的空間就在於有

沒有願意投資的人士去支持他們的運作。然而，投資者的耐性不大，所以有些品牌可能過了兩、三年就消失了，但與此同時又很容易有一些新的公司出來做音樂。因為所謂的投資者，通常都有兩個目標：第一就是長久性的利益及盈利；第二就是投資者本身未必懂音樂，他們可能想在投資上得到一些名聲。因此，如果兩個目標都達不到，就只好轉移目標，把資金投資到其他事情上面。除非投資的人十分熱愛音樂，而財力上又能夠支援，才可以維持長一點的時間，否則一般所謂商業的投資，其實都很難維持一段長時間。

編者的話

科技的進步導致在互聯網的世界中尋找資訊非常容易，大量歌手的新聞或其他有關的事情都可以在互聯網中瞭解得到，有些對流行曲興趣比較大的樂迷甚至可以尋找包括作曲、填詞、編曲或監製等音樂人的資料。不過，對於唱片公司的運作，一般的普羅大眾似乎並不容易瞭解。朱國英作為唱片公司的高層，並在音樂行業工作了接近三十年，見證着香港流行曲的興衰。今次我們有幸從他的口中得知一些有關唱片公司的運作，並瞭解它們怎樣面對市場的衝擊，這個訪問對於想深入瞭解香港流行曲發展的人士有很大的裨益。

（訪問日期：2020 年 10 月 22 日）

第三章 朱偉文

朱偉文（Raymond Chu），香港著名錄音師和混音師。由 1984 年開始活躍於香港流行音樂製作行業，參與不同類型的音樂工作，在唱片監製、混音、錄音、電影配樂、廣告音樂、電影音樂製作及現場音響等方面均有豐富經驗。曾與多位歌手合作如：張國榮、梅艷芳、劉德華、黎明、張學友、郭富城、鄭秀文、許志安、陳奕迅、楊千嬅、陳慧琳、古巨基、容祖兒、謝安琪、張敬軒、麥浚龍、Twins、AGA 江海迦、Gin Lee 李幸倪、衛蘭、王灝兒 JW、王菀之、林奔匡、陳柏宇、泳兒、鄭欣宜、許廷鏗、吳業坤、胡鴻鈞、鄧小巧、羅力威、林欣彤、周柏豪、譚詠麟、李克勤等，是行內數一數二的資深錄音及混音前輩，佔有舉足輕重的地位。

為作品施手術的混音師
——朱偉文

美國修讀錄音工程後回流香港

我在中學的時候（1970 年代中期左右）就已經學結他，當年是民歌年代，即區瑞強、曾路得的時代。我當時曾經參加民歌表演，發展也不錯，所屬的樂隊更曾經獲得獎項和被邀簽約，但我只視為玩耍而已。在畢業之前，我的樂隊已經用錄音機錄下我們表演過的歌，那當然不是原創的。當年原創並不流行，但翻唱西方國家歌手的歌曲則非常流行。當年的資訊不流通，就算只有一部錄音機，已經能令我們很開心，而其實那時錄歌已經與我現時的工作內容有些相似。我原本在學時期主修電腦，發覺自己毫無興趣，所以改修商科，但同樣沒有興趣。後來赫然發覺大學有傳理系，我覺得可一試，並發現是自己最喜歡和有興趣的。最後便修讀了傳理和電影。

當年在美國讀書，畢業後想留在美國工作，以獲取工作經驗和學習。但因為剛畢業和沒有經驗，在美國是非常難找到工作的。最後在三藩市找到一個當實習生的工作機會，主要的工作是跟隨廣告公司拍攝。在工作期間，突然發現有課程可修讀錄音。當年在世界上不是有很多地方可以修讀錄音科技課程的，雖然現在 HKDI（香港知專設計學院）、IVE（香港專業教育學院）也會有類似的課程，是與 creative production 合併。然而，大規模的課程主要都是在美國，但即使在美國也只是有三、四間主要學校，來來去去都是那幾間很出名的，其他的都是附屬性。因此，我詢問了家人可否修讀此課程，幸好家中沒有太大的經濟壓力，所以他們也同意了。在課程完結後，我就回到了香港，當時是八十年代初期。

入行的初期：由電視轉戰錄音室

回到香港，我可以選擇的工作是有關電影、電視台或音樂的。當年我曾經到邵氏電影見工，他們也邀請我到 TVB 做 PA（助導），薪酬大概一個月有一千多元。記得當年的大學生初入職的薪金都達至三至四千元，但因 PA 的薪金只有一千多元，所以我就嘗試找其他工作。後來，發現中學時期另外一隊樂隊的同學已經在音樂行業略有成就，正為杜麗莎作曲、創作廣告歌曲等。因此，我便致電問他是否需要人幫忙，而他認為我所修讀的能夠幫助他。於是便和他一起合作了數年，做得相當不錯，當中包括流行曲和廣告——最賺錢的項目。

但天下無不散之筵席，一定是合久必分的。幾年後，我自己想嘗試做錄音方面的工作。因為當時負責廣告音樂的工作需要「一腳踢」，要做監製又要做錄音，要自己做一些簡單及低成本的錄音。但如果是一些有 budget 的工作，就要租外面的錄音室；比較便宜的就在自己的錄音室做。後來我發覺自己既然學過錄音，不如就看看有沒有人會請我做錄音。恰巧有一間叫 Sound Station 的錄音室剛剛開幕，它就聘請了我。我也在那裏做得相當不錯。當時曾經為 Beyond 做過歌，那首〈真的愛你〉就是在那裏為 Beyond 做的。當時都甚有驚喜，因為能夠與 Beyond 合作，而他們剛剛受到大家關注。〈真的愛你〉是他們第一首能入屋的歌，我都甚為開心，因為自己能夠碰到這些頗好的歌曲。自此，我就以 sound engineer 為正職，從那時起就未轉過行。

八十年代的錄音技術

我大概在 1984 年左右開始工作。當時是如何做音樂製作的呢？是要買一個叫 sequencer 的機器。按下鈕掣，彈完後，再按 stop、play 之類的控制鍵，即是類似一部電腦 built in 在一部機器裏。除此以外，亦可以買電腦來做。當時 Mac 機（Macintosh 電腦）剛剛出了一個 programme 叫作 Performer，就能夠做到這效果，而我做廣告的朋友說聽過這個軟件，便提議買一部電腦試試看。最先買了電腦、裝了 programme 後，根本完全不懂如何錄音、運作，要打長途電話至美國詢問如何 set up 等等。經過他們的教導後才得悉原來是可以這樣做的，所以很快就已經用 Mac 來做音樂，因為很容易就可以做到不錯的成品。

當時，剛剛開始數碼時代。有第一代的 Macintosh 電腦 Macintosh Plus（簡稱 Mac Plus），這台機是在一個盒裏的，能夠帶着到處走，是第一部 portable 的電腦。當年 Steve Jobs 介紹 Mac Plus 時做了一個經典的 presentation。那個年代的 Mac Plus 要價兩萬多元，以四十年前來說是一部超級昂貴的電腦。

當時的薪金其實大概只有一千多元，兩萬多元的電腦是很難想像的。誰能負擔起這些科技呢？除非是那些做專業工作、能賺大錢的人就能買 Mac 機。其實，你也能買比較便宜的 PC，但你一使用 Mac 機就一定要使用它，不能買便宜的。當時我們做的工作是一種專業，這些是生財工具，不能節省，一定要買。凡高科技的全部都是價錢較貴，沒有一種新科技是便宜的……總之，最新推出的科技就是較貴的。

幸好，我很早期已開始發現 Mac Plus 很「正」，原來有部電腦做音樂很好。雖然那時候是黑白的，畫面只有這麼小的，但我已經覺得「嘩！」。雖然我讀電腦時覺得寫 programme 很沉悶，所以放棄，但原來我作為用家而不是做 programmer 的話，那個電腦是很好玩的。所以由 1984 年開始，我就一直是 Mac 的長期用家。幸好是蘋果電腦（Apple），如果我喜歡 Windows，可能會後悔。蘋果真是一直都沒有差過，雖然當 Steve Jobs 離開後，蘋果有一段時間有點不理想，但由過去一直發展到現在，它是有史以來最成功的一個產品。我沒有後悔過用蘋果電腦，而且相信所有的專業界別，不只說是音樂界，就算是電影界、photography，一使用蘋果的話就不會放手。

我當時還是在做廣告音樂。如果你要創作一首廣告音樂，其實也沒有太多選擇：一，是找樂手彈整首歌曲，但 budget 會很高，因為要請許多人；二，就是用電腦科技，即是我所說數碼時代（Digital Age）的開始。除了開始使用電腦，就是使用 MIDI（Musical Instrument Digital Interface）。MIDI 也是在八十年代就開始有，那些叫做電子合成器，原來只要彈琴就可以複製所有音樂。當然，那時候只有 MIDI 初期可以生成的聲音，但已經覺得很厲害了。

混音師的工作性質

我沒有自己的錄音室，從來都沒有。我曾在不同的錄音室做 sound engineer，為不同的錄音室工作。最初在 Sound Station 的錄音室工作，最後工作的錄音室是 R&B Studio，但最終該間錄音室都倒閉了。那時我可以怎樣做呢？一是到另一間錄音室繼續工作，也有人提議我轉做 freelance，能夠到處走，而我就由那時開始做 freelance。當哪個監製需要我的時候，就會 book 我為他工作。

現在自己開一間錄音室其實價錢也不太貴，你買一台電腦，在家裏也可以建立一個小型 project studio。如果你比較精打細算的話，大概十萬元就可以了。你可以買一支咪、一部電腦和一個叫作 audio interface 的東西，其實已經可以做到工作了。尤其是身為獨立歌手，這已經能夠出到唱片。但如果你想出一些比較專業的 CD、接唱片公司的 project，就非常難在家裏做到 high quality 的作品。你需要一些較貴的器材、隔音比較好的錄音室，那就全部都要升級了。一要升級，價錢就不是十萬之內，而是以倍數上升。升級後，就可以做到具 CD 質素的東西。所以由九十年代開始，製作模式有點改變：不一定要去一個錄音室做錄音。我自己起一個便宜的錄音室當然不夠好，但如果我用一百萬建立一個自己的錄音室，也可以做到 CD 質素的音樂。那甚麼人可以這樣做呢？就是監製了。因為監製就等於電影裏的導演，會負責整個 production。所以，一個成功的監製是能夠負擔得起這些 budget 來建立一個成功的錄音室。

一間錄音室是否要請 freelance engineer？成本很低的錄音室是沒有錢聘請人的。至於監製開的錄音室，他需要聘請一個普通的 engineer 去為他錄音及做基本的工作。那個 engineer 需要處理 mixing 以外的工作，因為做 mixing 是最後和最重要的一步，不可以有任何差池，你前面可以做得不好，但最後是不能有任何差池的。即是你「射十二碼」也不會找一個最差的人，而會找一個最好的人幫你射進去。去到 mixing，他們通常未必能負擔得起請一個全職的 mixing engineer，所以去到需要做 mixing 的地步，監製就會請我過來。情況就是這樣了。

混音塑造整體歌曲感覺

這個其實都是關於錄音的發展史。最基本的錄音就是用一支咪錄唱歌，但一定要一個 take 錄完，樂隊也是一樣。這樣的難度不低，但科技的發展就能幫助你解決問題，其中一項科技就是多軌錄音機。多軌錄音機能夠錄到由八條 tracks 到十六條 tracks，視乎你買多少軌的錄音機。以前最好的 analogue 機是二十四軌，你可以有二十四條 tracks 的音樂聲軌把東西逐樣錄進去，亦可以一堆、一堆再加進去。無論是人聲還是樂器聲，你都可以自由地控制每一個。在最終的時候，就把錄製好的 tracks 混音、變成 final product。

例如四重奏（Quartet）的樂團，用兩支 violin（小提琴）、cello（大提琴）、viola（中提琴），如果他們拉得好，其實用一支咪收音就可以了。但在這個世界不是所有東西都是完美的，一個樂手在這一段細聲了；一個在這裏走音；另一個在那一段漏了節拍，那怎樣算呢？那個多軌式錄音機就能逐條 track 去處理了。當然，以前你走了音就要再錄製多一次，但現在電腦也可以解決了。不同時代可以做到不同的東西。但混音是怎樣呢？當每件事情都不是完美，就要混到完美為止。例如那個太大聲，抑或是這個要大聲點呢？你就要做很多不同的決定，以保證出來的效果是最好聽的。

但甚麼是「最好聽」呢？我們以 pop music、classical music 或者西方音樂為例子吧。其實好聽的 standard（準則）不是我們訂的，是外國人累積這麼多經典而已經有個公認的 standard。我們做他們類型的音樂，我們會聽 Michael Jackson，他們的歌為何這麼好聽呢？那便需要研究、分析原來外國人喜歡有「這些東西」才叫好，所以我們就跟隨着他們，是一個潮流來的。這一段時間流行這樣東西，我們便聽他們，發現原來喜歡鼓大一點或結他大一點的音樂，我們就跟隨着他們，這不是由我們訂甚麼是好或不好。

不過，這是我們製作專業的定義，普通觀眾認為甚麼是好呢？對於流行曲，我覺得東方市場和西方市場是兩回事，因為東方市場和西方市場聽的音樂完全不同。你聽 Cantopop，外國人都不知道你在做甚麼，因為外國人不是聽 Cantopop 的，而是聽有節奏的音樂。Cantopop 不是以節奏為主，而是以旋律為主的音樂；而 Cantopop 的旋律只是讓你把歌詞放進去而已。聽眾都不會聽你的旋律是甚麼，九成九都是聽你的歌詞表達甚麼意思。他們不懂音樂，甚至連 C Chord 是甚麼也不知道，除非你學過結他，有些曾經學過鋼琴的也未必知道。所以，他們對於音樂的理解是非常少，他們喜歡那首音樂是因為他們聽了那首歌，明白歌詞是在說甚麼。對某些人來說，這已經是最好了。但如果你甚麼都懂一點，就能聽到更多不同的東西、不同的樂器，除了歌詞外，還有很多東西可以聽。

那我們作為 mixing engineer 便要知道，你 mix 的歌要給不同的人聽。除了聽歌詞的人，其他人都會知道甚麼是「好」；只欺騙聽歌詞的人是沒有用的，其他聽音樂的就知道還是不行，所以做音樂不止要顧及聽歌詞的人，還要兼顧音樂類型、結構，我們都要懂得。

香港流行曲的「好聽」標準

那麼 Cantopop 的 mixing 有沒有一個標準呢？其實，Cantopop 是沒有標準的。首先由 Cantopop 的結構說起。Cantopop 的結構和外國的流行曲不同是因為它的結構是有發展性的：前面開始是很少樂器，通常一個鋼琴或結他，沒有其他，但漸漸就鋪排至愈來愈多樂器。相比之下，外國歌通常一開始已經有很強的節奏，不會像 Cantopop 這樣鋪排，所以找外國人來做廣東歌是做不來的。他們做不來，是因為他們從來都沒有接觸過這類型的音樂。他們習慣全部都是節奏，他們沒有這個經驗，所以 Cantopop 有它的特色。但其實不只 Cantopop，Mandopop（華語流行音樂）都是這個結構，甚至華語市場其實都是這個 format，二十年來從未變過。說實話，其實是很沉悶的，但又不知道為何人們都不覺得沉悶，可能因為他們只會聽歌詞，音樂是怎樣都不理會。

所以做 Cantopop 的 mixing 的標準就是歌詞要清楚、message 要清晰。我們要確保人聲先聽到。不一定是大聲到聽不到背景音樂，當然亦要兼顧音樂，但第一個要優先處理的就是人聲。我覺得這個就是所謂的標準。雖然我剛才說歌曲通常前面很靜，後面才有節奏，但其實 Cantopop 通常都有些 crossover 的東西，有些 Cantopop 是 R&B style，有些可能是 hip hop style，有不同的混合。那如果你是 R&B style，在後段節奏會重一點。若前面也只得一個鋼琴、結他，那當然不似 R&B style，但一入到有節奏的地方，該曲就要像 R&B style 了。

Mixing 的 trend 是會轉變的，當 R&B 是西方潮流的時候，kick drum 和 bass guitar 就會很大聲。中文歌亦會改一些，有少許 R&B feel，當然不會完全一樣，但會有那個元素。最近流行韓風，其實韓風都是 R&B style，但這些歌亦要跳舞，形象上也要韓風。所以，不只是在音樂上，流行曲還有視像上的，而我們其實也只是跟隨外國的潮流。有一段時間就是很多 reverb（殘響），人聲有很多殘響，很多空間感，源於那個時期日本輸入的歌曲很流行這樣的效果，加很多 reverb。陳慧嫻、張學友初期的歌，全部都是學習日本，因為他們都專做日本 cover 歌。當時日本流行甚麼，我便做一樣的東西。所以，那段時間滲入較多 reverb 入作品中，是因為他們正在抄日本歌。

不是每個監製都對聲音有很專注的分析力。我認識有些監製是憑感覺，感覺對，他就 OK 了。當然也有很多監製對低音多一點或少一點都很執着，通常他們就會來找我。他們知道其他人未必能達到要求，因為他們要很細緻的東西，總之監製最終都是要感覺「對的」。其實每個歌手都需要不同的東西，有些人喜歡輕一些，有些人喜歡其他的感覺。他們會判斷這個歌手在這首歌發揮了甚麼 image 出來，才能令人接受他的表演及演繹，所以是沒有甚麼標準的。

我認為 mixing 的創意部分不算多，是技術上重要而已。因為所有的創意、所謂的鋪排，音樂上的鋪排、用甚麼樂器，他們要彈甚麼音、唱法如何，其實在監製的腦海裏已經做了所有功課，我只是表達監製想要的東西。不過，監製不會說得很仔細，例如那個鼓要如何包住人聲。他會有個概念想要這個效果，只是他未必懂得做出來，那麼我就幫他體現出來。所以我不是改變他的創作，因為他的概念本身都在他那裏。我只是從技術層面去將監製想那首歌有的效果製造出來。

另外，一個監製一定會很重視他所謂的 final mix。當然他每一個細節都很注重，但 final mix 是最後出碟前的版本。還有一個步驟叫做 mastering，是類似 final mix 的，但如果 final mix 都未完成，mastering 是沒辦法做的。所以，最重要依然是在 mixing 裏面。

反而，如果是舊式的錄音師，即是以前所有樂器都要用手彈的年代，而不是用電腦 programme，在你彈的時候用甚麼方法去錄，就會影響出來的效果。例如，錄音的時候我們經常說那個 source，如果你的 source 質素好，之後就沒有問題。但怎樣在錄音當中令 source 達到你想要的東西呢？就好像拍電影一樣，你的 source 就等如開機、打燈、服裝設計，一早已經要在作品裏鋪排，不是最後才執，而是拍攝的時候做。不過，拍電影還有做這樣的考慮，現在錄音則完全沒有了，因為只是在電腦上選擇聲音，所以簡單很多，這已經沒有這個所謂的 creative process。

Digital Age 2.0 下的混音工序

Digital Age 2.0 其實都是近十至二十年才開始。我覺得 2.0 其實都是在說 CPU chips（電腦晶片）有多快。十年前我買一部 i7 CPU 的電腦，其實已經很成熟了，用到現在也不用換機。除非我做 graphic rendering 要用最快，或者做 3D 創作，我才需要用最快的電腦，否則平時做檔或者做音樂，已經非常夠用了。i7 已經是十年前的科技，當然那時候是貴一些，但現在 i5 也可以，未必需要 i7，最貴的那些當然是 i9，但不要理會了。

十年前的電腦 CPU 差不多已經到巔峰，包括你的 CPU 夠快和電腦的 architecture 轉了 64-bit，其實已經沒有甚麼進步過。為甚麼以前不可以做到呢？因為以前的 chip 不夠快，它計算不到。當 chip 突破到那個時代，它就突然能計算到很多東西，突然快了；但快了後又沒有突破了。接着的十年，都沒有甚麼突破。所以，科技的突破是在十年前，將很慢的東西突然之間變得很快。當時出了很多軟件，對於做音樂很有幫助。例如，一個對於香港最重要的軟件叫 Auto-Tune。Auto-Tune 是後期製作的其中一個步驟，不是由頭用到尾。只是用一次，但那次是很重要的一次。它像是做「手術」，只不過這個「手術」是很重要的，確保你沒有走音。其他的「手術」還包括：有沒有走拍子、有沒有大細聲不均勻，而處理走音的那個就是 Auto-Tune。

我覺得 Digital Age 2.0 不止影響 mixing，其實如果你問現在的監製，他們通常都有自己寫歌、自己編曲的，他們一手一腳，甚至連錄音也自己處理，直至 mixing 才會找第二個人幫他做，差不多是「一腳踢」、「一條龍」的。在編曲方面，他們現在都是用電腦編的，現在誰會找一隊真的樂隊？已經很少了。琴也是他們自己用電腦彈，結他還可能要找個真人去彈，因為始終結他的彈法有太多的變化，programme 暫時都未太成熟。因為如果你要 programme 得像一支真結他，不如找個真人彈會更快，所以結他暫時都未能被電腦代替。其他樂器呢？鋼琴呢？你不需要找一個真的鋼琴手；打鼓呢？你也不用錄真鼓，當然你要打得很像。如果你連鼓都不懂怎樣打，你突然要自己 programme 一套鼓——為何打的那個人會有五隻手的？那當然就不像了。如果有打鼓的 sense，很容易會編得很相似。做低音結他的原理也是一樣。現在發展到有很多我們叫作 virtual instrument 的樂器，是虛擬式的樂器。其實它們不是虛擬，而是真的。聲音是真的，不過你可以在 keyboard 裏將它 programme 出來。普通人都以為是一個真人彈，因為它們是用真聲。現在已經發展到所有樂器都很真實。

所以，如果現在問那些編曲及作曲人，他們會說：「我們在二十年、十幾年前已經不用找人彈，因為已經很真實了，我一個人 programme 所有樂器都可以。」以前是怎樣呢？二十年前聲未夠好、像真度未夠高的時候，被人聽到有點差勁，就會被質疑：「可不可以找人彈一彈？你套鼓怎麼這麼像鼓機聲？它是鼓機來的嗎？我想要真鼓可以嗎？」即是以前是不能取代的，但現在都已被取代。所以，他們做音樂的流程已經和二十年前都不同了。

Digital Age 2.0 對音樂人的影響

Digital Age 2.0 對我做 mixing 沒有甚麼大影響，但對樂手就影響大了。因為已經不需要他去打鼓，又不需要去拉 violin，即是某一些樂器的演奏者會少了工作，因為有東西代替了他們。Mixing 這個方面幸好未有東西能代替。那麼科技會不會有一天發展到可以有個 software 自己去 mix 呢？其實有一樣東西是比較接近的。剛才我說 mixing 是把很多分散的樂器拼在一起。例如我要處理一個鋼琴，那我要怎樣處理它呢？以前可能需要一些工具，例如 EQ 及 compressor，即是加幾樣效果來成為一個 final product。但現在出一個 plug-in，你想做甚麼 style 只要按一下鈕掣，都能自動幫你做到。所以，現在有些人覺得節省了時間，不用這麼複雜、學習那麼多的東西，都能做到同一個效果。不過這只是說其中一種樂器而已，如果要將你所有東西、每一個效果都處理得對，暫時還是沒有一個 programme 能做到，也沒有那個效果，現在仍然沒有一個 programme 能做到真人聲。

不過，日本已經有了扮人聲的 programme，因為日本的唱歌方法是很簡單的，全部都是 ma mi mu me mo，都是只有幾個發音。他們已經有扮人聲的 programme 叫做 VOCALOID。VOCALOID 可以假扮不同的人聲，現在很多卡通主題曲都是用 VOCALOID 來唱歌，因為它和很多日本女子聲音都是很相似的。中文或英文的還沒有，不過遲早會有的。

除了剛才我們所提及的 Digital Age 2.0，另外還有一個影響到不僅是音樂，還有社會文化的，叫作 Information Age（亦指 Digital Age）。這是從電腦化開始，當 Internet 開始在九十年代中普及，但當時還是很簡單的東西，速度很慢。現在有雲端技術已經很複雜了，你的生活不可能沒有它，以前都只是當玩玩而已。這個其實對於音樂行業而言都只是發展了不夠十年的技術，但卻影響了唱片公司的運作。唱片公司以前就是靠賣唱片、賣 CD 賺錢，但你有多久沒有買過 CD？如果你不是聽音樂的人，你當然不會買；但就算你是聽音樂的，現在也不會買 CD。現在是由第二個途徑來聽音樂的。情況如傳統的傳媒，TVB、電視，已經是 out 了；報紙也 out 了，沒有人用這些舊的 media 來工作，全部都是進入新的 Information Age 去工作。在以前有某人出碟，一隻 CD 有十首歌，那你要做十首歌才有一個 product（唱片）賣出來。現在的唱片公司不會做十首歌。而且我只有三首歌能派上台，因為當時有些人不斷地派歌，所以商台有個慣例，每隻碟最多只能派三首，否則便不夠分。那即是說，其實十首歌裏，有七首是沒有用的，除非你買那隻碟才會聽到。那我為甚麼要做十首歌呢？

有些人就開始說：「不如我們出 EP。」六首歌就可以了，已經節省了幾首歌，但 EP 中的歌還是有一半沒有人聽過的。現在 CD 沒有人買，亦沒有人買 EP。那麼唱片公司就說：「我逐首歌做。」做一首，派一首。總之就不會出碟，現在沒有人出碟，也不用購買了。反而會逐首歌賣，因為現在網上能逐首歌賣。現在是這樣做音樂，整個模式已經改變了。

至於監製找我 mix 的都是派台歌。那些我們叫作 side

track，即是放在一邊的，隨意找其他人 mix 便可以。因為那些不是主打，不會拍 MV。那三首才是要緊的，花金錢的都是在那三首。做 mixing 的人沒有二線的，等於填詞都只有兩、三個人填。即是你的 first choice，就只有這三個；其他的就是 first choice 沒有檔期給你，沒有法子才會找他們。所以，現在只有第一線才能生存到，第二線的已經不能生存了。第二線的通常是如果我有一間錄音室，都會請一個助理。他可以慢慢替我執歌，執十日也可以。如果他們是精明的，三日就完成了，「叻仔」呀，下次我就給他多一隻歌嘗試，但有些人做不到就真的是做不到。

香港音樂文化弱，混音人才難找

香港人才凋零，你走到外國、走到美國，有很多人可以做。香港人才凋零是因為 culture，根本就沒有音樂的 culture。最近有個新晉的監製、作曲人、編曲人叫做蘇道哲，他也有找我做 mixing，我們有時會聊一下。他是一個很有心做音樂的人，為何這樣說呢？因為他每一次去旅行、去哪裏，他都會去 club 和 bar 聽當地的音樂人表演。他說他去完紐約，覺得很慚愧。他自覺自己在香港彈得不錯，但當走到紐約，每一間 club 的人都彈得比他好，全部都很專業，但他們卻不是業內人士，還未能出碟。因為他們的人才太多了，你真的是要到最頂的才有機會，其他人只能去那些地方表演，人才是多到這樣的。

為甚麼呢？我覺得就是文化吧。一個文化就是你從小已經覺得家裏是容許你玩音樂，但整個香港就是學到八級就算吧，可以有學校取錄你是因為你有這個八級證書。就是這個原因，不是因為你喜愛。所以兩地整個文化是不同的，你怎能要求香港有很厲害的音樂人呢？因為你學八級只懂得看樂譜，但不懂得用耳朵聆聽。沒有樂譜能夠彈嗎？是不能的。所以，整個香港的音樂風氣就是這樣了。

在錄音室做混音的重要性

為甚麼家裏空間不能取代錄音室呢？怎麼有些人要投資去做錄音室呢？其中一個原因就是房間設計，房要有隔音設備、控制聲音反彈的東西，這叫做 room acoustic。那個要處理得比較好，不然會影響你聽到一些雜音。另外，其中一樣成本高的東西是我們不是用 headphone 來工作的，我們是要用監聽器（揚聲器）的，通常好的監聽器都要十萬元。

較早前我們說有很多軟件很厲害，那些軟件叫作 plug-in。Plug-in 是很厲害的，但要用金錢購買。你在家裏買那個叫做 Pro Tools 的軟件，可以幫你處理那些聲軌，但你若靠隨機組附送的那些 plug-in 去處理，那麼天光都未能夠做得完。你一定要買一些 third party 的 plug-in，賣得昂貴是因為一放進去，按一個掣就已經節省了很多時間，幫我完成了所有調整或者效果變得很好。所以，有些 programme 或 plug-in 都不便宜的，你要集齊所有軟件都要至少幾萬元，甚至十萬元。在家裏你只靠個手提電腦、裝個 Pro Tools，是做不到這個效果的，怎樣都要投資一點點。說實話，投資一百萬以內就可以了。不過裝修例外，裝修這回事是最昂貴，即是要看你的房間是怎樣的，但器材來說是不太昂貴的。

這幾年不少人用 UAD（Universal Audio）的 plug-in，這間廠專做一些 software 去假扮一些舊機或一些古董的機器。你買一架經典的機器，通常我們說是一條軌、一個 channel，像樣的一定要一萬元以上。但你不是只買一架，因為當你做 stereo（雙聲道）的音樂，就要兩架，要有左右聲道。現在只要買一個 UAD 的 plug-in，二百元已經有那架機做出來的效果了。你可以有無數架，不只是一架，而是買一堆，但都是比 hardware 便宜很多。最近這幾年所推出的 plug-in 的模仿程度，若然你開真機再與電腦 software 作對比，我覺得有七、八成相似。第一代、在二十年前出的那個 plug-in 模仿這架機，相似度只有兩成。現在的有八、九成，但要看是哪間廠出品。如果配搭一些寫得很好的 programme 來用，那我就算不要它額外的兩成也很滿意。

為甚麼現在的 software 做得那麼相似呢？其中一個原因是他們的 emulate（模仿）技術有改善。怎樣去模仿那一架機呢？就是透過取樣。即是輸入一些電流，再刺激反應出來，然後全部都取樣。大聲、小聲、各種 frequencies，全部都取樣。那麼你是否就能完全複製那架機呢？因為 analogue 不是線性的東西，即不是由 0 轉到 1，而是有少許一直在變化的。所以就算是取樣，到在真實錄製時會再放一些東西進去，製造一些不同，這就是分別所在。現在的科技不能百分百將 analogue 的變化也 capture。

用真機器和 plug-in 工作是兩種完全不同的 approach。因為 analogue 的東西通常有很多粒按鈕。例如我做完了，監製接受了成品便可；但到第二天監製突然説唱片公司方面希望人聲要大少許，由於是 analogue 機，當他做第二隻歌時，已經全部扭過了按鈕。雖然他筆記記住了每一部機扭到哪一個位置，但 analogue 的機是當你開了兩、三小時已經不同聲了。另外，它的按鈕不是一格格的，是 continuous（遞進式），你沒法數清楚是一格還是半格，但一格與半格已經完全不同聲了，所以 analogue 的聲音是不能複製的。

當然，現代用電腦做工作的好處就是關機了再開機後，所有東西都仍在那裏。無論如何改都沒有改變，這個太方便了。所以除非你是「機癡」，否則你根本不會想用 analogue 的機器，因為複製不到是很麻煩的。所以你要看自己是哪類人，有些人説：「我只靠電腦是不行的。」有些人是這樣。不過用真機很特別，是沒有任何一個 plug-in 能代替。它做到某一些聲音，無論是電腦怎樣用 plug-in 都做不到的。其實這些機擺在一個位置上，甚麼按鈕也不用按，插上電源，當輸入的聲訊經過它，就已經是經調整過的聲音，能做到有這樣的特性了。Analogue 的機器就可以這樣。

Analogue 的新機雖然全部都在抄經典，不過都是新的設計。第一個就是 1176 的膽版本，其實都是舊的 version，只是不同牌子而已，因為那個專利權已經過了。我覺得近來 analogue 最新的突破是在咪的設計。大家最近不斷出的都是膽咪，膽即是真空管，不過跟五十年前的那些不同，那些真空管已經不能再出了。然而，新的那一代質素都不會太差，始終能做到真空管應有的反應。除了真空管之外，咪還有一塊膜，即把你唱下去所造成的空氣振動 tune 過去變成電流的那塊膜，是頗難做得好的。現在有些四方形的膜、長方形的膜，就是在這些東西改變了；當然最 classic 是圓形的，圓形的設計又有少許改變了，即是全部都是有少許改進。

雖然設計是這樣了、原理是這樣了，是不是每個產品都做得好呢？當然不是。有些外形好像一模一樣的，很漂亮，賣五千元就有，也有要五萬元的，為甚麼呢？因為它們的構造和 quality control 不同，但外形是很漂亮的。而當真實地用就會發覺有些不同，每買一些貴的東西，就會發覺賣得這麼昂貴是有理由的。明明樣子很相似，設計原理也是一模一樣，為甚麼聲音就是不同呢？就是每樣材料質素都較差勁，整體就是較差勁。

說實話，懂得買咪的人未必是懂得用咪的人，不是有錢買咪就代表他懂得用咪。過去我接觸了這麼多人，說某支咪錄甚麼好，其實九成人都是不明白的。他們不明白為甚麼某支咪錄得特別好，總之放進去就對了。當然有些人會明，但只佔很少數而已，當他們明白以後，就知道買這支咪有甚麼用途。

一個錄音室最大的投資價值在於如何用咪錄人聲。剛才我都說過樂器全部可以是假的，但錄的人聲不能假扮。所以投資在哪裏呢？不是買一、兩支咪，而是買十至二十支不同設計和不同牌子的咪。除此之外，還要買和咪配合的 mic preamps，即是擴音器，將咪收集到的音訊擴音。Mic preamp 的主要零件叫 op amp（operational amplifier 的簡稱，中文名稱為「運算放大器」），是擴大某一些 signal 用的。在這個世界上主要有幾間廠製作這些 op amp，例如 SSL 這大牌子只會用某一種 op amp 去造的，所以不同牌子的廠會有它的特色。因為 preamp

有不同的設計，這一支咪配那個 preamp 便會有不同的效果。這個和那個，就如你穿衣服 mix and match 一樣，還有配合歌手、當日的那首歌曲、甚麼類型的歌曲等。

如果你很熟悉咪的反應，你就會知道這首歌用哪一個組合是有最好的效果；但是如果你覺得：「糟糕了！我沒有買這個東西。如果買了就好了，但沒有錢……」那就沒有辦法了。所以，如果你是很有要求的，你就要將所有的組合都買齊，這就變成那些「機癡」了。當然不是每個人都這麼「癡」的，都有些人是這裏有三款，那裏有三款，就夠配搭了。其他配不到的，就留在後期再做。

以感覺帶動混音工作

為何不是每個人都做到 mixing 呢？因為做 mixing 是需要有很多感覺的。等如做監製，為甚麼他們要這樣的唱法？因為他們有感覺，知道這樣會 OK。我做 mixing 是甚麼感覺呢？是音樂感吧。有些人做了很多年錄音，但他不能做 mixing，是因為他沒有那種感覺。先不要說好不好聲音，是他連感覺也還沒有。我覺得這樣的感覺是天生的，與當事人天生出來有多少有關。你不能訓練出來，訓練多點或者少點，你可以努力，但去到某一個地步就算如何努力都只能到那裏。真是有先天的東西，令你的 interpretation 較受過訓練的人有所不同，而我可以做到這地步是因為我由小時候 build up，到現在就剛剛好了，就是這樣。

當然我也不是天生就 mix 到東西，但我天生有音樂感。

即是當有鼓、有琴、又有 bass 的時候，究竟哪個需要較大聲，我很容易便感覺得到。不過有些人是聽不到的，有些人要訓練很久才有這個能力。這個是 mixing 的最基本功，對我來說這個是比較容易的，但去到要很仔細的那些，例如究竟要多少底音或高音才足夠呢？這些東西已經是很 detail 的地方。另外，雖然我已經知道這個才夠大，但如何才做到這個效果呢？這就是技術，不是說我想要這個東西就立刻有，我還是要扭來扭去（調整）才有的，有時甚至未必扭到。科技有時可以幫忙，因為不同的機器可以帶來更多不同的選擇去達到想要的效果。

但我都需要用十多年，才能達到我想掌握的程度。另外，你一定要聽全世界發生的事，才能知道監製到底想要甚麼。「吓？你說甚麼？我沒有聽過。」那樣是不行的，所以我平時都會聽各類型的歌，尤其是那些 iTunes 新的 singles、iTunes 派台、最近美國最 hit 的四十首歌，我一定要全部都聽，那你才知道這個世界在發生甚麼事。

如果我說我自己做 mixing 很厲害又不是非常準確。一個很出名的監製叫江港生（Tony Kiang），我和他合作了很多年，Tony 是帶舒文出身的。舒文在讀完書回香港後，幫 Tony 編了點東西，後來舒文也開始做監製了。Tony 就向舒文說，如果想做一些有感覺的音樂你找 Raymond 做，如果是跳舞的你就找那個人做，每個人就是有他的特色。即是等於你做監製，做甚麼類型的音樂就要找這個人幫你彈結他，不是一個人完成所有工作的。那 Cantopop 是不是跳舞？不是，是說感覺的。我做很多 Cantopop 類型的工作就是因為需要很多感覺的東西。

為何香港做音樂的人不是很多呢？我從小就聽不同的音

樂，然後當做音樂時就發覺，為何我做的音樂你是沒有聽過的呢？你是聽 Cantopop 長大的，原來世界上有很多東西你是沒有聽過、接觸過。你不懂怎樣做，因為不知道發生甚麼事。但我想我是很幸運的，因為我會聽很多不同的音樂。如果你小時候只聽廣東歌，是不能做這樣的工作的。我認識的所有音樂人都不會只聽廣東歌，甚至一定不聽廣東歌。你聽廣東歌是因為你的工作需要，要知道這一段期間潮流是甚麼、紅甚麼。若真的能自行選擇自己喜歡的歌曲，是不會選擇廣東歌的，那你的世界才會大。你只聽廣東歌是很窄的。

但在香港長大的人，有多少會自己找其他音樂來聽呢？雖然現在你想找是很容易的，但人們都不會找。為甚麼呢？你知道我在伯樂音樂學院有教導學生，我很多時都會問同學，你既然讀這個班，即是想在我這一行工作吧。我會有幾樣東西考驗他們，讓他們自己摸索，即是檢視自己有沒有不足：你聽多少音樂？聽哪一類型的音樂？原來他們的音樂修養都很膚淺，那怎能做一些以音樂養家的工作呢？這是要浸淫出來的。

科技發展催生音樂作品的其他功能

在二十年前，有兩個年輕女生被唱片公司簽了，頗 cute、頗漂亮的，接着找人問有沒有興趣做監製。不過很多人都拒絕了，因為試音後發覺不行，只是樣子漂亮，但真的唱不到。有一個監製，不開名了，聽完試音後：「哇！很難搞。」不過當時他聽到最近出了一種新的軟件 Auto-Tune 可以嘗試一下，那就成功了。這些只能在唱片中瞞過他人，一出 live 就瞞不了。

在十年前左右，《勁歌金曲》開始只能現場唱，不能「咪嘴」(假唱)，所以很多人都暴露了他們唱live時的弱點。那個時期還有人在看《勁歌金曲》的，但這兩年沒有人會看了。我有個學生到了TVB工作，據我所知，現在TVB的那些《流行經典50年》全部都有執過的。現場錄完音後，後期執過後才播放。現在你看中國的節目如《中國好聲音》、《我是歌手》等等，全部都有執過，而且是大執。《中國好聲音》是live錄影而已。那些表情、反應……你知道吧？有薪水的。

二十年前那兩個年輕女生是歌喉不好的，簽她們是傻的嗎？那時候已經開始有盜版出現，香港樂壇低潮過一輪，沒有出任何唱片，因為一出唱片就會被人翻版了。那唱片公司開始做甚麼呢？開始出精選碟。賣了兩年精選碟，沒有出新唱片，是二千隻左右。好吧，你簽那兩個年輕女生幹嘛呢？沒有人買唱片、沒有人買碟，還要做得那麼辛苦。「你公司如何賺錢呢？」她們的老闆說：「你不用擔心，我已經想好了。可以拍電影、拍廣告，有很多東西可以做，我不會要她用賣唱片來賺錢，我要做她經理人賺取她的錢。」這就聰明了，這是商業的頭腦，這些點子不是普通的一間唱片公司能想到的，因為傳統唱片公司是不會做經理人。我覺得那個人是一個商業奇才，他可以令一個不是歌星的材料為他賺取這麼多錢，而我靠他都賺取了不少的收入。我還有甚麼可以要求呢？還有到我手上，她們的聲音已經tune好了，我不用處理她們未tune的raw track。所以我只是improve她們的東西，不是從頭開始執。如果從頭開始執就一定很辛苦了。

混音師和其他音樂人的無名付出

以前工作時，analogue 時代或甚麼時代都好，未有電腦之前，我們需要即時去驗收，要馬上決定有甚麼東西需要修改。如果不改就沒有了，要從頭來過的。現在就不同了。現在我用電腦做完，他們說「收貨」後仍然能夠反口。他們明天聽完後，可能覺得有東西想改，現在就可以改了，因為電腦可以改。雖然他們需要抄下要改甚麼，並知道聲音會有一些不同，但他們知道最重要的是有得改。在自己的錄音室做是不用付錢去改的，只要開一些機器就能改了，這是很重要的。你有心機便可以改，改到你滿意為止也可以。當然一個挑剔的人是永遠不會滿意的。

我會用電影製作來比喻幕後音樂人的付出。一齣電影有那麼多不同的元素，其實每個元素都不是一個人做出來的。為何會有這樣的 colour film 呢？未必是導演想出來的，他們有一個叫做 production designer，或者一個 photographer 在視覺上覺得要這個 style。當然不是每部電影都是這樣，但做得好的電影通常都會有全部的 artistic involvement。他們屬不屬於創作呢？當然屬於了，所以奧斯卡頒獎禮，有這些 visual 的獎，如「最佳美術設計」、「最佳攝影」等。Grammy Awards（格林美獎）也有 mixing 獎，如「最佳非古典錄音工程專輯」。那個在韓國叫做 MAMA（Mnet Asian Music Awards）的頒獎典禮只有獎項頒給歌星，監製也沒有，不要說 mixing engineer 了，作曲也沒有。東方文化哪會有幕後人？不用多想了。你就算去那些所謂的頒獎禮，全部都是給 artists 的。最多是商台，有歌曲監製、作詞、作曲、編曲，這四個叫做幕後獎，但也只有四個，其他人就不用多想了。

現在連 mixing engineer 是誰都不用寫了，現在唱片都不用揭開、沒有得揭開，因為現在沒有人買唱片，誰做錄音等這些資料都沒有人會知道。你上 YouTube 通常看到的 credit（鳴謝）都只是化妝、攝影那些。導演是不會寫音樂的，沒有人會關心。

本地樂壇前景：廣東流行曲被邊緣化

Cantopop 和香港電影一樣，都是一些很具本土特色的東西。廣東話的電影或者廣東話的歌曲其實都已經很邊緣了，尤其是要融入這個大時代，中國內地根本已經不想你用廣東話了，所以你說有沒有得剩下來？將來只會愈來愈萎縮，我覺得沒有辦法再擴展，廣東歌只能做一個本土的東西。由於現在還不是每一個香港人都聽得懂普通話，所以還有人聽廣東話。不過，我想這些條件遲早會消失。現在還未是普通話全面授課，不過不知多久後就會要用普通話授課，到時候應該都沒有人喜歡廣東歌了。不過，這已經不是我們能夠控制，我們也沒法預計。

編者的話

朱偉文是香港其中一位最著名的 mixing engineer。Sound engineer/ mixing engineer 是幕後英雄，credit 中通常不會出現他們的名字，而他們所做的東西又細緻到非音樂人不會認識；但他們可以將全首歌的聲音改變，而且 mixing 是會影響作品的風格、氣氛的，就算是多麼細微的改變，最後都會影響到作品整體的感覺。舉個簡單例子，如果只有一個鋼琴應該是很清楚的，當加了一件樂器，已經會干擾到鋼琴本身的聲音了，如果再加結他、人聲、bass、鼓，然後可能音樂需要配搭高音部分，又想加點高頻率的 sound tracks⋯⋯這裏加一件樂器，那裏加一個 pad，然後又加多一件樂器，這樣所有的 sound tracks 便會互相重疊，到頭來令人聽不清楚。但 mixing engineer 很厲害，他們可以令這些樂器互不抵銷、互不干擾，排列得很「靚」，音樂變得清晰。如果我們不理解 mixing engineer 的工作，便不會明白流行曲的製作多麼複雜。

（訪問日期：2020 年 9 月 8 日）

第四章 伍仲衡

伍仲衡，香港流行音樂作曲家、編曲家及音樂監製，亦有涉足填詞，音樂事業始於 1996 年，曾兩度獲得 CASH 流行曲創作大賽獎項，分別是 1998 年的冠軍和 2000 年的亞軍。他曾合作過的歌手包括李克勤、譚詠麟、許志安、梁漢文、鄭中基、余文樂、吳浩康、劉浩龍、方力申、張敬軒、容祖兒、陳慧琳、梁詠琪、鄭秀文、何韻詩、楊千嬅、張柏芝、劉若英、薛凱琪、吳日言、陳文媛、2R、陳曉東、李彩樺、方力申、謝霆鋒、王菀之，炎明熹等等。得獎作品包括〈情非首爾〉、〈空中飛人〉、〈原來過得很快樂〉、〈好想約你〉等。2021 年起常活躍於無綫電視歌唱選秀節目的評審工作。

走多元形式的音樂創作路
——伍仲衡

中途輟學入行，簽約版權公司

我從小到大都學古典鋼琴。到中學時期就喜歡上八十年代的流行曲，我很不喜歡考琴，因為我覺得花一年彈三首歌很悶，練音階也很沉悶，反而很喜歡彈流行曲。我小學五、六年班已經開始彈流行曲了，第一首彈的是顧嘉煇作曲的〈心債〉，我覺得很好聽，一邊用單手彈旋律，一邊思考為甚麼考琴的曲目不好聽呢？那時我就慢慢開始去研究流行曲。

那時候是沒有樂譜出版的，那怎麼可以彈到呢？於是我便去聽收音機和 cassette 帶，自己用琴來找音，很有滿足感。當時是一九八幾年，還未有 YouTube，但我很享受沒那麼容易得到的東西，我會更加珍惜。當時會到處找樂譜，找不到就自己用心去聽，不斷翻帶，聽到 cassette 帶也破爛了。因為不是每一首歌都會有相應的樂譜，出名的歌才會有。我猜現在很少人會這樣「執歌」了，他們會上網找樂譜，第一件事不是「執歌」，而是在 Google 上面打歌名搜尋，找到樂譜之後下載，然後彈奏……「哦！原來是錯的！」但當事人也未必知道錯，以前我們真的要靠耳朵去聽。

之後就愈來愈喜歡流行曲。中學的時候是我彈流行曲最高峰的時期，同學參加聯校歌唱比賽、校內歌唱比賽，甚麼都會找我去彈。我也在中學開始寫歌，例如籌款歌或社歌，我會寫旋律；我也經常替歌唱比賽的參加者伴奏，在大學更開始夾band。本身我進了科大主修土木工程，但讀了一年多就沒有再讀了，因為在大學認識了從事音樂行業的人。當時認識的是一位評判：韋然，之後去了他公司，然後慢慢又認識了寶麗金唱片公司的人，而且更參加了不少比賽。最大型的是「CASH流行曲創作大賽」，有些比較小型的我也去玩。在96年，我又簽了版權公司。我沒有讀書，當然就給家人罵了，但我也很慶幸進了一間全香港最大的版權公司，是最厲害的公司，裏面有張學友、陳慧嫻、譚詠麟等等，我進了這公司後就慢慢開始寫歌，漸漸地有人找我編曲、做監製、做音樂會等等，甚麼也會做，一做便做到現在了，足足二十五年。

早期做音樂使用的器材

當時買了部Mac最早期的電腦，是G4之前，是結他演奏家孫立功二手賣給我的，大約二千元。當時用的DAW是Performer，不是Digital Performer，是Performer 5.0版本。另外有用Roland的sound module及sound canvas，但聲音不好聽；亦有用Proteus的sound module和Alesis電子鼓的DM4鼓機，是DM5之前。當時Roland JV-1080也未推出，只有JV-880，我覺得那聲音不錯。我主要用這些配備，全部都是module，自己玩Performer做demo。那個recorder是analogue來的，是4-track的機，它有兩個圈一按就會動，真是有條帶的，是菲林帶來的，但我已不太記得如何剪帶了。後期我轉了用 ADAT（Alesis Digital Audio Tape），它很貴，要二、三萬一部，有八條 tracks。錄影帶每次可錄八個 tracks：結他錄在 track 3，vocal 錄在 track 1，和音錄在 track 2，至於如何 mixing 我也不記得了。

這些器材全部都是用來做 demo 的。如果有製作，我會出去 book studio 用，在 D&M Studio 做，或在其他大 studio 裏做。編曲時，我會拿 sound module 去 D&M「call」聲，而拆去的接駁線要用一小時才能駁回，很大工程，而且只是做一首歌。因為那裏的器材未必跟我的一樣，聲音也會不一樣。我記得 Trinity（Sound module 的牌子）的聲音很難聽、很硬。到後期科技變得先進，就可以用 CD-ROM，把聲音 track 錄到 CD-ROM，然後把 CD-ROM 帶去錄音室，再放入電腦之後 load tracks 出來。當時還未有「手指」（USB 記憶體），有一段時間很流行 CD-ROM 和「燒」CD，我交 demo 都是交 CD 的。這是二十年前的事。一隻 CD 有四首歌，以前我就會以 CD 交貨給別人。之後 MD（MiniDisc）出現了，MD 流通很短時間就消失了，之後大家就開始用 email 了。

我使用 Pro Tools 有很長時間，已有二十年了。最初 book 尖沙咀的 studio 做監製時，是不需要我自己用 Pro Tools 的，因為他們本身會使用，而我也在那裏做 editing，在錄音室揀和剪 vocal 的；後期自己買了 Pro Tools，就拿 tracks 回家自己 edit。我入行時還未用 digital 的，那時候還是錄進去帶的。也未有 Pro Tools，我還記得有一部好像有 remote 功能的，可以推出推入，就像賣蝦餃燒賣的車子一樣，很大部的。Punch in，然後翻帶子，一按就翻了，跟着就聽到很大聲表示它翻了帶。現在就只對着 keyboard 做了。

我認為科技進步最大影響的其中一樣是：automation for mixing。因為我不是自己 mix，而是要去找其他人 mix。有時 mix 完，聽了兩、三天，如果要改的話，在以前就很大工程：你要調校很多 outboard 機，要 mark 低幾十部機的 setting。現在有 automation 便很方便，因為是 digital，而且現在很多都是 plug-in，所以需要改時便很方便。雖然做 mixing 用 outboard[1] 是比較好聽，但 outboard 是很不方便的，要改東西就不能完完全全調校到和之前一樣，但 digital 就可以了，而且很準確。例如 reverb，每條 track 有不同的 reverb，你一按 automation，fader 可以推到幾大、hi-hat 呀、snare 等等。如果你要調校回三日前的 setting，聲音真的可以一模一樣，很方便。所以即使聲音沒有 outboard 那麼好，我們都會選擇 digital，因為修改上很方便。如果不用電腦的聲音則很難做修改，每次改都很不方便，而且找不到跟原本一模一樣的聲音。現在我經常找的 Raymond（Raymond Chu，朱偉文）做 mixing 時寧願犧牲少許聲音的質素，也要用 plug-in，因為很方便去修改。

另外，automation 對我做編曲也有很大的影響，譬如我做電影配樂，一邊拉着 string，一邊推聲量鍵；到有對話時，就要收細音樂音量，但一到如「嘭」一聲開門的時候，就馬上推大音樂，要一邊做一邊用 automation。當套戲播放時，聲量可以時大時小，而對白也可以做 automation，那就很方便了。

1　Outboard，即外置的硬體，例如 compressor、equalizer、limiter 等等。

除了 automation 外，樂器聲軟體（soft synth）的出現也是比較重要的。以前沒有（soft synth）的時候，是用 module 或琴。但是錄拉奏真樂器是要有 budget 的，沒有 budget 根本不能拉奏真樂器。我覺得 LA String（soft synth）是最 pop 的，因為它比較「乾」，「乾」就可以靠自己去增添 reverb，但如果感覺太「濕」就不能用了。根本很多 strings 都很 cinematic（有電影感），不能做流行曲，所以我都是較多選用 LA String。Ted Lo（羅尚正，本地資深音樂人）也有用 LA String，他不是拉奏的，是彈奏的，他編奏得像拉奏一樣。現今科技所編奏的聲效都令我十分滿意，尤其做電影的聲效。上次所做的一齣內地電影，所有聲效都是用 soft synth 的，有些緊張的聲效音效根本不能用拉奏錄製出來。正如出現的 flute 聲效，用人來吹奏根本就不能做出如此效果，hall 內的 ambiance 會顯得很乾。如果相比購買一支數萬元的咪高峰，購買這些聲效會比較化算，只需要一萬至兩萬元，已經能購買很多聲效。

如果是十多年前，沒有 soft synth 的聲效，那麼編曲便會十分煩惱。緊張的音效根本上是不能編奏的，不能如願編奏出一道張力，現在低頻的 brass 只需一按鍵，就可以帶出有突發事情般的畫面。如果像以前利用 module 編奏，真的不堪入耳，那就會苦惱於如何編奏，編奏時間亦比較長。利用 soft synth 會比較節省時間。還有 key switch 在不同的 articulation 上，由 tremolo 轉 legato 再轉 marcato，音效都非常好，製作音效時都會有興奮感，這些都是頗為重要的。

不過這些電影製作的音效，搬到流行曲是不可能的，這些音效是有一種 cinematic 的元素，例如 horn 的感覺就會很驚濤駭浪。如果在鄭秀文的歌曲上出現了這種聲效，便會猶如異形襲擊地球一樣。普遍來說，這類聲效都是比較驚濤駭浪的，相對而言，流行曲是比較平穩的。另外這類音效是比較暗啞、很有張力的，是有電影味道的，似將會有事情發生一樣。如將這些音效放置在流行曲上，感覺上就會有點兒過分。LA String 就比較合適了，感覺上不是如畫面一樣浮出來。如果在 key switch 上按一下 bass 就會出現危機感，畫面就會浮現出來的話，這就不適用於 string 上，正如愛情情節出現了怪獸般的衝擊一樣。Ted Lo 的 string 編曲都很真實，他都是用科技的，但不知道他為甚麼可以弄到 string 的聲音聽上去如此靚聲。我們編 string 時也會着重大細聲，有大細力，這些都是科技。

Acoustic bass 也很「好聲」，很像真的一樣。另外結他也能做到很像真，我試過用假結他也可以騙到人。有一次 book 了錄結他，一名聲音工程師阿銘一聽假結他 demo 便問：「是誰彈的？」我說結他手還未彈呢，待會才彈，假聲來的呢。「吓！還要找人來彈嗎？已經這麼好聽了！」我也有試過錄完真聲後用回假聲，因為有時假的比較適合。我也試過找人打完真鼓，發覺 MIDI 鼓聲比較好聽！因為把真鼓放進音樂裏，反而覺得不太合適。有時可能它聽上去太霸道了，太惡了，反而把 MIDI 鼓放進去的感覺還會感動一點，所以不一定拉真的 string 便一定好。Soft synth 有時也很好的，那些 Damage[2] 的鼓聲很「好聲」，好多「嘭」的一些，都是 Damage 的聲音來的。而且它也可以完全 sync 音樂的 tempo，然後你在這個基礎上隨

2 Native Instruments 的 software sample。

意彈奏任何東西，已經可以很好聽了！當然不是亂彈啦，只是不用花那麼多的「腦汁」。以前花上很多精力做到「頭都爆埋」去想怎樣扭到一個適合的聲音，但很久都不能做到理想的效果，現在有這麼好的電腦聲音，只做兩三條 tracks，就已經很有效果了。

科技也令到做演唱會可以有 programme，我們以前八十年代是沒有 programme 的，音樂要真彈。快歌不夠手彈，要十個人才彈到，因為它有十幾二十種聲音飛來飛去。有 programme 的話，樂隊便可以跟着 programme 並聽着 click 去彈奏。科技也可以將音樂和畫面連結在一起，所以科技進步一定是好事來的。如果沒有那樣的科技，便沒那麼多人可以入到行吧。不過，現在有很多很業餘的人出現，你聽新歌也感受到吧，聽上去很業餘的。因為人人都可以放歌上 YouTube，但沒有科技，他們就不能出歌。以前要 book 錄音室和找製作人幫手才出到歌，現在不同了，有電腦，有少許錢買一支很普通的咪高峰，就可以製作歌曲放上 YouTube。

任何東西都有好的或壞的一面，多了人入行，容易入行，門檻低了，那是好事；但門檻低了又可以是壞事，整體質素可能會下降，如有些電腦聲音、製作和編曲真的很不好聽。不過，科技進步同時可以給予想入行的人管道。以前沒有人發掘你，你即使玩比賽都要入到決賽才認識到相關人士，可能需要靠少許運氣，但現在有科技，你就可以做主動，做一個 YouTube channel，放歌上去。如果你的東西是好的，就有人會發掘到你。以前沒有這些時，我都是不停玩比賽，也是因為在科大玩比賽而認識到評判。如果不玩比賽就認識不到評判，那麼我現在就可能是土木工程師了，這可能是上天的安排吧！

寫譜訓練建立自己的歌庫

我寫過樂譜的，我寫過的那本叫做《金榜猛歌》。我擔保我寫的東西是最正確的，因為我一絲不苟地聽到正確為止。當時收 110 元一首歌，足足寫了三、四年。市面也有幾本類似《金榜猛歌》的歌書，這個工作是結他手孫立功介紹給我的，成為我的一種外快。《金榜猛歌》在市面上銷量不錯的，大概個半月左右出一期，每一期有四十多首歌，每一首歌的簡譜都是我寫的。我會 fax 手稿給對方，當時還有用 fax 機，對方然後會照着我的手稿輸入電腦。

最糟糕是要寫歌詞。我要將歌詞對準每粒音，為此寫到手軟。寫簡譜及 chord 都不是最辛苦，最辛苦是寫歌詞。我四、五年內差不多寫了二千首歌，這對我來說是用錢也買不到的，不是 110 元的問題，而是能令我的耳朵對香港流行曲熟悉很多。有很多人問我為甚麼這麼快可以交到歌，就是因為那幾年下了很多苦功，每天都在「執歌」；加上我之後也沒停下來，做騷也要「執歌」，平時聽到好聽的歌我也去執，慢慢便開始有種「muscle memory」。

我對八、九十年代的音樂很熟悉，所以有時候做網上直播，大部分人點唱的歌我都可以配合到他們的要求，所以大家喜歡看，因為很多直播都不會設即場點唱，一個 rundown 準備了二十首歌就只會唱那二十首歌。我就不是這樣的，我會開放點唱，觀眾很喜歡，這才叫「互動」。我的直播跟你有關，你在美國看我的直播，點唱完後，原來黎瑞恩會唱，觀眾便會覺得這個 live 很好看，有互動，我喜歡這樣做。

我有個很大的流行曲 library，其實我是沒有樂譜的。每次開直播都玩三十首歌以上，如果每一次都要我預先準備，我是做不來的。我沒有那麼多時間去預備，因為每個星期一次。上年每星期做兩次，逢星期一、四，時間上不用準備太多我亦能做到。因為之前彈得太多八十、九十年代的歌了，我真的不知道為甚麼會記得，我連原 key 是甚麼也記得。譬如，嘉賓想唱陳百強的〈盼望的緣份〉，我記得原 key 是甚麼，所以一起歌對方便唱得舒服，這節省很多時間。因為我太喜歡了，所以我投放了很多時間在彈流行曲上，反而 classical 的音樂我不是彈很多。但我喜歡蕭邦，我有一段時間狂彈，我的手很大，我可以彈十二度，有些女孩子只能彈十度。我從小比較喜歡貝多芬和蕭邦，他們的作品很大情大性、很熱情；但我很不喜歡巴哈，只喜歡浪漫派。Liszt、Chopin、Rachmaninoff 我都很喜歡。而我有一段時間狂練蕭邦，練到手也大了。

疫情開拓 online 直播表演

我也講過很多次，絕對不是有甚麼野心，只是由於疫情關係而覺得太悶了，不能出去外面的 live house 玩。以前中環有一些 live house 我會經常去玩，可以邊喝東西邊佔用一張枱，有些音樂人喜歡便出來唱歌，是很放鬆的地方。以前有間叫 Backstage[3]，後來它因為加租所以 close down 了。後來我們又

3 Backstage，是位於中環的一間由多位音樂人及朋友所開的餐廳。

找了幾個也很熟悉的地方，Mr. 的主音 Alan（布志綸）、Justin（側田）也經常出來玩，但因為 lockdown 了，所以我們不能外出玩。疫情時大家都覺得很悶，我便提議不如開 live，結果有很多觀眾，這樣便開始了第一次。

就是因為很悶吧，而且所有 live house 都關了。有了第一次的直播，便有第二次，然後玩到現在，聚集了一群固定的、很喜歡聽歌的人。他們來自世界各地，包括加拿大、美國、馬來西亞等等，所以我每星期都會開 live。他們看我的 live，覺得可以減壓，每次開 live 都會收到很多 Facebook 的 message，他們沒有我的電話號碼嘛，於是便留言、私訊給我。有時有些說話很感動，有的打了一整篇。有些人說：「我在醫院，如果沒有你的 live，我覺得很大壓力，我不知道做甚麼好，很悶，你開 live 帶來了一些娛樂。」有些會說：「我被公司裁員，做了二十年，生活很困擾，每星期看你開 live 才開心一點。」收到這些說話很感動，我不是故意為之，而是不經意間讓他們可以聽一些成長時期聽過的歌，他們很感激我，所以我一直開 live，即使沒有收錢，而且是我付錢的，付款給技術人員每星期坐在那裏四小時，我猜要很喜歡做才會去做這件事。正常人是不會每星期付一千元唱三小時歌，還要「碌卡」（託人情）叫歌手上來唱歌，沒有付款給那些歌手。

很多歌手都很好，覺得一起玩是能夠負擔的娛樂。留在家中，不能外出，只能在家裏吃飯，又沒有演唱會，所以這個娛樂是因為疫情才成就的。很意外香港有這麼多人支持，還做到可以開 show（按：指《伍仲衡搞乜花臣音樂會》），這是從來沒想過的，只是因為喜歡做這件事而已。這是一種熱情，若你很喜歡做此事，就會走到這個地步。絕對沒有野心，不是想開show，單純只是喜歡玩音樂。

想起當初第一次開 live 時，我不懂，布志綸亦不懂。我最初以為用 iPhone 收音，布志綸說：「唔係咁㗎！」他說要有 interface 接駁 iPhone，這樣聲音會比較好。第一次開 live 有二百多人收看，我們覺得很多，因為 live house 根本坐不了二百人。三、四小時過後，唱了幾十首歌，我們回看才發現聲音質素很低，因為我們興奮時便彈得大力亦唱得大力，而且是單聲道。當時我們不知道，我們完全沒有這方面的經驗。

到了第二次，我找了一位很熟悉運作的技術人員上來，聲音便好很多了。首先變回了雙聲道，因為有技術人員全程看着，所以質素不低。漸漸便開始有大牌子贊助咪高峰、器材、燈，再有很多技術上面的 support。這些我完全不懂，因為涉及太多科技上的問題，我只懂得彈琴，所以要有一個「sound man」來幫忙。每次開 live 他都幫我處理枱上面的東西，是很複雜的，要用電腦而不是用電話，我 Facebook 和 YouTube 同步開，要用一個叫 OPL 的系統，它還可以跟其他歌手的 page 聯播，我還有很多雜誌的平台……這些我全部都不懂的，就要交給他來搞了。

另外 Wi-Fi 要夠強，我換了一部二、三千元的路由器。Wi-Fi 不夠強便會斷線，之前試過斷過一兩次，現在要用最強的路由器去接駁 LAN 線，很多科技上的問題都不似預期。首先訊號一定要很強，現在轉用 5G，一定要找熟悉的人來幹，因為我不熟悉，我只管唱甚麼歌。至於 interface 方面，現在很多人用 SSL 的小 mixer，我現在也在用這個，再加一個 digital mixer 負責回音，然後出街經過 SSL interface。用這個 interface 是因為聲靚，而且現在有耳機，三個人可以有不同的 mixing level。總之先由咪高峰收音，digital mixer 處理好出來，再經 SSL interface 轉入電腦，在電腦可以開 Facebook 和 YouTube，這些一定要找熟悉科技的人去處理。

以前第一次玩並沒有這些的，我沒有耳機，因為我那裏是 studio，不是做 live 的，我只放了兩台「地 mon」（座地 monitor）。不過「地 mon」有個問題，就是我很喜歡大聲，我是「聾」的嘛，有一次鄭融上來說：「嘩唔得呀，太大聲啦！」她要求小聲一點，但校低聲量變相又令我覺得很辛苦，因為我聽不到她唱甚麼。但又要遷就她唱歌，真的很辛苦，她亦要求琴聲小，人聲大，但琴聲小我便聽不到。現在就沒有這個問題了，現在大家都有耳機，我喜歡琴聲大就琴聲大，互不影響。經過這一年多，科技上的問題都解決了。我的 live 大家都覺得聲效很好，很多其他的直播都很差，聲音質素差，混音也差。

新的歌曲我也會彈，但不認識的歌便要聽。我做直播時，有時會要求先聽一聽，於是嘉賓會跟觀眾聊天，當我準備好便可以開始彈。我很害怕太複雜要轉 key 的歌，心中希望這首歌不要太複雜，幸好十首中有九首只聽一次也能夠彈足八成，有轉 key 的話，我應該要準備很久。很多時，我做直播都是很即時，聽眾也很開心，工多藝熟，我覺得很好玩。我不會想有甚麼回報，回報就是那兩、三個小時內很過癮。其實，這件事一直都在做，只不過現在多用電話，以往我有在 Backstage 玩音樂，我覺得彈琴唱歌很減壓。

我的直播沒有 vocal tune 的空間，而做無綫電視《聲夢傳奇》節目則是錄影的，今天錄影隔幾天才出街，有時間和空間做後期，跟唱片一樣做完後期才出街。電視台 live 的聲音出來也一樣要 tune。如果是你，你也會選擇 tune 吧。好看一點，唱出來也好聽一點。然而我的直播是現場的，現在唱完你二十秒後就會聽到。而直播是不可以即時 tune，因為 Auto-Tune 並不是調校音準，它只是把你「拉回去」，是可以出錯的。因此，直播演出是有吸引力的，但並不是那麼多人有膽量做直播。有很多歌手會很擔心，因為這是照妖鏡，你唱得好便是有實力，唱得差便即時會被罵翻，真的會罵爆。真的很唱得而又有膽量做直播的歌手，基本上我已找遍了。我已經「碌晒卡」了，我邀請了八十幾位藝人。若不是很唱得的人未必有膽量玩直播。

不過，有些唱片公司未必同意旗下歌手上來做直播。很多唱片公司都很麻煩，藝人本身並沒有問題，我可以直接聯絡藝人，但一聯絡唱片公司商議，便出現很多掣肘，例如只能唱三首，又推搪說不是宣傳期或者撞了直播時間，甚至提出要酬勞，我怎麼可能提供酬勞呢？我這只是一個玩音樂的平台，提供一個免費娛樂，你喜歡唱歌便一起上來唱歌吧。所以有這些唱片公司、經理人的掣肘，反映出很多公司依然很守舊，它們根本就不懂甚麼是 Facebook live，依然沿用上電台、電視台、《勁歌金曲》等等，才覺得是宣傳，忽略了網絡世界的力量。你想想，我便是用網絡世界的力量，在這一年多的時間裏經營着，很多傳統的唱片公司都忽略了網絡。

網上已形成一個新潮流，傳統的模式已經很少人理會，電台也很少人聽，更沒有人留意音樂排行榜，你的歌能夠在網絡爆紅便足夠了。在諸多掣肘的情況下，甚至有人會擔心「只是一部琴伴奏着去唱三小時」這模式，因為這樣子唱歌很赤裸，有樂隊的包裝聲音便不會那麼赤裸。有些歌手我不熟悉，有些根本不可能上來做直播，我請不到張學友吧？所以我能夠邀請的都邀請了，我盡量發掘一下有沒有新人，也有一些新人很有熱情去唱歌，但這個時勢是有點艱難的。不知道大家有沒有介紹？

上來的歌手真的要唱得好！我直播平台的聽眾是會聽歌的，我試過邀請一些不那麼「唱得」的歌手，真的被罵了，他們真的會很mean。但我會這樣想：「大佬，我唔係收你錢嘛。」你別以為你是付了880元去看一個演唱會，你罵甚麼呢？你不喜歡看可以走，我這個平台是分享給朋友，你不喜歡看並不需要不停責罵。我邀請歌手上來唱歌，結果他不停被罵，我會感到不好意思。然而，我不清楚也不知道被邀請的歌手為甚麼失準，可能他很久沒有唱歌，或者很緊張，但卻惹來被責罵。我經常教育觀眾，我們現在是無私地提供自己的時間，去免費娛樂大家，你應該學會欣賞，人家也不是刻意唱得不好的，如若你不喜歡聽可以離場，離場不需要一秒鐘時間。有看過瘋狂的留言例如「唔好唱啦」、「冇原裝咁好聽」，唉！網民甚麼都講得出。

很可笑的是，有些人會進來賣廣告，因為有很多人觀看，於是就有人留言說：「我聽日有個live啊，請大家支持一下。」很多這些奇怪的留言，有人甚至會進來「追債」，「陳大文爭我錢呀！」在我的平台留言唱衰那個人，也有人留言賣地產，甚麼都有，因為他們見到有人流，在流量大的平台甚麼都有可能發生。

科技提升作品質素，製作人能力增加

科技讓全世界都看到我有多喜歡玩音樂，Backstage 來來去去只幾十人，現在有幾萬人，在世界不同地方，如歐洲都看得到。2021 年，TVB 做了一個節目《音樂同道：疫情亦晴演唱會》，訪問了我當時過去一年身為音樂人的生活，整集都是圍繞着我上年開 live 的生活，告訴別人科技在疫情帶來晴天。

科技對於我創作是沒有甚麼影響的，對製作反而有影響，我創作時始終還是靠鋼琴，我不覺得電腦寫歌會有血有肉，創作還是會靠人腦。我創作的模式多數以彈琴和結他為主。我會開電腦記下來，會寫旋律簡譜，很簡單的。不過，科技對製作便有很大影響：第一，現在有很多 software 可以幫助人聲處理，令很多不會唱歌的人也能唱歌。我做過一些很辛苦的製作，可以用 Auto-Tune 軟件做，可以調校音準、拍子，明明唱得不好的拍子都可以恍如做手術一般剪剪接接。這的確是可以做到的，但要花很多心力和時間去做，回想起來這件事是很偉大的。

我想應該是 2000 年後，很多人使用科技幫助做製作，很多的人聲都是剪接出來的，真的是「製作」出來的。歌手錄完音之後就走，而我們會在歌手錄音聲檔中尋寶，剪接出一個最好聽的版本後再做 editing。這個技術很花時間，最多人用的是 pitch correcting software，例如 Melodyne 或 Auto-Tune。有科技甚至可以修飾口水聲，消除噪音，又可以加很多 plug-in，例如 reverb 及 compressor 等等，總之令首歌「sounds good」。另外，以前做 tracking 要帶很多部琴，搬運過程很艱辛，而且在家中做不來，必須帶去錄音室做。現在完全不需要，基本上你找一個在歐洲編曲的人，他可以在一個 email 裏寄給你所有 tracks，這就是科技帶來的方便。以前我很難找一個歐洲人為我編曲，他怎樣交歌曲給我呢？我經常找一個新加坡的編曲人，很出名的，叫做 Terence Teo（張瑞成），他為英皇編過很多歌。我也有找他合作，上一首合作的作品是甚麼時候呢？江若琳的〈小燈塔〉是他編曲的，羅力威的歌我也有找他合作。我只是在 WhatsApp 跟他溝通，基本上他在網上上載所有檔案後，便發送所有 tracks 給我，然後我就拿去做 mixing。有些北京的人找我工作，我也不知道那個歌手是誰，我不認識的，編完曲後便發送所有 tracks 出去，然後他們便在內地做 mixing，根本不需要面對面。科技帶來很多方便，甚至有些 mixing、mastering 是拿去給美國人做的，也不需要見面。

我剛剛做了一套網絡大電影的配樂，跟金培達一起合作，是中國內地的網絡電影。我們一樣用 email 把整套戲的音樂發送上去，對方則寄來片段。不過有點複雜，內地比較麻煩要用百度雲端儲存，要開通百度才能把整條片段下載。當我做好了歌曲傳送過去便可以了，我完全不用上去（內地）。這種做法已經很久了，十多年了。即使我在香港找 Ted Lo 編曲，我也只是 email 他，從不見面，而這段關係維持了十幾年。

因為工作上不再需要面對面，不需要為了找對方編曲而約對方飲下午茶，所以出來飲下午茶是真的為了想見面。至於錄音，我反而盡量不會這樣做。因為我很享受錄音的過程，例如錄結他時，我不喜歡對方在家裏錄好才 send 給我，我喜歡讓他來我的 studio 去錄，即使以前沒有自己的錄音室，我也寧願

book 好一間錄音室，我很喜歡錄音的過程：從本來無一物，大家一起 input 的過程，你一句，我一句。如果他在家中錄好給我，便欠缺了中間的過程，而且若我不滿意，便要花很多氣力解釋，這便浪費了很多時間。所以每次我錄製真樂器，特別是人聲，我會希望我在現場可以錄好，錄得不好後期會很辛苦。

錄製聲軌的樂手全部經過挑選，你不會找不懂彈結他的人來錄製結他，但歌手我便無法控制。唱片公司找你來製作一首歌，如果歌手真的唱得差，我便很辛苦，我不是魔術師。監製不可能化腐朽為神奇，監製不可能把唱得差的人變成陳奕迅，沒有可能，只能讓他不那麼難聽。其實真的很辛苦，我很討厭這樣。最擔心的是有懶音，科技完全無法修正懶音，你可以令其變得不那麼難聽，但你並不能完全修正。例如「聽」字沒有了「ng」這尾音，你可以叫歌手只補「ng」這個音，但有時有些歌手真的唱不到「ng」這個尾音，如果是女歌手，其實可以找另外一個女仔補唱這個「ng」音，這個「ng」補在懶音歌唱的「ten」字尾，由於發聲的部分都是那位歌手的聲音，只是沒有「ng」修音而已，所以在經過剪接之後，一般人其實很難察覺。加上有音樂，就令她可以正常發音，好像做手術一樣，但這是厭惡性工作。

製作上能做的東西非常之多，Pro Tools 是可以將很多段落斬得很細碎的。歌手可能唱兩小時，後期製作則做八小時。科技是無法避免的，只會愈來愈發達。不過一定會出現很多缺點，例如少了很多人練琴，因為可以 programme，就算不懂得彈鋼琴也可以經過 programme 編出旋律，也可以先很慢地彈，然後調校速度。因此我覺得以前的樂手都彈得很好，平均水準都很高，但現在的演唱會樂手平均能力都很低，當然也有好的樂手，但我以前讀書的年代，每個人都相當厲害，因為那真的是「少林寺出身」，沒有科技的幫忙，把十二個 key 都練好。現在的人遇到 F# key，會在電子琴上按「+1」。我經常罵人，罵他們把升 key 的按鈕弄壞。我是從來不用的，我很討厭彈 C key，最喜歡 F#，身為一個音樂人不應該按那個按鈕，除非你不是樂手。當你走到台上，給你一個鋼琴，你怎樣升 key 呢？升高半度？我試過唱到一半，黎瑞恩說要低半度，樂譜是 Bb key，但要彈 A key；樂譜是 D minor，你要彈 C# minor，沒有水準能力是做不來的。現在很多人都做不到，以前的樂手是做到的，例如徐小鳳演唱會的樂譜，有四個不同的 key，因為小鳳姐每次都不一樣，樂譜被寫得很亂，然後當時的樂手也一樣彈得到，很厲害。由此可見，科技是可以幫助人很快完成一件事，但其實人本身並沒有這個能力去做到。

我沒有刻意練習每個調，只是因為執過及彈過很多歌曲，而很多歌曲都離不開十二個調。我想我一定彈過十萬首 F# 調的歌，一定彈過十萬首 F 調的歌。我不會很刻意練習彈完 C 再轉 Db，再去 D、Eb，我不會這樣做。因為我彈過很多歌，甚麼調的歌也彈過，所以我轉調能夠很快。除了很複雜的轉調，我可能要記下來，平時做 live，我也喜歡升調，大家也很開心，唱到歌手唱不到為止。

除此之外，以前買一部真正的 analogue 機，要近十萬元，現在兩萬便可以買到做類似效果的 plug-in，模仿率高達七成，十萬元與兩萬的對比。所以科技進步令到做音樂成本減低，門檻降低。以前想出歌很困難，現在我想你只要買 iMac，再加少許投資，淘寶也可以淘很多 plug-in，二千元已經有幾萬個 plug-in。這對很多人來說很厲害的了，幾千元可以買幾十萬元價值的設備，然後你已經可以完成一首歌了，以前卻不能。以前咪一支要六、七萬元，現在一支咪可以模仿很多不同牌子的聲音，當然它不會 100% 一模一樣，但這是以前想像不到的，這就是科技帶來的方便。而且現在錄音不需要與監製同場，一個在溫哥華，一個在香港，也可以錄音。

雖然我不喜歡這個方式，但我仍是會用新的科技的。如剛才所說，現在錄琴聲不需要錄真的鋼琴，你錄出來的聲音未必及買回來的聲音好聽，因為那些聲音真的質素很高。人家外國高級錄音室錄出來的產品，它的聲音真的很漂亮，在香港也未必錄得出如此美妙的聲音。弦樂也一樣。這幾年我做電影配樂，弦樂在香港是錄不起來的，至於管樂香港一定錄不到那種 ambience（氛圍），尤其是法國號吧，那些 audio sample，我一按下去聲音已經氣勢磅礴，不過我不是用 The Hollywood Edge Sound Effects Library，我不喜歡用 Play[4]，我覺得 Play 很「大食」（佔用大量記憶體）。褚鎮東（香港編曲人）介紹我用 Cinesamples[5]，真的很好聲，我一按下去聲音已經像荷里活的聲音。如果聲音質素不高，便完全沒有那種感覺。只是一粒音，「靚聲」與「衰聲」可以差天共地。「靚聲」的話，你都不用去想怎樣編好該音樂；「衰聲」的話，就要好好想想怎樣編好它，「衰聲」聽上去會覺得不夠緊湊呢！所以科技就是令我們節省很多時間，各有優缺點，亦能令不懂唱歌的人有機會唱歌。

---

4 EastWest Sounds 推出的使用 sample 的操作介面。

5 一個主要出 orchestral sound library 的品牌。

編曲要科技，創意要人腦

在音樂層面，創意是很重要的，但在流行曲的層面，我認為歌詞的創意是較為重要，旋律是不會離開主流太遠，因為始終都要 easy listening。香港流行曲永遠在一個「範圍」裏面，但是歌詞的創意可以是無限的。我認為科技和歌詞的創意沒掛鈎，但和編曲則有關係，因為很多關乎聲音上的東西是科技可以做到的。不是單單把樂器放入編曲裏，例如 reverb 或者琴可以 reverse sound wave 等等，以前沒有這些科技便未能做到。編曲雖然倚靠科技，但也依靠人腦執行創意。你以前能夠想到的東西可能做不到，現在就能夠了。

珍重純粹的作品

我自己最喜歡的歌跟我很喜愛的古典作曲家有關。當時我很喜歡蕭邦，我寫過一首歌叫〈明天請早〉。因為那時經常聽蕭邦，所以能夠完成首歌。這首歌前奏部分有古典鋼琴，旋律也不是太 Cantopop，我自己是很喜歡的。另外鄭秀文那首〈時間之光〉，也是我很喜歡的作品。還有我早期的一隻歌〈愛一個人原來不易〉，是李彩華的，好像已經是二十年前了，也是我很喜歡的，它是很簡單的東西，很簡單的音樂是我現在不能再寫的。

隨着人的年紀增加，一路成長，思想複雜了，便沒有以前那很單純很直接的感覺。因為現在考慮多了，當時反而並沒有那麼多商業考慮。在這行業做了一段時間，你好像會自己過濾了很多東西。以前沒有那些考慮，就如一張白紙一樣，寫的音樂是十分直接的。但做音樂做了很長的時間後，你便會計算。不想計也得計，一彈便會計算。當時不懂計算，才能夠寫得出很代表到自己的旋律。

一開始不會計，一開始單純是想抒發自己的感受，不是像計數那樣計。以下是現在會考慮的因素：根據過往經驗寫了那麼多歌之後，你會想市面上有甚麼 hit 歌，或者男士哪個音域最好聽，你會寫甚麼給 A 歌手還是 B 歌手，最高要去到哪個音等等。你經常在想這些問題，變相寫歌就有了限制；你不想這些問題，你寫的音樂便會有所不同。若你一直考慮這些問題，創作便會有框框。

首先，你要計算的一定是音域。寫給不唱得的歌手和很唱得的歌手，寫的旋律也會有所不同。其次，歌詞是有限制的，旋律真的是沒有甚麼限制，旋律可以很自由；但是你常寫流行曲就會知道有一種聲音，你不會叫流行歌手唱巴哈的旋律吧！你會寫很流行曲式的旋律，就是大眾喜歡聽的音樂。在香港，大眾喜歡聽的，仍是 ballad（抒情歌），都是慢歌。即是大家不會突然變得很喜歡 hip hop，很喜歡 rap，喜歡的仍是 K 歌。我認為香港的 K 歌沒有很大的轉變，不過現在沒有了 karaoke，我不清楚情況如何了。現在是否還有 K 房可以唱 K？

由幕後音樂人變成音樂界 KOL

我沒有甚麼將來的計劃，只是純粹開 live 唱歌罷了。大家有甚麼提議？我又不是一個電視台。至於科技上有沒有甚麼可以再改進？我曾經想過 live 需要分鏡嗎？但我後來發現不需要，喜歡看 live 的人原來純粹喜歡聽歌，不需要「搞咁多嘢」。我亦曾經想過需要加一支結他，後來發現還是不需要，觀眾說不需要；我想要找隊樂隊，他們說不需要，一個琴就很足夠。只我一個人的話，我便可以很輕鬆應付，但如果加樂隊，準備的時間便會多了很多，要寫譜、又要夾 band，加了結他就要互相配合，不可以不綵排。

做這件事一定要衡量成本。第一，這件事不賺錢，每一次準備太多會不合乎經濟原則。我用很少的時間去預備，已經可以做三小時直播的 rundown，所以我才這樣做。可能下午看一看 song list，不認識便聽一聽，然後整晚開 live。如果有樂隊，每次用兩三天時間去綵排，難道我不用工作嗎？而且這件事是沒有收入的，我現在開了七、八十個 live 了。

我剛剛接了廣告，是我第一次拍廣告，很大個 Alipay（支付寶）的廣告板。我可能已變成音樂 KOL 了，Facebook 和 YouTube 令人們認識我。我開 live 一年，也沒想到自己已經聚集了五萬多 followers，甚至比藝人還要多，所以 Tony Yapp（葉展華）幫我接 Alipay 這個廣告，如果沒有這些支持者，廣告商怎會找我呢？我有這個市場價值，才有這些額外收入。這些收入本來是沒有的，兩年前廣告商一定不會找我，會找明星，但這兩年來我聚集了一群支持者，於是才有品牌聯絡我。

另外，若不是開 live 就沒有這個現場 show，這也有收入的，雖然少，因為只能開一半場，七成半入座率應該可以賺到錢。我和林二汶在 2021 年 3 月開 show，遇着防疫限制放寬了，是那年第一個開到 show 的人。在我們之前未有人可以開到 show，當時食環署很嚴格執行防疫措施，而我們也未知能否如期開 show，似是一場賭博，音樂會也已經延期過一次，由原本的一月延期至三月，世事是很難預料的。

其實是一個唱片公司的老闆協助我搞 show，他看到我的 live 相當受歡迎，很多人支持，老闆覺得搞一個 show 應該有很多人看。因為每個星期我的 live show 這麼多人來看，叫他們支援我應該可以吧？門票很快地在兩三天便賣光了，我也覺得很驚訝。所以我開 live，擁有一班 followers，變相出現很多商機，沒想到接觸的東西不停衍生新的機會出來。譬如，我也有上 ViuTV 非音樂節目，那是一個飲酒節目，雖然我不飲酒，但仍然可以上綜藝節目。以前怎麼可能上綜藝節目，最多做《聲夢》評判，正因為曝光多了，如 TVB 大型籌款節目《博愛歡樂傳萬家》、《慈善星輝仁濟夜》也有邀請我。我以前只在樂隊行列，現在是表演嘉賓，全部都是由於上年開 live，令我走前了幾步讓大家認識。

現在算是有些回報吧，其實很累，每星期兩次，每次三小時，但我是很喜歡的。我應該彈了二千多首歌，六十個 live，每次四十首歌，八個月沒有休息。每星期預備三十首歌，八個月沒有收入，我覺得不會有人做；但是我很喜歡做，而且不用額外準備。如果我要額外準備，就算更喜歡也做不下去，時間成本也是成本，這得多謝以前儲下來屬於自己的 song library。

本地樂壇前景：若仍然相信，就用心做好

對於本地樂壇前景，沒有甚麼看法吧。現在姜濤受歡迎，是好事來的，因為香港很久沒有出現一個這麼受注目的

新人了，雖然我不太懂他的歌……天時地利人和吧；加上近來TVB不太受歡迎，又有甚麼「CCTVB」的標籤，造就了ViuTV好像很有品味的形象，形成很多人很撐ViuTV，而ViuTV在這樣情況下搞《全民造星》是可以得利的。我不覺得他唱得好，我想可能是因為MIRROR很紅吧。

另外，現在的歌曲好像沒有情懷。我比較喜歡感動的旋律，而即使現在比較hit的慢歌，我也覺得不好聽，他們像是「一輪嘴」唱出來；又或者這樣說吧，是少了一些質素好的作曲人寫歌，自然地唱片公司能選到好歌的機會就少了，但怎樣也要選一些歌出來，所以要在一堆不太好的歌中選一首plug歌。

以前為甚麼有那麼多好歌？我覺得以前的作曲人是很有才華的，不是懂幾個和弦就寫到歌，現在不一樣了。我其實是很喜歡香港幾個作曲人的，第一個是柳重言，他真的很有才華，他的旋律很有靈魂，例如〈單車〉、〈天下無雙〉、〈綿綿〉、〈紅豆〉等等，我經常和他傾談，他也很心灰意冷，因為香港樂壇變成這樣。第二個我欣賞的是黃丹儀，她創作的旋律也很感動人，簡單得來有靈性，靈性是一個「好聽的旋律」必要的條件。我也很喜歡Eric Kwok（郭偉亮），然後是陳輝陽吧，但都是唱他以前的歌曲。他的歌曲好起上來真的很好聽，如林憶蓮和張學友那隻歌曲〈日與夜〉便很好聽，很感動人。我覺得寫旋律不是你懂得寫幾個和弦，再在上面哼一些旋律就算，我覺得做音樂不是這樣的，不應該好像jam出來似的。

再早期一點的作曲人，我也很喜歡倫永亮、顧嘉煇、許冠傑等等，他們的音樂旋律都很有靈性，現在的歌曲真的不能帶給我這種感覺了。例如早陣子有人說〈隔離〉很好聽，我一聽完：「吓，咁叫好聽？」像是隨意哼出來似的。寫新歌的人，質素沒有以前那麼好，因為很多資深作曲人都灰心了。林家謙相對來說就突出一點。但其實他如果在以前出道的話，和當時其他音樂人相比，可能就不是太起眼了，但現在就會很起眼。

我覺得無論任何類型的東西，旋律都是很重要的，EDM（electronic dance music）都可以好聽，只不過真的很多 EDM 你都可能覺得不好聽。以前電影配樂也很好聽，例如美國作曲家 John Williams，他創作《超人》的主題音樂，那些真的是經典的旋律，而你又會記得；又例如《Indiana Jones》電影系列的配樂，現在似是沒有如此好聽的旋律了。任何類型的東西，旋律都很重要，只不過是現在市面上沒有好聽的旋律，旋律一定是整首歌最重要的元素，編曲只是幫它去修飾吧。

至於將來又會不會再流行着重旋律的歌曲呢？這也要有作曲人寫到好的旋律才行吧。又或者這樣說，其實是有作曲人可以寫到好的旋律的，只是他們不去寫；或者有人以前寫到但現在寫不到了，我也寫不到以前寫到的東西，你要我寫回很單純的旋律，我也做不到。因此，才華也是很重要的。

我不是太去聆聽韓風的歌曲，其實它們也是由外國人甚至美國人製作的吧，我不太覺得歌曲太屬於韓國風格，這些歌曲的風格很美國 R&B，聽不到很韓國的特色。作品可能在製作上和旋律上做得很好，但也不可能和八、九十年代的日本樂壇相比。當時日本樂壇真的很厲害，第一：音樂真的很屬於日本，沒有抄任何一個國家的音樂類型；第二，他們旋律上做得很好，香港八十年代很多好聽的歌曲都是改編自日本，包括我的偶像玉置浩二，他的創作以旋律先行，真的很好聽。現在很多音樂都不是旋律先行，有時可能是 groove 先行，而 groove 先行的音樂是很難感動到人的。

現在有很多創作都是先做 tracks，先做音樂底的，但我不認同，因為旋律是靈魂。音樂底和編曲做得很好，但旋律不好聽的話，我也不想聽它了，要旋律好聽才吸引到我。古典音樂都是，蕭邦的音樂吸引我是因為它的旋律好聽，當然它的和聲都好聽啦。音樂都是旋律主導吧！除非你是印象派吧！而且旋律沒有那麼易辨認才會 impressive。我認為感動的是旋律，編曲不是最重要。

現在有個現象是唱片公司選不到好歌，Viki（Viki Chan，陳詠瑜，知名音樂藝人及製作部高級經理）都說現在沒有人交歌；publishing 公司也說沒有人交歌交 demo 了，他們又怎會有選擇呢？以前從五百首當中選十首，現在四十首選十首，你硬着頭皮都要選吧。我不交歌是因為版稅少，因為市道不好，因為不好玩。此外，我接觸了電影配樂後便發覺我很喜歡，我得到的滿足感很大，寫一隻歌滿足感卻未必很大，我又不覺得寫的歌會好 hit。柳重言也應該沒寫吧，他對上一次寫的歌是〈七百年後〉，都已經十多年了。我們有傾談過，大家都覺得市道不好，很慘，但市場也要有新創作人的。

但現在一年也不是有太多製作，一個歌手一年也出不到五隻歌，出三隻歌我都聽過。以前的歌手是一年出十隻二十隻歌的。一年出三隻歌，在製作上給你正價也很正常。雖然有很多派台歌，但問題是很多歌都不是主流公司派的，有些是 KOL 或是獨立公司突然推一個新人出來，但又有多少人會記得那些歌曲？

樂壇沒有死，我現在都有做音樂。現在的樂壇只不過沒有那麼精彩，但只要有心做音樂的話就不會餓死，不過你要心灰意冷也沒辦法。我就沒有心灰意冷，因為我喜歡做音樂，我找到自己喜歡做的事情。我有做電影配樂，開 live，若只是寫歌便餓死了，有幾多版稅呢？我仍然很喜歡音樂，不過不像以前那樣專注吧，我在不同時間做不同的事情，但只是寫歌就不好玩了。這次訪問可以正面點嗎？我是很正面的，我只是自己追尋自己喜歡的電影音樂。我不是覺得市場慘淡，我是真的覺得現在的旋律不好聽，就算唱片公司選一隻主打歌，例如大 artist 鄭秀文、容祖兒等等去唱，我也覺得和她們二十年前出的主打歌的質素不一樣了。

編者的話

從伍仲衡的分享中，我們可以看到科技進步除了令音樂製作有很大的變化之外，它也改變了大眾對音樂欣賞的看法。在疫情發生前，大部分的聽眾都未必喜歡欣賞網絡上的表演。但當疫情令所有的現場表演活動都要暫停的時候，網絡表演便成為了一個不錯的代替品，所以有不少香港的歌手都在疫情之下舉辦了收費或免費的網上演唱會，而這些網上演唱會都需要先進的科技支援。如果疫情在早十年爆發的話，這些網上演唱會也沒有可能發生，由此可以引證科技發展對流行音樂工作的重要性。

此外，伍仲衡是眾多受訪者中最重視旋律的創意的。他認為旋律是香港流行曲的靈魂，而編曲只是包裝而已。但旋律和科技似乎沒有直接的關係，科技可以令聲音質素大大地提升，也可以令工作過程變得方便，甚至可以令更多人入行，但卻無助於創作感動或優美的旋律。雖然感動或優美的旋律在某些音樂類別未必是最重要的因素，但一直以來香港的經典流行曲不少都擁有這樣的旋律，所以雖然科技與創意有不可忽視的關係，但也不代表其關係是必然的。畢竟人腦才是創意中最重要的部分，因此香港流行曲的發展始終有賴音樂人的創意。

（訪問日期：2021 年 6 月 25 日）

第五章

何山

何山，2001 年與胡詠絲組成香港電子樂隊 PixelToy，並於 2004 年獲邀加盟「人山人海」。2005 年 5 月，PixelToy 推出首張大碟《愛 · 科學》。2007 年 7 月，推出了第二張專輯《O...Oh》，口碑銷量俱佳。他也曾擔任編曲、作曲、唱片監製、演唱會音樂總監及監製等不同工作。

見證電腦創作音樂的新舊交替——何山

由大家夾 band 再認識前輩音樂人

我從大學的時候開始夾 band，開始自己創作音樂。我的 band 除我以外還有兩個人，其中一位是女主音。我的入行經歷很有趣，有朋友介紹了一位在香港非常資深的 mixing engineer 給我認識，他是 Raymond Chu（朱偉文），阿 Ray。當初是我朋友 forward 了阿 Ray 的 ICQ[1] contact 給我，自此我倆成為了 ICQ 上的朋友，慢慢我們便開始傾談，我並將我的 demo 發給他聽聽。他有個 website，網址是 ray.com.hk，那裏有一堆香港幕後音樂人的 email，我也有將我的 demo 發給 Carl（王雙駿）、阿 V（Veronica Lee，李端嫻）和明哥（黃耀明）等等。第一個我親身去見面的音樂人是阿 Carl，我去了他的 studio，還和他一起去通利開倉買東西呢！

説回阿 Ray，他聽了我的 demo 後一直給予我一些意見，很疼錫我。我一直都向他請教一些關於 mixing 的事情，有一次他説：「我將會 mix 一隻歌，你有興趣上來我的 studio 觀摩嗎？」我當然説有興趣，當然「禢飯應」啦！那一次我坐在他

---

1 ICQ 是最早出現的網絡即時通訊軟件之一。

旁邊觀察怎樣做 mixing。他有一次又提議道：「如果明哥有興趣跟你合作，你有興趣嗎？」明哥是我終極的兒時偶像，或者可以說「人山人海」（香港一家音樂製作及歌手經紀人公司）也是我兒時偶像，他們影響了我很多，令我覺得 Cantopop 可以和傳統的模式不一樣。

其後，我和明哥見過一次面，那次經歷我覺得超夢幻，因為他是我的偶像。我記得我們相約在蘭桂坊喝咖啡，我和 Candy（胡詠絲，何山所屬的組合 PixelToy 的另一位成員）還好像是癡癡呆呆的，我甚至懷疑這次見面是不是真實的呢？另一方面，我也和 Carl 有聯絡，最後阿 Carl 和明哥達成共識並簽下我們的 band，由那時起，我們便出版唱片及做 show。其實，我們從大學時期已經開始做 band show，其後 Carl 也有邀請我，問我做不做 pop concert。自此，便一路「跟大佬搵食」了。

科技對個人創作的影響：先買工具後做創作

我本身只懂彈結他，但我彈結他也不是彈得太好，所以我做音樂是完全靠電腦的。我以前做 demo 用的第一個 software 叫做 Reason，這個 software 現在比較少人用。我很喜歡電子音樂，所以就做電子音樂了，也因此收集了很多 synthesizer。對我來說，最有用的工具應該是 mouse 或者 track pad，如沒有電腦，我是完全沒有可能入行做音樂的。

小時候我是聽搖滾樂的，讀中學時會和朋友夾夾 band，那時我其實不是特別喜歡電子音樂。我有聽不同的 band，由喜歡英國樂隊 Joy Division 到變成喜歡 New Order。直至一個 click 到我做創作的 point 是：原來我是可以自己一個人完成整個音樂。我當時是用 multi-track recorder，還未有 software。我開始喜歡電子音樂是因為可以做 programming，或者說可以所謂用電腦製作音樂。用一些電子器材製作音樂，我可以一個人去處理所有樂器。夾 band 很多時只會夾 cover 歌，另外如果當時不滿意 band 中鼓手的 pattern，我又不知怎樣告訴他。而用電腦製作音樂就演變成自己好像宅男般可以一個人用一部機做創作。當年，我把教小朋友彈結他的錢儲起來買了一部電腦，原來一部機可以做到那麼多東西！這樣便開始一直買，一直買。

我們現在做音樂的方法，都是先去買 tools。例如，我的電腦慢了，我可以 upgrade 它；hard disk 慢了，upgrade 吧；keyboard 壞了又可以換；出了新的喇叭又可以換過一個。其實電子產品或者科技都可以 influence 到你去思考，因為它們有獨有的聲音。當然電腦音樂及很多 software 都可以模擬真實樂器的聲音，而且愈來愈能模擬，愈來愈運作暢順。但電子音樂是另外一樣東西，是另一個世界。還有，例如我們彈結他時，我們可以使用 effect，這樣我們音樂的世界又大了很多，原來可以有很多可能性。

科技怎樣影響創意？

我想，在工作上，好像 iPhone 運作快了，工作都快了，覆 message 都快了，各樣都會加快了工作的速度，但這樣有好有壞。因為它加快了工作的速度，以前你會困着自己兩個星期做一隻歌，現在會覺得一個小時都可以完成它。想法會不同了，你的思緒都不同，入去 studio 一個小時之前，你已經會在腦海裏 plan 很多東西。

音樂的科技現在愈來愈便宜，例如 audio interface 等等。現在二十多歲的年青人，如果想做音樂就很簡單了。只要你有 laptop、interface 及 headphone 等等，再多少許錢就可以買多一對喇叭，如果再多一些錢甚至可以買 controller。相比十多年前，現在年輕人的確可以做到很多東西，這是一種巨大的變化。

現在年青人很習慣用 sample 和 loop 去做音樂，相比之下，我小時候會買 CD-ROM 和 loop，到後期網絡上便出現了一些 website 可以讓我 download。例如我今次想買巴西的 percussion（敲擊樂器），買一堆 loop。現在我們買 loop 就好像買 MP3 一樣，可以只買一個 kick drum 或 snare drum，你要甚麼 key 也可以，甚至要 tempo 128 的 C minor 的 string 也可以，網站已經可以幫你 select 好。這樣，有好有壞：好的就是科技令音樂創作可以簡單點，我們很快可以買到 sample；而 sample 也可以 influence 到我們，從而再 develop 另外一些東西。不過，有另一個問題是近年 EDM 及 K-pop 興起，因為買 sample 太容易了，有些網站可以給你 download 很多 MIDI。因為編曲是沒有版權的，它純粹砌了一個 session 出來，我們是可以直接 download 那 session 下來。如果你需要在網上直播唱該首歌也可以，你可以改一些音，你想做一個新的 piece 也可以改變裏面的聲音。例如當 Lady Gaga 出了一首歌，有些人便可以用 Logic 去砌回那隻歌的 MIDI 出來。

我接觸過比較年青的音樂人，他們可能正在做EDM，他們從來沒有接觸過一個真正的synthesizer，但很容易便接觸到software synthesizer。這陣子又復古了，很多廠都再出產hardware synthesizer，所以他們可以再重新接觸，他們可以再玩cassette、黑膠等等。我覺得這現象很有趣，現在科技都盡量想用電腦去模仿我們budget上或實質上不可以做到的東西，例如四十人的orchestra。當software再updated，聲音上亦可以再改進。但如果budget許可，我們可以找到real musicians去玩音樂，那當然會是一件更開心的事。

我不會堅持用傳統的做法，而是會mix。第一是因為時間的問題，第二是因為hardware。例如synthesizer，那樣東西相對是straight-forward一點的。當然，你可以加很多effect，但是操作這件事是相對上比較straight-forward的。不過，你在電腦世界裏，你可以亂來，即是我可以drag一個人聲入software，然後我亂chok它，亂pre-shift它，加effect，再弄它。

現在不是八十或九十年代，很難去定義音樂類型，只可以很籠統地說：「哦……這不就是urban music嗎？」但是那個定義是可以很複雜的。例如之前Daft Punk[2]出了一隻很成功的跳舞歌，那還是Hi-Fi碟呢！音樂裏有很多真樂器，但其實原來已經mix了真樂器和假樂器在音樂當中。dance music和電子音樂是兩樣東西，Dance music的話，例如ABBA的音樂都是用real instruments所彈奏的，全部都through live band玩的。

---

2 一個法國巴黎的電子音樂團體。

現在音樂類型的界線更模糊，即是現在已不可以再 define「這隊band玩post punk，那隊band玩其他甚麼類型的音樂」這樣。

香港流行曲也有出現這種情況，例如近來一些比較年輕的音樂人製造出來的音樂，是比較受歐西流行曲影響的。歐西流行曲籠統地說就是 urban 一點的風格，有少許偏離我們所謂的廣東歌那種曲式，even 是 chord change（轉和弦）以及其他各樣東西，他們的歌曲現在很簡單。

加上現在消費者和樂迷用甚麼 device 及在甚麼環境去聽歌也有不同。相比起我們小時候，我們以前可能真的會珍而重之買 CD，放在唱片盤或者 discman，然後仔細看 credit 看歌詞。現在不是了，在 Instagram 聽一分鐘你的歌曲已經「畀面你」；在 Facebook 出新歌，我肯看 MV 三分之二都已經「畀面你」。所以歌曲會變得愈來愈短，music break 愈來愈短，intro 也愈來愈短，outro 最好就沒有。因為消費模式改變了，消費者享用音樂的模式已經不同了。這並沒有好與壞，但是我們做製作的時候就要配合了。

科技對這方向發展影響比較大。坦白說，電台對於流行文化的影響力一定比以前低。現在很多唱片公司和獨立公司都積極地要 plug 歌，唱片公司也想在叱咤（叱咤樂壇流行榜頒獎典禮）拿一個獎。但是會 pre-launch 很多東西，如會在 Instagram pre-launch 十五秒的 clips。例如 YouTube 和 Facebook 的 views 對他們來說是十分重要的，而現在也因為結構開始成形，他們可以在 social media 有 views 之餘，也可以得到 income，這是一個很大的改變。

但若你問我，我會覺得 device 的影響比較大點。很簡單，我在 studio 做完一首歌，我會在 studio check mix。但我回家後又會再 check mix，我亦都要用 headphone check mix，甚至最後都要用 iPhone 就這樣播，在廁所煲煙時用 iPhone 就這樣聽，看看聲音在這個環境底下會有甚麼狀態。現在很多音樂人做製作時都要顧及這些東西，甚至一些很資深的 mixing engineer 也要用 headphone 聽聽。雖然他的 headphone 可能價值二萬元，但是都只是一個 headphone 的實測效果而已。

科技運用在歌曲上的例子

例如方皓玟（Charmaine）的〈人話〉，我們希望向年輕人學習他們怎樣做到這樣的技術，相信那首歌是完全用 sample 砌出來的，當然中間有許多 editing 的部分。Charmaine 先寫了旋律，然後她和她的監製一起做一個 demo，但是好像怪怪的，好像很 cheesy，也不知應不應該説，當時是因為抗爭期間，我經常看着新聞，當時的編曲想法就是：It's not about note。我不是要「度」一個很漂亮的 hook line，instead of 現時的樣式，我想記錄這件事，所以我靜悄悄地 sample 了電視的聲音放進音樂裏。其實之前的初稿是再離譜一點的，例如我放了一些狗的聲音進去，總之我是 influenced by melody、歌詞和當下身處的環境。現在有太多 effect 可以在電腦裏用到，基本上可以將聲音變成不同的東西；或者我用 vocoder 的概念，拿了去 trigger 一個 synth，將它變成 tonal 的東西都還可以。這個是很好玩的地方，是用另一個思維去想的。

另外有一首我覺得頗不錯，是藍奕邦的〈你倫敦・我紐約〉。那是很 mix 的東西，音樂基本上完全是 programme 的，但選擇的聲音都是 based on 真的聲音 twist 回來的。Kick drum 和 bass drum 的聲音雖然是真的聲音，不過是 programme 出來的。Programme 出來那種很 robotic、很工整的質感是真的樂器做不到的，因為我們很難叫一個樂手像機器人一樣地演奏，怎樣也會有一個樂手的 touch。但有時也可能有調轉的想法啦，programme 完之後聲音似乎太假了，又有些手腳可以做。但絕對工整的東西是有趣的，有趣的原因是那樣東西是人類做不到的。

音樂製作：人性化 VS 機械化

或者這樣說，小時候我很斟酌編曲，意思是我會想要特別的編曲，因為我買了一個二萬元的結他，或者我今次想做一隻 funk rock 感覺的歌，就沒有去想歌的本身。但現在彈性大，加上年紀漸長，會開始想有了電腦、sample、soft synth、sampler 時，我可以做到的東西是更多的形式，不用再 limited to 我懂的樂器，我不需要只用它來創作音樂，或者可能 end up 我 download 了一堆 loop 之後，其實我是沒有用到它們的，我 drag 了落去，cut 了落去 software 上，「噢，原來 structure 可以這樣，原來唱法可以這樣那樣！」這是因為科技影響到創意。

這是 inspiration。純粹如果你有錢，你就可以買全部 gear 回來，也可以買 loop 回來，很便宜，只是幾十元美金一個月而已。你亂 download 亂砌又可以，你買盡全部的 soft synth 又可以，你有錢沒有問題的！那些錢不是我們小時候買 hardware 的錢啦！那時候一部 compressor 的錢，一個 mic-pre 的錢可以夠一個小朋友買一部 MacBook Air 及 interface。SSL 現在出了個千多元的 audio interface 已經包括兩個 mic-pre，再買一支咪、controller、plug-in，假設全買正版，兩至三萬元已經可以好 complete 地完成到一個 track。

事情變得越來越容易，我的感覺是大家對 gear 不是太珍惜。我對電腦是完全不珍惜的，因為電腦對於我來說是工具。買一部 MacBook Pro 只是兩萬元左右，一定可以用到兩三年；hard disk 又愈來愈便宜。我當電腦是工作工具，一年攤分的話，一年只用了我八千元左右，我是不會覺得心痛的，就用夠兩、三年吧。現在出了新機，memory 快了，換吧；monitor 又愈來愈便宜，又換啦。反而我由細儲到大的 analogue gear 我就會不捨得扔掉，digital 的機我反而覺得無用。你不會用 iPhone 三年之後說不捨得吧？你看它有沒有跌崩，然後你已經看新 iPhone 賣多少錢了，看看哪一份上台合約比較超值，現在每個人都是這樣吧？大家家中應該有很多電話？我家入面的櫃子裏有 laptop 的墳墓。

我現在也會用 analogue gear，但是不會每首歌或全首歌都用，除非那首歌很有感覺。首先由 2000 到 2010 年代，我都是做電子音樂為主，那段時間如果用回那些七十、八十年代的 synthesizer 是做不到那些很 current 的聲音。因為那年代的聲音要很龜裂，要「ZZZZ」聲，即是那些 dubstep。那是你用盡所有機器都不會做到的聲音效果，所以很多時候我都只會用它們來點綴一下而已。

以前我很有心機，我會把所有 synthesizer 連接起來，好像一個 museum 那樣包圍着自己，那我就覺得 feel good，「I'm an electronic musician. Wow wow. So cool!」自己在 high。但現在不會了，真的要用時才會接駁 synthesizer。通常是突然之間的念頭，bling！想起要那個聲音就取用，因為那是一個和現有的 sample 完全不同的聲音來的。現在用電腦做音樂好玩的地方是，你有很多東西可以「溝」。那怕就算我做一隻 Cantopop，都可以選擇不用錄鼓，不過也可能是 budget 問題。每次做音樂，我會問自己：今次不如不錄真鼓，不如慳錢去錄「吹口」[3] 或者錄「結他」吧？現在有很多選擇，我可以錄真鼓，但 bass 可以是 programme 的。現在做音樂的彈性很大。

從美學的角度來看，唱片公司或者 production 的人甚麼時候想要一個絕對工整的產品？還是會因為歌詞不同而又想要有人性化的音樂？他們有準則嗎？我想是沒有準則的。因為每一首都不一樣，每首歌的風格都不一樣。另外，這是一種 preference，就算做一個簡單的 disco beat「咚次噠次」的 pattern；urban 的音樂就喜歡 programme 鼓 beat，而將 snare drum 往後移，像「咚次穀次」；韓國音樂 EDB 就會是比較 absolute，「嘭則咚測」，所以 style 這東西真是沒有絕對的。

對錄音與編輯的看法

我不喜歡 tune vocal，我是盡量不 tune vocal 的。你知道現在 Auto-Tune 很簡單，但是不用 tune，我就盡量不去 tune，

3　一般指銅管或木管的樂器。

除非我很喜歡歌手的某個咬字或唱法，但音準失了少許。很多 producer 對 edit vocal 都有一些截然不同的取態，如果有個 moment 歌手很 high，他嗌了一粒音，可能有少許聲沙，但 texture 很好，力度很好，但音準又 off 了少許，那就 tune 吧！這不是罪，結他都要 tune 啦。我們不應該這樣去 judge 這件事：「不用你唱歌啦，以前的人唱得多好，你們現在每個歌手每一下都可以靠電腦 tune 出來啦！」但其實，我們可以不這樣看 Auto-Tune 的。

以我認識的 producer 用 Auto-Tune 都已經比以前「輕手」很多，「輕手」過 Auto-Tune 剛剛出的時候。有甚麼情況下還是需要 edit 呢？錯拍子囉！主要有幾樣東西需要 edit：錯拍子、唞氣聲和不合 pitch。拍子是最常會 edit 的，因為經常都會郁動到。很多時候，我們和歌手錄歌，「個底」(音樂編曲) 還未能完全完成，變相可能當我們錄真鼓真 bass 時，groove 可能會 shiny 一點和那 main vocal 會有一些改動，那 edit 是很 make sense 的一回事。至於 pitch，錯就是錯。但為甚麼說一 tune 就一發不可收拾？是因為當你開始了 tune 第一粒音時，我們聽歌是用耳仔的，其實所有樂器都會有走音的時候啦，你認同嗎？你拉 violin 也不會很 perfect，所有 instruments 都不會是 perfect 的。但最慘是你開 Auto-Tune 時，它會給你一條 curve，它告訴你那 C 音 sharp 了少許，你就會有「死啦，是真的 sharp 了少許嗎？但我聽又覺得沒甚麼」這種想法，就開始會有心虛的感覺，你會有病態。其實你激動時，vocal sharp 了少許我覺得是 OK 的，這也是 part of the 音樂，沒有人說唱歌一定要唱到音完全準確。

但你看着電腦和 Pro Tools 時，你就會有這種病。當你 tune 完這一段：「死了，下一段怎算？」你會自我懷疑下一段是不是又 sharp 了少許？「唉……就也 tune 這段吧！」以前我會這樣做，因為我會驚，我心虛並會覺得：「死啦！係咪會死啊？」因為我不是那些 perfect pitch 的人。我時常會有這種想法：「得唔得㗎？」但慢慢我就戒掉這想法，總之我聽起來覺得沒事就 OK。

有時，我會留待 mixing 時才做 tune vocal 的 decision，因為 mixing 會將所有東西 balance 了，將你在編曲時相對混亂的 tracks 呈現得比較清楚一點，那就會發現：「唔係喎，呢粒音要大啲，呢個字要大啲。」我寧願將這個 step 留待 mixing 的時候處理，很多 mixing engineer 都幾疼錫我，肯陪我癲。講到做 mixing，以前我們要先「過帶」，很多 decision 要在十秒以內完成。但現在彈性大很多，有時忙起上來要一次過做幾個 tracks 時，我會叫 engineers send rough mix 給我聽聽，工作的模式會不同了。

科技何以影響製作人和歌手合作？

科技令現在的溝通變成 send message 或者講電話。譬如我想要加一些簡單的 tracks，想要一個 acoustics guitar 在 second last chorus 有一個 strumming，現在就不用 book studio 及約樂手，再 book 三個小時只錄一小段。現在的情況是：「喂，洪爺，你幫我搞掂佢，掃 chord，兩條左邊右邊。」現在他可以在家中做到，我們現在有更靚聲的 plug-in。如果 budget 許可，我當然想在 studio 裏磨十個小時。但現在模式變了，基本上大家都可以在家中錄到音，因為大家都有比較 professional quality 的 gear。做完「攞返嚟」，我再 edit，然後再 send 去 mix。當然，editing instruction 要清楚一點。現在製作起來是彈性一點的，若你問我最好最開心的做法當然是：你坐在這裏，我寫譜給你，你彈，彈得不合心意，即時改，這樣是最好。但科技在某些時候省卻了大家的時間。

當 WhatsApp 和 email 都很方便，我的印象是我們會多了 send 未完成的作品給歌手，roughly edited 就先 send 給歌手們聽聽。以前我會 edit 幾天才 send 給他們，現在好像比較 chill 一點，弄了八個小節的 draft，WhatsApp send 給他們，即時就會有 comment。好處是由於和我合作的歌手都是比較有想法的歌手，就變成好似共同創作的過程。Instead of 以前我做完隻歌，你來錄音室錄音；錄完，錄下個 session；錄完，我拿去 mixing，再交給唱片公司。現在彈性多一點，很難説這是好還是壞，如果你問我，我會比較喜歡這個方式。

科技令歌手參與度多了點。以前做完了一隻歌，他們去到錄音室後，你才發現音樂不是你 picture 想像的東西。現在的歌手比起上一代有較多自己的想法和情緒，可以加進歌曲裏，多了這些歌手，其實做歌會更容易。

另外，在製作上，由於 hard disk 大了，所以不會 delete track，因為你不知道那些 tracks 會否有用，所以先 keep 着。但我是盡量不 keep 的，我在 take vocal 時是會 delete 不用的 track。我知道很多 producers 都不會叫停歌手，有人會覺得這樣很打擊歌手自信，「我係咪唱得好差？」但和我合作過的，都會知道我做的方法。有好多 band leader 練歌時，都不會在練習中途停下，尤其是 artist 在場的時候。但我覺得「停咪停囉」！我真的不是要這樣東西，而你又可能不知道自己做甚麼，就應該停下，fix 問題，然後立刻再從頭來過，趁大家還記得怎樣做時，這樣便節省了時間。

Band leader 的工作範疇

我的資歷比較淺，同時又要跟很多音樂製作人溝通。Band leader 有很多溝通上的事情要處理：artist、show 的 producer 和導演等等。而且我又比較貪靚，可能連樂隊的服裝我都會給予意見；我又比較「為食」，可能連樂隊的膳食我都會給意見。撇除音樂上的工作，確多了很多行政上和溝通上的工作。

我很靠有實力的樂手去幫我呈現虛無飄渺的看法，這是一件很好玩的事情。相比我以前做結他手時，現在做 show 要播 programme。播 programme 和科技應用有關，而做樂手時和做 band leader 是兩樣東西。我有一段時間做到好 hea，因為習慣了那種模式，好像那些香港管弦樂團的樂手，來到看着樂譜就可以彈。因為有基礎能力，來到現場就彈了。然而，這是不 recommend 的，其實是要回家溫書練習的。

現在的 concert，尤其是愈大型的 concert 基本上是不可以沒有 programme。Programme 是個骨幹，沒有 programme 的 show 是愈來愈少。我們要有 programme，是因為我們要 keep the quality，因為有些東西在 recording 裏是有的，但好難在 live show 裏呈現出來。例如 strings，很難叫一個 keyboard

彈出來，聲音始終不像。當你有了 programme 時，那個用 keyboard 彈出來的聲音便相對沒有那麼 presentable，這是一個取向。第二，可以給樂手聽 click。你可以說這是一種「退步」，因為樂手應該可以自己跟到 tempo。但當有 click 時，我們有些歌沒有 programme 都可能要開 click 一段時間，中段加快的話，中間可以關掉 click，這是一個 option。第三，我想現在全部外國大型演唱會，可能十至十幾年前，燈光、videos 和煙火效果都是 programme 的，和音樂同步。所以基本上一個稍為有少許 scale 的 concert，我見到是不可能沒有 programme 的了。第四，音樂圈相對萎縮，budget 相對減少。當我找樂手時，樂手數量也減少；和音，以前可以找到四個，現在找到一個已經很好了。和音和 keyboard 部分的 budget 是 cut 得最勁。keyboard 的 standard 以前上紅館要有三個，現在可能兩個已經很「叻」，有時甚至再少一點，只有一個。所以現在 keyboard 的聲音好靠 backing tracks，由電腦播出來令這件事豐富點而不太失禮。

每個 band leader 用的 software 都不同。例如，我和何秉（何秉舜）、V 記他們都是用 Ableton Live；Edward Chan 是用 Pro Tools 的。我用 Ableton Live 是因為 flexible。平時用的 sequencer，tracks 是橫向走的，但 Ableton 是類似 DJ 的概念，所以是一排 tracks，基本上它是打直走的。你就當它 trigger 了一堆 loops，它們是一齊行的。但 Ableton 也有它不好之處，做 rehearsal 時如果我想立刻 edit 的話，就會比較難。因為平時我是看着打橫的一堆 waveform 的，但當我在 Ableton 全部東西 settle 好時，我只是看着一個介面，它已經有齊全個 show，預見到 next tracks 是怎樣。

現在如果想安全一點，可以用一個電腦或 device 去 trigger 另外一個電腦，即是 A/B 兩部 computer。Computer A 會 send signals，例如 plain noise 或 white noise「吱」，這樣就會 send 去一部機。如果 computer A 死機了，即是 plain noise/ white noise 斷了，它就自動 shift 了去 B 那裏了，這就更加 safe 了。或者這樣說吧，做 live show 或者做 programmer，其實我們很被動，因為我們不知道電腦何時會跳掣、何時會壞。我的結他彈錯一個 chord，我下一個 bar 就可以「補返鑊」，扮作 musical 地 solve 了它，但電腦停了就是停了。不過，現在的 laptop 用 SSD（Solid-State Drive），比較 stable，少了散熱的問題。以前我們用 hard disk，是真的試過因為紅館台底的 sub-woofer 震得太厲害，機器停了——它真的停了。現在所有東西都愈來愈安全了。

我覺得現在觀眾的要求比以前高，所以整個 concert 的 production 要求的東西要更加精準，現在可以將不同的東西 sync 來 sync 去，是絕對可以幫到這件事。但是如果純粹講音樂，現在的音樂本身都已經有很多 programme 成分在裏面，沒有電腦的話，根本呈現不到。如果我有一個 big hit，二萬人的 concert，怎麼變了 live band 玩？怎麼不是 recording 那種聲音？這是歌手及 musicians 對於音樂風格的取向，然後到樂迷的接受能力，才會導致到 live show 時可以怎樣做。

看看 Beyoncé 的 live，就算全隊 band 都勁到爆裂，但 beat 還是播出來的。鼓手在 count hi-hat，當他一 fill in，好勁，哇！歌曲的靈魂是在 programme 個 beat 上。現在歌曲的 track

愈來愈少，可能 bass 都沒有用了。有個 beat、有個 loop、有個半 rap 半唱的 vocalist，再多一點就加一個 synth，完。不是說這個做法是好還是不好，這樣做是很難的，因為全部都是 hook 來的，需要計算得很精準。當做 EDM 時，我們經常想去模仿這種做法，instead of 不斷加很多，但這是不同的。我也不知道五至十年後，樂迷會喜歡聽甚麼歌，我只可以不斷學習。

在工作室外尋創作方法

老土點說，有危才有機吧。今年很多唱片公司出的 tracks 比上年或前年的 variety 大了，大家都知道弄一隻 K 歌，tempo 60 就會 work。但大家都一直在轉變中，因為市道差，知道不可能再用同一條 formula。坦白說，大家都是打份工。如果你做唱片公司，每年可以幫 artist 做三至四隻歌，已經很厲害了：有一隻歌得意一些、「玩嘢啲」，或者不如今次「dark 少少啦」，再交兩隻 K 歌，一隻合唱又好。最重要是其中一隻 K 歌「得咗」，我就完成了我的工作。我不是批評唱片從業員，但這是個安全的流程，也是大家也很理解的事。安全和穩定，就好像做一個公務員的心態，「我沒必要改變啊」。現在很好，我一直都有幫公司賺錢，藝人又有工作，那我為甚麼要改變呢？不會無端說：「喂你唔好啦，唔好再唱呢啲歌！我哋改！」Why？因為沒有一個特別的動機。但現在市道比較差，有些人覺得廣東歌不好聽，或者有各樣其他原因的時候，大家便會求變了，其實是一個 positive 的事情。你不會知道未來會發展成如何，但 at least「變吓睇吓會點」。我又沒有那種「Cantopop 已死」的想法。

我是託賴一畢業就 SARS，然後遇上金融海嘯，現在又有疫情了，我從來都沒有歎過好時代。託賴未死，我覺得還好吧！你肯做，肯勤力，你怎樣都會有機會的。當然數量會有直接的影響，但我又不可以絕對地這樣說，因為我能力上都有轉變，二十歲時我做歌要兩個星期，三十歲時我可以一個月做十隻歌。當然科技絕對有幫助，但當中亦有個人經驗和能力的改變。

不過創作數目是看天意的，我剛才說到一個月做十隻歌是誇張了，近幾年都只試過一次，那時基本上做到想自殺了，坐在門口喊和煲煙，是有損健康和不應鼓勵的。但科技是會令創作形式有明顯的改變，舉例我以前會用 desktop 的，音樂人，專業嘛，studio 有個電腦很正常啦，還有 monitor。但六、七年前我無再買 desktop，全部轉用 laptop。好處是我到哪裏我的東西都會跟着我，可以 flexible 一點，可能只是一些細微 edit 的 vocal，我覺得我沒有必要將自己困在 studio 裏，我可以在 café 或酒吧工作，戴着 headphone 放狗，這是因為電腦已經進步到這樣，令我可以改變我的工作環境、空間和時間。對我來說，這是重要的，像我剛才跟你們說，我不介意兩、三年就換一次最 updated 的 laptop，因為它真的幫到我，它改變的不單是我創作的想法，簡直是改變了我的生活。

來自世代和科技發展的鋭變

這樣説吧，或者浪漫地説，當我開始做音樂時，就夢想可以擁有一個 recording studio。但自幾年前我已經沒有這種想法了，因為以我的工作，我根本不需要 studio。我用那些錢買一個快一點的電話、laptop、iPad 或 headphone，會加快幫到我的工作。Instead of 我要租一個工廠大廈，然後要去搞一個 studio。科技對我最大的影響，就是小時候我的夢想是成為一個專業音樂人，一個專業音樂人就應該有 studio，好靚，哇！有好多 gear 和好多 microphone。現在人的流動性高了，我的地方是可以做到簡單的錄音；但我轉個彎，步行很短距離之後就是「人山人海」的 studio，有錄音室啦；往下行就是 Alex Fung（馮翰銘）的 studio 了。如果為了我的夢想 build 一個 recording booth 其實很浪費，我真的沒有了小時候的想法。

科技發展最大的好處是 gear 便宜了很多，例如可能以前四千元的東西現在一千元就買到了。我記得以前我是用盡積蓄買一部 MacBook Pro，要一萬六千元左右，現在用八千元就買到 MacBook Air。因為通脹，然後價錢又 drop 這麼多，用以前三或四分之一的價錢就可以買到 gear。以前買一個 interface 都要幾千元，現在幾百元都有交易。

近幾年，音樂器材的發展其實不是很多，只是價錢便宜了很多。科技是普及了，但科技沒有突破性的改變，例如 plug-in，用個比喻「衰啲講」，好像用 Photoshop 般其實只是換了張相片而已。有 UAD 已經是很大突破，但它突破的只是消費模式。我開着 Wave 的 SSL console 和開着一個 UAD，然後比較它們還有其他 brand，總之開了三個 plug-in。我有問過 Raymond Chu，Raymond Chu 説 UAD 比較 warm，我心想：「我不知，不是 mid 擰高一點聲音就 warm 一點嗎？」

雖然 Raymond 會用真的 SSL，但現在他都多了用 plug-in。對於 mixing engineer 來説，科技發展對他們有很大的改變。我們用 plug-in 其實是有限的，我編曲時會用琴，想它的聲音 warm 一點，開一個 compressor，再開一個 limiter，甚至加一個 reverb。做 mixing 的人就不同了，他們會開一堆 plug-in，可以亂開，科技很明顯改變了他們 mixing 的 concept。以前只有一部 console、一個 channel，要在 channel 裏處理所有事情。現在可以開 EQ，「麻麻地，試吓加多個先」。可以亂加 plug-in，二十個一排，這很能改變 mixing engineer 在錄音時的想像。我經常覺得 mixing engineer 是歌曲創作的一部分，他們不是 engineer，是 creative process 裏一個很重要的人。

科技令所有東西都方便了，不只是創作音樂，就算聆聽音樂的管道也比較方便和容易。製作上你問我，我覺得會有更多「靚仔」和我爭飯食，不是説製作音樂容易了，而是他們接觸的東西，接觸音樂方法的和做音樂的方法，已經和我們截然不同。我會問他們平時的 track 和 beat 是怎樣做出來的，要再學習。這是 generation 和 technology 這兩樣東西在一起催生出來。因為就算問完他們怎樣做，趕時間的話，我還是會用自己十年前的方法去做。但有趣的地方是，現在去 compose 一個 piece 出來，那模式已經脱離四至六個人的 band，想法又再偏離多一點。但我覺得創作的想像空間可以很大。我不可以很實在地説有新 software 後，我就可以做到同一首歌了，也不需要擺脫舊有的製作模式。

新舊音樂製作人之別

審美當然有不同。例如，你自己二十歲、三十歲時和四十歲時喜歡的東西已經不同，這是固然的。審美不同是沒問題的，你在不同的年紀應該對自己的審美觀有所堅持。我都有聽過一些製作人用 sample 的問題，就是真的很容易就拿到一個你喜歡的聲音。例如小時候買一個鼓機回來，真的會自己「擰吓擰吓」或「tune 吓 tune 吓」個聲音，但現在有人出了 sample，上網就可以 download 到差不多的聲音，即是每個人都可以做到差不多的歌曲，慢慢就會變得沒有特性。不是不好聽的，但很容易會重複。當然 sample 和 loop 是可以用的，但要想想怎樣處理它。獨特性是固然要有的，因為這是一種藝術來的，不是複製別人的產物。就算別人 influence 你做一些東西，你也要想一想在框框裏面，可能加入一個自己的元素，哪怕是 vocal 的唱法，或者樂器的編排。代入工作模式去想，我突然想這四個 bars 用 strings quartet，但有錢嗎？如果我有電腦有 programme 有 sample，我就可以 technically 做得到，就算不是最好的方法。當然我也可以很任性地甚麼都不理，然後拉一個 D 音，我當然想！但這是不可行的。雖然我們試過錄三隻歌的 strings，然後叫他們「搭單」錄多一隻歌的一些音。

總括而言，有了科技，很老土地說，想像可以大點，也可以實現到一些你原本在能力上或 budget 上實現不到的效果。我覺得都是那句吧：沒有電腦的話，我是不可能做到音樂的，是完全沒可能。我只可能是一個結他佬，沒有電腦就沒有 programmer。

編者的話

從何山的分享中可以充分地瞭解到科技進步對於音樂製作的衝擊。雖然科技進步和音樂的創意未必有直接的關係，但它對於降低入行的門檻，以及聽眾的選擇有不可或缺的影響。而科技的另一個重要角色，就是改變了演唱會的文化。Programming 的普及應用取代了一些樂手原本的位置，就算樂隊的人數減少了，但音樂質素不但沒有降低，反而音質更似原裝。正如何山所言，科技進步導致創作及製作成本大大地降低。

（訪問日期：2020 年 7 月 15 日）

第六章 何秉舜

何秉舜，畢業於巴黎高等音樂師範學院及加拿大魁北克省立音樂學院，主修鋼琴演奏。回港後主職於香港芭蕾舞團及香港演藝學院舞蹈學院。現從事演唱會音樂總監及流行音樂製作。曾合作歌手包括草蜢、林一峰、at17、王菀之、張敬軒、容祖兒、李克勤、梁漢文、趙學而、鄭欣宜、AGA、C AllStar、林海峰、何韻詩等。亦參與多個舞台劇音樂創作及演出，包括 W 創作社《梁祝下世傳奇》、《柯廸夫》、風車草劇團《I Love You Because》、《Q 畸大道 Avenue Q》、非常林奕華《賈寶玉》等。

科技帶動整個樂壇變化
——何秉舜

由參加音樂劇創作入行

入行是很久之前的事了。我很小的時候，加入了香港電台做兒童節目，做的節目叫《音樂小豆芽》，所以我有機會可以錄歌，我認識的行內人有很多都參與過教育節目和兒童節目。我也有拍過《獅子山下》，由於香港電台有自己的錄音棚，也需要小朋友去唱歌、唱和音，所以我也有機會去錄音唱歌。我也去過寶麗金以前的錄音室 Dragon Studio，即是在佐敦嘉利大廈大火（1996 年）燒了的那一間。那時我不是錄唱片，而是去錄電視籌款節目，錄的是鄺美雲的一首歌，音樂家羅堅就做那個小朋友的角色。由於節目有一班小朋友跳芭蕾舞，我就成為旁邊唱歌的小朋友其中一個，都是香港電台的姐姐帶我們去的。

後來我移民加拿大，當時我是讀普通的中學，之後再讀音樂學院，讀古典音樂的鋼琴演奏。我回來見證香港回歸，之後又去了法國再進修。我一直都沒有機會做流行曲，直至有一個機會跟家燕姐（薛家燕）做〈皆大歡喜〉（電視劇《皆大歡喜》的主題曲），那時才真正正式入行。那時我的工作都不是太多，我正職教琴和在演藝學院做 part time。說到真正有多點工作，就要數算到 2005 年參與何韻詩的音樂劇《梁祝下世傳奇》(《梁祝》)。自此開始接觸音樂劇，自己的製作工作開始多了，也開始參與更多阿詩的音樂製作，然後一直有做演唱會。我第一個紅館演唱會是做《我們的草蜢演唱會 2005》，我的音樂路是從那時開始的。

從「大帶」轉到 track

在我剛回到香港的一年，忘記了是 96 還是 97 年，有機會去在堅尼地道的娛樂唱片（已於 2011 年清盤結業）的 studio 工作。當時的電視劇全部都在那裏錄音，那 studio 有 Steinway & Sons 出產的鋼琴。當時還在用 analogue 錄音帶，十六軌的。我已忘記了用甚麼 console，那時原本的 Neve 已經被拆掉；由於娛樂唱片當時已開始製作唱片的 re-issue（再版），然後就換上用兩部數碼化的控制台 Yamaha 02R，但不算多製作，在當時已不是太活躍。

去到錄〈皆大歡喜〉的時候（2001 年），在錄音室裏開始用到數碼帶，但其他錄音室已經用了很久，只不過我在當時才接觸這東西。當時已經有 Pro Tools，但那時每一次開機老闆娘都收我錢，因為 Pro Tools 是新科技。當時我們會拿它做些甚麼？譬如我會將在家中做完的所有東西轉過去壓縮版，再去 studio 將壓縮版錄過去「大帶」。

當時錄音都用「大帶」的，有四十八條 tracks。我們會用三條 tracks 去錄，然後有時會用 Auto-Tune，但當時 Auto-Tune 技術很矜貴，要申請才可用到，所以都只會錄三條 tracks，其他東西，都只好「硬橋硬馬」錄到對為止。這樣會比較花時間，但變相來説演與奏功力也會進步。例如家燕姐，你如果聽回她以前唱歌的錄音片段或錄音，便知道她是有一定的功力的。

後來，錄音會用電腦裏內置的 Pro Tools 軟件，會在電腦裏面 mix，但效果可能相差少許，所以還是會將錄音過帶然後用 console 去 mix。再之後，console 演變成有四十八條軌，但可能只有一部機八個 channels，這樣的話，mixing 是不夠豐富的，所以全部 tracks 都要在電腦裏做。接着 Pro Tools 出了擁有更多 channels 的版本，然後音樂人可以直接在電腦上調校大細聲、EQ。這時候大概 2006 年，我們便開始放棄用「大帶」了。

不過，當然有人會早一點開始用 Pro Tools，例如何韻詩，她第一張碟《first.》便是全電腦製造的，那時我是未參與的。《梁祝》也是在電腦中做的。但我自己的製作，差不多在 2005 年左右才開始吧！但還是要去錄音室做的。那時帶機都開始退化了，因為只要不用就會老化，例如那些膠部件，老化了也不會再更換了。

製作和編曲方面，到 07、08 年期間，所有製作才可以在電腦做。之前可能都會用 module 或 keyboard 去做，或者以聲音合成器去做。譬如，《皆大歡喜》主題曲真的是以樂器錄製的，用了包括二胡、笛子、古箏，percussion 是用 sample 的，因為敲擊的原理很多時都是「一下一下」，反之如果是有音高的樂器，sample 未必做到好音質；吹奏的樂器還可以，但拉奏的樂器始終還是差一點點；撥弦樂器，例如古箏，用 sample

都做到的，但掃音部分可能用真人掃會比較像真。沒有一樣「假的樂器」的聲音是電腦製作出來的，都還是要用外置機器去負責製作那些聲音出來。

到 2006 至 2007 年，我才比較多用電腦。我是用 Digital Performer（數碼化音樂製作軟件）的，但到後來轉用了 Logic，如我見到有 strings 的 sample 不錯，就開始試用看看，慢慢以 sample 取代機器，之後我就沒有再用機器了。

後來到我真正做很多演唱會時，我將全部東西放進了 laptop 裏，因為 on show 之前我可能有東西仍要改，但如果是家中或 studio 的電腦我就改不到了；就算是去到 studio，我也會將 laptop 插入 studio 的電腦去運作。

科技應用帶來的挑戰與嘗試

現在太多科技產品可以選擇。廣東歌在做法上比較易一點，因為始終有一個框架，但如果要做歐美歌曲和做演唱會的話，因為範圍很大，選擇 sample 也可能需要兩、三個鐘。之前可能也有一些做法，但之前機器 sample 款式不是太多，到現在可能性太多了；還有你可能聽到某人選的聲音「好正」，但那聲音可能被調較了很多不同 effect 才做到，所以如果要去模仿那聲音，你可能要用很多時間。例如你去做一隻歌，只是 kick drum 也可能要用上兩、三個小時去選，那幾下鼓聲，你便可能要用很多時間去選好，因為大家都對作品有期待。

二十年前和現在 demo 的規格和質素都差很遠了。以前收回來的是 cassette 帶（卡式帶），只有人聲「啦啦啦」，連鋼琴伴奏都沒有；現在A&R（Artist and Repertoire，藝人及製作部）和publisher（出版人）收回來的demo都已是很完整的一個製作，變相大家都覺得聽到的所有東西必須很「真」，才去考慮要不要歌，或才去考慮編曲到底合不合適。以前是歌手進去錄音室後才知道那編曲是怎樣的，現在不是了，所有東西都是MIDI，錄音後如果樂器要變成真的話，鼓聲都要做到很像真，strings如果差少許，歌手就可能唱得沒那麼有feel了。以前keyboard手都是一個職業，他們真的會被聘請去錄音室錄琴，現在已沒有這回事了，因為製作上已經可以做到這件事。

有關製作方面依賴科技的程度，如果就香港或者華語歌而言，其實並未如歐美那種程度。歐美作品當中所有的聲音，好像已經都是製作出來的了，和真實樂器演奏的不是很相近，應該說是不會用真的聲音了。我有和朋友討論過這個問題，這就好像現在我們使用的IG、所有拍的照，都有用filter（濾鏡）功能，現在所有東西都好像需要修飾過。你看很多外國歌手唱歌都很好聽、很厲害，但當你仔細聆聽的時候，你會聽到所有東西都是要修飾到最好，已經是完全tune好的。

我有看過一段YouTube影片指，結他在近這十年來，在歐美的音樂中好像已經沒落了一樣。然而，就華語歌方面來說，它與真實的聲音較接近，大家都沒有要求說要將所有東西都修飾到很完美。有關結他的錄音，可以直接將歌曲交給結他手，讓他們自己錄製，即是不用一定要在監製的studio裏面錄，也不一定要收入guitar amplifier（結他擴音器），而bass amplifier在以前亦不多使用，現在更少。通常錄製流程上，先錄清聲，當然會聽着電腦，聽聽錄製後的聲音是怎樣的；也因為錄的是清聲，在後期 mixing 的時候會再慢慢調校結他的聲音。你想 distorting 一點、惡一點，或是溫柔點等等也可以調校，這樣就變得比較 flexible 一點。還有，木結他應該是無法被取代的，出街的作品還是需要用咪收音，但我做 demo 時就可以用電腦做出來，而這科技用在製作 demo 時就可以豐富點。

還有就是，我們都比較喜歡用真實的樂器，即還是會拉 strings、有真鼓、bass、結他等各樣樂器在華語歌裏面。我認為如果我們繼續跟着歐美的 trend 的話，科技可能真的會取代了這些真實的樂器，但現在暫時大家仍是依賴真實，或者說是模擬的聲音。例如，以鋼琴來說，現在很少人會錄製，多數都是使用 sample；而結他來說，某些 producers 仍然會堅持錄製。一般而言，我會錄製四個樂器，但有段時間，只有兩個，就是 violin 和 cello 那樣疊上去。

我們很多時候都喜歡在北京找人拉樂器，因合作慣了。給他們傳 email，然後 upload 整個 file，在他們拉完和錄完之後便拿回來。因為他們都已熟能生巧，也很瞭解流行音樂，例如哪些應用大力或小力，即是感情演繹那些地方，他們都拿捏得很準確，很清楚知道某些位置應怎樣演奏。因為流行曲始終有個模式，特別是華語歌，而我們也會把譜寫得清楚點。如果你問我，早二十年前的話，便真的需要自己拿着錄音帶和樂譜上去北京。還有很有趣的是，需要有一條 track 是有 click 的，還需要有人報數，即是每一份樂譜裏的每一個 bar 都要寫上有多少個 number 之類，在 track 裏面需要有人用普通話説到了第幾個 bar 那樣。

但回到製作的根本，是因為大家對聲音的要求、期待度有所提高，聽和畫面質素便需要製作得圓滿。相比之下，bass 便沒有甚麼區別。我認識的一位 producer 說：「如果我的錢只可以錄 bass 或者鼓的話，會寧願錄 bass。」因為 bass 始終會有一點東西有人手做出來的感覺，而鼓只要用心，逐個音修得好一點的話，模擬度就會比較好。即使錄鼓，在錄音後還會有些 drum replacement 的工序，例如 kick drum。因為在香港未必可以有一間很好的錄音房，或者我的鼓未必比得上別人的好，但別人可能提供了很多 sample，那我就可以一下 replace 了它。即使我在 mixing 時認為差了一點低頻，也可以加上去。這樣比較不會受制於當時已錄製好的東西。以前的話，會比較着重收音咪等各樣東西，會要求收音收得好一點，而現在仍然着重收音質素，只不過後期的可塑性較多。

在創作上，這陣子少做了演唱會，我就開始寫歌。簡單的例如是慢歌，可以用鋼琴去做；但做有 beat 的歌，所有東西都是從聲音開始的：當你選好聲音，它就可能可以 inspire 你去作 melody。我有時如果想 demo 有畫面，製作完 demo 出來之後，它就不止有 melody，屬於那首歌的「型格」也已經可以從 demo 滲透出來，所以科技是可以幫助到創作的。在以前，已有音樂是科技產物的例子，例如英國音樂人 Howard Jones 很早期的電子音樂都是從嘗試中創作出來。現在也一樣，也要去試，但在創作中仍有很多東西要處理。

跨地域與時間的創作形式

如果問我一首最深刻與科技有關的歌，我未必能答得到，但若是有關科技如何令製作變得特別，我會想分享 2004 年應科技而生的青山大樂隊。雖然當時大家都在香港，但若然沒有科技配合，大家需要經常約在一起在 studio 錄製音樂，那就不可能由其中一位先錄製，再交給下一位。當時已經感受到科技製造出很多的可能性，因為我們每人都可以貢獻不一樣的東西出來，次序也可以不一樣，可能是由我先開始，也可能是另一個，例如由 Carl 叔叔（王雙駿）先開始。這是我當時覺得很有趣的一件事：大家討論，有 idea 之後，大家分工；誰先負責哪部分，然後大家慢慢再貢獻出來。

另一樣同科技有關，但與音樂本身無關的，是當時開始興用 MSN。那時未有如 iPhone 般的（智能電話），未有 WhatsApp，所以大家都會在屋中開着 MSN，然後會討論如何做音樂，就像我們現今用的 WhatsApp，方便大家討論。這個通訊方式幫助了我們製作了很多的音樂。

再分享一樣東西：MP3 對我們也是很重要的。有人會認為 MP3 剛出現的時候，對音樂的版權、賣唱片的人或整體音樂的事業都是一個大打擊，但對於我們製作人來說，我會覺得是方便了。以前電腦和互聯網的運作及傳輸率未有那麼高，我們如何很快地聽到其他音樂及如何知道其他音樂人做甚麼，就是靠 MP3 了。當然在九十年代如果 download MP3 可能也需要十至二十分鐘，相比現時則是幾秒之事。有 streaming 後，我們多聽了音樂，我們知道的便更多。再之前，我們只能夠透過收音機聽到，或需要買唱片回來聽。現時多了很多管道接觸音樂，reference 增加了，會知道這世界發生了很多事，大家都會覺得創作上和製作上的可能性提升了。

科技提升音樂人的創作能力

錄音工作上如錄結他，如果結他手在 set up 上比較擅長一點，我可以就這樣交託給他，因為有時大家都很熟悉彼此需要甚麼，如果我對樂手很有信心，便可以放心交給他。做 bass 部分很多時候都是這樣，例如有些 bass 手交了幾個 version，我便自己剪；或者他可能給我三個款式，我覺得有一個很合適，就直接用那個，有時剪一剪就可以用到。

說到歌手，例如阿菇（何韻詩）很喜歡自己剪 vocal，自己整理自己的 vocal。因為科技發達，他們便可以這樣做。其餘的話，亦因為科技進步，令我也學會了怎樣做 mixing。以前沒有這回事，始終要去錄音室，要顧及很多東西、要調校。我沒有別人的經驗去分辨 studio 內聽的聲音和收音機裏聽到的聲音是怎樣，因為這經驗是 sound engineer 才會有的，mixing 或 mastering 也是。但有了現在的科技，大概都能「偷一下師」，自己也能做到。我可以交給別人去做，然後我去處理較細緻的部分，大家工作的空間和能力也增加了。唯獨我自己未試過的，就是將所有音軌交去外國，然後在外國 mix 回來。這也是科技帶來的好處，音樂科技和互聯網的發展令大家都得益。Mastering 也一樣是，以前一定要交給別人做，現在如果對所謂的 plug-in 要求不高的話，我也能做得出接近市面上的音軌、音源的水準，也不需要等別人幫我做 mastering。

科技對演唱會的影響：以更少人力營造更大的效果

在疫情之前，我的大部分時間都是在做演唱會，反而音樂製作比較少一些。演唱會最大的改變是 programme 或者 backing track（背景音樂）。由我開始做時，大家口中說的「播 programme」，即是播放唱片中某些樂器，如果你是那個歌手的演唱會 producer（監製），又如果那個歌手的公司向來都有收集歌曲，我就可以拿回原本那個製作的東西用於演唱會裏，可以是 programme 或 tracks。Band leader 有時候也可能會用那些 programme 或 tracks 來改編。如果不是的話，band leader 就有可能要從頭再執整歌曲一次。例如 strings 的部分，無可能每次紅館 show 都有三十個弦樂手在，又如〈勞斯・萊斯〉那支笛，很難每次都請樂手來現場演奏。這變相我們會播一些音樂出來；甚至即使是樂手可以做到的事，我們也選擇播出來，因為可能在現場演奏會比較複雜一些，其中跳舞歌就一定是播出來的。

在八十年代已經開始有用 programme，大家到 YouTube 重溫梅艷芳演唱會都可以聽得到，甚至麥當娜那些演唱會，也不會完全 100% 由現場樂手去做，因為八十年代的歌曲風格也是很電子的，如果所有都是真樂器，不會得到那種感覺的。當年我聽過不是用錄音帶而是用 MIDI，試過出現狀況，本來想要一個 bell 的聲音，但扭錯變成了 brass 的聲音出來；後來會用 Hi-8 帶或者用 ADAT 帶，變了用八個 tracks，這也是件有趣的事，這樣便開始令大家有了 project studio，將整件事帶入 live 的環境，將所有事情都豐富了。後來有電腦，便開始用電腦軟件，用 Digital Performer、Logic 或 Ableton Live 播出來。由最初覺得不要用得太過分，想要多點現場感，到現在大家都接受了，因為沒有這件事基本上開不了 show，除非音樂是需要非常 jazz，很有現場感的，而有些樂手或歌手也會有這樣的要求，如林一峰，我便會堅持盡量不要用 programme 的，但有時間中有些歌也會用到，特別是想歌曲更豐富的時候。每一個 show 也會有不同的平衡。Band leader 要衡量哪些歌需要「原汁原味」，哪些需要改編。改編的多數都是快歌，慢歌都有機會會改編。如果是較小型的音樂會，有時實驗性會比較高些。如果是大型的音樂會，音樂就可能保持原本那樣多一點。例如，商業電台叱咤 903 舉辦的《拉闊演唱會》就有個傳統，需要玩很多東西，需要給觀眾很多不同的新鮮感，那便會改很多的東西。但是做大型演唱會如紅館 show，很多時大家都是想見回一些熟口熟面的東西，所以 band leader 會選擇一些很 hit 又 keep 到原汁原味的歌。

至於演唱會所用的樂手，如果在紅館，如完全沒有特別的樂器，而有所謂的 rhythm session 與和音的話，大概會用八至十個樂手左右啦，因為就是有個 programme 作支援。其實我覺得有十個樂手都算很多了，如果你沒甚麼特別的 strings 加上去的話，最少七個樂手都試過，因為有很多時那些樂手一個人可以擔當幾個樂手的工作，譬如和音的也可以彈結他；有時候我彈 keyboard 又會吹笛。四個樂手的現場演出我都見過，最基本鼓和 bass 就一定要有，還有結他和琴；那你就可能要找人兼和音，或者乾脆不找和音歌手，和音就由 programme 按出來。

科技在音樂會的另一體現就是視覺方面，現在很多 show 都有大塊的 LED 顯示板在舞台上，播放不同的影像，我們需要將影像和音樂好好配合。

DAW 的進化：成為一人製作隊

我認為科技最主要是改變了所有的 DAW，即 Pro Tools、Logic 各樣的製作軟件，令音樂製作由原本只可以一群人去做，或者需要一些特定的技巧，變成了可以一人安坐家中，以「揼石仔」的方式去做，又或者在 studio 慢慢「揼」出來，就算一些不會彈 keyboard 的人也可以慢慢做出來。很多電子音樂人其實都是這樣慢慢把創作做出來的，他們可能對樂理並非十分熟悉，或者連音怎樣彈都不太知道，但是他們有那個觸覺。他們對聲音的敏感度很高，那就不需要任何的樂理都可以做到音樂出來。這好像拍片的人，以前拍片是需要電視台，一定要有很多錄影機、大 camera 又要有個 studio，要按製，又要剪片等等。現在只需有一部電腦剪片，只要你有部手機，都可以拍出好的 YouTube video 出來。音樂就比較特殊一點，是會難一點的，但是其實原理也是差不多。只要你很喜歡音樂，你不需要識一種樂器都可以編曲，很多時電子音樂就是這樣做出來的。

流行曲與作品水準的關係

歌曲想要有一定的流行程度，需要有一定的水準。大家未必會說出口它做得真差，或者怎樣怎樣，但是如果整件事合在一起覺得不好的時候，大眾的接受程度始終比較低一點。音樂為甚麼要 radio friendly 或者 production 要有高水準？就是因為不是很懂聽的人都會感受得到。所以現在流行曲的水準我不擔心，我反而覺得百花齊放。有些人是很有想法的，他們之前沒有資源或者沒有科技去幫他們做音樂，但現在有了。反而我們受過專業的訓練，我們可能被知識框住，而他們就有很多東西可以試，我覺得現在的 trend 都是從這一堆人裏走出來的。那些 tracks，就算是 hip hop，很多都是在 bedroom 內生成的，不是在 studio 做出來的。如果是 keep 着只有專業人士能做，可能音樂一直會 keep 着是在同一個層面，不會有一些這麼新的東西出來。

若問我對 K-pop 的看法，我認為 K-pop 發展涉獵面很廣，不止是賣音樂那麼簡單。他們有一個系統，除了音樂方面，還有跳舞的配套，都是有提供訓練的。大家都可能習慣了廣東歌的某種模式，但當聽 K-pop 時，其實你並不確定歌手是在唱韓語還是英語。我想韓語的可塑性可能比較大一些，他們的音樂比較像歐美的歌曲；而 K-pop 的歌曲「型格」是比較要緊的，反而華語歌，歌詞則較重要。K-pop 可以「混水摸魚」令你覺得它像英文歌，日文也沒有這效果。我不知道這是因為他們研發到這方式，還是其語言本身就有這特性。剛剛說到日文，日語歌風格始終貫徹如一，近這十多年的日語歌都不是太 melodic，他們自己製造了一個系統出來，沒有跟從美國和韓國。我們香港的廣東歌也沒有跟從外國的潮流，其實文化和語言是塑造了歌曲的某一個形象，我們似乎也接受了。

本地樂壇前景：新一代音樂人帶動文化延續

對於粵語流行曲，其實大家可以做到的都應該差不多，因為香港的流行曲，暫時來説都是用模仿真樂器的方式去創作，仍然很依賴樂手或者樂器，始終都要錄真樂器，所以科技應用都是停留在錄音和簡單編曲的層面。除非大家的口味變化十分大，不然我想歌的路線跟現在都會十分接近。要做一些好突破的作品，其實就很需要大家，可能需要再新一代的人蓋過我們這一代人做的東西了；可能要等到我們這一班還在 keep 着做廣東歌的人都所剩無幾之後。相信廣東歌仍會有人聽的，可能大家對廣東歌有一個情意結，可能是一個 identity，是一個大家對文化的認知。所以我覺得可以 keep 着做的，雖然有人説「廣東歌已死」，但這句話其實都説了很久啦，我們都仍然生存着。科技的影響應該不會是最大的，反而是大家怎樣把文化 keep 下去。

編者的話

何秉舜是本地為數不多的學院派音樂人，先後在巴黎高等音樂師範學院及加拿大魁北克省立音樂學院學習音樂，因此，他不單是一個全能音樂人，經常參與作曲、編曲、監製及在演唱會做 band leader 等工作，而且製作的音樂通常都非常優美。

此外，大部分對香港流行音樂發展有所認識的人都應該知道，在九十年代 MP3 的出現為香港唱片業帶來重大的打擊，是其中一個導致唱片業嚴重萎縮的重要原因。

不過從何秉舜的訪問中，我們瞭解到原來MP3也為音樂人帶來不少好處，甚至能增加創作靈感。所以就算是同一種科技，對於音樂創作也可能會是一把雙刃劍。因此，科技和音樂創作的關係有時未必是想像中那麼簡單。

（訪問日期：2020年7月14日）

第七章

周耀輝

周耀輝，畢業於香港大學英國語文及比較文學系，其後參與多種媒體工作。1989 年發表第一首詞作，書寫歌詞及其他文字創作至今，出版了一千多首詞作，以及各式文集，曾獲多個詞作及其他文學獎項。 1992 年移居荷蘭。2011 年獲阿姆斯特丹大學傳媒學院博士學位，回港加入香港浸會大學，現職人文及創作系教授。近年亦參與舞台及視覺藝術創作。

遊走在圈外的圈內詞人
——周耀輝

入行是無心插柳的

最初入行的經過，就是毛遂自薦。我當時認識黃耀明，是因為我們一起做「突破時刻」電台節目的義工。他當時剛開始做達明一派，大概是1988年左右，我知道達明一派一向歡迎新人，以及會做創新的事物；我很無知地認為自己可以寫，想試試自己的中文水準，於是便問他可否讓我寫詞。我便寫了我給他們的第一首歌〈愛在瘟疫蔓延時〉，之後他們再給三首demo讓我填詞，全部收錄在專輯《意難平》，即是我一共做了四首歌。

當時有兩個原因想寫歌。第一，我本來是讀所謂「番書」出身的，一向不喜歡讀中文。我不喜歡我中文老師的教學方法，例如死背、按教科書教學、要標準答案等等，我一向都不喜歡這些，所以我很早便放棄了中文科。而我在大學是讀English Studies and Comparative Literature，我的第一份工作是在政府新聞處，要用雙語工作的，從而我發現寫英文稿很容易，但寫中文稿卻很花時間，甚至覺得很煩，怎樣寫也寫不好。於是我開始看中文書，主要是台灣小說，看了一段時間便覺得中文有些進步了。

第二，可能是自己年少氣盛吧——當時其實很無知，覺得其時的歌寫來寫去都是那些東西，來來去去都是愛情，對我來說很千篇一律，不夠多元化。我當時覺得自己可以寫不同的東西。就是這兩個原因，我想知道自己的中文能力去到哪個程度，並且能否寫歌詞，而我又能否寫出跟別人不一樣的東西。因此，我便去問黃耀明。

回想起來，這是一個有趣的決定，我覺得很弔詭，好像是冥冥中的一種感覺。當時並沒有想要入行，也沒想過寫歌詞對我的將來是如此重要的，只是純粹想試一下。我試了一首歌之後，黃耀明又給我第二首，之後又再給我第三、第四首，在那張專輯中我總共寫了四首。隔了一段時間，黃耀明又叫我寫《神經》，中間經歷了八九學運事件。我從 1988 年開始寫歌詞，期間遇上了這歷史事件。然後他們繼續找我寫下一首，我自己也想寫。就這樣開始有人找我寫歌詞，當時我由始至終都不覺得自己是「詞人」，我也不知道從何時開始被稱為「詞人」，或者正式入行，因為我一直都有正職。

自創方式寫詞，填詞是與曲談情

三十多年前我怎樣寫歌詞，到現在的記憶已很模糊了。因為我不懂樂理，亦不懂得看樂譜。從技術上來說，我是靠簡單地聽 demo。以前做 demo 多數只彈旋律，現在 demo 的旋律已經是由人聲去唱。我是靠聆聽的，聽到很熟悉時，我便會寫下來。我不懂得寫簡譜，我是用「一點一點」的形式描繪歌曲的旋律和字數，還有所謂的 phrasing（分句），例如這裏有五個字、四個字、五個字、四個字、三個字等等。我會用這樣的方法，但現在已沒有再很清楚地寫出來，因為我已經熟悉了，也懶惰了。以前會比較清楚地寫下 routine，我全部都是這樣寫的。

有一個很奇怪的狀況，就是由我教歌詞班開始，我才發現原來寫「啱音」是很困難的一件事。有學生交功課才發現「唔啱音」，他們不知道音不對嗎？有時候，他們真的不知道。其實有兩種原因：第一種，是在聽覺上不夠敏鋭；另一種是他幻想唱得到，自己唱的時候超越了旋律，甚至改變了旋律。這樣我才意識到寫歌詞是個很高的技術，但我不知道自己為甚麼會覺得這麼容易。

我記得我沒經過很多因「唔啱音」而被退稿的經歷。「唔啱音」當然一定會有，但並不是一個必然要克服的要求。也許別人會以為聽得多自然很容易投入這件事，但我不是聽得特別多粵語歌，所以我也不知道為甚麼我會這麼容易寫到歌詞。對我來説，方法是將旋律視覺化，我會寫下來，能大概知道字數、推進、結構、節奏等等，我再大致上去揣摩，特別重要是 hook line，它可能在副歌最尾一句，或者最後幾隻字，而通常集中在開頭和結尾。最初我是憑我的直覺去做，慢慢便多了經驗，能感覺旋律的重點應該放在哪裏，我要如何把握旋律去寫歌詞。

我曾經打過這樣的譬喻：填詞就好像談戀愛一樣，似是盲婚啞嫁。收到的歌就是戀愛的對象，你要和他拍拖談戀愛，就要慢慢去摸索他的性格，但你不會完全遷就他，完全遷就他就不是談戀愛，而是做奴隸了。於是你就要看看怎樣順着他的性格，但同時將你在這段關係中想得到的東西實現出來，最終出來的作品不是他，也不是你，是你們兩個一起營造出來的結果。我通常會這樣去比喻。

跟達明一派合作，體驗自由創作

我第一隻 demo，是〈愛在瘟疫蔓延時〉這首歌，我其實不太記得清楚起初的念頭，那時最 general 的 briefing 是想寫對愛滋病的回應。因為我跟黃耀明已經是朋友，雖然不是很熟識但也有傾談，是我們傾出來要寫一首這樣的歌。我已經忘記了是他想出來的，抑或是我建議的，總之事先有個前提。其餘幾隻歌，若我沒有記錯，是我自己發揮出來的。

到了第二隻碟《神經》，很精彩，因為它就是想回應一個很大的前提，可能有點類似做「概念專輯」——有一些專輯是沒那麼有概念的，舉例說，可能某張專輯想建立一個都會女子的形象，因而有一個比較大的前設——至於《神經》入面那些歌，我不記得是否有很具體的描述，好像也沒有，都只是有一個大方向便去做了。當然後來有些時候，例如跟達明一派做的〈1+4=14〉，我會很清楚我想寫一些回應當時社會的東西；而題材關於 George Orwell 著作的《1984》，是達明一派先有《達明卅一派對》演唱會而衍生的概念，是有一些 briefing 告訴我向着那個方向寫，〈1+4=14〉就是我自己聽 demo 旋律然後發展出來的。

現在給其他人寫歌跟寫給達明一派一樣，你可以理解為一條線的兩個端：一端是甚麼也沒有，甚麼框框也沒有，但其實這還是有個注腳，還是有框的，例如歌手是男或女、年紀多大，他本來唱歌的風格、聲線是怎樣也很影響，只不過製作人不會説你必須寫甚麼；另一極端，是很清晰規定要寫甚麼。例如以前比較多的廣告歌，有時甚至連廣告也已經定好了，好像是要飛車，廣告歌的內容就要緊扣畫面意象，很實在的。有些電影主題曲也類似這樣，電影主題曲有一段主要是用來做回憶畫面（flashback）的，有甚麼 flashback，歌就是從那裏出來了，於是便要配合情境，有很仔細的 briefing。

其餘就在兩者之間，從甚麼框框也沒有去到有很詳細的指引。我做得比較多的是介乎於兩者中間，通常比較模糊。監製會説這首歌想寫成勵志歌，甚至他會給你一些參考，「我想要這樣的勵志歌」、「你以前寫過這樣的勵志歌」，會有那類再大少許的框框等等。

我的情況有些特別，我不是那種「你寫的歌很受歡迎於是很多人找你寫」的情況，我的軌跡完全不是這樣，以我的理解，那時是自己慢慢建立上去。無論如何，我是先寫達明一派的《意難平》，再寫《神經》，兩隻碟加起來十首歌，然後才有人找我填詞。我沒有特別推廣，但外面開始有人找我寫詞。一首一首，慢慢滲透，而並不是大規模地填。然後，我在 1992 年離開香港，由我在 1989 年做第一批歌，到 1992 年是很短的時間，我不是建立了很多東西。到 92 年時還沒有互聯網，而且長途電話費相當昂貴，是很難溝通的時代，所以繼續找我寫歌詞的人也不是很多，不過斷斷續續也有一些。我覺得自己很幸運，能夠支撐到進入互聯網時代。當時移民去荷蘭之後，由於基地在荷蘭，我是很擔心不能再寫的。

遠在荷蘭繼續填詞創作

最初要用DHL寄，最早期是卡式帶。當時香港還有很大的錄音室，一個錄音室入面有幾個錄音房，通常人們會把demo放在那裏，所以最平常的做法是上studio拿demo，順便去hea——現在我用hea這個字，以前是沒有的。在裏面坐一坐，有些別的錄音室還在錄音，很多監製和歌手還在那裏，你便可以認識很多人，所謂「埋堆」，你便會繼續有很多生意。但我不在香港，一直都不在，一般的做法是他們用DHL、FedEx速遞卡式帶過來，但當時IDD長途電話費很昂貴，所以briefing很煩，有時用fax，有時盡快打電話，很麻煩。寫好歌詞我便fax過去，其實香港人做事通常不會那麼煩。

所以我很感激，還有些人會覺得他真的很需要、很想要耀輝，這樣他才會做那麼多功夫去找我。幸好還有這少許的委約，我才可以繼續做下去。我又怎麼會推工作呢？有工作便工作啦。漸漸地，由本來「有得做就梗係要抓住做啦」，爭取發表的機會；到後來做多了，穩定了，知道會繼續有人找我寫，我便有另一種心態。之前的心態是：「別人既然找我，有工作就不要推辭，別浪費掉機會。」但現在的想法是，我已經建立了一些repertoire（曲目），監製也好，歌手也好，既然找我便知道我會怎樣寫，我不需要考慮合不合適，我也覺得沒有甚麼不合適的，如果他找得到我，我就會借這一次交流、碰撞，去產生出創作，因此都不會推辭。現在推的理由都是因為時間問題，人大了，年紀大了，覺得需要更好地處理自己的時間。但不會是因為歌手是誰，不會因為他想寫情歌而推辭，絕對不會。

科技發展有助遠距離創作

Demo 最早是用卡式帶，然後是 MD，他們會寄 MD 給我。MD 的快轉、倒帶方便很多。卡式帶很麻煩，重新播放又要倒帶，有時要用鉛筆卡住卡式帶，這樣會捲得比較慢，因為你可能只想聽那一句，只是那幾秒想聽多一點，便要用這個方法。另外，現在只聽一首歌可以狂 repeat，但以前卡式帶是不可行的——不過有些東西的出現是有原因的，慢慢你會發現有個按鈕叫做「auto reverse」，為甚麼可以自動呢？就是因為有些人需要這個功能；而且當你在處理很多事情都很不方便的時候，你並不會覺得其中一件事不方便，譬如你在做運動時想 reverse，其實只需站起來按個按鈕罷了。通常當年的卡式帶都是自製的，磁帶只有一首歌那麼長——雖然不是所有都一樣，但很多都是這樣——所以回帶也不需很長時間。現在還有人 keep 着用卡式帶嗎？那些帶真的只有一首歌。至於在寄送方面就沒有甚麼分別，一是實實在在地寄送，不然便是跳到了 MP3，不會有漸變的空間。

後來就不需要用這種方法了，MD 之後便到 CD，當時是「燒」CD，這便更加容易了，可以說是慢慢進步。後來有一些「微變」就是電話通訊便宜了，有了漫遊通訊，雖然都貴，但都比 IDD 好，然後便開始進入智能電話的年代。當年那些電話卡，不知道你們有否見過，至少在海外華僑商店就會有電話卡賣。那些不是漫遊卡，漫遊是你人身在外國仍然沿用你在出發地所註冊的電話，而那張卡是你在荷蘭……有很多種的，我買那一種是特別用來打回香港，每張好像是賣十個荷盾，是充值入電話卡，卡後面有類似密碼的東西，要打某個電話再設定密碼。透過這個管道跟香港接通，是便宜很多的，逐張逐張卡買，有了這個方法我便多了一些通訊機會。香港打過去荷蘭也一樣，其實在香港打長途電話很快也很便宜，據我記得，自那時起便多了很多電話上的溝通。所以是有少許轉變吧。

另外，互聯網很幫得上忙，因為可以傳送 sound file，然後 email 回去給他們。很有趣的是他們曾經講過，當有了互聯網之後，「雖然你在荷蘭阿姆斯特丹，但找你比找香港人更容易」。我是一個很有危機感的人，如果有人找我工作當然要做啦。我想，為甚麼他們在香港也要那麼辛苦找周耀輝寫歌？我斷斷不敢說自己寫得好，或者寫的東西很特別。我心裏當然有這個希望吧，但我很明白我們在這個資本主義社會入面，寫得好不好、特色在哪裏，是否真的很重要？而我覺得自己有件事是絕對可以控制得到的，就是時間。我要交貨交得準，所以我很準時。入行到現在，我沒有甚麼很實在可以告訴別人，寫得好或不好是很主觀的，但我是否很準時交貨呢？這是客觀可以告訴大家的，我一直到現在都很準時交貨，從來都只是有早而沒有遲。這是我當時在荷蘭阿姆斯特丹訓練出來的，這也是我在商業上很強的優點。監製很清楚，找耀輝不用擔心他會「甩」、不用催促，他自動會交貨。

互聯網也有其他好處。例如想做 AI 這題目，做 research 也容易了，查 robot 的話，可能已經有許多資料了，我自己也很多時會用這個方法。第二是文字上的東西，或者歌名，如擔心有人寫過的話，以前很難查，現在一上網就查到。還有一點是幫助到我寫國語歌詞，我這個寫法會否是廣東話式的寫法呢？我就會打出來然後在 Google 搜尋一下，如果結果是有內地或台灣人用過該字詞我便會安心一點。

若提到有關 AI 的作品，我現在記得的就是謝安琪的〈773312〉。我是為了一個 project 寫這歌，那是以 AI 為先的一首歌，很清晰講科技。不過很久以前也有陳奕迅的〈第五個現代化〉，裏面用了「科技」做主題，曾經中國大陸講「四個現代化」，所以我便借用了。這首歌基本上是講科技會帶來愈來愈多東西，很多東西只需按一個按鈕便能完成，探討愛情是不是光靠一個按鈕便可以解決所有事情呢？

還有一首楊千嬅的〈尋人機器〉，是因着當時搜尋引擎剛誕生的時候寫的——我好像在自己讚自己，能預知將來的世界可以在搜尋引擎找到人，後來真的可以，例如有交友約會軟件，而那是比約會軟件更早出現的。許志安的〈迷糊、情慾、對象〉講 cyber sex（網絡性愛），是很早期的一首歌，講述透過視像已經可以翻雲覆雨，把事情做完。

我寫的時候並不覺得有預示性……應該這樣說，寫的時候並不是為了預示甚麼，而是覺得將會發生甚麼，當時有很多具攝影機功能的機器出現，我於是這樣想：假如我們有個鏡頭，很仔細地利用它，它是否可以代替一個真人呢？我們能否透過影像，再用自己的幻想去替代其他觸覺呢？我是出現這樣的問題而寫這些歌，而不是問未來的科技發展能否帶領人類文明的未來進步。我是用一個好奇的角度，我對很多新事物很好奇，世界到底可以發展成怎樣呢？科技的進步會帶來甚麼、會改變我們甚麼、會令我們做甚麼？

除此之外，我猜科技進步令監製做音樂容易了，因為容易改 demo；可能我會收到以下的要求：「不如改多兩行」，或者「加多一個 bridge（連接段）吧」。如果是交了詞才改這些段落，填詞人便受苦了，這些情況一直都有的，但我猜因為改 demo 容易了，所以要求也多了。

回港執教鞭，學生成為教學動力

其實這跟我平日生活一樣，都是見步行步。我說的「見步行步」是沒有太多負面意思的，反而我認為它有較多積極的意義。我的意思是你走到那一步，想到下一步怎麼行便怎麼行。例如在 92 年——我想先更正一下，我不是想移民到荷蘭的，我是想出去看看，因為我喜歡的人在那裏，是荷蘭人，我們 1992 年在香港認識，那年的社會氣氛和現在有點相似，還有因為距離 1989 年不是太遠，當年的衝擊很大。當時香港即將回歸，又在 1989 年之後，一切的經歷觸動了很多人，無論你離不離開，你也會思考和討論。社會瀰漫着去或留的想法，而我和我的伴侶當時在香港已經在一起了，所以慢慢討論想在香港還是到荷蘭。我沒有特別的想法，但不如看看香港以外的地方是怎麼樣，因為我還未嘗試過在香港以外的地方生活，尤其是歐洲。其實一直很想出去看看世面，但由於家境貧窮，讀書時未嘗試過。畢業後，就循規蹈矩地做政府工，完全是因為那個時勢，才走了一條很不一樣的路。當時在香港十分辛苦，打三份工作，我最後的工作是在《明報》擔任編輯，然後做電台 part-time DJ 和寫歌詞。全部都是我想做的，但是加起來便會沒有了自己。我強烈不喜歡這樣的生活，雖然每一樣都是我喜歡的。

我想現在很多人都是這樣：雖然很辛苦，但是做的是自己喜歡做的。如我之前提及，我不是想移民，而是想放長假，希望可以有積蓄；如果真的不能應付，便回來香港。後來我幫莫文蔚寫了一首歌〈只帶一隻行李箱〉，我當時離開真的只是帶了一個行李箱，而 2011 年我回來香港也是一樣，因為我不是想回流香港。我中間都是做媒體的東西，經常需要交貨。特別是當時我在荷蘭做電台，電台很多東西都要即時，那個 turn over 很快。我很希望學習，所以去了讀 master，然後 PhD。就要畢業的時候，便思考下一步，而 PhD 的出路很多都是到大學上班包括教書。我很希望在香港教書，而當時離開了香港約二十年，想回來香港，在這裏工作感受一下都是很應該的，但我不是想回來香港定居的。當時 BU（香港浸會大學）的合約很奇怪，是二十個月的。合約一般由九月開始，但我的合約是一月開始的。我沒有詢問 BU，因為我的目的也不是要求繼續有合約。二十個月對我來説時間剛剛好，不算太長。離開了香港約二十年，回來教二十個月剛剛好。於是我去應徵，它們取錄了我，我就是這樣去感受香港的生活；但很快我就認為自己喜歡在這裏教書，應該説一開始接觸浸大的學生，就令我有很多感觸、很多力量，令我認為要繼續做老師。所以後來便續約，走不了。我當時認為如果不做，就好像是放棄他們。

留港契機：學術工作與創作相輔相成

我很快便教歌詞創作，因為朱耀偉教授當時在 BU。朱耀偉是我的老闆，他知道我有寫歌詞，便問我有沒有興趣教歌詞創作。我一直都不太敢去教，因為我認為我雖然懂得寫歌詞，但未必懂如何教。對我來說，我不認為在商業化的音樂學院去教是最理想的，因為學生支付了龐大費用，而他們大多數帶着在職身份來上課，會帶着不同的期望去報讀課程。第一，他們可能希望報讀課程後能夠立即懂得寫歌詞，可惜我沒有這個把握能夠教懂他們；第二，他們可能希望透過這些管道能夠入行，我亦都沒有把握，甚至不肯定是否應該鼓勵他們入行。但是在 BU，整個 undergrad 的課程中，有那麼多 credits，若只是開一個 course，計三個 credits，學生們在這麼多年的大學生涯中，只有一個學期會讀這科。我當然希望他們會重視，但他們沒可能期望在這個 course 能夠一步登天寫得好歌詞。我認為我可以在這些前設下嘗試給予同學一些指引和我自己的經驗，用 workshop 的形式教導他們，所以當時很快便開設了課程了。那個課程的 code 是 HUMN，歸入 humanities（人文學科），不是屬於 creative writing 那邊，當時還未開辦 creative writing。

當我決定完成 PhD，並且之後在大學找工作，你可以看到我在生命裏面開展了另一條路線。我認為我是一個很好奇的人，雖然我從事音樂行業一段時間，而原本音樂這行業已經是很好的，它讓我有比較多機會接觸新的人，但我仍覺得不足夠。做學術研究往往要做田野，例如你要做訪問，你可能本身不認識某人的，然後你找他訪問，便認識他了。

我在荷蘭讀的 PhD 研究在荷蘭長大的青少年。我不認識他們，我本來只認識很少相關人士，之後才再認識到更多。就這樣，我認識到和我年紀相差二十年、甚至三十年的人，他們整個生活世界和我的不一樣，我很興致勃勃去瞭解他們。後來要寫 research proposal，當然我不喜歡這個遊戲，我對於這遊戲的規則很有疑問，但是這「遊戲」令我繼續有機會去做 field work，而做 research 我是有興趣的，所以我的工作不會有太多的衝突，因為我知道我其實就是要將我的精力時間，放在另一條路線上面。這是有關時間分配，也有很多人問過我，特別是同事，都會問我會否有很大壓力，我覺得當然是忙碌的了，但是可能相對於其他同事，我的壓力反而較小，因為我不太存在一定要成功的那種心態。

最初入大學教書，通常是先擔任 assistant professor，需要在六年內發表很多文章及要處理很多事情，才可以留下來。當時我剛剛回到香港，本來計劃不會一直做下去，那怎會有很大的壓力呢？我只是按我自己的方法做下去，即是我最後計劃繼續做，也沒有跟我差不多時候起步的學者所面臨的壓力。他們的壓力來自一定要升職並且得到 tenure，否則便要離開。我也是想升職的，但是如果不能做到，我又不覺得這是很大問題。

我是會做的，我是會做得很好的，但我不會有太大壓力。因為我認為對於很多人來說，面臨的不是能否完成的那種壓力，而是在進行過程中已經承受很大壓力。他們會想到假如不能完成結果會怎麼樣，他們很焦慮，但其實他們是有能力完成的。我自己的想法是：就算我完成不了，我也「唔使死」的。我的意思是我已經建立了很多東西。換個很世俗的說法，我自問也是一個世俗的人，無論如何我已經寫了很多歌詞，對得住自己，對得住很多人。我不需要在第二個位置去證明自己是一個「能做得嘢」的人，我有這個心態。當然我會想做到一些東西，我的工作量是增加了的，但壓力不是增加了很多，反而有時我會認為這些工作增加了我的動力。

例如最近，我做 research 的題目是研究單身女人的 aging 問題。你做 field work 和 research，你能夠見到這些人是真真實實的，而我平時應該沒有機會見到她們，她們來自不同階層，來自中國內地，例如她們提及相親，有「嫁出去」的壓力。我當然會很心急，心急在來到 2022 年，大家的心態還是這樣。心急之餘，我會寫文去幫助這班女人，在另一個平台，也會寫歌去幫她們。

為甚麼會選擇這個 topic？因為我真的遇到這類女士。很有趣的是，我在內地從事傳媒相關的工作時，觀察到做訪問的編輯、文創界人士很多都是女性。我和她們個別熟識了，便知道她們是單身的，我就發覺原來社會真的有很多這種女性，於是我便開始想研究這個主題了。可能女性的主題太切身，又或者流行曲與個人身份可能始終有一種距離，我不知自己能否勝任去做。又或者像剛才說道，我是想借做 research 的機會去認識不同的人。

而學術的研究又會影響我的其他工作，例如我和馮穎琪合作的「一個人一首歌」企劃。我藉着教書可以聯繫其他人，很多事情是要大家一起合作去做的。在課室的，我會繼續做；而音樂是另一樣我也會繼續做的東西。我擁有這兩個平台，兩邊都會引領着我下一步做些甚麼。寫歌就寫給我在不同領域之中所碰到的人⋯⋯我覺得人生很難，哈哈。

人其實很容易會活在自己的所謂「氣泡」(虛幻) 入面。我快要六十歲了，經濟能力及社會階層已去到某一個程度，然後音樂圈或學術圈是可以很窄的，但我還可以做 research，搞新 project 去認識人。不是人人都可以那麼好運，而我覺得流行文化是人類可以取得力量的地方。

有很長的一段時間，我差不多逐年去審視自己是否應該繼續在香港生活。我自己有一個重要的因素決定去留，就是我有一個伴侶住在荷蘭，我覺得這是我自己浪漫的一面吧。大前提是如果這樣的分開會影響到我們的關係，我一定會離開，我一定會選擇關係。幸好伴侶也是從事學術的，比較有彈性。然後就要務實一點去想，如來年夠不夠時間見面呢？就這樣，我便開始習慣這一種生活模式。到最近，知道離退休愈來愈近，反而不用想太多，只想能做多久就多久。

剛才説起留在香港，我希望可以在香港做更多事情。我在荷蘭很享受生活，但我覺得在那裏我像是一個消費者，消費那邊給我的美好生活：明媚風光、慢生活、安靜、好的生活空間等等。在香港我是一個公民，我覺得我有責任把我在社會得到的東西貢獻出來。我在香港建立了一定的人脈，我動用了一些資源，就更加需要去做那些 projects。我記得第一個做的 project 是「文藝復興基金會」，成員包括黃耀明在內，還有一班文創人。我們欠缺組織和動員能力，剛巧當時遇見的那班人行政方面比較強，便大家一起做 project，去幫助年輕人，讓他們有多點機會。然後就是「一個人一首歌」了，這 project 是集中在音樂上的。如果真的要分主次，培養新的音樂人是次要的，主要是替普通人寫歌，希望慢慢每個人都有一隻歌，還有希望可以改變人們對流行音樂一直以來的想法：只為藝人去寫或者藝人才會有歌。我想留港的主要想法就是以上兩個吧。

相信自己，尋找自己的創作時間和方式

說沒有壓力是騙你的，但是我再重申，有很長時間，我一年出產很少歌，你可以看「維基百科」。我當時並沒有太大壓力，壓力並不在於時間、deadline，壓力是在於我是否能夠寫到一些好的東西。我自己的要求是能否寫到有質素的作品，不是交貨時間的壓力。我開始寫的時候，有很長的時間我有一些創作的機會，給我空間慢慢去練習自己的情緒管理、時間管理；漸漸地，當我開始愈寫愈多時，反而已經知道：「唔使驚，坐低就寫到㗎喇！」例如如果自知起碼要一個星期才能起貨，那別人叫你三日交貨，我便不會接。我會開始有一些自知之明，要三天交貨的不會接，我是用這樣一個方法去管理自己的創作生命。

我真的不覺得很大壓力，我也跟同學這樣說，一定要不斷練習，還有相信自己，不要等，坐下來一定寫到，還有要多聆聽。反而要知道自己甚麼時候會寫得最好。我再重申一次，我是很幸運的，因為我很不幸地去了一個有很少創作機會的地方，是自己選擇的，但反而可以讓我慢慢來。我有時間和空間去發掘自己在甚麼時段、環境去創作才是最舒服和最有生產力的——我知道自己在早上十點至下午一點是最有生產力的。而我繼續在香港工作可以這樣嗎？我很懷疑。我只能跟學生或後輩說：你必須要找出自己最適合創作的時間並捍衛它。

有時如要轉換和改變那一日的生活，不在早上創作而在下午創作，我會發現事倍功半。於是我現在不會約人早上外出，我早上盡量不外出。我一日的日程大概就是這樣了，很緩慢地

起床，十點左右做運動，做運動期間已經開始醞釀創作，差不多到一點左右停。現在下午會轉做學術性的東西，或需要我動用創作以外的精神的事情，我會全力捍衛之前的兩至三小時來繼續創作。

至於歌詞創作的方式，我是先聽 demo，我會 auto repeat 一首歌，把歌曲聽熟。聽着聽着會有些東西從我腦裏走出來，我覺得這是很神秘的。然後便開始寫了，我便坐下，戴着耳機，繼續用手寫的方式，把靈感寫下來，看看怎樣再繼續構思下去，就是這樣子。我小時候很胖，十七歲開始做運動，曾創作一首寫給容祖兒的歌叫做〈跟珍芳達做健身操〉，基本上是我自己的寫照，當時我開始做運動，還沒有健身操，也沒有健身名人珍芳達（Jane Fonda），沒有 aerobics（有氧健身操）這個詞，而且還未有做 gym 的風氣。

Demo 預先寫上歌詞，有礙創作想像

如果很籠統地說，當年的 demo 一定比較粗糙一些、簡單一些，譬如樂器很少。其實，我不太懂得講，我不認識那套用來形容音樂的語言。最早期的 demo 可能是用自己的聲線去錄旋律，因為我懷疑音樂是真彈，再用人聲去唱旋律；然後慢慢你會聽到開始以彈奏旋律取代人聲，相信這已經進入了電子化的時代，可以將旋律彈奏出來，音樂也豐富了，所以我估計跟電腦普及化有關。後來更加複雜的 demo 出現了，對於不太熟悉音樂的人來說，會以為已經編好了。

我猜想，這不單單是科技發展，亦跟行業運作有關，開始

習慣 demo 要很清晰讓選擇歌曲的人感受到歌曲最後的完成品是怎樣的。有些人的想法是：「做 A&R 的人不太懂得從很原始的 demo 去想像歌曲的可能性」，這是有些人的說法，我無從對這句話判斷真偽。因為以我的理解，A&R 要處理的任務，是有足夠的訓練，無論 demo 有多粗糙，配樂是怎樣也好，都可以想像得到最後變成歌會是甚麼樣子，他是應該具備這樣的能力的。但現在到底是不是呢？我不知道了。

可能現在的 A&R 很想 demo 已經能告訴他，最終成品可以是怎樣的。另一變化是，愈來愈多的 demo 聽起來很相似，因為作曲人可能想清楚告訴選歌人作品的脈絡是怎樣的，聽起上來感覺會如何；demo 製作上愈來愈多有 demo 詞，也有人唱，愈來愈少純粹彈出旋律。我有時候反而想問能否給我一個純旋律的 demo 呢？

第一個影響是，現在的 demo 已經有歌詞了，我思疑對一個新手來說是複雜了，因為這樣會很擾亂創作的靈感。如果你不懂得看譜，很依靠聆聽 demo，而它如果已經唱了歌詞出來，會很影響你，例如 phrasing。按照常規，填詞應該要跟隨歌的 phrasing，但有時你為了填對的歌詞，反而阻礙了 phrasing 效果。尤其 demo 詞是填國語詞的話就更易所謂「出錯」了，因為技巧上，國語詞填甚麼大致都可以「啱音」，它可以填上一句白話文句子，但字的 phrasing 跟音樂旋律的 phrasing 不一定匹配，而填詞人很容易受到 demo 歌詞的 phrasing 影響，要用很多努力去抹走那些影響，才能回到音樂的本質。為甚麼我要寫「一點一點」的筆記，就是因為在 demo 裏已經全部都有歌詞，所以我如果要根據自己的 phrasing 寫下去，就要完全忘記他們怎樣唱。籠統來說，demo 有歌詞是影響歌詞創作的。

第二個影響是，它會影響唱歌的人，歌手通常是先聽 demo 去熟習的，他會習慣了 demo 的韻腳，收到歌詞後可能會說：「耀輝，本來的韻腳好似比較容易唱一點，你可不可以跟跟看。」糟糕，改韻腳幾乎就是全部都需要改，但到底是不是本來的韻腳比較好還是他已經聽慣了？這是另一個會出問題的地方。

但你說沒有好處嗎？也不是。有時有些字韻腳用了下去是用得剛剛好的，你可以順勢借用，這也牽涉到一個很複雜的問題，也出現過一些爭拗。如果你只是借了他兩三個字，然後全部重寫，到底 credit 要怎樣下呢？我其實也不太知道，就算你不用他的字也會刺激到一些靈感出來，這就是好處。有時候也有三幾隻字，你發現可以用在後來的作品中。更合理的做法是，其實他有很多可取的地方，有些 demo 詞本身是寫得不錯的，有時我會選擇 keep，變成合寫的情況。

我現在也有跟我畢了業的學生合寫，教歌詞時我一向都是這樣的，他們先寫，我給評語，有些評語是意念上的東西，有些評語是技術上的東西，例如怎樣推進、韻腳、意象，又或 phrasing 不對，然後他再改。跟着可能我同步改一些再發還給他，這樣子推進，有些時候他一稿我一稿，大家互相去寫。

填詞融入中文修辭手法

我覺得自己中文還可以，但有一個我覺得不足的地方，我的古文根基很差，你給我古文我是看不懂的。如果有一個技能是可以突然看懂古文那就好了，可惜沒有。我猜測有兩個原因：第一，是我看了很多中文書吸收得很快，很多小說也有用很多修辭，當時我吸收力強；第二，與音樂本身也相當有關係，我要借旋律去構思，我不是坐下來寫詩，因此旋律不知為何能挑起我寫詞，這可能要給 musicologist 和語言學家一起研究，是否因為粵語要「啱音」，所以導致旋律本身已經內建了能挑起一些字詞的出現？

舉例來說，跟學生做練習時，我經常說旋律已經重複，為甚麼你不重複歌詞？他們不多重複，可能沒有想到。可能因為 demo 詞並不是這樣寫，或者他們二次創作那首歌本身的歌詞並不是這樣寫的，所以他不能聽到旋律是在不停重複，其實重複也是一種修辭，他們很容易失去了這種敏銳。但若你懂得只聽旋律，有時旋律的音樂性是可以被配上歌詞去寫的。

另一邊廂，因為我要教寫歌詞，便會多了一些 realization，而在做的時候並不察覺。作為一個作者你會比較容易考慮受眾，而歌詞是所謂普及的文體，因此你會希望寫出來的文字有一種牽動，或強或弱，總之想跟受眾有很強烈的連繫。這也跟音樂有關，有些音樂在情感上的力量比較大，在文字上你不可能不寫一些東西來成就這種情感的強力，然後你會令受眾感受到。因為聽音樂聽到了很強的段落，你不可能寫一些沒有張力的東西，你一定會坐下來構思能夠寫甚麼，好像行內用語指的 hook line（點題句）。你是如何用情感去「勾住」個氣氛呢？本來我連「修辭」這兩個字也不認識，長大之後才知道這些叫做「修辭」，我只懂得怎樣用。例子如 2021 年發表張進翹的〈無可救藥的浪漫〉，他最後一句的音是「dadadada，dadadada，dadadada，dadadada」，四個音一組地不停重複，你不可能不用修辭，你不可能不用文字去幫助帶起這個力量去唱出來，所以我填了「只用浪漫／不必救藥」，「只用」、「不必」這些就是修辭；這是我長大之後才懂得的，但我知道我要這樣寫，這樣的對比。在我寫歌詞而言，我覺得可以 carry 旋律到最後，受眾是會聽到一種情感上面的牽動。

創作國語歌詞和廣東歌詞的分別

創作國語歌詞和廣東歌詞，最大分別是，國語歌詞不需要太「啱音」。我不敢說會寫得快很多，因為它畢竟不是我的母語。技術上是容易一點的，因為一想到就幾乎可以寫下來了。而它不是我的母語，所以我的詞彙不夠廣東話多，反之寫廣東話是技術上的難。有時會出現的情況是想到某些東西卻寫不到下去，但我對這沒有太大的感受。

欣賞自己創作的價值

我喜歡所有自己的歌（笑），自己的仔仔女女嘛。表面上不可能偏心哪一個，但暗地裏當然有偏心。我自己很深刻印象的當然是為達明一派做的那批歌，這關乎很多原因。他們在我甚麼都不知道、沒有瞭解任何行規，或者流行音樂應該怎樣做……讓我在甚麼都不瞭解的情況下自由自在地寫，這樣做是非常難得的。漸漸發覺那時候我們做了很多，我不敢說是劃時代的作品，我只能說那些歌「應該要出現」。

然後作為一個文字人，我覺得我還可以的——又自己讚自己了。作品能有這樣的創意，還有很多文字上的趣味。有些歌、有些字你會覺得很 dated，而我重新審視我的歌，在音樂、題材、文字上沒有過時的感覺。我覺得這算是很值得自豪的一件事，因為已是三十多年前，但其實也覺得悲哀，好像〈忘記他是她〉，大家仍然在討論類似的事情……唉，我也不知怎樣說。但撇開社會的現實，單單從音樂來說，我很深刻自己有份參與做了那批歌。剛才我所說的，人們來找我做歌，我自己會假設他知道耀輝是這樣寫歌，有一些作品如我剛才所言，老土的，或者疑問 hook line 怎麼會這樣寫，很不容易唱呢……我有時也會回顧一下。

寫詞心態慢慢轉變

最初去幫其他歌手的時候，我會開始多了戰戰兢兢的感受。因為和「達明」合作是知道他們要怎麼樣，他們好像甚麼都可以接受。他們給予我的信心，很容易變成自己對自己的信心，我認為這是我寫歌詞最重要的東西。但是當幫外面的歌手，我很容易擔心他們會不會對我另外有要求？我又懂不懂寫出他們想要的歌詞呢？即是全部都合乎他人的角度，要我遷就他們，這樣很容易進退失據。有時可能想按照市場需要去寫歌詞，但現在我會覺得不用這樣。

幸運地，正如我剛剛提到最早期的時候不是寫了很多，慢慢地，雖然很少寫，但經年累月，也累積了一些作品。人大了，心就會定了；人大了，你會更清楚知道自己擅長的是甚麼，不擅長的又是甚麼。如他人想要的歌詞是你不擅長的，你可以選擇不為他們寫；或者更清晰告訴他，你只懂得寫某一類歌詞；又或者最後寫的歌詞跟他們所預期不一樣，遭他人拒絕了，但拒絕了你的歌詞，你也不會感到很心碎，因為你知道單純是不適合而已，只是我擅長的不是他想要的。人大了會有這樣的穩定。我基本上愈來愈要求自己交出去的歌詞，全部也要見得人，對得住自己，特別在文字上我會容易挑剔自己；至於在價值方面，我一直堅持自己所寫的歌詞不能違背自己的價值觀。交出去的歌詞，都必須過這個關口。

音樂創作企劃：「一個人一首歌」及「埋班作樂」

「一個人一首歌」，我和馮穎琪都覺得做這個 project 是可行的。第一樣想到的是，流行音樂是否應該繼續這樣下去？唱片公司開 project 找你，是否一定只要為歌手寫歌呢？我們做了那麼久，或者已經對此有些不滿，或者是我們有一種另尋出路的想法。所以試試自己找資源去開 project，不倚靠傳統音樂工業，做着做着慢慢覺得這是一條路，因為唱片公司的資源愈來愈少，我覺得真的需要在別的地方拿資源，甚至做另外一些東西。雖然以往的運作模式仍應該存在，但我們要找其他東西。我們這一兩年發表了很多歌，以歌曲數字來說，歌曲以官方和半官方的金錢來做的話，我們發表的歌曲數目可能多於某些唱片 label 呢！亞洲藝術文獻庫最近找我做 artist-in-residence，他們知道我是一個文字人和音樂人，我當然借這個機會做一些和音樂相關的事情。我找了王嘉儀和我合作，我們總共發表了六隻歌曲和 MV，全部都是亞洲藝術文獻庫金錢資助，哪一個藝人一年可以發表六隻歌？現在是逐隻逐隻歌發表的，相信大家都心中有數；而它們怎計數呢？但現在我們自由自在，發表一個 project 六隻歌，這個模式也是一種方法，是流行音樂的另類發表方法。

所以我覺得要找多點資源。市道很難，雖然現在的形勢好像好了一點，但錢去了哪裏？形勢好所帶來的金錢，又有多少會投放回創作上？我不知道。形勢好是好的，大家如果是流行音樂一分子都會對此很雀躍。但身處低谷的經驗告訴我們，單靠傳統 label 是不行的，無論傳統 label 是否 OK，我們都應該尋找多些資源的來源，其他資源的來源的確可以讓我們做到不同的流行音樂，我覺得這樣整個生態才會活潑起來。

本地樂壇前景：要繼續有不同語言的作品

我經常覺得是一定有未來的。我剛才講到「預知」那樣東西，我覺得沒有東西是可以被預知的，但我反而覺得「你想如何」是會影響未來的。你想如何，你便盡力去做，我是希望現在可以左右到未來，而未來不會無端端出現，它是建基於現在。只是倚靠傳統 label 和幫 artists 寫歌，其實不是辦法，就開始自己動手做吧。我向來都是這樣思考和實踐的，所以你問我，我覺得一定有未來，視乎你覺得未來是要甚麼模樣，然後盡力去做。

我不懂得是否要去捍衛，但我會想繼續有廣東歌，繼續有潮語歌、閩南話歌，不同語言的歌等等。我覺得每個語言都有它優美的地方，然後懂某種語言的人聽到該語言的歌會特別感到親切。我會想繼續有廣東歌，想有好的廣東歌，那大家就要努力了。我覺得如果大家都這樣想，就盡力去做吧。

我記得《聖經》有一句金句是「萬事互相效力」，可能不同的事情或人會成就了一些東西。忽然想起我幫陳健安寫的〈未知道〉，覺得很代表我的心聲。這是學術和我自己的創作的關係，當然這是我隱隱然的想法。法國哲學家 Deleuze 說人類有兩個狀態：一個是滿足，一個是灰心。他說兩個狀態都不好，因為如果你很滿足的話，即是你甚麼都不用做；而如果是灰心的話，即是你覺得沒有甚麼好做。他覺得做人最好的狀態是不知道，或者最好是兩者之間，不是完全滿足，但帶有少許灰心，有些猶豫，這樣才有事情可做。

有人批評中產，說他們好像心滿意足般，不用工作，我們這社會就太容易灰心吧。曾經有段時間樂壇是這樣灰心：沒有甚麼好做，做甚麼都是徒勞的，我覺得不可以這樣的。既然哲學家都這樣說，不如我寫首歌鼓勵自己吧。我寫許多作品其實最終都想鼓勵自己，一邊失望，一邊也在希望之中。

寫歌是讓文字說話

寫歌是一個很 dialectic 的過程。我經常都有一個疑問，是我寫文字？還是文字寫我？有時是我寫的都一定「諗過度過」，然後雖然作品是周耀輝的作品，我會不認它嗎？不！即是說這個作品可以倒過頭來影響我。假如你寫了〈未知道〉，你現在可以「犬儒」嗎？「啊！唔得啊！好灰心啊，死梗啦！」

不可以這樣，如果是這樣就背叛自己的作品了，我反而會這樣：「係囉，係你自己寫㗎喎，耀輝。」就這樣，我的作品可能會影響我的處事和做人。

作品本身有生命，我和它不能分開。為甚麼我會寫一些有關價值和理念的作品？我希望它被記下來，會變成一塊鏡，又或者是一個錦囊，到我軟弱時，把它們拿出來看看，告訴自己曾經寫過平等、自由等等的價值，於是「自己識做啦」，這些都提醒着自己。一路以來我自己都相信自己寫的歌詞價值觀都是一致的。當然，我不是說我有權去判決或評論其他價值觀，十個人可能有十個不同的想法；但關於我自己的價值觀是否一致，在我領悟之中，那是一致的。

例如我不相信從一而終的愛情，就當是異性戀霸權吧，我是由始至終都不接受的，這可能和我的性取向有關吧。我由始至終都不會寫一些歌詞強化異性戀當中的價值觀。有時寫情歌，我不會清楚寫明性別；但如果有時是需要的話，是可以寫明的。因為男人可以喜歡女人，女人又可以喜歡男人。但如果要表達「兩個人一定要一生一世」，又如「男女平等」這範疇，例如女人是否不能主動追男人，這些我是不會寫的。我反而會寫「女人不要去死等」，又或者我不會寫得像 Wyman（黃偉文），即是我不會寫〈（你沒有）好結果〉這類。我的做人態度是：「黐線㗎？佢咁衰，你梗係走啦！」為甚麼還要整個生命都糾結在那個人身上？還要緊張他有沒有好結果？我自己找新生吧！我會寫〈今天終於一人回家〉這類。

我有「文以載道」的想法，這和我最初為甚麼要寫歌詞有關，我就是想自己寫的東西和別人不一樣，不一樣的是對世界、對自己的看法。記得當時聽愛情歌，我不是覺得這世界不需要愛情歌，只是覺得那時有很多愛情歌，便想寫一些關乎社會的東西。就算寫愛情歌，「一對一」、「一生一世」、「沒有一生一世，死咗佢好過」，這些真的害人不淺，我經常覺得你有幸福的愛情就好，沒有的話，有很多人都覺得是一種殘缺，他們覺得是不是自己「命不好」?

我媽媽一輩子都單身，就是因為她覺得要等，覺得別人會認為她背叛本來的男人，這些想法真的害人不淺啊！一生人的幸福啊！苦戀也是基於這種情操吧，我不會的，我最 general 想表達的價值觀是想大家生活得容易一點。最簡單的講法是：不要有太多別人的價值去控制我自己怎樣做人，就是這樣。

編者的話

我們通常會認為科技進步對於填詞人沒有太大的影響，但周耀輝的例子似乎不盡如是。正如周耀輝所言，填詞人在寫詞的時候可能需要不斷重複聆聽一句旋律，錄音帶的回帶功能便不像今日的 MP3 那麼方便。另外，互聯網的發展更加令填詞人可以輕易地在網上找資料參考，節省了不少時間。除此之外，由於互聯網在以前並未普及，所以當他在 1992 年離開香港時會擔心失去填詞的工作。由於當時海外溝通並不像今天那麼容易，填詞人和監製溝通需要倚靠長途電話，但長途電話費用在當年非常昂貴，而且更要郵寄錄音帶到外國，監製為了避免麻煩，通常都會選擇在香港的填詞人去寫詞，所以周耀輝的擔心是不無道理的。在全球化的今天，如果填詞人在外國定居，他便應該不會感受到周耀輝當年的問題了。

（訪問日期：2021 年 7 月 30 日）

第八章 陳浩然

陳浩然（Edward Chan），畢業於香港中文大學音樂系，主修作曲。2000 年加入華納音樂版權公司成為作曲人，隨後在 2010 年建立創作團隊 Edward Music Production (EMP) 及錄音室 NOVA Studio。近年多以團隊形式進行歌曲製作，希望能夠培育更多音樂製作人才及更有效率地發揮各人的長處。從 2013 年開始，他擔任 Sony Music Hong Kong A&R Consultant 一職，亦有為各項音樂活動擔任音樂總監。

他至今在不同音樂頒獎典禮中獲得不同的獎項，包括 2016、2019 及 2021 三次獲得「叱咤樂壇監製大獎」，2021「Chill Club 年度監製」，2019「叱咤樂壇編曲人大獎」，2011「叱咤樂壇至尊唱片大獎」，2011「叱咤樂壇至尊歌曲大獎」等。

近年合作歌手包括姜濤、盧瀚霆（Anson Lo）、呂爵安（Edan Lui）、MIRROR、陳柏宇、林奕匡、黃妍、莫文蔚、ERROR、衛蘭等。

持續學習與創新的監製
——陳浩然

經歷 analogue 轉入 digital 年代，自行砌機起 studio

回顧我最初入行的年代，大約是 2000 年開始吧，是在 B 哥哥（鍾鎮濤）的 studio 工作，我很幸運剛剛好經歷 analogue 和 digital 的交界時期， 那時正值用上 digital 的 Sony 出的 24-track 機。

在 Analogue 年代我都有入過錄音室，但沒有機會嘗試做，那時我還在讀中學呢。Analogue 年代機器的 size 很大，我入行時，雖然已經用 digital 帶，但那 24-track 的機，再加上所有的維修費，買錄音帶的成本，都不是一般人可以負擔到的。我記得有一間 studio 叫 Phantom Studio，它是一間 production house，當時一些 multi-media production house，已經有三至四部 ADAT 連在一起，再用一部 digital console，已經是幾百萬的資本。

那時，我好像小朋友一樣走入去，覺得：「哇！好神奇啊！」就是在這樣的規模之後才進入 digital 的。到我入行的年代，錄音室規模已經縮小了，已經可以有 digital domain（數碼化主導），又有 automation，價錢是五、六萬左右，已經是

affordable 的。我記得我買的第一台 Yamaha 02R（一種數碼混音器）是在 2002 年至 2003 年左右，原本我預算第一個投資是一部 Mackie mixer，有二十四條 channels，但最後變了買部 digital console 加一張卡，再加個軟件平台 Pro Tools，便入行了。

我很幸運，因為我那時時間多，而那些 engineers 多數是資深師傅，未必有時間摸索新模式。那時我買了台新電腦，忘記是否買了 iMac G3，螢幕背面是透明綠色的。我由用 mono track 開始，就是這樣開始接觸 Pro Tools，自己摸索 menu，用 DP（Digital Performer） 砌 sample。那時的 hardware 要用 sampler，要插着 CD-ROM，又要 log ID，有時又要爬到機器後面插線……成件事好 studio、好青春，那種熱血的程度很高。新一輩的音樂人是 functional 多了，所以我會看得到與以前在 studio 的製作有很多不同，在 studio 要磨時間，左試右試，是這個聲音還是那個聲音……現在不是這樣了，總而言之是「get done, get the result」（目標為本）。

音樂科技促成作品愈趨精緻

我自己用了 hardware 那麼久，比較喜歡大型的機器，只要機器放在這裏，就可以很 handy，需要用到它的時候就走過去開，去扭掣。向來我做 show 都有用 laptop，但純粹用它來 playback 一早弄好的 track，並交給工程師處理，很少會用 laptop 砌歌。但自從 laptop 的功能愈來愈厲害之後，特別最近四、五年，可能因為自己的小朋友都漸漸長大了，所以我經常將 laptop 攜帶於身邊，去到哪裏做到哪裏，盡量想節省時間，editing 的工作很多時都會用 laptop 做。因為用 laptop 用多了，我便覺得其實 laptop 真的很方便，之後連做創作都會用 laptop，並開始擁抱新世代做音樂的方法，因為他們不會花太多錢去「養」一個 studio 和買 hardware 硬體，他們做音樂的方法都很 software-based，我也漸漸開始了這個模式。

我本身入行時是做快歌的，但其後發展事業就必須要寫各種各樣的歌，不寫歌很難啟動到事業；就算不太寫歌，都要令其他人覺得自己是有作品的，就算不懂得寫歌都要寫。在以前的年代，如果只「做完個底」及做了基本的編曲，再在上面勉強地哼唱一些旋律，是不太會被接受的；但現在情況相反，現在有了旋律，再「夾硬砌個底」也有。

現在我們收到的 demo 都很完整，這是因為所有東西，包括：hook line、「個底」（編曲），都是同步發生的；而「個底」很多都是在 writing camp 裏面誕生的，所以我們收到的 demo 都十分 fascinating，尤其是從外面（中國大陸、台灣、韓國、歐洲）寄過來的 demo，有三、四成都很完整；再加上，現在有些網上平台可以讓創作者上載作品分享，創作者可以互相改動。這種方法非常流行，那些 website 容量亦很大，其流行的原因是外國的地方比較寬廣，大家不容易 travel，但為了可以合作，大家就樂意用不同的形式交流音樂。

音樂的 trend 是會演化的。有一段時間我們喜歡拿着一盒帶上中國大陸拉 strings，例如在廣州，設計不同的規模，可以有二十幾支。不過後來發現，如果二十幾支的 phrasing 做得不太好，是很沒感情的，倒不如去找幾個較好的演奏者，然後分開錄製，可以先錄 violin，再錄 viola。有部分歌是會這樣做的，因為可以組合大家的部分做成不同 strings level，又可以 individual 地去調節。我覺得這樣的做法會令音樂愈趨精緻，而我感覺上精緻是重要的，因為在這個年代你的作品不 specific，就很難擁有一支旗幟。

流行曲的創意發揮形式

在我的角度而言，creativity（創意）是在創作的階段，而 arrangement 給人感覺則是在一個製作的階段，但 arrangement 是手藝來的，當然入面也有創作的成分。我認為現時音樂的創意是來自 sound stage，你 create 一個 sound stage，快歌有快歌的 sound stage，慢歌就有慢歌的 sound stage，hip hop 中板都有它的 sound stage。設計這個 sound stage 就需要很多 technology 和很多 creativity 來製造出來，那當然入面有不同的 technique 會用到，例如我做 reverb，reverb 有多長，要加甚麼進去，這些都是需要 technique 的，而同時又需要有創意才能 trigger 到我製造到這些 sound stage。

如果你要 present 一隻歌，就需要有 melody，那 melody 當然是一個創意。就好像 Ivana（王菀之）那類歌手，既有 melody sense，也有一個 sound stage 的 mind，那她就能創造出一些創意更大的作品。因此，創意也視乎我們如何去運用 technology，我們應該借助它。正如我之前所講的方式：噢！今天要交歌，於是就 download 一些 tracks 回來，砌砌砌出來……先交出去，一天就交到了。這樣好像很快很厲害，同時間我們「搶灘」成功了，時間方面取勝，似是一個益處。但當然這樣做要考慮的是，creativity 是否減少了而成了工廠製作模式。另一方面，若認真去鑽研運用某一些 technology 或一些新方法，譬如做 sidechain（一種混音的方法），現在的方法亦不同了，它可以 trigger 一些 high level 的東西去 slice 或 solve 一些 synth 的聲效，亦可以 create 新的 trend 出來。

外國在 technological-driven 這方面發展得較好，領導了音樂世界的潮流，能做到用一個聲音或者運用了一些東西就突然變出一個潮流來，例如美國的 The Chainsmokers，他們用了一些很特別的 synth，做了一個很 hooky 的 melody 出來。這些 DJ 賣錢就是因為他有能力去 create 這些東西，而這些東西是可以在世界上流行的。有些 DJ 是 mellow 一點的，例如 hip hop DJ Timberland，他創造了一些 hip hop beat，主流 singer 就在 beat 上面「top」一些 melody，這就成了 2000 至 2010 年的產物。在這十年的中段，王力宏找來了一個意大利 DJ Avicii 去做一些 Europe beat，chill 一些的，有些鋼琴，類似「酒杯敲鋼琴」的聲音，這又成了一個 trend。去到近年較受歡迎的 trap music，大量 trap DJ producers 開始湧現了，如樂隊 Skillet 一類的音樂又開始有很多。

創作不需既定框架，更要打破常規

歌曲的產生有不同的 stage。例如設計好一個 initial 的編曲，之後就去唱歌部分；唱歌 make sure 個 key OK 之後就再執個編曲；到編曲 OK 了又去 finalize 個唱歌部分。通常歌手都很好會自己唱和音，然後一方面是剪 vocal；剪完 vocal，我有位 engineer 會幫我整理好 vocal，例如處理一些啉氣位，當中有四 part 和音入，不用留四個人啉氣，只需留兩個啉氣聲便可，每邊（左右聲道）各一個，第三和第四個就可剪掉；此外，如果一個人的啉氣聲長點，另一個短點，我們可以剪接到令它們一起啉氣，配合好啉氣位便可令整件事更 tight。Sound engineer 可以令歌曲更 finished。

如有一首歌，我希望可以做到「黑色幽默」的話，我便會參考 The Addams Family、Batman 的 sound works，或者一些較 theatrical 的東西。如要令音樂有些「抽象式的黑色幽默」的感覺，我便會研究一下 strings：究竟 marcato 還是 pizzicato 較幽默？我昨天便找了我的 intern（實習生），他有相關的認識，有拉 violin，便試拉給我聽。他認為 pizzicato 較幽默、較有型。我聽了後也同意，感覺它更 light，這樣就 trigger 到我去想，或者試試用 marcato 的底音，但不那麼大聲，不那麼 epic 和 haunting；或者又試試高一個八度，或者到最後又試試由 marcato 變 staccato？可能這樣做會好一點……所以有很多這些細微的東西要慢慢試清楚，因為那位 intern 都是用 samples 和 soft synth 去砌和試，試了出來又真的頗好聽，這都可以幫助到我的創意。我又試過將一個 out range 的 brass 放落去音樂的底上，感覺都頗有型，平時那個 brass 是不可以這麼低音的，但我用 sample 特意調低它，那個 brass「呱」一聲，配 strings 的 marcato 就會產生一個很突然的重音，最後就變成一種 orchestral 和 humour 的感覺，但又夾雜着一些電子音樂在內。

作為 producer，現時做音樂，我希望可以做得好些，便要「走出來」。當然我已累積和認識各具擅長的音樂人，例如我要做得幽默，可以打電話給 Patrick Lui（雷柏熹），讓他幫我編寫三個管樂及 string quartet（弦樂四重奏），然後託他找人錄音，再找人彈結他，錄 bass，其實看似很快便可以做好。然而，事實並非如此，大家看看現在 James Bond 的主題曲、Billie Eilish 的主題曲，都不是這樣做的。我知道，如果我還不願意走出來，停留在十多年前的做法，便去不到現今這個市場的境況，歌曲做完出來會有人說好像在哪裏聽過似的，像以前「Garbage 事件」[1] 那樣呢，這就會影響自己的 brand。同時，又會有種感覺「好像你都做不到」，反而一些新人做得比你更有創意。

我覺得有兩首歌真的做得非常好。一首是 PnB Rock 的〈Selfish〉，那種風格叫「唔入嘢」，是帶點電子音樂的，有二千萬 hit rate。過往，我們聽完 chorus 1 和第一次副歌的 music break 之後，已經覺得「入晒嘢」（進入作品高潮）了，但這首作品過了這些部分還未入？入啦！我覺得這種編曲並不是 generic 的流行歌，但又不難接受，它不是沒有 melody，它的 melody 是很美的。換句話說，如我把 melody 換掉，轉成廣東歌行不行呢？我認為是不可行的，廣東歌不常有這種 style。它會加 bass，又有電結他，有一兩件 organic 的樂器，strings 不是真的，如果是真的話感覺會太過華麗；這個 bass 跟前一個 bass 很不一樣，這個是電 bass，剛才的是真 bass。一般來說，

---

1 2000 年，王菲一曲〈再見螢火蟲〉疑嚴重抄襲外國樂隊 Garbage 的作品〈The World Is Not Enough〉。

如果要完，就會這樣 keep 到最後，但突然又來個電音，然後又落回去。我在香港未聽過這樣的流行曲，所以覺得這件事很新鮮。

另一首是 Ashe 的〈Moral of the Story〉，這首歌的 programme 做得很好。它其實沒有用真的樂器，只有一些 programmed strings。這個鋼琴是有 voicing 的。它的 voice-leading 做得很好，有很美的 hook line，整首歌好 memorable，很一致的。這才是真正的編曲，不會模糊不清。它的結構很清楚，例如：這裏是 chorus，而 vocal 是不會 fit 在它的 effective range 內的，不會很突出。它的開始是這樣子，chorus 是那樣子，但編曲就是一個氣氛。這一隻我很喜歡，超級喜歡。這一首現在有三千萬的 hit-rate，剛才那一首是二千萬的。我看到的是，在已有的資源下，一些新一輩的歌手或 producer，會加了一些自己的創意，這也是我正在學習中，希望在製作流行音樂的同時，可增添一些未試過的效果，而當把這種新的做法重複一次、兩次、三次，就可以變成一種 trend。

廣東歌和非廣東歌的異同

最近我也在研究本地的 pop 跟 Western 的 pop 的主要分別。我覺得撇除了 language 或 melody 的組成外，還有一個好 crucial 的 factor 在裏面。我曾做了　個表，嘗試 present 予自己公司的同事。我在開 A&R meeting 中都提到：我覺得 Hong Kong pop，尤指傳統的 Hong Kong pop，它的 dynamics 及 mood，開始時一定是細的，之後一路 build up，再去到澎湃的高潮，然後就停了，但外地流行歌是不會的。它們一開始的 mood 就是 maximum，dynamics 也是 maximum，他們的唱法⋯⋯例如 John Legend，一開聲就是如此唱下去了。另一個例子 Adele 的〈Someone Like You〉，它的鋼琴很 mellow，就由頭到尾都是如此 mellow，vocal 是爆的，第一句就已經是爆的，爆到尾，所以歌曲的 mood 和 dynamics 就 all consistent。它音樂的變化在於有 layering 的變動，但這變動不會造就那 dynamics 的。我其實都幾 embrace 這些東西，想在香港做這一類的 pop music，想漸漸地轉去這個模式。這個跟歌手的唱法也有關係的，和怎樣寫一首歌也有關係：從甚麼音域開始。寫 ballad 的傳統都是 melody 的開頭比較靜，chorus 是 build up，因為 chorus 要突出；但我在想，如果我有個方法可以令開始和中間的音域是一樣，但又依然可以突出 chorus 呢？外國優勝的地方就是可以用樂器的變化、用編曲來 build the chorus，而不是用 dynamics 或 range 做出來。現在我嘗試慢慢用這方法來做一些新的 Cantopop，這種 Cantopop 並不是純粹崇洋，加甚麼電子聲或很潮很流行的東西，不是！我不是想用這種方式，而是希望在另一個五年，能做到一批新的作品，能擁抱到新的創作模式，這就好似對自己有一個交代。

我也洞察到廣東和非廣東歌的分別。其實日本也做得不錯，他們的 band 歌都是由頭到尾用同一個 dynamics，玉置浩二的唱法都是由頭到尾同一個，椎名林檎也是，只不過是華人的 ballad 的進化在這方面比較少，例如台灣或中國大陸傳統的 ballad。不過大陸和台灣有一項比香港優勝的地方，就是歌手本身唱功很了得，所以他們會將開頭的音調 set 得不低，而

chorus 是更高音。我會聽到很多台灣歌手唱得很高音，而他們的 chorus 是「高空的發展」，過了男仔 bridge voice 的音域是很普遍的，但這在香港十分罕見。其實高音的 spectrum 是較具吸引力的，就如一幅廣告，它的顏色鮮艷，自然會吸引我們的視線更多。本地市場亦較少 baritone（男中音），baritone 的歌手不太流行。

還有韓國的競爭，無論在造星、做音樂方面，甚至在歐洲來說，他們的水準都很高。他們每一個人都總有一項能力是很強的。然而，在水準高的同時，水準高的作品也未必一定有出路，因為競爭很大，變相提供的效能不高，有很大量的存貨可以被選擇。因此就間接發展成一個現象，如現在新一輩的歌手，譬如 MIRROR 的成員做 solo（獨唱）作品就需要找歌曲，如果我們拿出一首本地 writer 或者我 team 的 writer 做的歌，與他們一向聽的韓國歌比較，他們就會覺得「很似喎」、「不知道欠缺甚麼」。我亦碰過一個 case，已經預早打電話給一些朋友，拿了一堆歌回來，拿出來 A 歌、B 歌一對比，就發現完全被比下去。香港新一輩創作音樂的過程比較 target-oriented，我看得出他們的創意其實未被完全開發，尤其是在創作主流音樂的過程中。

在市場需要及個人創作之間的取捨

A&R 確實是影響流行曲創意度非常重要的 factor。我覺得我是幸運的，我接的 project，公司通常都很尊重我；另一方面，當我做 A&R 的時候，公司對於我的寬容程度很高，但確實自己都要懂得平衡，例如我現時 handle 的 project，我要做四首歌加一首 cover，而那首 cover 要求坊間有不錯的反應。我剛剛完成第一首歌，不是 traditional 的，反應不錯；第二首歌也不是 traditional，melody 是 traditional，不過編曲是偏向 R&B；第三首是「band band 地」的風格，然後 A&R 就提出：「Edward，到第四首了，我們也很需要一首 ballad。」大家工作多年，也知道為甚麼 ballad 會 work，ballad 是不可或缺的。所以之前做了作品「個底」出來，feel 到是「啱 feel」，但都要想想如何改才「啱數」。其實這就是顧慮，我不能說我們不怕，我們創新求進步；但考慮到這裏（市場需要），我便要有足夠的自律性，知道「提供到漢堡包，你便會有新的開心樂園餐，但巨無霸你就不要拿走了。沒人介意巨無霸存在，它未必有很多人吃，始終將軍漢堡會較為吸引，但巨無霸必須要存在。」我會這樣去看所謂比較 generic 的東西，和它對市場的顧慮及對創意的影響，因為我們現在是有很多 track 和 no side track 的。

我反而不會想觀眾會不會不喜歡。都做了這麼多年，其實心知肚明怎樣可以「無事」，但這樣做又有甚麼用呢？即使我做一首「無事」的歌，到頭來還是有機會變成「有事」。我會否為了迎合觀眾而故意擠出創意呢？我絕對不會，只需要我認為那首歌好聽。創意是很自發性的。只要我覺得好聽，不入鼓就不入鼓，我不會給自己「不入鼓，觀眾會覺得悶」的 comment。不入鼓和 hit rate 並無太直接的關係。不入鼓中間不會悶嗎？那令到它不悶不就好了。我會這樣逆向思考，要自己令歌曲不悶。如果因為顧慮不入鼓會令觀眾感到悶而入鼓的話，這正正就會影響到創意，便限制了自己沒有去 consider option B、option C 了。最近，我有一首編曲 supposed 星期四要交貨，但我一直改一直改，到昨晚實在太睏，便決定今天才繼續，其實都不可以強迫自己去做，因為要交就「趕了它」吧。你知道是會「死」的，你心目中有個聲音，但還未做到它出來，或者都未確定那結他 track 是否完全和全首歌「tight」，就這樣便推給 mixing 做的話，真的只會是自找麻煩。我情願自己做好點，讓 mixing 做少一點，他只需執整一點便可拿去 mastering。你做得對，他做少點，好過你隨便做，他要「左執右執」，然後給其他人聽完又說不好，給那個聽又差一點。

認識外國的流行曲製作

我最近參加了一些 writing camp，認識了一些在歐洲的 producers，發覺他們很習慣用 laptop 做音樂，當中 DJ-type 的 producers 更加常用 laptop。他們是 DJ，但他們同時又是 trackers，他們懂得做 track。一個 DJ 做一條 track，當中有 melody liner 或者「sing on top」，就可以是一隻歌了！如果這首歌被賣，因為這歌裏面的 track 是 DJ 做的，所以他自然也是個 producer 了。這不是一個新的產物，在外國由 2000 年代的 Fatboy Slim 開始，已經有 DJ-type producers。亞洲也有，但香港的 DJ scene 是比較 underground 的感覺，直到這幾年 laptop 科技的進步，以及到外地寫歌的盛行，也開始有人在香港做 writing camp，大家都喜歡帶着 laptop 走來走去，好像這樣才是一個新趨勢，然後原來有一班 producers 都開始會用，這個創作模式開始活躍，是我看到這五年最主要的轉變。

因為接觸了歐洲的 writers，知道他們一定會有自己的 hardware/ hard disk，有自己的 library 和自己的聲音；但也有 library 是 online 的，有些是月費形式可供購買的，只要付月費你就可以每一個月下載 samples。Online 買 sample 是其中一個方法，但現在很多 samples 都是砌好了的 phrase，有着不同的 genre、tempo、key，有些是 single hit，另一些是小的 phrase，你可以下載一句句 phrase 來砌歌。這也是近十年的音樂風格都偏向電子音樂的潮流的一個原因，因為做音樂方便了，多人用「砌」的方法去做歌。只要有 sense，就可以用 samples 做一首歌，所以 DJ-type 的 producers 就愈來愈盛行了。以前在外國也不是沒有的，早在八十年代的那些 MPC（MIDI/ Music Production Centre），那些黑人音樂人已經用 hardware 的 sequence 做歌，但這種方法在香港比較少，因為是有技術在裏面的；還有，自從一個在美國比較有影響力的 DJ 叫 Jay Dilla，他發明了三拍子歌曲裏突然出現二拍子的節奏，這種創新影響了很多美國的 drummers。

香港人的步伐很快，歐洲人步伐比較慢，但不代表他們做音樂很慢。我記得有一次我去了匈牙利首都 Budapest 一個交流形式的 writing camp，是當地一個組織舉辦的。有些國家的領事館，如瑞典領事館，他們真的很大力支持音樂和推廣瑞典文化。瑞典是一個很想和英美在音樂上看齊的國家，自從瑞典誕生了一位很出名的 producer Max Martin 後，陸續不斷出產 producers 了，當然這和國家大力推廣有關。我參與外地 writing camp 時發現，英國的 writer 會去 Budapest 寫歌，由於他們的工作不是那麼多，所以他們會周圍去 seek opportunity。我們看着外國的天空很大，他們市場很大，競爭也很大，因為「叻」的人很多。如韓國、歐洲的競爭大到不得了，那碗車仔麵真的要煮得很出色，才可以在芸芸這麼多對手之中突圍而出。

在 writing camp 中，我的年資已經夠 senior 了，但我跟 publisher 說，如果要我嘗試進入別人的世界，我都可以，否則我又好像在香港一樣領導着別人創作音樂，其實反而吸收不到新知識，所以該單位就安排了我在第一天當組長，第二天當組員。當組長的一天，我需要帶領着幾個組員，他們可能不擅長做音樂的技術，但他們都很有創意，那天就像我帶着三個林一峰去做歌一樣，當天我們做了一些音樂出來。我進入到他們旋律的世界，認識了他們是怎樣創作 melody，我們會用電話錄了哼出來的旋律，然後大家一起 examine 這些旋律。

第二天，我去跟一個 DJ producer 學習，同時發生和自己國籍有關的趣事，他們說我是唯一一個中國人，也是唯一一個亞洲人，他們介紹我的時候相當有趣，說：「So welcome you travel all around to the world and join us. Give you an applause.」我其實不覺得自己很特別，但他們會覺得很奇怪，為甚麼一個亞洲人會走過半個地球去參加一個非商業的 writing camp。第一天其實都頗順利，第二天做組員，本來不用參與，但受到同組法國組員的邀請，我也樂於參與。在過程中，他們一邊創作音樂，一邊都會「assign」一些任務給我：你幫我砌一些東西如 phrase、track 吧。砌完之後，再交給他們繼續音樂的創作。當他們已經差不多完成第一首 demo，他們便跟我說：

「Maybe you can continue with the guides, so I can start the second one.」用三至四個小時，他們已經完成了 basic track。

我們一人用一部電腦，他們用 Ableton，我用 Pro Tools，但他們用 Ableton 創作音樂所用的時間就比我快很多，其實我在香港用 Pro Tools 已經不算慢的了，速度也算是數一數二，所以可想而知他們真的很有效率，感覺上他們應該比我快三倍吧？尤其是在網上，有很多東西都已經砌好了，download 下來你就可以將它們組裝，或者你有了主要的 hook line 之後，很容易就 trigger 到你有另一些東西、想法，這樣就跟以前很不同了。以前你要自己想這一句出來，現在你可以有萬萬千千個選擇，這句不喜歡就下一句，那句不喜歡就選擇到合適為止……其實是很「廠聲」的。甚至我在 YouTube 聽到廣告的 sample 都已經認得，來來去去都差不多，認得出聲音是從哪兒得來的。

最直接反映出來的狀況是 DJ 不需要懂得彈 bass，他只需要 download 段 bass 下來。我剛剛有個 project 也嘗試了這方法，一來 project 的錢已經花光了，唯有試一試，看我可不可以一個人把所有東西都做起，包括結他，包括 bass，download 所有東西下來。自己剪和砌，我發覺都很花時間，如果要做到很像真呢，是要用很多時間，但如果當作一個 demo 去做就變得很搶耳。這個創作模式當然是速食了，也少了 consideration，又少了 musicianship（音樂造詣）的 output，我亦不知道這類音樂是否叫做 Digital Age 的產物。

其實這種模式跟我認識的、大約十年前我很喜歡的一個在美國的 producer 的創作方式很相似。他叫做 Dr. Luke，做了很多Taylor Swift、很多最top line的音樂，即是很plug的plug歌。但當時的創作模式沒有去到現在這種工廠式，即download個sample出來就能砌出很「廠」的東西。他曾說：「Just get into the studio and find a synth. Find a good sound and press one note, and then I just chop it into different notes and length, and I'll make that a hook line.」他有一首歌寫給Kesha叫做〈Blow〉，其bass line就是被〈Gangnam Style〉抄了來用。

原來這段是Dr. Luke很突然地在studio搬了部synth出來調聲，找對了key就拿來按了幾下，按了下去，就這樣將它變成一首歌。當時都有這種「砌」的模式，但起碼砌的bass都是一個比較organic、經音樂人想出來的東西，與Digital Age中網上提供的phrase會有些不同。我並不是只指本地，其實本地反而少見「砌」的創作，雖然有些聲音我還是認得出處。然而，在外國的writing camp裏，這種風氣非常盛行，即是從網上拿取資源下來砌，亦都衍生到很高的效率。不過歐洲就chill一點，或許創作人沒有太多目的，可能亦因為camp的性質不是「搏命」，但我亦有參加過「搏命」的writing camp。

「搏命」camp即是artist都會到場，當artist選擇好，就開始做。例如是寫給A-Lin的，在台灣那個camp，韓國飛一堆writer過來，瑞典又飛一堆writer過來，香港飛兩個過去，local台灣人也有一些，合共三十人，分了八組或六組。早一星期已經打電話過來：「Edward你要做tracker，是辛苦的，你不如先看看reference，準備好四個『底』過來吧！」即是叫我們做好「底」直接拿過去writing camp，這些就是「搏命」的，publishing house是想在camp裏面完成整件事，即是「谷生意」。當然他們會安排好所有事，亦都好似交流的形式，但你都知是「搏命」，你不能掉以輕心覺得事情可以「玩玩吓」，到時候沒貨賣會很尷尬。他們總共四天，我只能參與兩天，我真的沒時間！幸好助理 Alex 逼我去：「你去吧！這間 publishing house 很厲害的，有寫歌給 BTS；瑞典那邊很厲害的；韓國也很厲害因為他們屬於 SM Entertainment Co., Ltd.，你要去感受一下別人那種級數（世界級數），感受一下人家如何令事情發生。」我都很慶幸他逼我去，真的大開眼界。瑞典人、韓國人，他們拿着一分鐘多的底開始，由十點鐘喝完咖啡吃完早餐就開始工作，聽到隔壁房間開始「砰砰磅磅」；去到二至三點鐘下午茶時間，已經差不多完成音樂底，唱得七七八八，已經在剪輯 vocal 了。到了六點食晚飯時已經可以播歌，哇，真的厲害到跌落地。

他們全部用 samples。很有趣的是，韓國人會在 Cubase（數碼音樂製作軟件）工作，大部分都是。其他地方的人會用 Logic、Ableton，沒有人用 Pro Tools，只有美國人用 Pro Tools。我本身由 Pro Tools 開始做製作，所以一直都用 Pro Tools。Pro Tools 比較着重 recording software，雖然近年發展得很 versatile；Pro Tools 的 platform 野心大很多，會做電影音樂，是一個世界級數的軟件。至於 Logic 和 Cubase，主要是讓你做 sequencing，亦可以做 mix，它並不太 audio friendly，所以它可以用來「砌」，而不是讓你錄 vocal，但你可以在上面剪輯。我都很 impressed，科技令我知道你不認識那些東西會很難去追上，而我只會做 acoustic（笑）……我有 Coldplay 的 reference，我只做 acoustic，因為大家做快歌的級數差太遠了，根本不是同一回事。以前我在 studio 砌一星期，大約也覺得作品值得驕傲，可以拿出來見人，而他們在一天內，十點鐘至六點鐘已經將歌曲做好，有 melody，他們事先預備的「底」只有一分半鐘，並未拉長且沒有 melody 的。Tracker 帶了這個去；有兩個 melody liner；有一個 tracking assistance；有人負責填詞。我負責唱，在那裏即席揮毫，靠着「底」開始哼 melody，哼完大家研究覺得好，即刻 set 咪錄起來。在同一間很小的房間，很 intimate 地 set 支咪逐句逐句錄，錄好一句，再構思好錄下一句。做 tracker 的要負責判斷這句 melody 好不好？這句砌去哪裏呢？但大家當然都可以參與意見，writer 想這樣或那樣都可以，我見到瑞典人做得很好。我自己負責那首歌，拍檔是瑞典女生的 melody liner，和一個在 SM 裏面工作的韓國男生，他是在 SM entertainment 裏面做 vocal，因為他們分工很仔細的，像工廠一樣，有人做 track，有人 take vocal，他們唱功了得，可以錄和音，所有和音都靠韓國男生唱，他自己唱，然後歌星只唱某幾句，交給 producer 砌好。效率方面，我覺得超高，超級目標為本。

外國流行曲創作經驗帶來的衝擊與反思

有兩個 artists，阿哩和 Jackson Wang（王嘉爾），以前都是在韓團的。中國大陸的人進了韓團，訓練後，因為韓國想打進大陸市場，所以便挑選了兩個大陸人去韓國發展。現在他們在大陸很厲害，賺到錢，有了自己的工作室，就開始做自己的 project 了，這都是很誇張的。另一方面，你要得到 market，你就必須走進去，所以，譬如我看見接下來有很多值得期待的藝人，如古天樂，他有很龐大的資金注資天下一電影公司。他拍了很多電影，也有一些港產片，但也有一些電影，是投資在可以回本的大陸電影。所以，接下來他們會有大投資的科幻片，CG（Computer Graphic）媲美荷里活，是一個大製作，符合國際水準。因此就需要有這一筆資金，去找一些本地的導演或是本地的動畫師。我會覺得我們有這樣的力量，是有這些 skill 的，但我們需要資金去令更多擁有這些 skill 的人一起做成一件事，才可以令整體達到某一個水準，否則，若只有 producer 到位的話，而 artist、表演質素、打燈的還未到，所有東西差一點的話就會被拖垮了。

香港的好處是，樂壇不是太「死」，有很多東西出現，現在正正是一個急促發展的階段，由「就快死」變成人們不停挑剔。的確 market 是在萎縮中的，聽眾也多了不同的音樂選擇。雖然香港在流行曲發展方面一直落後，而到有機會發展的時候，速度也未必比得上別人已發展好的速度，但別人相對穩定和比較多競爭，香港卻有很多的機會，快歌有人要、中板有人要、文青的有人要、有型的有人要、party 有人要、ballad 有人要……所以我會這樣看：因為多了不同的音樂類型，相對地給主流歌手的 ballad 少了，不算少很多，但我見到需求有 decline；而另一方面，有創作人因為科技方便，在小房間都可以錄好音，所以有很多DIY的作品出現了。加上已進入「Music 4.0」年代，door to door，創作人自己做完後放上網，觀眾直接反應、直接聽很容易造就了很多新模式、DIY 創作的形式，或者 DIY 再加少許 production 的形式，於是就出現了一大堆新的作品、新的 artist，這是近幾年很大的轉變。

我相信這個轉變不是現在才發生的，每個 producer 一向都要面對這種挑戰，始終時代一直變遷，市場也不斷變化，想站在市場中名列前茅，或者想有穩定的工作、可持續的發展，就需要適應。這件事是看你有沒有 aware 而已。我很記得有一個網上看到的「Nokia 與 iPhone 的對話」，Nokia 表示自己並非做得不好，而是做得不夠別人好罷了。Nokia 曾幾何時創先河，是手提電話市場中的佼佼者，不過進步不及別人快。既然巨人都會倒下，所以任何一個在市場上的 business，如不去考量一下 R&D（Research and Development）的 factor，其實 out of the zone 只是遲早的事。近幾年，大家似乎更緊張急速的發展會不會有很多影響呢？我覺得影響是一定有的，但我也很習慣這種影響。我自問十年前已經開始製造一些「mini me」出來逼自己進步，一來是有需要，希望接多些工作去交租；二來你的工作遲早會有人挑戰你，倒不如你自己 groom 一些令自己行前、進步的新人，行快些，總好過太過安逸，然後某天發覺身邊突然多了很多厲害的音樂人，自己都不知，也好過躲起來只做手上懂得做的事而不去擴闊。

個人與團隊擁抱新挑戰的心態

我開始跟這些新一輩音樂人做歌，然後就發現「幾好喎」，編得不錯，聲音也選擇得不錯，這會令你容易察覺自己究竟懂不懂，或者自己能否 handle 呢？當他繼續成長時，你會不會擁有一支團隊呢？或者大家能否繼續合作呢？他是否需要你呢？如何不斷地從他們身上，無論在技巧、作品、心態或結果上做好 management 呢？如何推動別人的工作呢？會否有情況是我會比較自私地利用他呢？這些都不是有人向我問的問題，但如果人有了敏感性的話，會 feel 到自然要反思一下問題，「咦，偏一點的聲線原來是這樣調的」，這樣反而可幫助我進步。這幾年發生這情況後，甚至發覺自己的團隊也不足夠了，或者過去這四、五年團隊「收割」到的也不少，無論是「中歌」的數目、市場佔有率，其實「收收埋埋」也有不錯的成績。

但這個不錯的成績某程度上是很安逸的，不知不覺就安逸了一段時間，雖然我們也很專心去跑，但或者只是以為自己跑得很前，原來同時間的年輕人跑得又快又厲害，作品又新鮮，在市場上的矚目程度又……好像「開了一家新的腸粉店好好味」，人們自然會好奇。每個 beginner 都有個 beginner's luck，即是好奇、新鮮感，當你身上有 foundation，你有你的 benefit，別人都會覺得找你工作很穩妥。但同時例如 Tesla 的出現，對很多汽車或傳統品牌來講是很衝擊的，原來速度可以這麼快，勝過 Porsche。三十萬港元一部車，打敗了二百萬港元的車，就能看得出這個年代，科技提供給大家的催化劑。

我在 2020 年，開始 feel 到收回來的歌，有歌手反映：「嘩！好正呀！」開始 feel 到原來外面的東西，多得科技進步、互聯網可以有更多選擇，很容易就收到好東西回來。如此，你很容易就拿到很多 tracks，給錢就可以買回來，亦不需要擔心收到歌卻編不好，不會因為要拿一些素材而難以合作，自己的工作亦不會流到別人手上。我收歌的時候，亦醒覺到自己不要太安逸，即使過去幾年做得不錯，但世界的步伐愈來愈快，好像宇宙膨脹，愈來愈加速下去，我們要 get alert 啦！

在 2020 年經歷了一件事情，那個 trigger 是，有歌手回應：「外面收回來的東西很正！而你 writer 的東西不夠新，或者不夠完整，可能時間上、投資各方面的效能上不夠好。」我只好反映給我的團隊知道，不是我不想用你們的作品，但我不可以偏私，不可以為了用你們的作品而令 project 的人覺得我強迫他們去用；但另一方面又想你們好，不想建立好自己的團隊但又收外面的作品，不然簽大家回來幹甚麼？我不想他們這樣誤會。

面對這種困難，我做了一些舉動，而我自己也需要更新。我嘗試在網上花了些時間做資料搜集，在各個不同範疇，如 mixing、編曲，找不同 style 和做歌的方法，看了不同的影片，亦付款買了不同的教學影片，然後 share 給他們；另一方面，我助理 Alex 說：「share 給他們沒有用，叫他們來看看吧。」一來因為疫情關係令大家少見面，便趁疫情緩和時一連三日，在我的工作室，從早到晚，當做一節課堂。有叫幾個 writers 必須過來，然後我好像做 writing camp 一樣，招呼大家，準備食物、飲品，設計時間表和準備 materials，你人來到就可以了，大家沒有很大的 cost 的。這令他們可以一起看，一起討論，發問問題，問工程師：「這個 reverb 是甚麼來的？新的？法國 DJ 用，但我們沒有。」為甚麼沒有？為甚麼不用？然後發現我們可以用幾千元買，原來有些問題是可以解決到的。

另外也會跟 writers 討論，有時他們寫了一些歌，但最終我選了另一首，他們當然會尷尬和失望，不過我會告訴他們不要緊，失去一首歌，得不到機會，浪費了時間，但你聽一聽，就知道你真的輸了，而最重要是知道輸在哪裏、怎樣輸、輸幾多。我直接付款買對方的散 tracks 回來；再整個 Pro Tools 放好 tracks，將 session 放上 server，我就可以瞭解到對方是這樣選擇聲音的，原來對方的組合是這樣子的。我自己做了分析。

另一方面是將自己「擺上枱」，其中有個 project 我要做一首 K-pop 歌，當然我可以打電話輕易拿一個 K-pop 回來，但我選擇跟 artist 自己砌，跟何山做的那一首，逐粒自己砌，當然不會砌得太相似。我找了個在 writing camp 認識的韓國人的 producer group，跟 Alex 講：「我覺得他們很厲害，作品很『正』，我問他們肯不肯做 mixing，聯絡了他們，他們說要先聽一聽歌曲。」他們肯做，很渴望有工作，而 management 大家都相熟，所以他們半推半就地就接了這個 job，幫我 mix；同一時間我提出了要求，如果入面有地方他們不滿意，隨便改，我付錢，我想學，我想知道怎樣不好。事實上也付出了多一倍錢，mixing 的錢已經不是香港的幾千元，我直接付多一倍，不為賺錢，是為了可以分享給所有人，我就要得到那些素材。

那首歌叫做〈一所懸命〉，一個新人（盧瀚霆，Anson Lo）的出道作，是跳舞的。過程中，他們確實幫我改了兩、三個 samples，kick drum 和 snare drum 都改了；另外，有一個 brass 的 sample 都幫我改了。有趣的是，他們選擇的聲音都很差，但所有聲音加起來就「好正」。本身 kick drum 是不「肥」的，只是「滴」一聲，但原來就是要一個不肥的 kick drum，配一個超級肥的 bass line，才會「好正」。他有很多 slice tricks，你以為要好「墳」（澎湃），他就會選擇一個好勁的 kick drum。

Totally opposite！你以為 brass 要「好正」嗎？我已經在 sample farm 裏 download 下來，但原來未是「最正」，他另外 download 了一個 MIDI 下來，它「超雞」（弱）的，「啤啤啤……」真的好像 Casio 的聲音。不過所有聲音加起上來……嘩！真的很有型！有了這些經驗，我就在 workshop 裏 share 給 writer，讓他們知道，我在逼他們做之前，我已經逼自己做一次了，我發覺有很多 inspirations。我希望用一個比較 moving forward 的態度和一些行動，令他們感受到我們是可以和其他人不一樣，而我們會一起向前行，並不是我利用你令我向前行，這樣永遠是走不動的。如果你是 talented，你發現你比我 talented，我再利用你，你會發覺你是蝕底的和給我「搵笨」，之後就會離開。

我二十歲時很悠閒用帶去看 Pro Tools 的 menu（說明書），新一輩就去看 YouTube。後來，我們就 establish 了事業賺錢，沒有太多時間；或者陳柏宇要歌，方皓玟要歌啊，又或者方皓玟做演唱會，我當然做了才算吧！將時間放了在工作上，就沒有時間做R&D，所以就需要booster去boost up！我說不要緊，你有經驗，你有手藝，新人未必認識你認識的東西，所以只要 top up 一些知識，YouTube 都可以「煲」，你肯花時間一定做到，但是入 studio 怎樣 set up 鼓，怎樣 set 咪，怎樣作 R&B，怎樣彈 R&B 的 bassline……新一輩就未必懂了。Once 那個 trend 回來，不再是那些 sample 音樂那麼盛行的話，只要香港樂壇突然間出現好像方大同、王菀之這些 singer-song writers，就需要很懂得 manage singer-writer 的 producer 了。新的 DJ 不會懂，你會有你的發展空間，只要能度過這段 frustration 就 OK。

Auto-Tune的應用與歌手的關係

科技發展和歌手的合作要從有Auto-Tune開始講，這科技在2000年前已出現。Auto-Tune我用很多，其實不能夠不使用，現在even要開着Auto-Tune來唱和錄音。我有幾個故事想分享。第一個故事是：第一個為人所知用Auto-Tune的著名音樂人是美國歌手Cher，即是2000年之前這科技已開始出現，之後R&B歌手Akon也用少許Auto-Tune，後來即使是hip hop型的音樂人也用，再發展到現在這一類的melodic rap，artist都必須開着Auto-Tune來唱。一邊開Auto-Tune一邊唱，就變成一個tone。我曾有機會看到Rihanna的mixing engineer show他的mixing session出來，原來他會刻意開着去找那個獨有的tone。例如，在Rihanna的〈Diamonds〉，「diamonds」的「di」刻意「揀」了一個聲音出來，Rihanna唱時把那個音刻意扭轉，令Auto-Tune「做嘢」。另一方面，開着來唱歌有時是for efficiency purpose。如韓式的做法就是開着Auto-Tune，不是因為要Auto-Tune的效果，而是想不去tune vocal，要artists唱準。即是如果音樂人correct到歌手唱準，就that's it，不會再「touch」(處理)，直接onsite剪接punch好。

Auto-Tune的應用現在可配合我們做剪接的方式。我以前用帶出身，keep take和punch in是很危險的，刪除了便沒有了；現在一個playlist可以有二百至三百個takes，而我是個垃圾佬，所有takes都會keep。我只要mark好take，然後就可以把它們擱置一旁，因為儲在hard disk內就不是太大問題。還有，我在mixing之前都會consolidate後才給別人，所以我的 editing file 很齊全，我喜歡這樣。我覺得很多時候，創意即是應該選擇哪一個 track 然後 combine 它們這個過程，你可以說是一種選擇，又可以說是人工，但也可以是一種美學。在選擇時，好像有把聲音告訴我：你嘗試將這個配落那個位置，好像有把聲音 guide 着我去做；又或者歌手這樣的唱法，令我想起某些字用某些方法唱或 tune 是合適的。當然，歌手都要 provide 到不同的 option 給我。有時，我會在 take vocal 的時候聽到歌手某些東西，而這東西又會 trigger 到我在下一 take 或下個位置的處理。我又不會刪掉之前的 take，如這裏（A take）我喜歡這個字，那邊（B take）我喜歡那個字，這時候便會 mark 下及之後 combine 它們。這有點像荷里活或像電影的工業：你 take 了很多 shots，一部分是 long shot，一部分是 one shot，一部分很多 shots 假裝成 one shot，一部分刻意做到好 flip 的效果⋯⋯換句話說，editing 的風格亦可衍生出藝術感。

科技發展開拓演唱會的表演形式

最初入行，我最記得一開始組 band，做 band leader，那隊 band 大概只有五至六人。因 budget 所限，找我做 show，也只可以承受到這五至六人的團隊。五個人其實很 basic：琴、鼓、bass、結他、按 programme、和音，或和音及按 programme，這班底已經很齊全，不能夠 double。如果「富貴」一點，或者可多加一部琴，或多加一名和音，或多一支結他，視乎你如何組合。我就以這樣的班底持續做了很多年。到了中期，我發覺其實可以 keep the stem，電腦可以播放愈來愈多的東西，我便可以安排一個人專責按電腦。較 causal 的表演模式，樂隊可以在台上；大型的表演模式的話，樂隊便要在台後或 monitor 後面。逐漸地，電腦開始可以容納的東西愈來愈多。大約 2006 年至 2009 年，因為我的工作（例如新城演唱會）開始要一大班人來表演，我便問人要 stem，用 MMO 的方式來表演。

表演可以僱用兩隊 band，但一隊 band 也可以，even 自己按電腦也可以。時至今天，總之有電腦就可以，因為科技令更多現場表演可以發生。例如，以前不能用現場音樂，要用 MMO。如果有電腦，兩隊 band 也好，加兩個 acoustic 結他，再加上按電腦，這樣也可以玩玩。我在 2006 至 2009 年是比較多做這類的表演。

到了約 2010 年，我做了兩個很誇張的演唱會。那年我突然接到一個 show，完全和以前做法相反，整個 show 一粒 programme 都不用，一個 click 也無，全部都是 organic。這樣做是因我看了 John Mayer，看了 Stevie Wonder 的演出，覺得他們的 band 很厲害。另外，我曾看過我的偶像倫永亮他們做的 show，他們的 arrangement 很好，很 organic，那場是梅艷芳的演唱會。他們在紅館做了場百老匯 show，加入新元素如 brass，又有用以前的 analogue synth……嘩！整件事十分精彩，再加上菲律賓 musician，好好 groove，「正到不得了」。我做的便是方大同《15 香港演唱會 2011》這個 show，全部歌 rearrange、reharmonize，拉長幾首歌 match 起來變成十幾分鐘的一首歌，還有 jamming session 三分鐘一個 solo，很 musician-based。大家都不聽 click 演奏，所有人真玩樂器，一個大 band 有四個和音、三支 brass、十支 strings。這樣的 production cost 超大，所以要視乎 project 本身可否 endorse 到這件事。三十首歌 rearrange，四部和音，單單寫好和音，都要花三、四個星期。

方大同開完演唱會，就到王菀之開《水百合》。整整三十首歌 strings、orchestra 長期存在。我記得當時要到文化中心練歌，因為 strings 太多了，有三、四十支，歌譜也很多，因為牽涉三、四十人，歌譜要事先影印好，所以我記得我要拖着幾箱行李箱去綵排。當時有兩個助理派發歌譜，十分 professional。回到練習管弦樂的方式，說要十時來到就要十時來到，十點就要準備好，如臨大敵般，人要十分 alert。那時是有這個趨勢：一種大型規模管弦樂團式的經營。

這種大 band 我也玩了幾年時間，也是我很喜歡的表演模式。玩了幾年後，trend 又突然改變，大概是由 2014-2015 年開始至舊年，大家開始覺得細 band 較為精緻。我開始玩六個人的 band，開始自己一手一腳做，例如我要 strings，我可以在家中 mix 好彈好準備好 programme，樂隊只需要 play on top，整件事很 control freak，又講求精緻。

因為唱片公司轉型了，由純唱片公司變成唱片公司加 management，所以相比投資去搞演唱會，它們希望能打造一個 artist 的 brand。因此，投資在 brand 上便是最好的。另一方面也因此少了 dancer，少了誇張的衣著。當然都是因為這樣，要 group 到志同道合的人去投資他們生命和時間來製作音樂，是會更難的，準備工作也是增加了的。這種細型 band 方式做音樂會，較為線性（linear）及 theatrical。同時間音樂會有

multi-media 元素，如和影像的配合，我們預早完成 send 給別人做片；又如燈光的配合，他們要 synchronize SMPTE（Society of Motion Picture and Television Engineers，時間碼），所以電腦是非常重要。現場 band 完成不了的聲響效果，就會預先放在電腦內，我們可以用電腦 create 出來。因為電腦有很多聲音，我們可以很 dramatic 地創造音樂。以前影片的音樂是分開或是需要有個 playback，但是因為 lock SMPTE，我們是現場玩的。例如一個 footstep 的片，會有一些如 Michael Nyman 的 piano style，腳步聲是 pre-programmed 的，但鋼琴是 live 彈的，可能再加一個 flute 的單線條的 melody，就可勾畫出整件事。那會有另一種感覺，是類似 multi-media 的樂隊在 corner of the stage，會 highlight 他們。Stage 是圓形的，圓形的 screen 可升可降，然後再加上舞台效果，那 multi-media 的模式又出現了。

明年的情況會怎樣，我就不知道了。因為疫情過後，organizers 會製作些甚麼？現在出埠不是太容易，所以我相信模式會有大轉變，大家應該會比較多一起討論表演模式。未來當然也會有較為速食的 concert，但是即使對比以往速食的 concert，我也會希望盡力使它們不太速食，因為同時間這涉及了自己 producer 的 brand building。另一方面，我看到自己未來會是「兩邊走」：非常速食的也會有，因為資金不足，但大家也需要靠表演做自己的 branding，所以我相信表演會愈趨精緻，這個是我的估算；「大堆頭」也有，但應該較為少。因為減低成本是一個主要因素，再加上疫情的考驗令到大家都發現其實很多東西也 work，不需要大堆頭。還有紅館式的「大堆頭」已經很多年了，現在都是一個機會去更新模式；再加上

technology 除了對音樂方面有影響，其實對燈光、visual，所有都有影響。

與科技應用有密切關係的廣東歌例子

我用三首歌去說吧。最初期，剛出道的薛凱琪的〈886〉，算是我最早期會將 vocal 做 cut & paste 的作品，而且做得很誇張，像去做一些 meaningless 的事，但同時又可以變成 hook line。這是 Pro Tools 剛剛突圍而出的年代，要做這些效果很方便，前提是你要做就要花很多時間。這種製作方法也是受到美國人用 Pro Tools 而影響的。

到了我生涯的中期，我以和方大同的合作作為一個例子。我們嘗試去 trial & error 很多東西，尤其是剛才說，我做 concert 的 project 時，花了很多時間，大概年半。接收一部 amp，我們用了六至七支咪，因為我們想去 explore 究竟如何 combine 這些東西才會得到最佳的聲音，那時我們還在一個揣摩的階段。我相信如果沒有成熟的 tools 和 recording techniques，很難會做得到成效。如果只是「落帶」，我相信我不會做得到。如〈好不容易〉這首歌，它本身已經有很多 tracks，有很龐大的 strings，要去影樓做錄音，而這首歌的 piano 是很簡單的。整首歌差不多都是由結他去 fill up 音樂間的空隙；strings 只是用來 provide 很 luxe 的 texture，只是在做音樂的背景，不會很突出，營造出一個幸福感；然後還有少許和音。所有東西都以結他為主，而那張碟《15》的主題也是結他，所以我們收錄結他就需要很多很細微的 tracks，而不同的

tracks 也希望有不同的聲音。這個 project 是我第一個決定要自己做 mixing 的 project，因為方大同所追求的是很西方的，他有一些很強烈的、某幾種的 preferences，而這些 preferences 很少同類型的歌手做，也很少同類型的歌，所以對於我們來說比較新。當時去外國做 mixing 亦不是太盛行，因為那些檔案如果有幾 GB（gigabyte），傳送都會很麻煩，不是一件很方便的事。Email 也好像只是剛盛行，未去到甚麼也會用 email 傳送。其時我和方大同也正在一個學習階段，如果沒有相應、合適的工具，我相信我不可以 mix 得到，因為我們的學習方式是 trial & error，我們會先收集所有東西，然後再研究這些配搭似不似，是一種逆向的學習，不是一種純正的學習。正如方大同說過，如果這樣的話就不要勉強別人了，否則只會令別人辛苦，我們也辛苦。所以這些中期錄音的 technology，可以幫助我們去 explore 和進步。

作為一個 producer，其實做了十多年年資也很淺，很多東西也沒有嘗試過，只做過很少的事。因此，要很有信心的去做一件事，以我的經驗是不足夠的，甚至要我們 guide 別人去做就更加困難。因此才催生了這個契機：不如把整個 project 都自己做。因為我們知道，這件事不是由 mixing 開始，而是由 tracking 就要做得對；如果 tracking 做得對的話，mixing 方面就會很 balanced，只需要作少許的微調，不需要用這些時間去做修改，所以最後就決定自己做 mixing。

以近期來說，就是 Anson Lo 的那一首〈一所懸命〉。很重要的是，它集合了幾位 arrangers，分開在不同的地方寫 melody。徐浩是在走埠時寫的，然後把一些 hook line 傳給我；

何山就是在自己家裏做完 programming 後，把所有 tracks 傳給我的。然後我就跟 artist 一同製作，完成後就交去韓國做 mixing，當中也作了一些修改。同時間，在做 track count 時，由於這是一首 K-pop 的關係，一共有 117 pairs 的 audio，即是有數百條的 tracks。我相信如果沒有 technology 的話，都頗難完成。

給新晉音樂人的話：投入做自己作品

我昨天才跟一個名人的後代開了一個 meeting，是陳少琪的女兒陳明憙，她的作品都是 DIY 的。我跟她說沒關係的，只不過可能開頭你爸爸給你的幫助太多了，現在你是要自己做，一直做，直至有人 notice 到你。所以她現在儲起來的是經驗來的，你現在應該做你的 year 1，不要做一些 year 4 的、令人感覺你是做 year 4 的東西。你可以唱某些電影的主題曲，或去幫某些動畫唱主題曲，但這些都不能幫助到你。它們可以幫你在一個短時期，別人會說：「喔！這就是你呀！這首歌就是你唱的」，但這些並不可以幫你去建立你的 career，不能加分。如要加分，就要自己做出來；自己做，令別人 notice 到你，這就是你要做的。現在就是那些東西掩蓋着你的 DIY，所以你從現在開始要避開這些工作，漸漸你 DIY 的東西就會出來了。你繼續堅持着一個方向，當你儲了足夠的 population，穿過 threshold，就會有一個 leap；有了這個 leap，你就有機會去 grow 你的 career。我是這樣看的。

所以我經常會勸喻年輕人不要心急，我會勸在行內做的人要加把勁。因為大家的 stage 不同，要明白大家的 career stage 不同，要 tackle 的 strategy 也有不同。你拿了三屆的叱咤作曲人，你的 pay scale 跟新人當然不同啦；而他們正在做的，也不需要一定由你去做，你要跟你自己的 trend 去做你的下一步。你不要被他們擾亂，因為他們有一個是「呼呼嘭！呼呼嘭！」風格的，有一個很 drastic 的 change，都是很自然的。即等於你早五年間，突然你的 change 都可以很 drastic 一樣，會夾着一些勢頭。現在你就是 build 你的 stage 1，做得很好很紮實，有 credit 了，那你就要想你怎樣去做一個比現在的舞台更大的事。對呀，可能你要考慮怎樣寫歌給台灣的歌手，可能你要考慮怎樣寫歌給韓國的歌手，或者你自己出來唱，這就是你的 next step 了。

「粵語流行曲已死」的迷思：不合乎現實考慮

有聽眾覺得廣東歌並不太好聽，變化太少，有一種很舊、很老的感覺，給 K-pop 比下去，對此我想為廣東歌平反。如果你聽一首 K-pop，然後再嘗試聽四百首 K-pop，其實也是一樣。我認為是不能這樣 compare，這是不 fair 的，因為兩者的 ground 不同。正如，你會用粵曲和粵語流行曲去比較嗎？因此，如果我見到這類朋友，我一定會更正他，這是非常不值得鼓勵的風氣。你可以選擇去做，你可以選擇改變，不要只說我不願意聆聽廣東歌、批評廣東歌不好。同時間，你要明白這是甚麼一回事，又不見你聽 underground music？又不見你聽 rapper 或 DJ 的音樂？光頭幫的〈天水圍 Gang Gang〉很快便有超過一百萬的 hit rates；Jin Choi（駐柏林的音樂人）你有聽過嗎？不知道的話，就不要說廣東歌一式一樣了。

樂壇哪有死？還有很多機會！大家都 striking very hard 去做，只不過那句話太容易說出口，很容易成為一個剝花生的維園阿伯，好容易說甚麼甚麼不好，經常聽到他們表達他們不願做甚麼，卻很少說自己很想做甚麼而去做。「我不要寫這些」，那你想寫甚麼便去寫吧，Come on! Give me a song! Give me a hit! Give me a song that you guys embrace and make it a hit! Please, I am waiting for it! 我等待中，如果有，是絕對 OK 的。

因此，我會看到每一個人在樂壇有自己的崗位，去盡自己的本分。同時，如果有個音樂人 create 了一些屬於自己的歌，我也會 feel 得到，但如果我 feel 到有少許 dead，我就會告誡自己不要做相同的東西，因為他已經 play his role。如果我做同一樣東西，就會有兩個問題：第一，自私地想，你不能 differentiate 你的 producing style 和他的 producing style，是會削弱自己的 brand name；第二，如你不能推進下一個 step，你會流失喜愛該類型音樂的聽眾，所以 for the sake of the artist and for yourself，我作為 producer，希望可以做一些 based on the ground 再去 develop 的東西。

我未必能夠說自己有能力將自己的音樂推到最前，或最 independent，因為那關係到 industry，我始終有顧慮，那就是剛提及在製作上的顧慮。我可以做到的是在創作的時候盡量不要想太多，例如 is it a good melody？又或者是否用 Cantopop 編曲的 A 餐？鋼琴這樣彈奏，鼓這樣，strings 這樣⋯⋯我希望不要工業式創作，這是我現在可以做到的。同時，現在我會

open up my mind，如果新人有好的創作，我便盡量和他們合作。我看不到自己的 mission 是可以帶領整個樂壇這麼偉大，但我是希望在這個 base 上可以令種子發芽。到頭來如果種子能夠發芽，他有成績也會令我很開心，我也交到一個好朋友。在他心中，他可能會對你更加 respect，我覺得這樣發展下去挺適合我，這樣做是開心的。

本地流行樂壇前景：
不乏監製人才，多尋求對外合作

我覺得我要為香港的 producers 去說話：我覺得香港的 producers 其實是蠻不錯的。他們懂得的事物的數量，處理問題時的廣闊度，以及勤力的程度，真的是很棒。如何秉（何秉舜）是非常非常的出色，是最出色的；Alex Fung（馮翰銘）的藝術性也是十分出色，是符合國際水準的。其實我們的藝術性是很重的，一向我們的藝術也做得不錯，但在工業上就差了一點。這些是工業方面的事，所以香港沒有汽車業之類的，我們通通都做不到。又例如要做到如 Madison Beer 的 music video，論 engineer、地方、創意，然後還有 singer 的 skill、明星的 charming 度、做拍攝的人的規模之類，我們好像甚麼也比不上，但實情是因為成本很高。首先要有很大的錄影廠，有這麼大的錄影廠才可以營造場景這麼黑。當中的重點是，如這筆錢用在香港拍的話，單拍完 MV 便已經花光了。製作團隊其實只是租一個錄影廠，把它鎖上，然後打燈打一整天；事前要 make sure 到每一個燈、每個設計、每個 setting、storyboard，

基本上是要很細緻的。香港沒有可能在這個水準上做得到，因此我們不做；而且，這些是要我們在那個地方生長才有可能做到的。譬如說，我們有一個很有名的動畫師叫許誠毅，他就是在那個地方生活，融入當地的文化，在當地的公司一路向上爬，去到當上了 director，他就可以有名氣了。香港音樂人其實能力是有的，但周邊的配套始終還是差得遠，而資金也是其中一個佔很大比重的部分。

我覺得近年，我們跟外國的距離拉近了，而我們相差得最遠的是哪個時期呢？就是 2000 年代。2000 年代以後的十五年左右，那段時間做的 acoustic、那些歌，完全地是處於兩個世界。我好記得盧冠廷講過一句說話。我問他是怎樣做如此大量的電影配樂，我覺得《賭神》的那隻歌很像一部西部片的音樂那麼厲害，是怎樣做的？他說《賭神》有個特質是我們廣東人才有，就是要「架勢」，那音樂一出來，感覺就要「架勢」，這些就是有香港特色的東西，而其實在七、八十年代，香港的音樂是全世界都關注的。Joanna Wang（王若琳）就出了個 MV，玩七、八十年代的顏色，唱廣東歌，翻唱〈忘記他〉，是七、八十年代拍的粵語電影的風格，而導演 Tarantino 極受香港功夫片影響，要知道我們的武打片曾蜚聲國際，那年代的香港是備受矚目的。

香港遇到的困難，一來是香港的市場比較小，作品不容易 influential，所做的東西雖然很有創意，但是難以浮上面，不能被注意到，而主流亦未能承接到具創意的東西；另一方面，因為市場的組成是有慣性的，向來粵語流行曲都是從唱歌開始，但近十年以來香港市場多了一些創作人，主要是來自樂隊，而在西方的市場一直都比較多創作人，例如有 rapper、R&B 的，很多很多……又有很多 collaborative 的合作，整個氣氛很 noisy。另一方面，我覺得香港的市場近年亦因為市場技術 under develop 的關係，這幾年開始多了許多音樂人/producers，我 spot 到的新人如 Kiri T。我有跟她交流過，她一方面在本地「搵食」，但另一方面，亦很想衝出香港去外地賣歌，因香港的市場佔有率始終不夠。當香港一些很「叻」的音樂人開始與外國接軌，我覺得未來應會有一個 trend 是本地的音樂人多了與外國音樂人合作，因而在海外可以有更多發展。可能突然之間本地觀眾也會對這些音樂人刮目相看：「嘩！呢個人好勁啊，好勁啊！」這樣的話，他們可能可以將音樂潮流帶回香港。我預計這些潮流或現象很大機會會發生。

編者的話

這個訪問是在 2020 年夏天完成的。在之後的兩年，Edward Chan 踏上了他事業的另一高峰，獲得多個年度監製大獎，他和他的製作團隊，包攬了眾多本地 hit 歌的出品。而香港流行樂壇，在過往兩年亦經歷了重生，Edward 和他團隊的創作，對本地樂壇這一波的發展，功不可沒。他為 MIRROR 和其成員所打造的歌曲，成了樂壇的大贏家，時尚的曲風，把流失的聽眾再次帶回粵語流行曲的世界。正如他在訪問中所說，機會是留給有準備的人。他的遠見和氣度，在樂壇再起飛之前的規劃和準備，如參加其他地方的 song writing camp，瞭解集體創作的運作模式，和外國監製合作從而學習他們的方法，大量起用新人，在培育新人方面身體力行，不遺餘力，當然還有他的音樂創意和眼光，對音樂製作科技的掌握，以及對出品的高質要求，這些都是他成功不可或缺的因素。相信 2020 年的 Edward，也沒有預料到香港樂壇極速再起飛的現象。

（訪問日期：2020 年 7 月 7 日）

第九章 陳詠謙

陳詠謙，香港填詞人及歌手，也曾擔當陳奕迅、方大同和草蜢等的和音歌手。2005 年開始為歌曲填詞，至今出版作品超過 500 首。2013 年在叱咤樂壇流行榜頒獎典禮，獲「叱咤樂壇填詞人大獎」。2014 年，陳詠謙再次獲獎，更簽約做唱作歌手，並有一張個人專輯。

把文字化成通俗簡明歌詞的人——陳詠謙

從小立志做填詞人：「試試吓」就入行

我是 2005 年發表第一份歌詞的，已經是十五年前了。當時是 Swing 的成員 Jerald Chan（陳哲廬）找我的，他任監製，找我寫份歌詞，那首歌是給李龍基和李蘢怡合唱的〈明天你是否依然教我〉，那是我第一份發表的作品。到真正進入填詞人行列是在 2010 年。當年發表第一份歌詞時是沒有甚麼機會的，始終未有人認識，行內人不認識，大眾更加不認識，所以就只有 Jerald 找我；而同時他很多時候做的 project 都沒有話事權的，他幫大歌星做監製時不能選擇哪位填詞人，所以往往要等到他有話事權才會找我寫，一年寫兩三首左右。直到 09 年，Swing 復出了，他們要派第一首主打歌，第一選擇是想找黃偉文寫的，但黃偉文時間上配合不到他們，Jerald 便再找我說：「不如你試吓！不一定用你寫的，但你試吓先啦！」我當然試啦，因為其實我從小到大都很想做一個填詞人。

跟着我寫了，第二日即刻交，他們收了貨，那首歌叫做〈我有貨〉。由於 Swing 第一次休團時，他們的解散歌是〈大大公司〉，是講一家公司倒閉；〈我有貨〉就是延續的意義，代表我公司又再開張了，可能因為我延續了〈大大公司〉的歌詞，而〈大大公司〉是黃偉文寫的，再加上那首歌本身也是想找黃偉文寫的，所以他可能特別留意。然後 Jerald 告訴我，在 Swing 復出時做了一個拉闊 show，黃偉文在後台問他：「這個歌詞誰寫的？寫得幾好。」然後過了一陣子，黃偉文託人打給我，問我有沒有興趣加入他新成立的填詞人聯盟「Shoot the Lyricist」，我就由 2010 年年頭開始加入，正式進入填詞人行列，黃偉文當時邀請了三個人，就是喬靖夫、林寶和我。我是資歷最淺的一個，可能大家出於好奇心，那時開始就得到很多寫歌詞的機會了。

幸運地，我只寫了很少 demo 就入行。這有好處也有壞處，好處是我很年輕便入行了，壞處是我還未磨練夠好，似是「未減肥便要穿婚紗」。我自己聽以前的作品，十年前的作品，一聽便有十個位置想改。不過，很明顯的分別是，以前被退稿的機會很多，每一首歌都有幾個小修改，現在退稿機會率就少很多了。我不知道是否因為大家覺得你寫詞很久了，你寫得出來的應該都可以了，抑或我真的經驗豐富了，還是寫的東西適合歌手，能夠配合企劃，合乎聽眾口味。我不知道原因是哪一個，可能全部皆是，但以前真的經常被修改，我當那個時段就是在寫 demo 吧。

自發研讀歌詞，早期填詞為「搵食」

嚴格來説，我是中四開始認識歌詞，中五時才認真思考可否成為一個填詞人。我交代一下：我是先唱歌的，小時候跟媽媽在家唱卡拉 OK，跟她一起唱，「如像我信自己，深深的相信你……」(葉蒨文與杜德偉合唱歌〈信自己〉的歌詞，林振強作詞)。然後我媽覺得我挺喜歡唱歌的，就帶我去香港兒童合唱團，我九至十歲時開始唱歌，加上會彈琴，所以我是有音樂訓練出身的。以前聽流行曲，還有去商場的歌唱比賽，我是唱〈愛是永恆〉，都是唸口簧罷了，從來沒有留意過歌詞。直至到中四時我的同窗好友，他很喜歡林振強，當時我跟他每日放學回去都會聊電話，甚麼都講，不時會講到林振強的歌詞，或者其他精彩的歌詞，如「我想踩三輪車登陸月球」(許冠傑〈最緊要好玩〉的歌詞，林振強作詞)，聽着聽着覺得很有趣。

當時上網很不方便，我中四是01年，剛剛開始有寬頻，我是要去圖書館上網的，對歌詞有興趣的我，只能在圖書館找些有關粵語歌詞的書來看，看黃志華的，朱耀偉的。如果我沒記錯的話，我看他們的歌詞研究，愈看愈有趣，但都未開始正式試寫，光是閱讀而已。當然，小時候唱合唱團時我都有唱口水歌，隨便為熟悉的旋律填上歌詞用來笑老師和同學。我知道我是懂得將廣東詞放入旋律而音律和拍子都對的，唱出來是順口的，而且過程特別快，加上當時合唱團唱很多不同語言的歌：英文歌、廣東話歌、國語歌、拉丁文、法文、意大利文、德文……而不同國家的民謠也好，當代音樂也好，我發現甚麼的旋律我都可以把中文歌詞寫進去，但我當時不知道有幾多人識，小時認識的人也不多，都是唱歌的那群人罷了。

填詞人是甚麼，一個人好端端是不會知道的嘛。例如黃霑、林敏驄、林振強、黎彼得、潘源良、林夕、黃偉文等等，我認識他們，但怎樣可以成為他們，是不可能的事來的嘛，因為他們本來就已經存在着，所以一直都沒有想過做填詞人。直到中五暑假，我媽叫我出去找兼職做，我有去過幫人補習，也有教琴，但我不喜歡，我覺得很悶；加上我覺得教人寫一篇文，然後收錢，感覺好像我也不知道對方有沒有學會甚麼，也不好意思收錢。當時，我不想做補習，也試過賣舊書，收二手書，全日走了整個屋邨。也只收到二十元，然後我就在想，我還可以做些甚麼？我又不喜歡出街，做些甚麼可以不用出街又有錢賺呢？

咦，不知道填詞行不行呢？突然之間這樣想，於是我就去問唯一一個跟音樂行業有關的朋友，就是 Yoyo 岑寧兒，我小時候跟她一起唱歌，從小認識到大，我知道她跟這行業有千絲萬縷的關係。我問：「Yoyo，如果我想填詞，可以怎樣做？」她說：「我也不知道，我唱 demo 而已，我幫你問一下 Jerald 啦！」就這樣便成事了。所以呢，我為甚麼想成為一個填詞人呢？就是因為對歌詞有興趣，然後我亦不知道有甚麼兼職可以做，就這樣往填詞的方向去想，而關於那些甚麼「創作人的蠢動」、「很多情感的抒發」之類的狀態，我是寫着寫着才開始有的，最初開始作詞的我，是沒有的。我當時只想賺版稅罷了。

做詞人和歌手之間的選擇

我從頭到尾都覺得自己是一位創作人，也喜歡自己是一位創作人，只不過我也有做演唱會和音。這是一個很重要的兼職收入來源，因為當你的正職剛剛開始時，版稅收入少之又少，所以演唱會和音工作是用來支撐我的創作生涯。後來有一次，華納唱片問我有沒有興趣唱歌，我說好呀，當然好呀，試一吓，但我一早已經很清楚自己不適合唱主流歌，不適合做主流的歌手。為甚麼呢？不知道，可能關於我的外形、性格或者喜好，你問我是否喜歡在台上有萬千觀眾為我尖叫呢？我會覺得：「做咩鬼嘢呢？」我不是說我不要，但這不是我畢生的夢想。

當然，如有人喜歡我，我會很感恩，但這不是我的追求。你問我有一千人為我歡呼會開心點、更有滿足感？還是寫一首歌，有個人為我寫了千字文的信來跟我分享感受？我相信看這信時感觸會更大，所以我清楚自己會選擇成為一個創作人，只不過表演也過癮的，唱一吓歌也是開心的。況且我選擇唱歌的這條路沒有甚麼壓力，公司也沒有給我甚麼壓力，所以我就不成功（笑）。有時要些壓力才做得好。

哈哈，你聽到我說話的聲音就知道——坦白說，我的range（音域）不闊，或許這是我不能完全享受唱歌樂趣的原因；或者這樣說，大家覺得唱流行曲要唱得慷慨激昂，像側田一樣，像王傑一樣，有誰只唱低音？所以我覺得我唱廣東歌是不合適的，而我最慶幸的是〈給兒子的信〉，是由我寫和唱。因為就算我寫了一份歌詞，交給其他歌手唱呢，它對我來說的意義都不及我自己唱這麼大。在我做唱作歌手時期，能唱到一首歌給我的兒子，我覺得無憾了。

如何選取歌詞的題材？

由於我是填詞人，所以我需要先知道我要做甚麼樣的歌。其實我們在揀歌時已經知道想要些甚麼風格的歌。很多時候，都是先定了題材再揀歌的。例如我想寫一首歌是講肥仔的，如〈脂肪葡萄〉，沒理由選一首傷春悲秋的曲，當然要選一首爽快一點的曲。有時候，是唱片公司 send 了曲過來，説這首曲不錯喔，很適合你喔。然後我也會在想，用這首曲我能不能寫出我想要的題目呢？如果寫到，就用這首吧。揀歌的題材不單是我一個人決定的，通常是我跟唱片公司的 A&R 一起去商議，然後再跟監製溝通，説：「不如做隻咁嘅歌啦」，然後收了那歌的 demo 後，我就開始填詞了。如別人找我填詞呢，我就沒有權利參與揀歌的部分，歌曲如何編，我可能可以給予意見，但我的意見影響力不大。

至於題材就 depends 啦，有時是歌手、監製、唱片公司已經有題目了，但在題目之下我們可以有執行上的空間。例如，一定要寫「聖誕節晚分手」，但是如何分手？分手後開心還是不開心？我們可以一起商議；或者歌手很想寫首歌給死去的小狗，可以怎樣寫呢？是開心死、還是不開心死呢？想念還是不想念呢？瀟灑還是不瀟灑？都可以再商議。至於我自己，有些歌不是我寫的，有些歌是我寫的，而由於我參與度太高，有時我分不清楚各部分的參與程度。編曲可能參與得最少，vocal edit（聲音編輯）我參與得少，但其他東西我的參與度都可以很高。

與組合 Swing 合作的經歷

Swing 復出的第一炮就找我，我一向都有聽 Swing 的歌，我是他們的 fans 來的，所以我很清楚知道他們的風格。之前他們有一首歌的歌名是〈大大公司〉，裏面其中一句是：「又到了關門的時候」。然後我很自動自覺地沒有想其他的 option，覺得應該寫「重新開張」！所以歌詞我就很自然的寫了：「從前有間公司關了，清倉不要，執笠做拆家」。

有一件有趣事，我第一次交詞時是填錯了副歌的音。我聽 demo 時，那是一個 stack 的 vocal（出現多條主音音軌），主音「ba la bump …… ba la bump」，音高是「do do do」，但因為 Jerald 的聲音太突出了，我聽到他唱「so so so」，而同時他是唱和音的。所以初頭副歌我是填作「黐孖筋」而不是「我有貨」，當他收到詞的時候說：「好正喎，但係唔啱音喎。」我說：「但是『黐孖筋』這個音很正。」他回應：「正！但歌詞重複太多次都有點煩。」然後他在最後一個副歌，加了這個和音：「我有貨，黐孖筋，黐孖筋，黐孖筋的創意……」這就可以保留「黐孖筋」了。「黐孖筋」這句歌詞為甚麼那麼重要呢？初次填詞是已經填了「黐孖筋」，所以我想在這首歌的某個位置再 echo（伴唱）一次「黐孖筋」，然後在間奏位置再唱了一小段「ba la ba …… 我兩個黐住再孖住，然後再黐筋，孖筋，黐筋，孖筋」保留了「黐孖筋」這三個字。所以，Swing 復出第一炮，我就寫了這些東西。

創作上的審查和自我審查

因為歌名叫做〈我有貨〉，當時香港電台有研究過是否要禁播，因為他們覺得是否跟販毒有關，很搞笑。但現在的審查就更恐怖啦，我不是指香港電台，所有人，尤其是我們自己，尤其是唱片公司，審查實在太厲害了。我本人一點也不高雅，我很清楚自己是一個商業音樂人來的，我當然有很多自己的想法，但如果我有一些想法、取向是會影響到這個商業機構或者商業單位、歌手，如果我的取向會影響到他們的營運，我覺得我是僭越了的。歌手也是一個商業單位，否則就不會收歌酬啦。如果我要發表我自己的作品，今時今日有很多機會，我有自己的 Facebook 和 Instagram，我喜歡怎樣也可以，我為甚麼要用別人的東西來寫自己的取向呢？所以如果我覺得，這個歌手的取向跟我是不接近的，我會向他建議：「不如寫吓呢啲吖？」如果他 OK，我會建議：「不如你問吓唱片公司 O 唔 OK 吖？」如果唱片公司說都可以試一試，那就做吧！但我不是那種只寫某種風格的人，任由你看完詞後有你的擔憂、你的考慮……我不是這樣的人。

的而且確，我試過「曳」的。有位歌手找我填詞，我知道他的歌將會備受矚目，我試着寫自己的取向，看看他會不會叫我改。當時我「曳」，想試一試底線去到哪裏。等了兩個星期，都沒有改，歌馬上就要出了，我心諗「咁勇敢嘅你哋」，然後歌曲出街的時候，當天早上剛起床收到十幾個未接的來電，就是對方打電話給我：「弊啦！報紙報咗啊！有顏色㗎隻歌，點算呀？」我以為對方沒有所謂，他又說：「唔係呀，我以為你嘅歌冇顏色，係講緊其他嘢㗎。」我說：「有所謂㗎，你繼續扮講其他嘢㗎囉，記者問你咩顏色，你可以答你嘅歌係送畀嗰咋人㗎嘛，某一個特定團體㗎嘛。」曾經有過這種趣事發生（笑），尤其是在這氛圍下，有很多這種事情發生。筆是握在自己的手中，是的。但有時候，筆在最後一刻，是會被別人拿走的。我當時寫過一首歌叫做〈同舟之情〉（「家是香港」運動主題曲），其中一句是「還有天地能前往」。當時政府新聞處託香港電台找我去填這份歌詞，我覺得怪怪的，因為從來寫這些歌的都是陳少琪、向雪懷或者鄭國江，這些老前輩，怎麼會找我的呢？對方說想試一試新的東西，監製、作曲方面是 Eric Kwok 做的，填詞人想找一個新人，當時還未發生社運事件，但已經開始有民怨醞釀中。要有凝聚的運動往往因為有撕裂，有撕裂才會需要凝聚嘛。當時到處都有小撕裂，所以做一首這樣的歌，出歌時我都想了好幾天，應不應該寫呢？很容易會被指責你靠攏政府，我應不應該寫呢？但首先，有陳奕迅、張學友、Eric Kwok，然後我，順序來說我應該是排到最後，所以如果真有甚麼事發生，我應該是負最小責任的一位。這樣想有點「縮骨」。第二，其實我覺得，當時政府要做一首這樣的歌，如果他找一些很有取向的，可能歌曲一出來，聽到都會覺得「打冷震」，如果我寫，起碼我可以控制取向盡量在中間，所以我就寫了。

我寫了第一稿，交了，香港電台代表打回來說：「個個睇完都眼濕濕，不過過唔到。」因為太真實了，太悲觀了，但香港當時社會氣氛已經開始悲觀。「係，但呢個運動就係想人唔好太悲觀呀嘛。」對方這樣說，我是同意的，因為我記得填詞之前早就說明過自己不會在歌曲裏歌功頌德，亦不會粉飾太平，要真實反映一個創作人和香港人的感受，所以第一稿才那麼悲觀。但我也同意，叫別人開心一點也是好事來的，叫人有希望也是好事來的，於是交了第二稿，這份稿跟最後作品很接近，但某些字眼被他們圈了起來，說「一定唔得」。

那幾個字被圈起來的原因……最後那一段「人間的恩怨穿空在拍岸，只需看見有你在旁，為我一直護航」。我覺得沒有甚麼問題啊，但他們覺得「穿空拍岸」太激，太激烈了，但我説「唔改」，我覺得這一句寫得很不錯，出自蘇東坡寫的〈念奴嬌——赤壁懷古〉，對方説不行，如果要保留這一句，歌詞便不能出了。我説：「唔得！我要出呢份歌詞」，所以我改了，我妥協了，但我如果可以選擇，我會選擇前面那一句，現在變了「人間的恩怨幾許已淡忘」。

但他們想要凝聚，這是我覺得最有代表性的例子。從不同的角色、不同的機構、不同的單位、不同的取向，如何在中間取得平衡，這個例子是最大規模的。其他跟唱片公司小小的改動很常見，甚至歌名跟我寫的不一樣，有一兩句不是我填的，不時有發生。

Side track 有更多創作的空間

我不知道是我程度不夠高還是有其他原因啦，我覺得做 side track（非主打歌）有較大的創作空間，plug 歌我會覺得創作空間相對較少。我覺得自己程度不高的原因是，就算 plug 歌是主打歌，來來去去都是寫那些主題，但是那些主題其實還有很多創作空間，可能是我還未開發到那個宇宙。如果我要寫一首情歌，回望流行曲歷史內已有過萬首情歌，但一定還有新寫法、新感覺。無疑，太多珠玉在前，但做 side track 的話，基本上怎樣寫都可以，所以創作空間是比較大，因為是無邊際的。我剛開始寫歌時，還有 side track 時，當時可以寫很多很過癮的東西。例如我幫張繼聰寫過一首歌〈夫妻檔〉，講述一對夫妻上班很無聊，拿錢出來開店教人做蛋糕做餅，不收錢的，只求開心。當時是可以寫這些題材的；又例如我幫周柏豪寫過一首歌〈斬立決〉講網絡欺凌，「平台有呼聲叫他跳下來」，哪有可能是一首主打歌？

以前就有這些機會（創作 side track），現在很難；再加上我愈來愈多人認識，就算有 side track 都不是我寫，我開始負責寫更多主打歌。一寫主打歌，主流題材太多珠玉在前，很難跳出來，所以我遇到一個樽頸位、氣餒位……到底怎麼寫呢？總比不上前人的歌，可能由於起初我是歌詞愛好者，起初我也沒有甚麼創作慾望，總是在臨摹，學學別人的風格；再加上很多人起初找我填歌詞時，叫我寫得像黃偉文的詞就可以了，或者寫得像林夕。我心裏面一定也會這樣想的：你一定是找不到那些大師才來找我填一首「假貨」，但我也即管試試。寫着寫着，過程中一定很混亂，一定寫不出來，遇到了怎麼寫呀寫不好的時候，怎麼辦好呢？不如別想太多，我想怎麼寫就怎麼寫，不如問問自己想講些甚麼，問問自己聽到這城市的人在想甚麼，然後就用我的方法去講出來。我覺得 OK，因為我想講的不一定要透過歌詞去講，我可以寫散文，錄 podcast，我有很多方法可以講，所以我不覺得是苦事。唯一的苦，並不在於我不能講出想講的，而是我要用不同的方法寫同一樣事情，是很厭的。其實總是在寫一個男仔喜歡一個女仔，都是放不下，「我捨不得你耶耶」，已經直接表達了，然後你要用很多種不同的方法去講「我捨不得你」。

以「自然」的方式填詞

我可能跟其他填詞人不一樣，我填詞是從聲音或音樂出發，例如收到 demo 後，副歌的部分唱幾句，聽完後會有感覺，會有畫面，我就會唱幾句開始試一試甚麼字、甚麼聲音好聽，我先填了 gibberish（胡言亂語）進去，如果開口字音比較好聽，或者轉音，我就會放最自然的字詞進去。主旋律很「死」，我先要把旋律人性化，用自己去感應；有了框架之後，就慢慢試試用不同的字詞，有甚麼字好聽呢？例如「如果他」好聽，我先想好第一句，而這一句好像可以發展出相關的畫面、故事，那麼我就會定下來，就用這一句「如果他」做這首歌的點題句，然後再發展其他東西。

我就是用這種方法來填詞。所以我未必在題材、想法上，有很大的 differentiation（區分）。原因是我用這個方法 channel（引導）自己去構思，而這件事是相對固定的，所以聽到這些音，其實可能來來去去都是那些字詞，但這方法一定是最自然的，例如「如果他」、「將你放不低」這些歌詞來來去去用了很多次，那我就在想「放不低」可以改成「買東西」、「顧嘉煇」然後再慢慢試。我是由中間慢慢擴大去不同範圍，其實我的空間也是這麼大，而其他填詞人用意念、用題目去思考，這裏一個，那裏又一個，相比之下，他們就能存在差異。

我的方法的好處是，歌手和監製反應是「好好唱」，聽眾也琅琅上口，傳唱度相對較高。我始終覺得歌詞是用來聽的，而不是用來看的，聽出來好不好聽、優不優美，我會比較着重這部分。有時有些歌，看着歌詞很順耳，但很難唱，字放在音上絕對沒有問題，但原來發聲位很困難，錄起來會很辛苦。那未必是很艱深奇怪的歌詞，有時是很簡單的歌詞，但可能唱起來原來不是很順耳，那小小的分別原來很大。很多「微妙」在其中，到底那粒音是平的、轉的，開口的、合口的⋯⋯用普通話聲母的話，bo po mo fo好順口，但mo mo mo mo就慢了；怎樣可以連聲母也配合呢⋯⋯很多東西都影響到歌詞好不好唱，真的可以寫一篇文來研究一下。

所謂「好歌詞」的重要性

有些歌詞很優美，很有文學性，但不等於是最好的歌詞，始終最好的歌詞也要有轉化成音樂的特質。譬如一個簡單的例子，「是他也是你和我」(〈狂潮〉，黃霑詞)，如果那個位置不是「是他」便已經不那麼好聽。還有一首國語歌，我覺得它用vowel(母音字母)用得很好，是陳奕迅的〈世界〉(姚若龍詞)：「原來愛情的世界很大，大得可以裝下一百種委屈；原來愛情的世界很小，小到三個人就擠到窒息。」旋律是major的時候，vowels為「很大」是開口音；然後旋律是minor的時候到vowels是「很小」是閉口音。歌詞對應了音樂，歌詞和音樂產生關係。英文歌也有同樣的問題，首首快歌也一樣，填甚麼字會最hit呢？原來是要有「dangerous」(Micheal Jackson〈Dangerous〉)；那一句若換成「marvelous」就是另一回事了。我覺得字一定是音樂的一部分，而很多聽眾都不覺得它是音樂的一部分，他們覺得字就是字，歌就是歌。

我舉一個例，如果我寫了一份好唱的歌詞，只需要兩個 session 就唱好了；我寫了一份不好唱的歌詞，唱了十個 session 都不好聽。你錄音，唱到第五個 session 已經氣餒，你唱到第十個 session 應該覺得自己要轉行，所以寫了一份好唱的歌詞，我便是提供了一份便利，影響可能很深遠。

另外，歌手也可能想就詞給予一些想法，他值得分享出來。歌手在宣傳時較容易表達 message 是一個因素，但我會更看重其他因素。第一，如果歌手跟歌曲有聯繫，唱的時候會更投入，傾向會唱得較好；第二，今時今日做歌手，不知道他能擁有多少首歌，很可能人生只能擁有三首歌，如果他只有三首歌而三首歌都跟他無關，實在太慘了。所以盡量寫一些跟他有關的，起碼當他做了一段時間歌手，就算沒有賺到甚麼功名利祿，也起碼能賺到一些回憶。所以，有機會談當然好，如果沒有機會談的話，上網查查他的新聞，看看他的 Instagram，查他甚麼星座、性格，起一起底，都會比較容易「寫中」。

個人與其他創作人的關係

我是跟監製溝通合作比較多的，作曲人、編曲人和歌手，除非很相熟，否則也不會直接面對他們，免得我寫了甚麼他們不喜歡又不好意思講。隔了監製，他們可以向監製反映，歌詞上有甚麼不行，如果唱不到，他們可以直接一點講，不用客氣。所以我通常都是面對監製。例如「早知高的山低的谷將你我分隔兩地，失去人情味」(林奕匡〈高山低谷〉)，如果按照旋律，會變成「人清尾」，但我填了「人情味」進去，然後在後面寫了注腳「求吓你，將 do mi mi 旋律改做 do re mi」因為我太需要「失去人情味」這一句，於是他們很快便回應「無問題呀，少少改動啫」。

又例如「矛盾只因深愛着」（JW 王灝兒〈矛盾一生〉）的 demo 是「矛」前面有一粒音，我聽完之後，找到林家謙：「你估可唔可以唔要呢粒音呢？」他又有他創作角度的考慮，因為一些原因不太想改，我就跟他說：「呢首歌揀畀 JW，做佢轉公司嘅第一首歌，係想佢 hit 嘅。我從識啲歌詞又識啲音樂嘅角度，覺得如果呢首歌冇咗呢粒音好似會流行啲喎，可唔可以冇咗呢粒音呢？」他想了一整晚，回覆我好吧，「但你唔好再改啦」（笑），我就只改這一粒音而已。這些溝通我很喜歡，我也經常給予意見，當然也有證實過我的意見不算是很好的時候，但我依然覺得應該「有傾有講」，像我之前所說的，歌詞是音樂的一部分。而歌詞也算是在曲詞編監唱中佔 20%，不多也不少，總之每樣都重要。

我當然不覺得歌詞比音樂大，但同樣歌詞不是不重要的，所以要「有傾有講」，我很享受這個過程，我相信監製或作曲人也好，未必經常有機會可以跟填詞人傾談，但如果有得傾一定更開心。我永遠會認為，為甚麼填詞人只可以寫填詞人的感受，作曲人難道沒有故事嗎？編曲人有沒有故事呢？他們也有故事、感受，才有靈感寫出好作品，不過可能他們寫的東西不是大家看得明的東西，但不等於沒有喔！所以在 eason and the duo band《L.O.V.E.》這張唱片，每一首歌都是 band member 交出來的作品，我便很想保留該位作曲人某一塊特質。因此，翁瑋盈作的曲，率先在旋律已經反映了她的性格或者她的氣場。她是一個把家庭放第一的人，於是我便寫一首關於婚姻的歌〈我們萬歲〉。至於王雙駿的歌，他的花名是「The freak」，他就是要破壞規矩，破壞規限，於是我寫首歌叫〈破壞王〉；Chris Polanco，多明尼加人，來了香港做音樂人，是情聖來的，於是我便寫一首情聖的歌〈龍舌蘭〉。我希望可以放一些作曲人的東西進去，還有一首〈敬菸〉。中國內地很流行，常見於婚宴、流水宴門口接待處，全部都放「紅雙喜」，請別人食煙是一種禮貌。華哥，蘇德華，他是整隊band最老的一個，我就是最小的一個，我便寫了這首歌〈敬菸〉講薪火相傳。未必有很多人知道，但我覺得作曲人太少被人談及了，比起填詞人太少了。

個人代表性的作品

我比較有代表性的作品有〈高山低谷〉，又或者寫女人的〈矛盾一生〉啦。比較特別的還有寫給麥浚龍的〈炸彈人〉，是很早期的詞。〈炸彈人〉是講放屁的，類似講述「有嘢就講，有屁就放」，不如直接一點吧。09年的時候，我幫Swing寫的一首歌，叫做〈尿床的啟示〉。〈尿床的啟示〉是講述有時候我們在做夢時去了廁所，便尿床了，即是說「有啲嘢諗吓好啦，唔好做」，構思的時候很好，做出來是另一回事，這是我的「屎尿屁三部曲」的其中兩部，唯獨「屎」還未寫。我提醒過Jerald，叫他快點做，「屎尿屁三部曲」還未完成，雖然也不是甚麼創意。

另外，我亦有「AV三部曲」，是幫「野佬Yellow！」寫的，第一首歌是〈著襪浸溫泉〉，然後是〈夫目前飯〉。〈著襪浸溫泉〉其實是講述那種東西啦，而〈夫目前飯〉就更加明顯啦，日本 AV 有個系列「夫目前犯」是「侵犯」的「犯」，我將它改為「食飯」的「飯」，講述主角在別人老公面前吃了他老婆煮的飯，然後想入非非，但最後還是要守餐桌禮儀。這些歌是我用「俗氣」一點的題目，將它改為正經題材，但我覺得這些歌是 playful 的，我覺得有機會寫一些玩味性重的歌也是好事，而野佬之後還有一首歌叫做〈時間靜止器〉，雖然是 AV 系列，但今次寫很正經的東西，在 AV 中是將時間靜止去達到某個目的，但現在我想把時間靜止是因為我覺得很多美好的東西留不住，如果可以把時間靜止留在美好開心的時間就很好了。在題材上做一個反差。譬如吳業坤的一首歌〈傷心到變形〉，創作意念來自中國大陸有一個 sticker，將一個不開心的 emoji 溶掉，那個傷心的狀態就叫做「傷心到變形」，在歌曲中我天馬行空地構思傷心到變形會變成甚麼呢？會變艘舢舨、變沙灘波、變朱古力……傷心到變變變變變，會變成開心，寓意是化悲憤為力量，「喂我哋 lalalala lalalala，其實有時傷心都有用㗎」。

創意歌詞來自時代面貌

創意的經典，例如〈數字人生〉（潘源良詞）、〈忘記歌詞〉（黃偉文詞）。我自己的詞？林奕匡的〈停止繁殖〉我覺得很有創意，剛好這首歌跟〈給兒子的信〉同時派台，是在我太太懷孕時寫的。我覺得這首歌的創意在於題材上，因為這張唱片全部都講愛情，由初相識到開花結果，停止繁殖是講中間的一個階段——避孕，為甚麼要避孕呢？因為對人類的將來沒有希望。另外，Jude（曾若華）有首歌〈人間失格〉的歌詞比較侵略性一點，例如有「賤格」、「邋遢」、「蠱惑」這些詞語，都比較少見。我似是在做實驗，有些人接受，有些人不接受。但有時候我的創意會啟發到歌手的創意，例如陳奕迅的〈大人〉：「當人大了，你有沒有繼續哈哈笑」，這是我填的版本，然後他錄的版本是「當人大了，你有沒有哈哈哈哈哈哈笑」，原來是「哈哈笑」，這樣唱陳奕迅覺得不夠過癮，不如「哈哈哈哈哈哈笑」，當然他有唱功，這樣一點也不容易唱，但原來可以啟發到他唱成這樣。有些歌，寫着寫着才覺得難寫，如陳奕迅的〈笑死朕〉，旋律好密好難填，分句都有難度，廿幾個字一句，就算是很疏的那些也很難填。

還有一首歌，不知道是不是創意呢？可能是 marketing 中的一點創意，當時坤哥（吳業坤）有首歌叫做〈原來她不夠愛我〉，另外 JW 有首〈矛盾一生〉，兩首都好 hit，然後兩個 crossover 做一首新歌〈原來只因深愛着〉，是對唱歌，保留兩個人兩首歌中的人物設定，大家各自唱出對愛情的看法，我提議不如找兩首歌的填詞人，各自寫兩個人，似是兩首歌的隔空對話，我覺得這樣很有趣。是我提議找林若寧一起填，我覺得幾好，再加上大家覺得林若寧是林夕的徒弟，我就是黃偉文的徒弟，而林夕和黃偉文是沒有合作過的，我們這一代能夠合作是一個非常好的舉動。

有人說過我的歌詞「鹹濕」、sensual 和 sexual，我從來覺得音樂都是很 sexual 的事，有首歌〈壯舉〉，裏面有些歌詞比較「啜核」：「注射終生的愛情，身體中寄居」。其實〈壯舉〉是第二稿，第一稿是〈失樂團指揮〉，都是一些關於性的東西，

「高舉的指揮棒」、「手一揚」、「切分音進入」，我寫了但對方覺得專輯是以生死為題，「指揮棒」跟生死扯不上關係，於是乎，由於「死」已有其他歌，我不如寫「生」，而一個男人，不可能講生育 BB，於是便寫了「注射終生的愛情，身體中寄居」。

我常常覺得自己不是很有創意。或者填詞人最重要的是創意嗎？我不認為。填詞人最重要的要素：第一，是時代觸覺；第二，能否感受集體情緒。當然，要經過創意才能處理這些情緒，但是核心依然是首先要在這城市中感受這城市的人的心靈、思想、情緒，有時間用觸覺的方法去做去呈現出來。這才是最核心的。

科技與創作：有 AI 參與的營銷

如剛才所說，第一，如果沒有 social media，我就無法掌握歌手的動向、人物性格；第二，我知道寫歌詞其實是可以容易一點、快一點的，你可以上網查找「粵音韻彙」，只要輸入一個「啊」字，就會出現一堆同聲母或者同調的詞語任你選擇，快很多。我自己很少使用這個方法，我是由 gibberish 開始的，我是自己慢慢試出來的，試了出來順口的話才可行，例如我找到一個字，是可以寫「孑孓」(粵語同音字：竭決，指蚊的幼蟲) 進去，我便會採用，我比較喜歡原始一點的方法。

我是用筆記簿的，在筆記簿上寫字，看有沒有感覺。寫字、畫圖，然後打進 iPad，再用 digital file 的方式呈交歌詞。我記得很多年前我已經有想過開發一部自動填詞機，我的朋友說我很「戇居」，如果你要發明一部「自動乜乜機」，當然不要發明「自動填詞機」啦，你發明一部「自動沖涼機」已經大賣更多（笑），當時已經在構思了。至於AI填詞，我覺得這件事是指日可待的，當AI已經可以開始寫文章，其實要夾音又有幾難呢？只不過，要發明這部機器，也應該先是英文的；若在中國人的世界也是先發明國語版，但排到甚麼時候才能發明廣東話版呢？

聽聞好像有一項科技，你放一首歌上去，他可以自動分辨你的歌大熱的程度，背後是甚麼原理呢？其實就是大數據，他分析了音樂平台中最高 hit rate 的一千首歌，然後從中找出一個規律，原來大熱歌曲的規律就是這樣子，於是你放首歌上去，比對之下，大概有76%會hit，這件事情是非常有趣的。當然，這數據未必很準確，受歡迎的歌曲會有很多其他因素，marketing、宣傳、歌手有沒有觀眾緣、有沒有運氣……但是，這個AI的用途並不是給你放一首新歌上去，而是救回一些已經出了很久但沒有人聽的歌。當你有這一個AI，就可以先把一堆歌找出來，再放上去衡量一下，可能有一堆歌是過去五年都沒有人播放過的，就拿出來分析一下哪一首最接近會hit，這已經可以成為一個研究題目、一個topic或者一個話題。例如，陳詠謙五年前寫的一首歌，是完全沒有人聽過的，但原來一放上去比較，100%會hit，大家一起來聽一聽吧！突然之間，就做起一首歌了。

科技，其實除了創作之外，我相信對於整個營銷都會有很大衝擊。如果是這樣的話，問題就大了，就會愈來愈少production，因為很多人會拿舊歌出來，本來在這個時間應該推出新歌，但卻被舊歌取代，因為在經濟層面上，做新的 production 已變得不划算。我作為一個 content provider（內容生產者），一個創作人，聽到一件這樣的事情，一定會很崩潰；然後我就會慢慢接受了，遲早有一天，我不會再以創作為生，因為早晚會被取代，首先，不要說已經有後浪，而是科技有一日會把人取代，不是全部、只是部分取代，所以……還是想想其他後路吧。

本地樂壇前景：粵語流行曲的市場收窄

如果沒有政府資助，或者沒有企業資助，粵語流行曲很難自給自足地發展下去，其實本來市場就很小，我們只有幾百萬人，就算以前有張國榮，那個年代也只有三四百萬人，市場一直都很小。不過有幸當時外銷不錯，即使市場很小但參與度高，再加上外銷，所有有華人的地方都會聽廣東歌。現在一方面我們內銷差，另一方面幾乎沒有外銷，而同時歌手愈來愈多，唱片公司也愈來愈多，看《全民造星 3》發現原來香港有那麼多公司，餅愈來愈小，分的人愈來愈多。除非，可以好像韓國一樣從小開始培養一些有才能的人，訓練到傻，訓練到歌手漂漂亮亮、唱得又跳得，但現實都很難，因為市場很小，內銷都不夠更何況要做外銷呢？為甚麼要投資那麼多出去做外銷呢，如果要外銷去韓國，就直接送歌手去韓國訓練啦，何須在香港訓練呢？等於我們疫情期間都在家中煮飯，人人都廚藝高超，但當可以外出食飯，大家都不想在家煮，因為方便那麼多。除非有一天香港人只能聽自己的歌，便只能靠自己造一些好歌手出來，做一些好歌出來；或者做一些不那麼好的歌，不那麼好的歌手，你都會覺得 OK。但現在我們可以接收到不同國家、不同音樂，除非能冒起一些百年難得一遇的天才，否則我覺得儘管粵語流行曲不會消失，但發展真的會很艱難。

編者的話

和其他崗位的歌曲創作人相比，詞人創作的方式受科技發展所帶來的影響相對比較少。儘管陳詠謙對粵語歌的未來帶點悲觀，但他並沒有因此而袖手旁觀。相反，他為廣東歌的傳承和推廣付出了他的心力。在 2021 年 4 月至 7 月期間，他和 Sunny Idea 合作，在時代廣場推出了音樂企劃《廣東歌 101》，企劃包括展覽不同時期廣東歌的資料，有創作人對歌曲創作和製作的分享，還有多場小型靜音演唱會，並由觀眾參與選出不同年代最受歡迎的歌曲，最後還有一個招募創作人和歌手的計劃，在坊間引起不少的迴響。2021 年，香港的流行樂壇似是從谷底反彈，為一眾的音樂人帶來新的機遇，像陳詠謙這樣有社會觸覺的詞人，一定會為廣東歌寫下更多能轉化成音樂的創意歌詞。

（訪問日期：2020 年 11 月 12 日）

第十章 陳偉文

陳偉文（Adrian Chan），1989 年加入香港 Studio S&R 做錄音室工作，逐步涉獵錄音、編曲、製作電台節目 Jingle、電視劇配樂等工作。至今負責中文流行歌曲作曲及編曲三多百首，其中包括超過三十首為王菲、張國榮等作品，更是王菲 1995 至 2000 年間固定製作班底之一，其中兩首王菲的作品〈情誡〉與〈郵差〉為他在樂壇頒獎禮上贏得獎項。除個人創作外，他亦在香港演藝學院、HKMA、UMI 及伯樂音樂學院開班教授電子音樂及配樂。2006 年成立了音樂版權公司 Sense Publishing，發掘新晉作曲人及作詞人。近年更為多隊樂隊如野仔、Mr.、鐵樹蘭、Supper Moment、Dear Jane、ToNick，合唱組合 C AllStar、Myar、Robynn& Kendy、SUNSET OR RISE 等擔任混音、編曲和監製等工作，現時仍活躍於流行樂壇。

持續變化的音樂與製作——陳偉文

入行正值 analogue 錄音技術的年代

1989 年我正式入行，最初是入錄音室做練習生，之後就正式成為 recording engineer（錄音工程師）。另外，我也開始接兼職的音樂創作工作，例如幫電台做背景音樂及主題曲，這些工作在當時比較流行。我以前也做過一分鐘的歌，又做過「一隻歌十個不同版本」的 mood music，多賺幾百元一個月。慢慢便開始有人給我機會寫本地流行曲，就這樣一直工作到現在，已有三十年，所以我經歷了由四分一吋的 analogue 錄音帶轉到數碼錄音的年代。

我最初是在 S&R Studio 工作，這錄音室在九十年代算是頗著名的，因為陳百強、林憶蓮、Beyond、林子祥、太極、王菲、哥哥（張國榮）等當紅的歌手都有在那裏錄音。當時最 hot 的 mixing engineer：David Ling Jr. 都在我們的錄音室工作，他教了我很多東西，所以我叫他做師父，不過不知他有沒有當我是徒弟了。

在我還未入 S&R Studio 工作之前，香港有一間很著名的錄音室叫 Studio A，它位於尖沙咀金巴利道。當時我在通利琴行工作，有時送貨上去後，就會在 Studio A「hea」（隨意閒玩）一下，觀察在那裏的 recording engineer 怎樣工作。那時的 console 還未有 automation，所以有時要六隻手一起推 fader，甚至可能是六對手呢！當時是以 real-time 錄音的。在機器上貼膠紙做記認，你推和音，我推結他，非常刺激。最刺激是聽 playback 時：「嘩，唔得！再嚟過！」有時可能要重複三至四次，目的是想有一個比較好的效果。由於不似現在有 automation，以前是沒有可能「細執」（仔細修整），因為全部都是錢，大家就會妥協：「夠了嗎？沒可能再好一點了嗎？」如果再做，就可能需要多兩至三個小時。

Analogue 的錄音技術其實是幾 organic 的。當年，回到錄音室的第一件事是開 24-track（音軌）機的磁頭。由於是 24-track，所以總共 24 cm。在抹磁頭時有一件很重要的事情要注意，而且許多人都是不知道，就是要收起當時的儲值車票。[1] 為甚麼呢？因為抹磁頭時要用 demagnetizer（去磁器）去電磁頭。在錄音的過程中，當錄音帶走過磁頭，是會產生 magnetic field（磁場）的，而 magnetic field 是會令錄音和 playback 時少了 response，這樣就會導致聲音模糊。我們要用 demagnetizer 去電走 magnetic field。Demagnetizer 的力量很強，如果你不妥善處理好自己的物品（與去磁器保持一定距離），它會清洗你儲值車票內的資料，所以要將它放好。

以前的錄音室用 open-reel（開盤式錄音機），「一餅餅」四分一吋帶。我們很多時要剪一些「細轆」（細軸）的帶去電台

1 儲值車票可以用於地下鐵路及九廣鐵路。於 1999 年，隨着八達通的普及，儲值車票便停止使用。

或電視台，因為「轆吓轆吓」就唔夠用，會取用附近錄音室的帶。另外，有時需要用手術刀剪走不要的帶，剩下的「轆」（軸）就可以借給別人。「轆」是跟帶的，不可以另外再買；若有得買都應該很貴。為甚麼要用手術刀呢？因為錄音帶很堅硬，拉不斷的。如果這個「轆」去了第一餅帶，那原本的帶豈不是沒有了自己的「轆」？所以我們都會用手術刀剪掉不要的帶。用手術刀是很快的，一下子剪下去就斷了。

雖然當時香港有幾間 studio 設置及採用 Digital Tape Recording System，然而我們錄音室選用的 Otari MTR 100 和 Dolby SR Noise Reduction System 也算是 analogue tape recording 的專業版，Dolby SR 也是當時最新的 Dolby（杜比）。我都算是幸福了，入行時的 console 已經有 automation。雖然沒有現今的 total recall，所謂的 total recall 就是連 EQ 掣都有 automation。那時，只有 fader、pan 及 mute 有 automation。如果要做很特別的 send and return，就要由 patch bay 去另一個 channel。我當時用的 console 是 AMEK G2520，有四十八條 channels，但你只能錄到 24-track 而已。而且你也是不能盡用 24-track 的，因為有一條 track 是要留給 SMPTE（Society of Motion Picture and Television Engineers，時間碼）的。不過，這樣已經可以做到很多東西了。

我們有一些錄音技巧，是習慣以數碼或 DAW 錄音的朋友未必會知道的。用 analogue 帶錄音一定會有 leakage（漏聲），因為帶與帶之間會有 print-through。簡單地說，有些聲音是會走了去其他的 tracks，所以如 SMPTE 這些很嘈吵的 time code 會被放在帶的頂或底，而最重要的人聲或其他重要的 tracks

就會放在中間。那時的 engineer 就要自己去決定究竟哪一條 track 錄甚麼，所以要寫 track sheet，但現在都不用這樣做了！另外，由於 track 的數量有限，sound engineer 便要作出計算。例如，bell 的聲音只出現三次：分別在 intro、music break 和 outro，所以中間就會有空白的位置。這些空白位置便會被記下來，如果有些樂器跟這個 bell 的聲音有差不多的 frequency（音頻），例如魚絲結他或者電結他，就可以放在這條 track 的中間。有時甚至因為不夠 track 用而要 bounce 上去（把不同的 tracks 合併後再用）。其實二十四條 tracks 真的不太夠用，現在的編曲隨便都有六十至七十條 tracks。這是以前跟現在的科技最大的分別。

送舊迎新，科技運作原理相近

科技的一大轉變是由 analogue 去 digital 的 DAW 系統。我在 1991-1992 年開始接觸的 DAW 是 Sonic Solutions，那就是專做 mastering 的。當時已用 DAT（Digital Audio Tape）做 master 了。首先讓它經過 interface，然後調校 word clock，再過至電腦，最後給別人做 mastering。我們在 analogue 的年代做的 mastering 是很有趣的。那時用四分之一吋錄音帶，mix 完所有的錄音後便直接將其過至錄音帶裏，出 master（母帶）時，便要裁剪這些帶了。有趣的是以前一首歌與另一首歌之間，相隔不一定是兩秒。有些人喜歡相隔半秒，有些人喜歡將兩首歌連着播。那裏會有一條白色帶，告訴你多少吋是一秒，它可以幫你更容易去計算。一秒要十五吋長，那你便可以計算，可以用半秒、一秒為之一格，用手術刀剪，再用膠帶黏好它。有了 Sonic Solutions 幫忙，便可以做好許多東西，例如你可以做 de-noise（去噪音效果）等等，還有很多東西可以做。之後我們錄音室才開始用 Pro Tools，當時用第一代的 Pro Tools，並開始學習它的用法。但其實如果你平日有做錄音的話，應該一用便懂，因它只是一部用滑鼠的錄音機而已。它對於監製而言是最容易用的 DAW，這個發明十分偉大，而且它是一個非常好的 editor。

對於受過很紮實訓練的音樂人而言，新的科技應該不難上手，因為運作原則是同一個概念來的，只是那個介面不一樣而已，應該不難去理解。以前用錄音帶，現在是一個 hard disk，中間那些器材我們稱為 interface，然後是音效卡出聲，整件事很容易理解。反而如果要現在的音樂人用回古老的那種音樂製作方法，應該比較困難。因為他們需要思考原本到底是怎樣的呢？例如為何錄音的 playback 是會比 real-time 遲？那是因為兩個頭轉動的時間不一樣，他們未必想過這件事。因為兩個頭是不一樣的，一個是 recording head，一個是 playback head，所以時間會不一樣，他們不一定知道。如果第一次發生在他們身上，可能會覺得這件事很奇怪。

我出生得比較早，由收音機開始聽，然後聽單聲道、黑膠、cassette 帶。我的耳朵是這樣養成習慣性，我會認為這樣的聲音是好聽。而在 CD 年代出生的人，他們沒有這個習慣，他們不會認為這些東西是好聽的。如果給黑膠碟他們聽，他們可能會認為為何聲音會這麼朦的？如果給他們聽 cassette 帶，也許會認為為甚麼有這麼多噪音？我的態度比較開放，兩種音樂都挺喜歡。如果我現在想聽一些 dance beat，或是很 energetic 的音樂，我會選擇聽 CD，但也會喜歡看 YouTube。我亦很享受電腦製作出來的聲音，因為它的反應快。如果你聽 analogue，會感覺比較慢一些，但聽起來是舒服的。其中最大分別的是低音和中音，digital 沒有辦法代替 analogue 那種 warm 的感覺。但 digital 有一樣很厲害的東西，就是它的高頻，例如 12kHz 以上，digital 可以做得很精準，真的是感覺到和聽得到的，但 analogue 便做不到這效果。Analogue 要做到 10kHz 以上，根本已是模糊的，因為它會有一點失真，在 compress（壓縮）的過程已經有一點東西流失了，又或者你放唱針下去，它出不到那麼精準的頻率。所以我認為用 Pro Tools 錄出來的聲音和傳統 analogue 的音質很難作出比較，因為這是由兩種不同的 media 錄出來。Hard disk 有自己獨特的聲音，很精準的，但會比較「硬」，analogue 就會比較 warm。我兩方面都喜歡的，我聽音樂的時候是聽那首歌好不好聽，這對我而言是最重要的。如果那首歌不好聽，你給甚麼我聽，我都會覺得不好聽。

Adrian 心目中好的流行曲

好的流行曲既要有驚喜，又要「貼地」。至於怎樣界定一首歌是好聽還是不好聽，我認為重點是它會不會有一樣東西可以帶你「入局」，例如前奏會否有一個很鮮明的主題去告訴你「就是這首歌了」。如果我聽了十首歌，它們都是差不多的，我便不認為需要繼續聽下去。但若這首歌在 intro 能給我一個很 catchy（易記）的主題，給我一個很好的 identity，吸引我繼續聽下去，我便會開始聽 verse，或許不是 verse，總之是歌的任何一部分。如果有一樣東西是可以感動到我，讓我繼續聽下去，而我一直聽下去也有感覺的話，我便會覺得這是一首好歌。

還有就是要有驚喜，特別是流行曲。我需要有些東西是不容易猜得到的。我一生人聽了過千首歌，你不要讓我猜到又是同樣的東西。有些歌我聽了半首，可能會認為「咦！都是這樣而已」，那我聽一次便算了。我現在依然會不停地聽着流行榜的新歌，我發現很多新的作品都很有趣。因為競爭大，這自然令人更想突出自己，或者突出作品。我認為這絕對是一件好事，我也很欣賞現在有些很有心思的音樂人。大家都是找些 unique（獨特）的東西給別人聽，在我心目中 unique 的東西就是有心思的。另外，我認為一首歌是一個整體，所以整個設計，例如編曲、填詞及鋪排是很需要互相配合的。編曲不可以很「離地」，或者編曲及彈奏很厲害，但與歌曲內容沒有任何關係。這樣的話，我就會覺得這不是好的編曲。如果你問我怎樣是一首好聽的歌？我認為以上這幾樣東西都需要具備。

音樂製作過程

流行曲創作的流程上，通常是先有旋律，之後再編曲及寫詞。至於編曲及填詞的先後則不能一概而論。有時要看填詞人是誰。如果是等幾個月、又不能追的填詞人，那麼在編曲完畢，當收到詞之後，還是有可能會再改動。不過，大家應該有共識那首歌曲大概是表達些甚麼。例如明明是一首悲情歌，你沒有理由編成很甜蜜，因為你大概會從旋律中感受到編曲的方向。當然如果有一份歌詞之後再編曲是最好的。現在很多時都用這個方法，因為最近許多唱片公司都用新的填詞人，還有很多時候是曲詞一次過做好，像一個 package 拿出來賣。那便不用等那些你要「拿籌」的填詞人。我真的試過等一份詞等了半年。

對於編曲的取態，通常有幾個因素。憑着自己聽這麼多歌的經驗，我以前通常會主導多一點。我經常說聽歌是一種 input（輸入），輸入到自己的 archive（檔案）裏面，但是你不知甚麼時候拿出來；或者你不會很刻意要抄襲那一首歌。但當你想做一個編曲的話，你一定會從腦裏面找一些 inspiration（靈感），一些你聽過的東西。你會覺得是像些甚麼，而當你認為這首歌是那樣的話，你在編曲的時候，自然就會找回那個味道出來。我經常都說編曲除了很基本的 harmony、chord 和節奏之外，最重要的就是 sound design（聲音設計）。就算用同一個和弦，我用 organ（風琴）彈，或者用 pad 彈，用 strings 去拉，給人的感覺是三件完全不同的事。在 sound design 裏，要怎樣去使用聲音，決定將聲音放在哪一個 track 是其中一個要點，這也是我聽了這麼多首歌的得着。當儲起的聲音記在腦裏面，你自然會知道某個位置要用怎樣的聲音。

我認為作為一個行內人，我們的責任是要令觀眾聽得舒服和開心。至於他們知道或不知道製作過程，其實是不會影響到我們的。你知道了我怎樣做那種聲音，我也不會覺得做了不對的事，因為大家都是要這樣做——反而你們不是應該欣賞我們做了那麼多你們不知道的 editing 嗎？不過矛盾的是，當你完成製作後，其實也希望別人知道你的功勞。例如我很想在 credit 寫明 vocal tuned by 誰，drum edited by 誰……但這個 credit 是不能出的。有時只是 vocal editing 便可能 edit 了多個小時！我甚至想寫我 edit 了幾多個小時呢！我也希望被人知道我在 editing 所投放的時間，但我不覺得很多人會留意這個過程。

我聽朋友説，很多時讀音樂的人，都會欣賞製作方面的事情，雖然不知道這是否只在外國發生。其實你是 see and be seen 的，你做音樂人之餘，同時也是一個聽眾。第一件事你要尊重及欣賞他人的作品，之後反映在自己身上；而你也想他人欣賞自己，我認為這是一個循環。我多年來都用這個態度去聽音樂，去接受他人的音樂和做音樂給他人聽。

以前和現今音樂製作的異同

以前做編曲是很麻煩的，例如八、九十年代時，那時編曲還未有 VSTi（Virtual Studio Technology Instrument），即是沒有 virtual instrument，所有的樂器都是真錄的。我們以前做 engineer，例如 Chris Babida（鮑比達），他每次來做錄音 session，要拿兩至三個 rack 的 modules，兩部私家 keyboard。他會開着 Macintosh 電腦，放 floppy disk（磁碟）進去，然後「拖」programme 的聲音出來。或者用 MC-50，再「拖」SMPTE 和 percussion（打擊樂器）出來等等。他也需要從多部 modules 揀出適合的聲音混合一起來達到他所需要的 sound，我們當時習慣稱之為「溝聲」。例如想得到一個 synth pattern pad（一種用來做 chord progression background 的聲音），這很抽象，他便會「溝」不同的聲音。例如「溝」入 EP（Electric Piano），以前便是這樣做編曲的。但那個時代已經過去了，現在的人不會這樣做，現在的聲音差不多全部都是從電腦中拿出來的，這些不同的經驗我全部都經歷過了。所以現在做 sound design 的時候便更容易去設計。我更喜歡做這類的編曲，現在反而少了用真的樂器。第一個原因是成本計算。我當然想在編曲時可以拉真的弦樂，但你是否有 budget 做到呢？有些歌是同一個類型的樂器，例如 rock ballad，就好像陳奕迅的〈黃金時代〉。如果它不是用一套真鼓、真 bass、真的鋼琴，會否有另外一個畫面出現呢？在這幾年，我喜歡思考這些東西，即是真樂器會有其特色，但假的樂器也會有它的好處。兩者是相輔相成的，不應說哪一樣比較好。如果兩者可以混合在一起便更好，我想我近十年都是在做這件事。

其中一個例子是「先真後假」。我可以先在一間房錄真鼓聲，但我不滿意那套真鼓所錄出來的聲音，所以便再混入 sample。現在科技發達，可以用 real-time trigger，還可以做到 delay compensation。總之我就用上 bass drum 的真實聲音，再在上面加三個 sample 及兩個「房」聲（模擬聲音在房內的效果）。因為你在香港很難可以錄到一套很好聽的鼓，通常在外國錄鼓的第一個 session，即單單只是調聲，便需要六小時，之後一天才可以真正錄音，但你在香港有沒有這個租錄音室的 budget 呢？當你有足夠的 budget 時，又有沒有優秀的 recording engineer 呢？有沒有好的咪呢？房間有沒有良好的 acoustic treatment？Everything counts！所以，我們錄真樂器的目的是要錄 performance（演繹效果），錄那力度。如果不是真人打，用電腦 programme 出來的聲音是沒有那種力量的。真人打出來的「力水」（力量）可以大很多，我們就是要錄那種「力水」。因此，現在基本上你聽到的都是這樣，除了如 John Mayer 那種非常 acoustic 的聲音，不過即使他混了假的聲音，你也未必知道。你想要「靚」聲，別人用那麼多錢去錄個 sample 賣給你，為何不用？所以重點就是你是否用得出色，技巧是否用得高章，他人知不知道你有用 samples……這些都取決於 engineer 的技術和鑑賞能力。一個 snare drum 都可以有一千種聲，就視乎你用得「中不中」，是否放在歌曲中適合的位置。

正常來說，不論過去或現在，我們作為監製的都會先讓歌手試唱一次歌曲去開聲，也讓他們先掌握該歌曲的氛圍和感覺，從而更容易投入於歌曲當中。然而，過去和現在最大的分別，是如果我們用 analogue 帶而要補錄，或要 punch in、punch out 的時候，是要用真人手做的，而且沒可能 undo，錯了便不能更改。因此，監製需要確定是否只要補錄一句，甚至是一個、兩個字。因為太多次補錄後，錄音帶便會「蝕」（耗損），例如三、四十次後，錄出來的聲音便會開始模糊，然後可能需要開一條新的 track。另一方面，由於以往錄音科技不及現在，歌手的準備通常都需要比較充足，他們一來到錄音室基本上已經要懂得唱畢整首歌曲。不過，我們會選較好的 take，通常都是用兩、三條的 tracks。當然，我們以前都會補錄，例如如果整段都很好，只有一、兩個字還未盡善，就只補錄該一、兩個字。以前的「撳制」技術便因而變得熟能生巧，real-time 按 punch in、punch out，做錯是會被罵的。

Engineer 的金科玉律是「只可以錄音，不能洗錄音」，不然會被不絕地責罵，隨時會失去工作。因此，我們要常練習如何做得更精準。雖然以前也有 auto punch in，會設定在 auto locator 上，但不時會有「走位」的情況出現，因為是 mechanical 的，即是機械驅動的，時常需要再 set；反而電腦是不會錯，就算錯了也能 undo，這在以前是沒有的，由此可見兩者的分別，各有優點。這是以往 engineer 與現在的不同之處。另外，以前我們需要比較投入多些，例如我們會與監製一起看着歌詞，一起討論，和現在很不同。現在甚麼東西都可以記錄在電腦裏，任由歌手去錄歌便可——誇張地說，現在錄音時我還能看份報紙。

以前 analogue 的年代着重表演要好，唱和彈都要好，因為「無得執」。現在因為「有得執」，所以會依賴了科技。不過，由於現在錄音真的簡單很多，而且靈活性很大，所以多了很多創意和機會。這二十年由有 Pro Tools 一路發展到現在，我覺得審美價值和歌手對創意的追求不同了。不止要求你唱得好，還要你唱得特別，而很多東西都要靠 production 才做到。

以前和現今的製作模式不同，我們自己做監製都會依賴科技。現在偏重於「剪」（editing），每一個監製都要懂得剪 vocal，都要懂得「執」一個人聲或樂器演奏，這是最基本的。如果我是一個歌手，我當然希望可以唱到 100% 那麼好，但有時都要看時間和 budget 有多少，因為現在和以前預算的 budget 很不同。那怎樣可以「喺限米裏面煮限飯」呢？我們就要找一個平衡點，有時歌手可能唱功未必太好，但他或她的expression（情感表達）很好。例如找十個有少許走音或甩拍子但感情表達得很好的歌手，錄了很有情感的take，我們就可以用現有的科技加上很少的時間去解決，只不過好似用「很多塊餅」連接在一起。到現在用機器按一個掣就做到了，而且現今的製作過程多了很多變化。

香港有幾種樂迷，有些人喜歡聽發燒碟（Hi-Fi）或黑膠碟。喜歡聽黑膠碟的人喜歡聽texture，喜歡聽發燒碟的人不喜歡你「執（修飾）咁多嘢」，他喜歡聽口水聲、喜歡有少許走音，甚至有揭譜聲等等。但現在新一代的樂迷（例如我囡囡），他們習慣聽的歌都很乾淨。如果聽到有瑕疵，他們會覺得：「嘩！走音喎！」因為九十年代出生的年輕人所聽的音樂已經被「執」到沒有走音。我們小時候聽例如Beatles的音樂，很多時都不會做到絕對音準，這是因為審美角度的不同。因為當所有東西都很digitalized（數碼化）和很精準時，人們的要求就更加超越了這些標準。我覺得以前和現在是各有各好的。

歌手：由萬中無一到人人都可以是star

我記得替王菲錄〈冷戰〉時，她錄主音與和音需要大約三個小時，但其實她可以一take便唱完整首歌。她在錄音前可能是玩了三小時電腦才進去錄音室，但一入錄音室時便猶如「啪着個掣」。不同的歌手會予人很多不同的感覺，例如王菲是唱功很厲害的歌手；而張國榮錄音時會有很多靈感，聽他唱兩三句就宛如看了齣電影似的，他就是有這種魔力。雖然他的唱功未必很精湛，但演繹卻很有感染力、凝聚力。全個錄音室的人都會感受到他的投入，並陶醉在他的氛圍裏。

有人可能會認為，科技雖然令更多人可以嘗試成為歌手，但同時令很多未必有那種魅力或唱歌技巧的人都能做歌手，似乎令整個音樂工業的表演水準相對上降低了，導致不像以前有很多「星」，也不像以前那樣要唱得很好才能在樂壇裏發亮。我認為每個年代的要求都不一樣，而現在可以說是比較百花齊放。其實不止香港，全世界都是這樣。現在經常有些小妹妹都可以出來唱歌，就算美國或加拿大也有很多。當你知道她們很多都是靠後期製作的，你可能會認為：「哇！原來她唱 live 是不行的！」我們會稱他們為 recording artists，他們很多唱 live 真的是不行的。作為一位業內工作的人，我覺得無問題，因為最重要是有工開。你有這些多樣化，投資者便會投資到這些新的藝人身上，音樂工業才會蓬勃。其實愈多新歌手的出現，便愈會有競爭；有比較，大家便會再做好一點。所以我覺得「以前比現在好」的論調是值得商榷的。很多人說：「為何以前的歌好聽點？」那是你認為以前的歌好聽點而已，而我覺得每個年代都有好聽的歌，只不過 expect 不一樣。其實潮流每過一段時間就會轉變，在潮流轉到一個時段，或許你的口味都會有所改變而你自己都不知道呢。

不過我們作為 sound engineer、監製或者編曲人，我們不能只是跟着潮流的變化。我不敢說要帶領着潮流，但你不可以做被人帶着走的人。你未必一定要走到最前，但你要是最前的其中一個；否則，你會很容易被人淘汰。因為別人會比你跑得快，所以我們不論在科技上或音樂感上都需要不斷提升自己。

因此，我自己在近幾年喜歡與band、年輕人或素人合作。在這個世代做流行音樂，是做給年輕一輩聆聽的。例如我有兩個女兒，其中一個已經二十多歲，她們已經算是老的了，現在新一批樂迷全是小學生或初中生，他們聽歌很厲害。他們不會理會電台、電視台播些甚麼，而是自己上網搜尋，他們聽的歌可能比DJ更多，起碼一天聽幾十首歌。現在這個世界是沒有秘密的，亦開始沒有star了，我認為這個世代是「anyone can be a star」。只要你敢做，你做到，有人認同就可以。所以現在的小朋友不會真的去「追星」，即使說「追星」，都只是說說而已。他們會到唱片行買唱片嗎？不會，或者甚少。唱片還是有人買的，就是那些死忠粉絲，但他們為數不多。大部分聽眾都是在網上選擇歌曲來聽，要看誰可刺激到他們的眼球、官感。現在這個世代就是這樣，所以我們做流行音樂的需要很清楚，起碼要瞭解現在的人的生活狀態和他們的想法。

科技發展對音樂製作的重要性

科技的進步導致新的可能性的出現，這是以前無論投放多少時間也不能達成的。就如唱歌的部分，我想要那個字拉長，現在很容易便可以做得到。雖然也有一定的局限性，例如我不能將它拉長幾個小節，但一般的拉長只需要「一下」（做個小動作）便做到。以前如果你想去拉長一粒字，便要先作出安排，例如要租錄音室，並看看有沒有空的錄音帶等等，有很多瑣碎的東西令你卻步或放棄。而且有些效果不是再唱過便能達到，例如我就是要拉長到不像人聲的效果，如何能夠做得到？你沒辦法要歌手唱到不像人聲吧。

所以，我覺得現時基本上如果你沒有電腦，你是不能編曲的，另外也不能做後期製作。如果在沒有電腦的年代，你唱錯了一句，你可以如何做？現在我甚至連咬字也可以處理好。我曾經監製過一首歌，歌手將「驚」唱了「激」。由於沒有那麼多資金及時間，而且也要趕着做混音，所以我不想叫他重唱。於是我找了一個「ng」音，並將它黏在「激」後面，「激」就變成「驚」了。這個方法是錄音帶不能夠做到的。此外，科技可以令創意變得更大。現在很多東西都可以無中生有，例如將聲音反轉，或者將這個字的發音黏在另一個字的後面也可以。今天的科技只需要按一下滑鼠就能做到，在錄音帶的年代根本你會覺得沒有可能，即使有方法做到你也不會做，因為要做很長時間——你當然可以剪開錄音帶再接駁它們。可能也有人會如製作人 George Martin 般這樣做，但是我們真的做不了。

科技應用的分水嶺

我認為 VSTi 的出現是其中最重要的科技應用的分水嶺之一。在這出現後，每個新晉的音樂人都會開一個 Kontakt（software sampler）出來，然後開鋼琴及 Omnisphere（某牌子聲音合成器）等等，但是有多少人真正懂得使用呢？他們根本不知道甚麼是 cut off，甚麼是 resonance，甚麼是 LFO（Low Frequency Oscillator）等。他們大多只是使用 pre-set 而已，最多是扭動 envelope。有些人甚至連 envelope 或 ADSR（Attack、Decay、Sustain 及 Release）也未認識。所以我覺得那分水嶺就是：當多了方便，人就少了最基本的知識。因為你不會需要，或者你不會認為要投放時間去「揼掣」。要去「揼掣」不如我用個 pre-set 便算了，現時的人大多是這樣做。當然，一些做 electronic dance music（EDM）或 electronic music 的人是例外。

由於我以前在通利琴行工作，我們賣很多 synthesizer，所以除了在工作時賣結他之外，我若有時間就會去「揼」sequencer。那年代，Yamaha 的電子樂器很厲害，有 DX（synthesizer）、QX（sequencer）和 TX（sound module）的系列。那年代 Yamaha DX7 synthesizer 很有名氣；當時那部 sequencer 叫 Yamaha QX1，外觀如一部打字機。當年 Yamaha 在這個系列的宣傳上投放了大量的資金，由於我那時是通利的部門主管，要幫助公司開招待會並介紹這個 sequencer，所以我就要用一星期去學習使用這個全世界最難操作的 sequencer。

我們以前不是用電腦去編曲，而是用 sequencer。每個 sequencer 裏面通常有六十條或八十條 tracks 去儲存 MIDI signal，因為以前沒有那麼高容量的記憶體，所以只可以用這麼少的 data 去做，用完便沒有了。只可以 real-time 或 step-time 輸入。Step-time 就要選「音」的。我認識很多朋友打「音」好像打速記那麼快。學懂使用 sequencer 後，便感覺使用現時的 virtual synth 其實是一樣的。你明白便懂得「揼」；但如果你不明白，就好像現時年輕一代全部都只是用 pre-set，如果不滿意那聲音，也可以再加 effect。我覺得這就是音樂科技的分水嶺，而且最重要的轉變，比由 analogue 錄音帶轉至 digital 更為重要。

我認為這並無不可，因為這是 medium（媒介）的問題。對於如何完成一樣工作，心態是更為重要的。如果沒有人逼你去達到你想取得的東西，你是未必會去做的。我們以前是被迫要立即學懂的，要「擰」reverb 又要「擰」delay，如果師父不滿意便要再「擰」。在那個學習的過程中，我瞭解了很多，因為有很多實戰經驗。如果現在我要 mix 一隻歌，我還是會很簡單地用以前的做法。

有些我們以前做的工作，現在的人是不會做的。例如在每一個 session 完成後，我們都會做一個 rough mix 版的 cassette 寄給公司。要做這個 mix 的原因是結他樂手錄音的時候，可能他要鼓聲大聲一點，或要低音結他大聲一點。當你完成錄製結他，整個音樂的平衡就可能不對了，又要再調整；同時他們可能會對你說：「請你幫忙處理一下，落少許 reverb 吧！」因為要交給唱片公司和電視台聽，始終必須處理。那個 cassette 帶很難聽的，聲音「嘶咧沙啦」，但當年也能收五十元一盒，所以這個半小時的 session 最能夠牟利。其實認識音樂的人應該會聽到分別，不過有些不懂音樂的，但又要讓你覺得他們有音樂知識，他們便會用一些專業的用字去讓人知道「我是有要求的，我有音樂知識」。例如做廣告的人會問：「那聲音可否有藍色的感覺？」我會說「可以」，然後走過去機器：「掂」一「掂」，其實甚麼也沒有改動，只要問：「是否這樣？」他們都會答「是」，以前這類的客人都頗多，我最喜歡就是這樣的客人。

如果我們下午六時正要交房，五時半就會趕着加不同的 effect，過一個 rough mix 在錄音帶上。當你每一星期都做這種 rough mix，就會發現 mix 一首歌其實不是那麼難完成的事，因為以前練習得多。如何做一個很基本的混音，是當時練習得來的。我們叫這做 initial balance。現在不會這樣了，現在一開電腦便會開十多個 plug-in，還有不知為何最近十年或二十年，所有的歌都是很 compressed（壓縮）的感覺，而且一直大聲，鬥大聲、鬥「巴渣」，但是沒有甚麼起伏，沒有甚麼 dynamic。不知道是否大家的取態不同了。

科技發展改變編曲效果

2020 年有一首由陳健安唱的歌叫〈廢學〉，是首典型需要很多後期製作的歌，有很多人聲的效果處理。除了人聲之外，樂器也加了不少效果處理。如果你不懂得使用 DAW 的話，你是不可能完成的。它裏面有將一些反轉了的人聲，拉長後再剪成一格格，然後再加 delay、morphing 及 filter 的聲效，最後得出的效果便成為 music break 的部分。現在我們做編曲，其實人聲可以隨時放進編曲中，我覺得這樣做是頗特別的。這個世代已經有很多人這樣做，例如 Billie Ellish、Adele 等等，甚至唱到好似 Ed Sheeran 那種比較像民歌歌手，都會將這種技巧放在音樂中，這不單令樂曲更加有趣，並且增加了時代感。有時候有些歌加了這些元素，你就會覺得歌曲很摩登。為甚麼你會覺得很摩登？因為我加了 loop 在音樂裏面，這就是這個世代的聲音，我們經常要找這樣的「調味料」。

另外，Supper Moment 有一首歌叫〈機械人〉，這首歌裏有些和音是用 VocalSynth 去做的，這種處理手法在以前是匪夷所思。當然，以前有種東西叫作 vocoder，是要彈下去的，而且是要即時唱上去的。但是現在可以不用這種處理手法。我現在是用人聲的音軌去控制一個名叫 VocalSynth 的軟件，然後這個 VocalSynth 的聲音就會與人聲一起發聲，你就會聽到有些似人非人的聲音，雖然真的有人在唱，但你又會知道他不止是個人來的。這種效果便是科技的產物。

Juno（麥浚龍）有一首歌叫〈睡前服〉，這首音樂也是在人聲上加了很多音效。最明顯可以聽到科技進步的效果應該是人聲，因為其他的聲音可能會比較難去指出是否有賴於科技。以 synth（synthesizer）為例，任何年代都可能會有某件樂器，或者用了一套電鼓，這些音效並不明顯，如果我不告訴你，你未必會發現，因為不是每個人都懂得聽。但是那種突然斷開幾節的人聲，你必定會聽得到。如果你只能用 analogue 的方法去做那種效果，你應該會選擇不做，因為這是需要幾天的工序；但如果我用電腦做，一小時內就可完成。我覺得如果沒有電腦或者沒有現今的科技，很多現在的音樂你都不會聽到，而很多現在的音樂都不會是這個形態，可能還是維持在九十年代，找隊 band 來錄音，然後要去找隊管弦樂團，但現在不用了，只需要按 budget 辦事。

科技發展的好處與壞處

我覺得新科技的最大好處就是可以幫唱片公司省錢，我 93 年編一首歌，收一萬六千元，現在編一首歌也是收一萬六千元，但這個價錢已經是全包的。我以前收了一萬六千元之後，還會收到其他 session 的酬勞。以前沒有說要包甚麼樂器的，有些前輩很牙尖嘴利，「吓！我懂彈結他就要包結他？那麼如果我懂吹口琴是否也要包口琴？」，「那麼我不讓你知那麼多東西啦！」以前所有費用都會照付，因為有很大的市場。你想想以前劉美君第一張碟賣了八萬張，雙白金，她當時只是個出第一張碟的新人。現在哪有這種景況？現在香港全年唱片銷量的總和也可能不到八萬張碟，八千張也不知道有沒有，現實就是這樣。我想也沒辦法，科技就是幫公司省錢。

科技也令我們做音樂的時候可以有多點靈活性，我可以有不同的選擇去處理一首歌。因為我們現今做監製很多時都是以一個 package 形式去收錢，很少還像以前一樣，只需要負責監製歌手的錄音，錄音室的收費則不用負責。但現在這種情況很少發生，因為每次都要計預算的，例如要推算究竟這位歌手需要唱幾多個小時？現今在錄音室只會做兩件事，要不是錄結他，便是錄真的樂器及人聲。其他的基本上全部都可以在電腦上完成製作，除非要錄真鼓，否則用 sample 的樂器便可了。低音結他也不用去錄音室，現在彈低音結他可以用 line-in 去錄。如 line-in 不行，要「收咪」的話才去錄音室。我們必須算好這條數目的，因為現在的 budget 跟以前差很遠，基本上只有一半，所以科技所帶給我們的靈活性是很重要的。

至於最大的壞處似乎是針對我們音樂人。不過我們也可以這樣看：唱片公司省了錢便可以做更多的製作，這樣那塊餅便可以有多些人分得到。因為如果沒有這樣的科技，製作成本高便會令個別的唱片公司很難運作，因為沒有錢做，它們就很難繼續生存。所以真是令人又愛又恨。如果現在沒有這些 DAW 去錄音，而且每件樂器都要用帶去錄，還有要 real-time 錄，到時候可能每一首歌都只得幾件樂器，並且全部都是

unplugged。再者，如果人聲唱完之後又不能 tune，唱錯了又要再 book 個 studio 去重錄，你認為有沒有這麼多人可以出唱片？有沒有這麼多人可以做音樂？所以科技不單可以幫公司省錢，也令我們繼續「有飯開」。

現時的 DAW 已經成為音樂人的必需品。就算你沒有也可以 download 或月租。每個月只需要支付幾十元，一個月可以 download 一百個 sample。隨時可以 download，例如 Arcade by Output。已經不需要全部東西都放在自己的 hard disk，可以在網上瀏覽到適合的才放在自己的電腦裏。

不同 DAW 有不同的音色，我是用 Cubase 來做混音的。我嫌 Pro Tools 裏的聲音不好聽，我喜歡 Cubase 的音質。因為兩者的演算方法（algorithm）不同，所以每一款 DAW 都有不同的聲效，至少我聽出來也是這樣。簡單來說，例如你用一首已經完成混音工作的歌曲放在 Pro Tools、Digital Performer 或 Cubase 去聽，出來的聲效也有區別。因為它的 sound engine 不同，計數方法不同。有別於以往，一盒錄音帶放在任何錄音機聽，都是一樣聲的。當然不同 DAW 那種分別不似換了喇叭那麼明顯，行外人未必可以聽得到，但我們便會聽到，因為一集中去聽音樂的 depth、definition 和 response，你便會知道有甚麼不同。Cubase 的低音是「肥」很多的，比較溫暖，真的很像 analogue 的味道，大家可以嘗試聽一下，真的有分別。

科技變化如何影響音樂人的交流？

由於科技的進步，編曲人和唱片公司的交流只需要用

MP3 就可以完成，甚至用 WhatsApp 傳過去也可以了，這節省了很多時間。而且，包括你用電話，有些事用文字溝通好過直接用口說。即是有些事情直接說出口就很 odd，但用文字溝通便可以更容易轉達你的想法，總之在溝通方面真是好了很多。另外，和樂手的溝通就更好了，「你立刻做一段音樂傳過來聽聽吧」，如果我不滿意可以立刻改動；我改完便馬上傳送給他聽，這可能只是一個小時內便可以解決的事。以前是做不到的，首先我要過錄音帶，再要去速遞給你。這是最明顯的一個分別。至於與歌手合作方面，我覺得可以令溝通增加。有些歌手是很有想法的，自己很有創意，會堅持一些東西的。

現在與歌手錄音，通常試唱了三、四次，開了聲便開始正式錄，我會保留不同的 take，因為當你知道這一句有三個字唱得好，你不需要理會這三個字，只須跟他說其他的字唱得不太好，要再錄。但因為有三個字可以保留，歌手只須專心去唱好其他的字便可以。這樣溝通，就不用每一次都需要唱好一整句。現在這個制度已經不是那樣的了，設計是監製的責任，例如我如何把人聲設計至某種效果。

作為一個製作人，你需要用最好的方法、最少的時間以及最少的金錢去做到最好的產品。我覺得做監製的其中一件事，就是要令所有人都開心。這是十分重要的，因為這樣才會有第二次的工作機會。令所有人都開心的意思是指你做的音樂，可以令作曲人及填詞人都喜歡，跟你做編曲的人會做得開心，和你合作的樂手會彈得過癮，歌手會覺得你幫到他，唱片公司亦覺得你完成的作品好聽，又有成績，這就是令所有人都開心。至於那首歌的命運就像潑出去的水一樣，我不會去理會了。通常我都不會再聽。

創作的轉變：學習與音樂談情

其實近年我才聽得多一點中文歌，以前可以說是完全不聽的，只聽外國的音樂。因為我以往沒有將廣東歌當作廣東歌去做，所以其實我覺得自己做得不太好。我認為自己以前沒有放太多感情下去，但這十多年我放了很多愛在我的歌裏。以前我只當是一份工作而已，我真的不去聽中文歌。坦白說，就算我的碟放在這裏，我也很少去聽。我有時會重聽我和太極樂隊及 Beyond 做的歌，反而其他的歌手真的很少。但是不知道為甚麼，可能是因為人大了，我現在覺得有責任要去聽。因為你是這個工業的一部分，不可以不瞭解現在發生甚麼事。如果你不瞭解發生甚麼事，你便沒有資格去批評人；而且你亦沒有盡自己的責任，因為你沒有關心過你的工業裏正發生甚麼事，那麼你還在這處賺錢便好像不太對。這是我四十歲過後才想通的事，我不會再那麼固執。反而我現在做音樂，我會每一首歌都當和它談戀愛，因為我發覺原來是有分別的。

如果你在做歌的過程中把愛放進去，歌曲便會有愛，別人是會聽到的。It's in the vibe。它未必是在音符裏面，而是在一個氛圍裏面。為何你會用一個樂手去彈一段結他而不用 sample？因為用 sample 所彈出來的歌永遠只有一種聲音，開心是這個聲音，不開心又是這個聲音，但是樂手的彈奏便不一樣，他是有情緒的。如果你懂得聽，你便會聽到。所以如果有時候你去監製一個人演奏或唱歌，你跟他說：「這處可以彈奏或唱得開心一些」，「那裏可以相對地演繹得比較悲傷一點」，「這裏應該用甚麼態度」等等，這些全部都是可以錄到的。音樂不是只看音準對不對，也不是只看拍子的準確性。演繹是包括吐字以及語氣，廣東話歌尤其特別注重這樣東西，你每一個字怎樣吐出來都有不同感受，甚至乎不同意思。所以我在錄唱歌時會比較注重這件事。反而我對音準及拍子沒太大所謂，因為它們都是可以在後期處理的，但是表情和咬字是不能執的。

音樂製作方式推陳出新，流行曲贏在感官效果

由我們做 analogue 音樂的年代做到今時今日，會看到整個變化，而我覺得轉變是一件好事，每樣事情都要向前看。我不太喜歡有些死硬派説以前怎樣較好。他只是不肯接受新事物，才會那樣説，而我從來都沒有這個想法。我接受任何好聽的音樂，我接受任何方法去做好聽的音樂。而且人是要學習的，你不可以説：「以前那套是那樣的，你這樣做不行。」其實是否你自己不想學呢？我會這樣想。首先我會先去學，然後才有權説好不好。我就是這樣。

大家經常拿本地流行曲和外國的比較。我完全不覺得是與語言有關，而是關於誰的科技走在前面。近年很多人都崇拜韓國音樂，他們這十年真的做得很好。另外，又很多人覺得馬來西亞的音樂做得好，也有些人覺得新加坡做得好好，那香港是否做得不好呢？我認為不是。香港都有很多很出色的音樂人，只不過我覺得因為科技的影響，別人已走得比你前，你就覺得好似被人牽住鼻子走。究竟何謂「走在前面」？大部分的音樂

軟件或硬體都是美國人發明的，他們一定走得比你快。問題是這些科技你用得有多深入。有時他們也未必將已有的科技用到最盡，有時我們甚至可能比他們用得更盡。我經常覺得他們所做的 ballad 和我們做的不同。我們又用 loop，又 tune，又會整 vocal 等等。美國的 ballad 相對比較簡單，因為他們的旋律好，以及要表達的故事簡單，不像我們的廣東話歌那樣複雜，華語的歌詞傾向特別複雜，通常都有很多東西需要表達。

不過我覺得是一個挑戰來的，因為一首歌要做到很戲劇性，並且要耐聽才有意思。以前一般廣東歌的慢歌，好壞通常只是取決於那份詞，但現在編曲也成為很重要的因素。以前大約只有四個人寫大部分的詞，那首歌成功與否取決於哪份詞的想法比較好，另外再取決於是哪一位歌手主唱，以及他唱片公司的後台。至於編曲方式則非常一致，五個樂手一起錄四首不同的歌，再加弦樂便會很感動，之後便可以去做混音處理。現在已經不是這樣，現今的聽眾比較有要求，大家會希望你的歌有新的畫面、新的氛圍、不同的顏色等等。現在的聽眾會分辨得到，年輕人如果覺得悶便會馬上轉歌，在 YouTube 按一下「Next」便可以了。由於你無法留住他，如果你不能引起他們注意的話，他們便不會再聽了，所以現在的流行曲最重要是官感刺激，包括編曲、歌詞及 MV，如果歌曲沒有可觀性便不如不要做派台歌了。

我認為科技令表演藝術中影像的角色變得更重要。現在的演出一定包括影像與聲音的 synchronization（同步）、燈光、視覺藝術以及 video wall 等等。例如，林宥嘉演唱會的佈置是 3D 的！另外，科技使 foldback system（舞台監聽系統）變得更先進，foldback system 是很影響表演的其中一項科技。現在一人拿着一部機，便能自己去調校所有樂器的大細聲。當然這樣有好處也有壞處，喜歡聽台上揚聲器的便會覺得不好，聽台上揚聲器可以聽到觀眾的反應；再者，如果台上夠大聲，我自己表演時便能更加放膽一點，雖然我不知道其他人的想法。我聽着 ear monitor（監聽耳機）會彈得很辛苦，好像錄音一樣，當你碰到一條線或彈錯了都會很明顯，你會感到很尷尬，但若大家都大聲時便不用擔心，彈錯都只會是過眼雲煙。兩種感覺完全不同。還有是一些 digital 的聲效，例如現在你不會看見十部擴音機及揚聲器放在台中，因為這樣會令台上的噪音比現場喇叭大聲，這是沒有意思的。現在的音響設備愈來愈小型，舞台的聲音會更乾淨，起碼會少了很多 feedback，樂手也會很容易聽得清楚自己在彈甚麼，所以唱和音時走音便不能推卸責任了。

另外，現代的科技對新一代做音樂的年青人有一個很大的影響，就是令他們更注重後期製作而忽略了前期的演繹。他們甚至認為唱得好及彈得好未必那麼重要，反而會花更多時間、精神及金錢去找一些可以令原本不太好的錄音變好的工具，再用移花接木的方法去瞞天過海。但我認為這些科技應該是用來將本來已經做得好的製成品再優化，而不是用來化腐朽為神奇的。

本地樂壇前景：AI 必然納入創作中

我認為會有愈來愈多新類型的音樂出現。因為近十數年多了由美國及英國回來的年輕人，可見許多家庭都較以往富裕，願意花錢支持子女在音樂的領域發展，譬如學習樂器。我們小時候夾 band 好像入黑社會一樣，是要躲起來的，甚至要將自己的結他放在朋友家中。不過現在的社會氛圍不同了，再加上不能輕視現今年輕人的眼界，他們會聽很多種類的音樂，又會在網上學習很多厲害的技巧。好像我的女兒在網上學習剪片，半天已經能成功剪好一條片，另外半天已經學會使用 Dream Weaver。現在的人就是這樣的，能不看說明書，只需在 YouTube 中輸入「how to...」，已經能夠找到使用的方法。

我不知道將來的 AI 科技會如何發展，但如果 AI 發展得日新月異，我認為未來可能只需一個 app 便已經能作曲。雖然我想在我有生之年應該未必能見到這個情況，但是會有一些東西能幫助你。例如，輸入一把聲音入電腦，它會為你作出分析並告訴你不要用這把聲音，這便是 AI 的厲害。有些人懂得如何做音樂，但未必懂得判斷聲音的優劣。例如 Spotify，它能根據你的喜好幫你選擇歌單，這也是 AI 的功能。另外，如你有四個音樂類型，AI 會知道你常用哪個，例如你輸入 jazz fusion，然後輸入一個 chord chart，它就能幫你演奏出你的聲音來。它會記得你彈的 touch，你會用甚麼 voicing、inversion（倒置），它全部都知道。所以有好處也有壞處，但將來一定會是這個趨勢。可能演奏的人技術沒有以前那麼好，或者沒有以前那樣 unique。不過現在只是能力強一定不足夠，現今的人要學東西很容易，問題在於是否願意花時間練習，這是 musicianship。但毋庸置疑的一點，是創意科技會走在前頭。現在很多年輕人都會自己作曲或開平台，這其實並不困難，只需買一部 MacBook 便有 Logic，或者有 GarageBand 已經足夠，基本上就如 MS Word 或 Office 一樣普及。這或許就是將來的家庭電器吧！我認為音樂是不會走回頭路，一定是向前看的。

編者的話

通常被香港音樂人稱為「文仔」的陳偉文，是本書的所有受訪者中資歷最深的其中一位，他經歷了由 analogue 轉 digital 的時代，因而從訪問中可以充分感受到這三十年來香港流行曲製作的轉變及發展。他是全能的音樂人：由作曲、編曲、mixing 到監製樣樣皆精。除此之外，可以在流行音樂界打滾三十多年的音樂人並不很多，從他的訪問中，我們可以瞭解到這是因為他不單可以與時並進，而且更喜歡與新一代的歌手及音樂人合作，所以他製作的音樂一直以來都非常受歡迎。

（訪問日期：2020 年 7 月 17 日）

第十一章
馮穎琪

馮穎琪（Vicky Fung），遊走於流行音樂、藝術和社創之間，結合超過二十年的音樂製作經驗，透過跨界創作、音樂製作及策展，不斷將音樂的力量延伸至商業以外。她的獨特思維於其流行音樂作品展現，重要作品包括〈雌雄同體〉、〈彳亍〉、〈銀髮白〉、〈剎那的烏托邦〉、〈荆棘海〉等。

用音樂打開不同的創作領域
——馮穎琪

棄美術轉修音樂

我正式入行的年份是 1996 年，那時我還是個大學生，當時我把我作的歌給了一位想回流香港做歌手的大學同學聽，讓她做歌手時可以唱自己的歌，她亦將我作的歌給了她的經理人聽。怎料其中一首作品竟然透過她的經理人賣給了華納唱片，那便是鄭秀文的〈放不低〉。自此之後，便有人知道有個作曲人叫馮穎琪，陸續就有一些出版公司接觸我，然後簽約做 exclusive songwriter，就這樣入行了。

我自小習琴，四歲半就學琴，所以對於音樂的接觸大部分來自彈琴。我自小就喜歡創作，六歲時就創作了第一首歌曲，歌和詞同時一起創作，題材圍繞小朋友的生活，自此便覺得自己很喜歡這樣去表達自己，一直到十幾歲都有寫歌的習慣。到了八十年代，即是我的中學時代，那時候很多同學要移民，包括我自己，這些事情都令我多愁善感，需要渠道去發洩，所以那時寫了很多歌給同學。

我在香港讀中學時沒有選音樂科，因為香港的教育制度令我完全不相信自己將來可以做音樂。到外國讀書時，我是選修美術而不是音樂的，怎料那邊的同學和老師聽到我的廣東歌，都問我為甚麼不考慮讀音樂，然後我半信半疑自問：「我 OK 嗎？原來我有能力讀音樂的？」於是我便讀了三年高中音樂。那邊的音樂課堂令我大開眼界，跟我在香港課堂接觸的音樂完全是兩回事。因為沒有樂理和 ear training 的基礎，我用了幾個月的時間去追趕其他已經可以創作管弦樂的同學的進度。入大學前是有計分試的，我有用音樂科作為考大學的計分項目，而我的分數在全個州裏拿了第三名。不過因為家人不允許我讀音樂，最後我選擇了讀經濟和法律，所以我讀了高中三年的音樂後便再沒有接受正規的音樂教育了。到現在我做了二十多年音樂，我會覺得這是一個遺憾：為甚麼那時候沒有進一步去讀音樂呢？

旋律為本，交出忠於自己的創作

我覺得自己的身份是一個作曲人多於一個填詞人，我會覺得音樂的靈魂本身就在於旋律上。我覺得旋律是靈魂；詞是修養；編曲是衣服造型。只要歌曲的靈魂有氣質，無論有幾多修養穿甚麼衣服，歌曲都是有氣質的。我覺得我會堅持這種美學，要對得住自己。我沒有刻意去想要有 Vicky 的 style，因為這是多年來經歷了不同的事情發展出來的；我亦沒有刻意當創作是「搵食」工具，所以創作上是比較自由一點的。

我是一個先想旋律的作曲人，但這不代表我完全不去想編曲層面的東西。這次訪問題目是關於音樂和科技的關係，我可是一個完全「不科技」或「非科技性」的音樂人，所以我創作時一定是先想到旋律在鋼琴上如何呈現，大部分人收到我的

demo，裏頭應該有九成都是鋼琴加人聲，我通常都沒有用到其他樂器。有時我想要其他樂器的聲音或聲效去展示我想做的東西，我才會把它們編寫進去。除此之外，我較多只會用鋼琴去創作。

我創作時不傾向考慮歌詞。對我來說，旋律本身已經有要表達的東西，但有時歌詞也會「浮埋出嚟」，我有些作品都是曲詞一起創作的。不過我也是很 flexible 的，如果有作詞人給了我文案或者文字去參考，我會很忠於他給我的刺激再去創作。另外，近幾年我更多會去想像歌曲給我的畫面。

於我而言，我必須承認就算已經創作了二十多年，只是靠創作，無論曲或詞其實都是很難為生的。對我來說，用音樂去創作、表達自己是一個額外的收穫，這是創作對我最大的價值。由於我一早已經訂了這個框架給我自己，我寫歌就不太需要考量究竟「賣定唔賣」，我只是真心去寫歌，而真心去寫的歌大部分都有人要。作為創作人我不能太計算，也不知道自己作品的命運，因為實在太多因素影響一首歌的流行程度。如果用現實一點的說法，就是我不會知道自己創作的歌曲是否一定「賣硬」。

《Surreality・Live》，Vicky Fung 2020 的由來

《Surreality・Live》這個 show 由一年前我已經開始策劃了，當時是不知道這個世界會有 COVID-19 的。我由起初做 singer songwriter，到之後開始涉獵其他崗位，包括填詞、製作、唱歌⋯⋯近幾年更當上了 artist manager 和一些 curation 的角色。

在這二十多年裏，其實每幾年我就想 move on，想在音樂界裏不止做自己正在做的東西。這幾年和自己的 artists 合作，在他們身上發現到一些特質，令我覺得自己作為 singer songwriter 是未做得夠好的，我亦未敢完全表達我自己，在過去二十多年其實我都未能夠完全表達到自己的東西。於是，在 2020 年，我希望走前一點，不只是用一個幕後的身份，而是透過自己的音樂或是重新演繹自己的音樂，用一個 artist 的身份去演繹自己的作品，present 自己的創意。

為甚麼這個 show 叫「surreality」？這個 show 和其他 pop concert 有甚麼不一樣呢？首先說說我自己的作品吧。我近十至十五年的作品常被人評為不 commercial，尤其在 pop 界裏。我曾經和朋友說起，作品經常被人評為不 commercial 究竟是好事還是壞事呢？我朋友說，這對我是好的，因為這樣我才有膽量離開所謂的準則和框框，而我也不是故意不 commercial 的。

2005 年寫〈雌雄同體〉對我來說是分水嶺。自此之後，我會比較勇於離開所謂比較 formula 式的 Cantopop style，慢慢讓自己嘗試了很多東西。在 2016 年，我剛巧有機會可以幫「新視野藝術節」的一個劇目《剎那的烏托邦》創作音樂，那經驗令我踏前了一步。例如，所有東西都會從創作人角度出發，包括 setting、創作內容、唱的是甚麼人等，這樣便會呈現到一個不會在主流音樂中見到的音樂處理手法。經過這次的啟發，我希望所寫的東西都會更有立體的畫面，而不是單單令聽眾聽完就算。融合了這些想法之後，我再將我的作品重新整合一次，用不同的 rearrangement，把我的想法和訊息放在一個 context

裏，而那個 context 讓我向受眾傳達訊息，這就是「surreality」的概念了。

2019 年香港人都經歷了很 surreal 的一年，其實 2020 年也很 surreal，不過是世界性地 surreal。2019 年的那種 surreal，是我每天都會質問為甚麼我看到的和我過往人生吸收的都不對等，那價值觀被扭曲了。我們是活生生地活在現實裏的，但為何看到的東西卻那麼超現實呢？於是，我便去探索我們如何在現實和超現實之間取得平衡。面對殘酷現實時，我們是否可以透過創意，透過創造自己的現實，去將沒可能的東西變成現實呢？我想提出這個問題，所以我想不如就將 surreal 和 reality 變成一個字「surreality」吧。

由我 2020 年發表的兩首新歌開始，再到我的 show，其實都是一件事來的。我的 show 也不是 the end of surreality。我本身想為這個 show 發表一個 album 的，但疫情關係進度未如理想。反正現在未成事，我想將 surreality 這 concept 再延續，我是希望將更多的歌曲建基於這個概念上，甚至因為 surreality 這個 show，有更多的 show 能夠誕生，這是整個 surreality 計劃的規劃。

用音樂為別人打開一道門

我現在比較知道我為甚麼會 keep 住開新 projects，而這些 projects 都有共通點：為別人打開一道門，令他們可以邁向另一個階段。例如，很早期的「Green Coffee」，一眾參與的音樂人有着差不多年資和經驗，我便想大家怎樣一起接觸多點受眾和聽眾。然後 Green Coffee 又引領了我們去做「Backstage Live」的 live house。那時我們覺得為甚麼香港沒有本地人做 live house 呢？如果想聽小型表演，樂迷可以到哪裏聽？還有一些幼嫩的樂隊，未必每隊都可以立刻去到幾百人至幾千人的場地表演，哪裏可以是他們的 starting point？我就是用這個心態開始了 Backstage。八年之後不幸地要 close，但這又引領我去做其他東西，當時在 Backstage 我認識了許多新的 talents，表演完他們都不知他們的 talents 可以怎樣用，我當時懷着一個心態，就是希望可以幫助到他們，於是又成立了 Frenzi Music，簽了五個單位，幫助了他們開拓自己的 style。綜合來說，我是「幫人開門的那個」，我也幾喜歡這崗位的。

為甚麼會樂於「幫人開門」？我有思考過的，這真的可能因為和我成長經歷有些關係。早前說到我家人一直都不讓我讀音樂，在成長中經歷了許多別人不讓我去做我想做的事，以致到我見到有人很想去做音樂時，我會很想支持他們。回想做開荒牛是不容易的，一定有牠的辛酸，但我發現每一次我都做開荒牛，也代表着其實我也很喜歡做開荒牛呢。我很喜歡開拓的感覺，如果你問我會否覺得很困難，在我認知裏面，我覺得「守住」一樣東西比「開拓」一樣東西更困難。有人覺得我開拓了一個 project 之後，就應該守住它，然後將它變大，但我有時覺得有些東西不是你無限變大它就是最好，尤其是藝術文化，如果你 keep it small，才會有那種文化的質感，你才不會被社會或經濟訂下來的框架令你變回做 just another whatever（大眾之一）。所以很多時 project 去到某個階段，我就會覺得已經足夠了，如果再要去 push，就已經失去原先那種效果。

剛才所說「開門」那東西，是來自行業上的空隙，有些空隙沒有人填滿，於是我便幫手填滿它。我認同每一次開拓 project 時都有它 creative 的地方，因為每一次新的想法，都不只是一個人創造出來的，而是不同崗位的人，他們都相信同一個想法，才可以一起同行的。

「一個人一首歌」音樂社企

近幾年，我有一個「新 baby」，就是和周耀輝合作「一個人一首歌」（Every Life is a Song）這個社企。其實當時想法是我寫了廿年的音樂，他寫了三十年歌詞，雖然在流行音樂界別裏工作，但大家都相信音樂很 powerful。當然我們不是每一首都很流行，在樂壇的獎項也未必很多，但我相信大家都儲了不少很多人都喜歡的歌曲，我們堅持寫歌是不是只為了讓歌手可以上到榜呢？我覺得音樂是有很多意義和價值的，於是我們就去做社企。這東西……我是覺得幾 creative 的，因為它同一時間滿足了幾個 objectives（目的），包括如何利用音樂去 connect community，還有我們每一次做的 project 也希望去 groom（培養）和 mentor（指導）參與企劃者的創意，因為我們看見七十年代到現在廣東歌的發展，普羅大眾好像比較喜歡討論八十年代的音樂，但現在已經是 2020 年，有許多獨當一面的音樂人出現，而他們卻沒有被社會認為是承傳香港的音樂，所以我們希望新一代的音樂人被更多人聽見。

社企計劃由起始到現在都是 self-sustainable（自負盈虧）的，我們做了不同的東西，當然有些是需要商業贊助，那是必要的，始終那是一家公司。我自己也有去計數，它不是那麼容易去 sustain 的。「Every Life is a Song」只是懷着一個 good intention（意圖）開始的，但居然可以三年都持續運作，這對我來說是一個頗大的 insight（洞見），創意產生的價值不能只在商業上體現，社會價值會呈現在音樂工業以外的資源上。我希望音樂不應只以賺到多少錢來衡量成功與否，其實我是想推翻這個看法的。

過去這五年香港社會很動盪，社會嚴重撕裂，但有種東西是永恆的：聽音樂。無論甚麼人都會聽音樂。我希望透過聽音樂，可以增強大家的溝通。我認為有時雙方坐下來互相對話也極難達成共識，當然音樂也不一定成功，但它是滲透性很強的東西，能夠和不同界別的人溝通。

我們其實不想「一個人一首歌」被視為 charity（慈善），如定義它為 charity，好像給新一代的音樂人一個錯的訊息。其實，我想告訴他們：我們幫他們開拓的是「給別人知道」的價值，所以我們堅持它是以社企形式去做。社企的意思是它是一間公司，我們不可以接受捐款，因為我們不是一個 charity beneficiary（慈善受惠者），所以我們這三年都是透過去 pitch 一些 projects 和找不同的機構或公司，甚至政府部門去營運。例如 2020 年，我們和 Create Hong Kong 合作做「埋班作樂」，我們選了三十六位新音樂人並支援栽培他們，使他們能直接得到資源做創作。我們兩年前開始比較多和康文署合作，彼此成為了夥伴。今年我們得到一個藝術發展局的藝術教育獎項，我們希望透過這個社企，涉獵不同範疇的音樂工作。

這個社企給我的滿足感是很大的。雖然我不是直接創作

projects 裏的歌，但我卻是在創作 projects，並策展整個社企的方向，以及它接觸甚麼人和影響甚麼生命，變相我們是「創造人」，令到他們的生命的某部分改變。剛剛這幾天我才思考我將來的 mission（理念）是甚麼，我覺得是透過音樂⋯⋯宏觀一點是透過文化如何去 empower（賦權）人的 transformation（轉化）。因為我經歷過音樂給我的 transformation，所以我相信音樂能帶給人類力量。宏觀來說，我相信每一個音樂人都經歷過不容易的道路。這條路訓練 resilience（適應能力）和我們怎樣去解決問題⋯⋯我們創作時不是一直都要去解決問題嗎？（笑）只不過我們是利用創意的方法去解決生活的問題而已。

這幾年香港受着不同問題的影響，我們做的音樂所產生的能量不可以用錢去衡量，當然它會有經濟價值，但更大的價值在於它能修補人的傷口，support 人的精神或者治癒人的心，尤其是現在這艱難的時刻。為甚麼我們仍然有工作的機會呢？因為我們的 purpose 和普通的商業 products 是不同的，大家是知道的，觀察得到的。

發掘音樂的意義

我自己從來沒有屬於哪一隊 band，但有時我也會幫 band leader 和不同的朋友彈琴和唱歌。我覺得透過音樂的訓練，除了陶冶性情，還訓練到 teamwork，因為在過程中必須跟從其他人的拍子和節奏。其實夾 band 根本就是一個 society 的體現，各人有各人的崗位，一起合奏就會很好聽。還有你要知道不同的崗位都要聽從某人的 leadership 去演奏，很多時這些都給了我生活上的一些啟發。

加上，音樂某程度上都給予了我治癒的能力。有段時間我受着不少的家庭壓力，我怕我照顧不到患有自閉症的小朋友，曾經想放棄音樂，因我擔心音樂會阻礙我去教導或幫助他，但後來也是因為有音樂，我才能走出了這些負面想法，自此之後，我就只繼續向前，再沒有放下音樂，因為有音樂這好東西，我可以帶它的能量給別人，我 support 的不只是我自己，而是更多聽到我寫的音樂而 transform 到自己的人。

分享一個小小的經歷。我曾被邀請做一個叫《藝無疆》(香港展能藝術會的一個長期發展項目）的 competition，但因為疫情，表演不能做現場，只可轉為線上。其中一個片段有兩位智障人士跳現代舞，表現簡直令人歎為觀止。我知道作為一個智障小朋友的家長的處境是多麼艱難的。我見到兩位年輕人本身已經跳得很厲害，到了舞蹈的中間突然響起一首歌，該歌曲是由我填詞的。歌曲來自一套 Aamir Khan（印度電影紅星）的電影，戲中有一個女孩很喜歡唱歌，但媽媽不喜歡她唱歌，於是她要蒙面唱歌，歌詞是由印度歌改編而成的。當歌曲響起時，我是「毛管戙」的。我之前純粹喜歡 Aamir Khan 的電影，所以當被邀請寫詞時我就答應了，我從沒有想過這首歌曲在別人的生命裏面會佔一個非常重要的位置，所以我想繼續 support 更多的人做音樂。

幫人的 projects 會佔用創作的時間，但其實我放在寫歌的時間真的很少，可能佔我工作時間一成至兩成，我其餘的時間是放在策劃別人的 projects 上，包括 artists 和社企。站在我的價值觀來說，我覺得這是值得的，無論寫歌給自己或其他歌手；我以為自己只會影響一小部分的人，但「闊」一點的 projects 是會影響多些人的。

但我還是希望工作的 percentage 可以有所調整。我並不是覺得 10-20% 的時間去創作就足夠，我想放更多時間在創作上。過去這幾年比較多時間放在 train 團隊之上，因為創意不被爆發出來就不代表「有嘢發生」，是需要許多 execution 的，而我自己也擔當一個 producer 角色，只要多一些人可以 execute 整件事，我就可以將更多時間放在創作上了。

建立音樂廠牌 Frenzi Music

Frenzi Music 是一個「細」的音樂 label，我很 emphasize「細」，是因為雖然不是有很多人去營運這 label，但我們「麻雀雖小，五臟俱全」，要怎樣去 groom 一個 artist，去 release 一個 work，這些組件我們都齊全。起初我們是一間 production house，未簽任何 artist 時，我們的運作方式是經營錄音室。我的 partner 謝國維的 production 能力是比我高很多的，我是喜歡 create 的人，他則比較在行 produce。當時我們會接一些 project 來做 production，直至我們簽第一個 artist 黎曉陽。當時是 2014 年，是他出道的那年，我們就將我們的 creative 放在他身上了，因為我和他（謝國維）也是寫歌、做音樂出身的，我們的想法都很多，但無奈的是我們都不是走得很前的人；反而我們利用我們做音樂的經驗，又或者 connect 到不同的人的經驗，希望可以帶到新的 talents 入行。從第一個歌手開始，我們都是本着這個理念的。

Frenzi Music也讓市場有多一些音樂的選擇，一些我們認為有品味的選擇。除了黎曉陽之外，之後加入的有鄧小巧、Nowhere Boys、per se、黃靖等等，他們各自有自己的風格，都是可以遊走於主流和indie之間的artists。他們既可以「上大台」，又可以參與獨立的不同表演。我們很喜歡見到這種沒有界線的音樂選擇，因為我覺得其中一個影響着香港流行音樂發展的就是媒體，它們的運作是商業的，它們最後都是為了想要更多audience和廣告商的支持而去營運和生存，但這樣會扼殺藝術價值，所以做到兩邊（商業和藝術價值的平衡），是我們最想做的定位。

我們其實是有顧及商業價值的，但我們希望在顧及商業價值的同時，每一個artist都有自己的風格，要呈現自己在音樂上的選擇。我們都有計劃每個artist的定位，有些artist的定位可以是比較commercial，有些可以較「文青」，現在市場的segmentation（細分）令我們可以這樣做。

現在人人都可以在網上聽歌，不一定要經主流媒體去聽，樂迷可以透過主流媒體去認識歌手，但購買音樂的行為已經不是他們主流的選擇了，所以至今我們還能生存到，當然也是不容易的。音樂上的income不會是一個很significant（標誌性）的income，尤其是並不多人買實體碟，而網上和數碼媒體的income比例還不是很大，我們這小label（與大label比較）沒有bargaining power（議價能力）去和一些平台negotiate（協商）一個好價錢或一個較好的promotion package，至今比較能sustain我們artists和團隊的方法就是透過表演。

在這一方面，我不敢說我們的artists是已經成功了，因為他們比較新，很多東西還需要被發掘，但說到他們在市場上的認知度，都是得到行內的認受的。Commercially 當然還是有很多空間去改進，始終當我們選擇「有風格」時，有時就會比較難接觸到最大的受眾，這是我們知道也是需要 work on 的東西。不過，我猜我已經是疫情下做得最多 show 的其中一位，因為我曾經在四十三日內（2020 年 10 月 15 日至 11 月 27 日），handle 了四場 physical show。

疫情中的音樂會和音樂人

在疫情中搞音樂會有甚麼考量？有，一定有 contingency plans（應急方案）。但坦白說，我有少許孤注一擲，因為我是不能估計事情會怎樣發生的。政府每兩個星期都會宣佈推行限聚令的日期，（2020 年）11 月 26 日剛巧是限聚令的最後一天，我們事前不知道 11 月 26 日當天政府會否更新抗疫措施；但這是我自己的 show，沒有其他主辦單位，我作為表演者，可以決定自己的 show 的生死，這和我要跟一個 commercially engaged 的主辦機構做 show，是完全不同的。因為主辦機構的立場可能會覺得寧願不冒險，寧願 cut cost；而我作為一個表演者，我會視自己為藝術家，作為一個藝術家，就是做 show 會令我「損手爛腳」，我都會堅持去做。Somehow 我的 show 也沒有一個是以 online 方案呈現的，因為我覺得我的 show 根本不可以用 online 方式展現到同一個效果，原因：第一，我沒有 budget；第二就算有 budget，我也不會做 online。這種堅持是不是很奇怪呢？這時勢我也沒有選擇去做線上 show，我有時覺得藝術是無辦法放於線上的，有部分是不可以用 online 呈現，要由觀眾親身感受。

其實疫情對創意是沒有太大影響的，始終還是要先創作，但 social restrictions（社交限制）是一直被加上去的，例如那 1.5 米的 social distance、口罩、檢測，甚至觀眾的入座率限制等等，只有加沒有減。我很記得中間有一幕演出是，加上我之後，同台共有七個 artists，我們之間的距離是少於 1.5 米的，但當時政府宣佈將會實施檢測，我作為表演者，我自己沒有戴口罩，是有一種擔心的；而就算政府沒有要求，我是否也該去做檢測令大家安心呢？這些考慮沒有直接影響創意，但是我們要考慮樂手和樂手之間的距離。以觀眾角度來看，他們是否真的有 1.5 米距離呢？一定要跟從政府要求，這是基本；而作為表演者，也有責任令觀眾來得安心，始終可能有些觀眾很想來看，但因為擔心疫情所以選擇不來，這些我們是需要有包容的心去面對，我（表演者）包容他們，他們又包容我們，表演最終才能完成得到。

表演方面就真是受到很大的影響，例如我的 artists 基本上沒有太多表演機會，就算有都是 online，在沒有觀眾的情況下做。差不到去到 2021 年的第三季開始才有現場表演。對於我們以現場表演作為主要收入，是有影響的。

我做其他策展的工作也受影響，因為我本身每個月都有兩場 show 是需要策劃的，每一次都會找三、四個不同的樂隊單位，production、拍攝的人等等也要 engage。平常我大概需要做十二至二十四場不等，但今年屈指可數只做了三次。你想想，全個行業的工作量都用以上的比例去計算的話，就是很多人受影響了。

我幸運地涉獵到不同範疇，同時間做三、四項工作（受到的影響不太大）。「埋班作樂」今年很幸運地中了 funding，所以我們的團隊還是很忙碌的。來年也有來年的挑戰，project 要重新 pitch 過，funding 要重新申請過，我看到的是 commercially 很多活動是暫停了，但在社企方面，我們還是有 project 可做。我今天見過王仲傑，他也是做社企的，他說 project 影響不是太大，反而有很多新的 project 出現，他亦正在投入拍攝工作中。Frenzi Music 持續都有做 production，因為 production 不用對外，我們有自己的地方，仍然可以繼續。

音樂科技的運用，如果 AI 可以寫「我」的歌

雖然我是一個非技術性的創作人，但其實我覺得技術對我影響也很大。先說說我自己的創作吧，在純粹 create melody 時，我可以很 old school 地純粹用琴；但是以《Surreality》作例子的話，end up 音樂的呈現，明顯不是只是鋼琴音樂的呈現。我自己喜歡的那種呈現都頗進取的，所以在很多聲音上的處理或者 style 上的運用，都很需要科技。只是我不是操作科技的那個人，所以我每次都要「拍住」一個能運用到技術的 producer，和我一起呈現那件事。

在這個 case 上，我就找了 CM（李澤民）和我一起做。其中一首歌曲是經過特別處理的，我邀請了另一個女生一起錄歌，她是一個未正式出道的歌手。我就要求 producer 合成我和

她的聲音，變成第三把聲音，然後將第三把聲音放在歌曲中，使其成為一個 unison singing。歌曲就出現了一把很像她又像我、但不是她又不是我的聲音來營造效果。這與我想做的藝術是有關聯的，我想它呈現的感覺有種空洞感，而不是用 reverb 做出來。空洞感來自不知道聲音從哪裏來，有種「question mark」的感覺。我是經常有這些古怪的想法，在流行曲中我未必會嘗試用這些想法，但當我做一個 artist 或 singer songwriter 時，我就可以將我的 ideas 放進我的音樂裏。

另外，我有些 projects 是和 PolyU 的 researchers 一起做的，正在研究可否用我的音樂計算我的 AI——即是 Vicky Fung 歌曲的 AI。因為我們想測試 AI 能否寫 Vicky Fung 的 style，而所得的答案無論是 yes 還是 no，也可以反映出一些 artist identity 的東西。我可能也會問：我現在可以寫出我以前的歌嗎？不能，因為人是會成長的，但如果我的 AI 可以被創造出來的話，可能可以幫我寫我二十年前的歌，這些 time travelling 的 issue……這些是我作為一個音樂創作人無辦法可以 explore 的東西，但是我現在開始可以透過認識其他科技人和我一起 explore 科技，以及技術和我的藝術之間的關係。雖然我是一個非技術的創作人，但我是很樂意和其他有技術的人合作。

不同音樂人合作而生的創意

說到與科技有關的作品，其中一首是〈銀髮白〉，是寫給林二汶和岑寧兒的，它是《剎那的烏托邦》多媒體演出中的一個作品，這是我第一次attempt去寫一首「唔斷嘅歌」。正常melody都是一條一條melody line，中間是需要換氣的，我一直都想嘗試挑戰自己去創作……what if有兩把質感很接近的人聲，唱到很像是一個人似的？當我知道我有兩個歌手「可以玩」時就寫了。其實這歌給我的啟示是：如果沒有找到配合到我創意想法的人，就算我有想法，也未必可以將它呈現出來。剛巧我找到了兩把天籟之音，質感相似，我們就可以嘗試到這件事了。

另外，有關〈弱水三千〉那首歌，有一段時間我很喜歡R&B和由黑人演繹的音樂。我不是很大量聽那些音樂，但我喜歡不間斷地聽，然後那時候我就用很多人聲去做demo，而groove很簡單，只有一個bass彈；編曲也很簡單，除了bass以外，還有琴和人聲，但我用了大量人聲做和聲去illustrate我的idea。當時我demo的做法應該影響了林夕所寫的歌詞，例如，歌曲的開始：「三千春江水/暫住寂寞天空/逛夠了世界/撇進了春風」。其實這段歌詞的旋律原本是intro的部分來的，但我在demo裏用了人聲去演繹，林夕就take了這個intro as part of the melody，而這種創作是「撞出來」的。我沒有給他clear instructions去指明不同的段落，他自己就interpret該段intro為第一個段落。歌曲中間有一些穿插，例如有一條女聲「飛出來」，其實都是我來的，demo裏面有很多層vocal，有些是ad-lib（即興）。到真的做production時，當時producer就提議不如放一把女聲上去吧。

創意是講求有沒有人敢去嘗試和take up execution，因為可以有很多變化和玩法，像我剛才所說，我只是作melody，但歌曲經過歌詞、編曲、歌手等，每一個人都將我的想法和他的創意合起來，它就變成一個不同的呈現，而我是很享受這個過程的。我知道有些作曲人很喜歡自己作的歌曲，會要求自己參與編監，這樣在經濟效益上是最好的；但我的作品，很多時你也可以不給我編監，因為我不是一個編曲人。這樣也造就了我剛才說到的創意，因為如果是由我自己做 production，我一定不會呈現到那麼多東西，但其他人和我 interact 的話⋯⋯每一次我都頗享受自己不做 production，然後 production 出來的火花又很特別。

我早期大部分的作品都是給女歌手的 K 歌，例如鄭秀文〈放不低〉，還有寫歌給彭羚、梁詠琪、陳慧琳等等，都是在 K 房唱到的歌。當時不是特別想去寫 K 歌，而是我也正值少女時代，根本就喜歡聽和唱 K 歌，導致我寫的歌就是 K 歌，那也是一種發洩。到 2000 年初期，2002 至 2003 年這段時間，當時我經常要去歐洲工作，是音樂以外的工作，便順便買唱片，也去郊外和市鎮，這便啟發了我一些新的創意。

如〈雌雄同體〉大致上只有四個和弦，當中可能有少許 variation，而旋律也不是大起大跌，不是 K 歌類旋律，它帶點 chill，有點 hip hop，我不懂得怎樣定義這種音樂，它寫出來就是這樣。以流行音樂來說，它算是另類，也是我第一次和 Juno（麥浚龍）合作，當時有很多人想要這首歌，但最後他們都沒要，end up Juno 要了，可能是因為他敢去 carry 我的音樂想法，其他人不敢去選擇這曲。令人大跌眼鏡的是這首歌上了流行榜 No.1，我也得到了 CASH 的最佳另類歌曲獎。我真的不知它有幾另類，而這一個獎項在之後的年份 CASH 已經不再頒發了。不過這首歌得到認受之後，就多了一些監製或者歌手問我：「你還有沒有類似的歌曲？」當然我已經沒有再寫類似的歌曲，因為我每一次寫的東西都不一樣，我會告訴他們：「我會寫一些不一樣的東西，很難寫得出『同一樣但又不同一樣』的東西。」分水嶺就是這樣來了。得到認同之後，大家都放膽了，多了去尋求一些不一樣的音樂。由 2005 年到現在已十五年了，這十五年來我是比較多去創作一些藝術成分高的作品，比較之下，這些作品跟我早年的作品頗不同。

〈溝渠暢泳〉這首歌的特別之處是有很多人會覺得它好暗黑，是很「另類」的處理。我們在編曲、錄音和 mixing 上的處理都放了很多心思來 create「溝渠」的感覺，但它有趣之處就是歌曲本身好 melodic。雖然它好大膽，但是大膽之餘又好 melodic，難唱得來又好「上口」。還有就是歌詞和旋律之間的關係都很有趣，為甚麼可以做到這樣緊扣的 hook line？「陪着我在溝渠」的 hook line 做得這樣緊扣，是因為歌的概念是來自周耀輝的，他很早就有一些文案供作曲人參考，入面大概的意思是我們就算在溝渠入面，都要一起望星星，就只得這兩句，我就抽取了它的精髓，變成了好 hook 的 melody。

對於唱片公司和歌手來說，這首歌是大膽的，也許不太多人喜歡，因為它不是那些很抒情的 pop ballad。我不知道這首歌最後的命運會是怎樣，但是此曲 so far 各大台有幾個地方都有 No.1 的排名，這樣可以給予到大家信心（編按：歌曲獲得第四十三屆十大中文金曲獎）。

科技發展製造不同的創作與演繹空間

我二十幾年前做 demo 時仍然是用 cassette 的年代，和現在不同之處就是當時沒有電腦 software，家用的 4-track 的 machine 當時才剛剛推出，所以以前錄一首 demo 是一邊彈一邊錄，要重複錄很多次，要不停地 override 那些 cassette 帶，直至完美的那一 take 才可以用。現在當然都會用電腦，因為較容易 edit，但我真的要彈的都是用 keyboard，所以科技發展對我來說實在沒有太大的分別。對我而言，我覺得旋律就是靈魂，所以一個旋律我交了出來，餘下就要看編曲和 producer 怎樣選擇去呈現那個靈魂。

科技怎樣影響我的工作？它容許我可以做一個「精神分裂」的我，因為同一時間我的腦袋要 play 不同的 role。譬如有時我真的要做創作的時候，我就要 create，我就要獨處。但我亦都有需要見很多人的時間，因為我有時做 artists manager，有時所有的 pitching 都由我去做。我要見人的話，科技就可以讓我面對着很多人的同時，用遙距的方式去處理其他 roles 的工作，甚至經過 COVID-19 的洗禮之後，我相信大家對於距離的解讀會有所不同。以前覺得有距離地開會或者 interview 是不太妥當的，但現在都會覺得 OK 和容易安排，所以，我現在無論是身處在哪裏，其實我背後都只是一幅背景照片而已，沒有人知道我實際在哪裏，我覺得這樣有時可以幫助到我去保留自己的孤獨，而那份孤獨可以令我成為更好的創作人，科技給了我這個空間。

當然，我也很嚮往和喜歡唱現場的。我覺得自己現場演繹與錄音相比是有很大的分別，因為我是一個每一次都可以有不同演繹的人。其實二十多年前我已開始想做 singer songwriter，我有錄 demo，亦都有幫人錄音，當時我的聲線是一個好少女好 sweet 的聲音。但隨着年齡的增長和人生的經歷，亦因為經常説話，聲音其實是會變的。大概三、四年前，我發現我的聲帶起繭，自此之後，我的聲線再也不能回到從前的甜美，即是我唱歌跟我説話的聲線是完全不同的。

2017 年的時候我出過一隻碟，那隻碟是很艱難地完成的，因為當時我的聲音狀態十分之差，每錄一個小時我的聲線就幾乎爛了。我不得不承認科技也可以幫到一把有損傷的聲音——不是幫我「變返好」，而是雖然我今日錄得未夠好，但我可以下次再錄過，可以 override 之前的錄音，甚至乎可以拼合多個 takes。當然對於一個歌手這並不是一個理想的狀態，我是因為無辦法控制我那把聲才會這樣做的，但我看到不同崗位的挑戰，就算幾「靚聲」的人，他的聲音都有機會被 tune 和 edit；甚至乎他的聲音再 raw 都好，就算無需要 tune 都好，當去到 mixing 的階段，有更多新的技術或者更多的 plug-in 可以用到，可以提升到聲音的空間感，現在的科技可以很快就做到。

我不是科技人，以前如果要 create「在某一個 room」或者「在某一個 hall」的 effect，我們真的要在那個場地才能做到，但現在不用了，我們現在可以用 effect 就扮到那個場地的效果；或者可以將我那把聲變另外一個人的那把聲，這是隨時都可以做到的。雖然我剛剛説的都似乎正在遮掩我的不好，但當我們用 positive 的角度去看的時候，其實就是我可以運用那些技術去做一些從前不 available 的創作和效果。

譬如我在西九的那個 show《Surreality · Live》，它特別的地方就是，場地所使用的 audio system 是一個 spatial audio。我不知道是否這樣形容，但場地的 speaker 是多方向性的，於是我們可以選擇場內的聲音怎樣流動，even 我們在台上正在唱歌，engineer 都可以幫我們控制聲音在場內怎樣走，以前可能比較少場地可以做到，相信應該是比較新安裝的 system 才可以做到。

當時有一個曲目，我邀請了明哥（黃耀明）幫忙唱了〈剎那的烏托邦〉，我說我想要一把來自上天的聲音，所以最後 engineer 幫我令明哥那把聲變得「從天而降的落下來」，以往無 system 能夠做到，所以現在的技術可以令到聲音更立體，literally speaking 真的所有東西都可以更立體，置身於其中。我經常有一個想像，如果音樂再加上愈來愈好的 VR 技術，其實我們將來可以去到一個怎樣的空間去聽自己的音樂或者享受音樂？那個可能性是無限的。

本地樂壇前景：粵語流行曲不能忽略情感投放

我覺得本地樂壇會有很多活力，儘管若干年前有人說它已經死了，但我是極之不認同的。我反而看到很多生機，因為我看見新一代是非常團結的一班音樂人，他們亦是一班出生以來就已經有科技陪伴的年輕人。

究竟科技是好是壞，當中有不可以改變的事實，而我也看到一些 issues 會產生的。由於這班年輕創作人是在科技的陪伴下長大，他們運用技術方面可能非常了得，但是對於情感的表達是相對少了，因為太多東西都走得很快，在沒有甚麼過程的情況之下，他們已經得到了結果——「click 一個掣」就已經得到了結果，溝通也是。我們以前小時候真的還會寫信、寄信，因為打長途電話很貴，所以會很珍惜距離之下僅有的 connection。現在無論去甚麼地方都很容易，所以對於情感上的理解，兩個年代的人是不同的；但是我認為創作是需要情感的，就算技術有多高，如果不投放情感，創作就有限制了，情感的滲透能力都會很有限。

尤其是我也有思考過廣東話的問題，廣東話九聲會令到旋律變得細緻，我們不可以一字多音地去唱歌，廣東歌的細膩感覺是其他語言的歌所不能呈現的。如果我們想要保存廣東歌，我們必先在情感表達上着手，旋律和歌詞都需要情感，這是科技不能給我們的東西。

我很希望透過我的 projects，例如「一個人一首歌」去達成我的願望。為甚麼我們那麼想我們的年輕組員寫別人的生命呢？就是因為他們瞭解別人生命的過程是很漫長的，不是在 WhatsApp 上打個訊息就行，是需要和對方成為朋友，需要陪伴對方，這樣對方才會將自己生命中最緊要的東西告訴自己，然後他們才可以將故事譜成歌曲，這樣的感情才是珍貴的。無論科技多發達，創作最需要的是感情。

編者的話

馮穎琪並非多產的創作人，但她所寫的旋律，總能帶給聽眾一種意想不到的新鮮感，如〈銀髮白〉兩條旋律不間斷的互動，〈雌雄同體〉訴說式的呢喃，〈荊棘海〉音程音域的複雜變化。這些歌曲，經得起時間的考驗，慢慢成為了粵語流行曲的經典。而最重要的是，馮穎琪對本地樂壇一直充滿熱誠，孜孜不倦透過各項企劃去推動本土音樂發展，如早期的 Green Coffee，之後 Backstage Live 的 Live House，到創立自家的唱片品牌 Frenzi Music，以及最近的社企「一個人一首歌」及「埋班作樂」計劃等，為香港流行樂壇的新血帶來了不少演出的機會。

（訪問日期：2020 年 12 月 14 日）

第十二章

舒文

舒文，於 1995 年入圍香港「第七屆流行曲創作大賽」，並藉着自己對音樂科技的鑽研及熟悉，被當時的大會音樂總監黃尚偉所欣賞，力邀進入其私人錄音室工作，正式晉身香港音樂行業，成為今天專業及資深的作曲人、編曲人及唱片監製。2003 年，他實現了自己 13 歲時已立下的志願，創立了自己的錄音室 Zoo Music Studio。

他醉心於流行歌曲製作，對每個製作環節質素的要求全面及認真。由 1997 年至現在，監製歌曲超過 700 首，與接近 100 個歌手及樂隊單位均有合作，而當中與天后容祖兒的戰友關係最為深入民心，其他合作的一線歌手包括陳奕迅、李克勤、許志安、蘇永康、鄭秀文、楊千華、衛蘭，此外更為流行及獨立樂隊包括 Yellow、Dear Jane、Supper Moment、MR、Audio Traffic 等等以及每年出道的新人製作歌曲；而近年更成功打造了「唱作歌手」AGA（江海迦），為不同年代的音樂時代注入不同的可能性。

從科技裏穿梭，探問創作之生成——舒文

我是在加拿大讀大學、回香港放暑假的期間入行的。當時我參加了 CASH 的作曲比賽，我沒有贏到任何獎項，只是入圍總決賽，比賽後便回加拿大。再回港時，之前比賽的音樂總監黃尚偉先生請了我做他的 assistant（助手），assistant 主要是為他提供技術支援，和幫他處理一些瑣事，很多工作都未必跟音樂有關，但卻有機會認識到行內不同的音樂人。

我年紀很小已經對音樂有興趣，小學時學過小提琴，後來就好像很多其他的 musicians 那樣 learned to play by ear，自學琴和結他。在小學三年級作了第一首歌，有曲有詞，但當然是見不得人的。當時電視對任何階層都有着很大的影響力，包括整個社會對音樂的口味也受其影響，所以當時作出來的 melody 和歌詞，無論如何都會有一點電視劇主題曲或插曲的影子。其實當時我「得嗰幾歲人」，去扮寫電視劇那些歌詞，一定會過分「老積」和不知自己在寫甚麼！但是這個階段仍然很重要，因為其實所有 learning 都是由 imitation 開始。這其實不是天分的問題，只是去不去 imitate 而已。所有 early education 都是 start from imitation 的。你們或許會聽過一個 saying: even education itself 都是一種潛移默化的催眠。

我中三時，十三歲便去了英國升學，那裏有很多不同的音樂雜誌，有一本很知名的美國雜誌叫《Mix》，現在應該還

有的；其他的還有《Home Recording》、《EQ》，以及《Future Music》、《Keyboard》、《Guitar Player》等等。當時每個周末，我就會在 WHSmith（一間英國的書店）打書釘，或會把書買回學校詳細閱讀學習。其中「很不幸地」買了第一本創刊號的《Electronic Musician》，雜誌內容主要講及如何去砌一個 MIDI home studio，去做自己的音樂⋯⋯自此就走上了一條「不歸路」。

從國際音樂雜誌裏接觸音樂

如果你有機會在 1980 年代——即是 Margaret Thatcher（戴卓爾夫人）做英國首相的年代——在英國讀寄宿中學，有三件最重要的事，那就是：TV、吃和音樂。Pop music 在八十年代剛開始有 music video，英國剛剛開始有現場直播的音樂節目《Top of the Pops》和 Channel 4（無線電廣播第四台）的《The Tube》（TV Series 1982-1987），所有 boarding students 都會擠滿 TV Room 一起看一起唱。當時還是黑膠 vinyl 的時代，剛好亦是 transiting to CD 的年代，英國和歐洲遇上許多不同文化的衝擊，每個人都有自己（心頭好）的音樂。香港當年流行的音樂都是很特別的，因為那個年代聽電台是有日文歌榜的，weekend 會數日文榜 Oricon，也有英國大碟細碟榜，有美國 Billboard 榜。反而九十年代尾至 2000 年的電台沒有那麼多外國音樂的資訊。由於有這樣的背景，所以當時中學生如果喜歡英文歌或日文歌，是很容易接觸到它們的。

在那個年代，如果你沒有錢買黑膠或唱盤，你可以買一餅 cassette（卡式帶），之後到唱片鋪，「一蚊一隻歌」，你選你想聽的歌，店員會幫你製作成你獨有的一個 mixtape。你去到英國，每個人聽的音樂都不同，有人會聽 Wham!；有人會聽很 indie 的 The Cult，不過 The Cult 去了美國後就散 band 了；有人會聽 The Smiths，它是很英國的 band，即是如果你看一些英國電影例如《Trainspotting》，就會有那一種英倫的 band sound。可能過了二十年後，大家會覺得英國的 band 就是 Blur 吧，或「不是很英國的 band」Oasis——所以 Oasis 的歌在美國很受歡迎，Blur 可能太英國了……總之你會接觸到不同的音樂。

Analogue 年代的音樂製作

我接觸音樂製作就是因為看了那些音樂的 magazine，由頭到尾看，每個星期都看，把所有 magazines 連最尾幾頁的廣告也都看罷。每本 magazine 都有 life cycle，我覺得大約是一兩年吧，如果業內沒有發生新的 revolution，大約一兩年它的內容就會開始 repeat。當時的世界還未有 digital multi-track（數碼多聲道），即是要用 analogue multi-track（模擬多聲道）16 或 24-track。其實以前還有很多 obscured format，有些能錄五條 tracks 的 cassette multi-track，有些能錄六條，有些能錄八條。當然如果你再 date back，其實一開頭是 mono（單聲道）。Mono 之後不是 automatically 變成 stereo 的，而是 3-track，3-track 之後才是 stereo。有些人最初對於 stereo 是有些芥蒂的，覺得 mono 才是最 pure 的 format，即是好像喜歡黑膠的人就會覺得 CD 是不夠像真的 format。不過，最終永遠是生產的易或難、銷售價格，以及消費者的需求決定市場的制式。

當年所有的事都是在 studio 發生的，proper recording only can happen in studio。因為那時的入門費大概是這樣的：一個 multi-track，譬如 Studer、Ampex，大約一百至二百萬一部。一個 proper 的 console……即是大家覺得 standard 的 SSL 或者 Neve 啦，還有些中價一點的；有些 studio，so-called 那張 main desk 都不是 SSL 的，可能有些是用 AMEK。原本嘉利大廈的 Dragon Studio 一開始都不是 SSL 的，最初是用 Sony 的 console。這些全部 console 都是幾百萬的，即基本入門費你可當作是五百萬，那是當年的五百萬，還未計那些 building 和 acoustic treatment 和其他的東西，所以可以說是 inaccessible 的。當然有小一點的 studio，那就不是用 SSL 了，等於當年香港也不是有很多 Steinway（Steinway & Sons）座地三角琴，可能只有一部 Fazioli。但有時 inaccessible 又有 inaccessible 的好，我不會説是「好處」，我會説是 cause and effect（因果），當時的時間、人物、地點，就會衍生出當時的音樂。如果你研究得很認真，所有音樂都跟社會的 development 有關。

每部琴的 synthesizer 不一定有內置的 sequencer，那些有內置 sequencer 的琴叫做 workstation。 如果要用多過一部琴或 sound module 做音樂，那就要用另外一部外置的音樂用硬件 sequencer。後來發展到用電腦，它也只能用來做 MIDI programming，開始時還不能錄 audio。電腦就像 word processor 代替了 typewriter，我亦在那時候開始用電腦來做

MIDI programming。我用的是雅達利，打機用的那個雅達利。雅達利電腦出產的 model 已經有 build-in MIDI interface，是一個比較便宜的選擇。因為那時候的 format 未 finalized，那時候剛有 Performer，即是現在的 Digital Performer，Logic 的前身叫 Notator Logic，Cubase 則仍然叫 Cubase。其後 Apple 買了 Notator，接着 Apple 已經改了叫 Logic。嚴格來說，剛剛開始時只有雅達利和蘋果，而雅達利當時就能 support Cubase 和 Notator Logic；PC 當時還未足夠穩定用來編寫音樂程式。

後來雅達利 Cubase 加入了 audio，開始第一個有 MIDI 再加上四條 audio tracks。當時剛剛是九十年代，早期的 Logic 及 Cubase 全部都是 MIDI only，即是所有東西都要買 hardware，而且當時我都未有 sound module，所有都要由 keyboard 做出來。當時我在香港已經開始用這些 gears。譬如每間 studio 都有個電腦，電腦只用來拖 MIDI；你做一隻歌，在家裏編好曲，燒製入 cassette，要再乘車去將 cassette 交給 producer 聽，他覺得 OK 後，你就要搬你所有的琴和 modules，乘的士去 studio，並把所有東西再接駁起來。你的歌如果用了十個 modules 去編曲，你就要將十個 modules 都搬去，但你可以 claim 租錢。你帶了十個 modules，就十乘以數百元。

你在 studio 裏把所有 MIDI 器材駁好，接着逐個按 play and record，把做好的音樂或 sequence 在電腦放出來並跟着 SMPTE 播放，直至你將整個編曲的樂器全都轉錄到那餅帶上。無論是 24 或 48-track，其實也會廢了一條，因為一條是給 SMPTE 用的。你亦要預一條給 lead vocal，另外最少也要預留一 pair 是唱和音的，諸如此類。那即是說，你大約要多預四至五條空 tracks，所以有些東西你要先 premix。譬如，拉 strings 的時候是分開錄的，你便要 premix 成為一 pair。你的家裏其實要有 mixer，不能只有電腦，因為你要有 mixer 才能聽到所有 modules 的聲音。以前有些 module 只出一粒聲音（monophonic），譬如 Minimoog Model D，它很著名，但它只能同時出一粒聲音。要有新的聲音，賺到錢便要買 module，等如你現在都要買 plug-in，但當時如果你想擁有新的 sound，那你就要買一部 module。當然你也可以 programme 一些新的聲音。當時我幫黃尚偉先生做事，就是要幫他砌 studio，他買了新機，我就幫他把所有 MIDI 器材駁好。以前的 mixer 很貴，直到有一個牌子叫 Mackie，出產了一部 mixer CR1604，才開始令大家「好聲」一點。之前，就算你買幾千元一部 mixer，都是很差的。Module 反而好一些，不過，你要新聲就要買，一個 module 大約一萬元以上，即是我們稱為「帶錢去開工」。

早期的錄音技術 8-track 是甚麼時候出現的？8-track 大約在 1960 年代尾出現，Beatles 專輯《Sgt. Pepper's Lonely Hearts Club Band》製作的後期才開始有，所以那隻碟才可做到〈A Day in the Life〉那麼複雜的歌；因為有八條 tracks，所以那隻碟才能有那些聲音。以前大家是用腦去思考不同方法去 achieve 那件事，是無所不用其極的。譬如〈Billie Jean〉那首歌，它被 mix 了九十一個 takes，九十一個 mix 呀！較早的時候甚至未有 automation，八十年代中才有 automation 的。你聽的 pre automation 的碟，全部都是「揸飛機」的樣子，即是說有三個人，二十四條 faders，每隻手負責四條——大家 OK？Play！跟着就從不同的 mixdown 揀出最好的部分剪成一首歌。例如 A 段是 take 2、C1 是 take 10、C3 是 take 5 等等。網上有些 stories 會告訴你這首歌的這一節是如何剪出來的，而電影也是這樣剪接而已，the days of analogue 就是這樣做剪接的。那剪完後做甚麼？貼膠紙來連接聲帶。

我沒有經歷過要剪 master 帶的年代，但我的年代是要用 cartridge 的，即是你派歌到電台就要錄落一個 cartridge，再將 cartridge 交給不同電台。世界那時好像進步得很慢，但卻有一種 romance。那 romanticism 是甚麼呢？那時每個人都有他的 sound，有他的 secret recipe of 他怎樣做那件事，即是每個 musician、producer 到 engineer 都有他的 secret recipe of 他怎樣做錄音。Art of recording 就是那個年代的事情，即如何 record 好一件東西，使出來的效果好聽而又 capture 到 performer 的感情。譬如以前錄音有時是會所有樂手一起錄的，即是說，如果你想要那一個聲，你要考慮甚麼呢？再早一點時，那個世界還未有 DI，換言之，你彈結他，要用結他 amp，當你在這裏彈，bass 就要到那裏彈，於是那支錄 bass amp 的咪會收到一點結他聲，錄結他 amp 的也會收到少許 bass 聲，那個在 keyboard 的咪也會收到少許其他所有東西。大家都收到少許 vocal，餘此類推，因為一起錄和唱嘛，isolation for recording 其實是七十年代才開始流行的事。當你解決這些錄音上面的問題，你亦會得到一個獨有的聲音，而它就是那個 artist、studio、engineer 或者 producer so-called 的 sound 的特色。所以錄音變成一個很講究又很仔細的、匠人般的工作。

六十年代的 sound engineers 都要有個大學 degree，當時他們是會穿白袍開工的。那些在 Abbey Road Studios（舊稱 EMI Studios）的是真的 engineers，即是他們全部都有個 background in sound。有些是讀 electronic 的，真的可以 ground up 製造一個錄音器材出來，such as a compressor，是真正的 engineers！一個很著名的結他 hero Jimi Hendrix 會跟那些 engineers 說：「I've got this sound in my mind, I'd like my guitar to sound like this...」，又或者他會說：「I want the sound of my guitar to sound like sunflowers opening」。他的 instruction 就是這樣了，而穿着白袍的那些人就去想怎麼做出「sunflowers opening」的結他聲，他們就會去想究竟「sunflowers opening」是甚麼聲音呢？他們會開會 get 那個 idea。之後他們就弄一個 guitar pedal 出來 present 給 Jimi Hendrix 試用。Try this，哦！而這個可能就是現在用的效果 Flanger 了。你要記住，每樣東西，技術或聲音，都是這樣研發或意外地製造出來的。

音樂的獨特性

那時候的 inventor，無論是 keyboard 還是 guitar，他們 invent 之後都會拿去給 pro musician 試，等有 feedback 之後就再改進，這可以解釋到為何他們所 programme 的那些聲音全部都很 musical。那件樂器可能只有一百個 patches 而已，但那一百個 patches 通常都很 usable。譬如有一隊很著名的 band 叫做 Depeche Mode，他們很有趣的，跟現在的人的想法完全相反。當他們買了一部新的 synthesizer，譬如其中一部很知名的叫 Prophet-5（它是一部頗 revolutionary 的 synthesizer，由坂本龍一到 Giorgio Moroder、Phil Collins、Tangerine Dream、Jean-Michel Jarre、Dr. Dre、Radiohead 都很喜歡它），他們第一件事要做甚麼呢？就是將整個琴的 patches 都 delete 了，自己從頭 programme 一 set 自己想要的聲音。為甚麼要兜這個圈呢？因為這令到那個 musician 有他自己的 base 聲，即是每個人有自己的聲音。這就是 individuality，個人特色在藝術的世界是十分重要的 quality。

每個人都有自己的聲音，你彈琴，他又彈琴，但很有趣的是，acoustic instrument 是很容易讓人察覺到一個 musician 的獨有聲音的。即使用同一支結他，由兩個人去彈，聲音是會完全不同的。在 2000 年時，香港有一個很大的音樂 show，全世界都用同一隊大會樂隊。但到最後周華健表演，他帶自己的 band 上台，雖然打同一套鼓，但出到的聲音卻完全不同。任何一個 acoustic musician 都 experience 過這些，大家上去彈同一個琴，但出來的卻是不同的聲音。另外一個著名的例子是有一年 Bill Evans 生日，他的門生逐個上台彈琴給他聽。當時大會只得一個 Yamaha 鋼琴……「Oh, it's too bright」，不好聽。最後 Bill Evans 上台彈給他的學生聽，他一上台……嘩！It sounds like a Steinway & Sons。因為他聽到自己的琴聲時會 adjust himself，他會調整大細力或自己的 touch，令他得到自己想要的琴聲——所以他是個 maestro。

有時候，我講 talk，也會說這個例子：Eric Clapton 和 B.B. King 常常問一個問題：How can I play one note and make people cry？即是說一個 note 都 make difference，這是任何一

個 musician 都 experience 過的。你聽 Joey Tang（鄧建明）拿起一支 acoustic guitar 彈一個 C chord，不知為甚麼他比起你彈的一個 C chord 更好聽。這個演奏的狀態會到達一個怎樣的地步呢？原來會到達一個 not even acoustic instrument，即是大家都彈那部 MIDI 琴，你和他彈都會得出不同的聲音。

我較早前提到一個 musician 的 recipe，那 recipe 是從何而來的？例如樂隊 Deep Purple 用咪去收音，他們的 experiment 是如何的？他們會想，究竟將那個結他手的 amp 放在哪裏呢？不如放出去外面，那麼你就有些 reverb 了；再放出一些吧，他開始將那支咪放在樓梯口了。OK, this is the sound of this reverb。當時的世界還未有很多不同的 digital reverb，是後來 Abbey Road Studios 才開始有 reverb tunnel 的。你現在可能覺得所有事情都是 auto 的，你現在面對着電腦裏的 Logic Pro，或者對着 Cubase，很容易便可以在裏面加多些 delay、chorus 或 reverb，所以你的腦裏就沒有這個概念。其實所有音樂的事情都是「發現」來的。

去到七十年代尾，Bob Clearmountain 可算是第一個 mixing engineer，令到有「mixing engineer」這個 term 出現，甚至令 mixing engineer 可以分 royalty。當時是未有 digital 的，digital 到了八十年代才有，automation 也是八十年代中才有的。如果你要錄 reverb，怎麼辦？去 bathroom 囉！真的是去 bathroom，或者去樓梯口，樓梯口你就可以錄那個 reverb！大家就去思考 how did he get that guitar sound？所以我們說 the 60s、70s 是 the art of recording。如果你想錄一個 amp 聲，原來要用一支 SM57 咪放在前面，如果用 open back amp 便在後

面多錄一支咪。以前都未有人想到的，而是某一個 engineer start doing it，而大家都覺得好聲。以前錄鼓曾經只用三支咪，但現在有人為了得到那個聲，特地只用三支咪來錄。樂隊 U2 早期也曾經錄 mono drums，但原來 listener 是沒有理會的。如果你用三支咪就是錄 hi-hat、overtop 和 front：前面的咪錄你耳朵聽那個鼓的聲音，左右就是錄 hi-hat（腳踏鈸）和 tom-tom（筒鼓），上面就是錄 overall 的鼓聲，那做出來感覺上就是 stereo 了，但其實是 mono 來的。

那堆 art of recording 會令你得到某一些聲，譬如 Lenny Kravitz 到了八十年代，他第一隻專輯是想追求 60-70s 那些聲音，那他就要思考怎麼去錄。以前做所有事都是要思考的，那個 secret recipe 是甚麼呢？例如，在 2020 年去世的音樂人 Eddie Van Halen，他那 tapping guitar 的技術是以往從未聽過的，是新發現的。雖然他未必一定第一個發明這個演奏技巧，但他一定是令這個技巧發揚光大到全世界的人。那時候所有事情都是這樣的，即是那些人怎樣思考他要做出來的東西呢？這是很有趣的。

我們之前提過 Pro Tools，在 Pro Tools 普及之前還有甚麼呢？曾經有 2-track 的 cassette， 也有 3-track、6-track， 甚至 8-track，之後 Philips 發明了 DCC（Digital Compact Cassette），接着又出了 MD（MiniDisc）。不過，外國家用 audio 其實沒有用 DCC 和 MD 的 period，MD 是亞洲的 consumer item，它是 Sony 發明想代替 CD，當時還未有 recordable CD 啦。有趣的是 MD 也有過 multi-track，它用來代替了 cassette 的 multi-track。它主要是 for home studio，因為當時較便宜的 TASCAM analogue multi-track 仍要十萬，甚至二十萬元。一切都是因為科技進步而設計出來的，這些都在八十年代發生。七十年代就是 the golden era of recording，八十年代我們稱為 golden era of mixing，即所有新的 product 都是製造給 mixing 用的。剛才說以前還未有 reverb，接着便出了 digital 的 reverb，然後突然全世界都有 reverb 了。但是一部 reverb 多少錢？也都要五萬。再例如，2021 年去世的 Gary Tong（唐奕聰），他當年也買了全世界第一個 sampler: E-mu sampler，它有多大 memory 呢？是 256KB！那麼要多少錢？可能十五萬。當時的 Phil Collins 和 Paul McCartney 有一隻 duet（二重奏）都是用 E-mu sampler 那個聲。所以我說，我們賺的錢全部都是用來買機件和裝備的。

科技對創意的影響

現在大家只需按一個鍵便有 reverb 了，但是製造 reverb 方式的變化，會影響你怎麼製作音樂啊！如果你明白了整個製作原理的話，很有趣地，你會 produce differently。很簡單，你發現有個樓梯口可以錄 reverb，如果你想得到那個效果，你就會 crazy 到去樓梯口錄了。有很多人不明白那個 experiment，因為所有東西對於他們來說都是新的嘛。剛才我們討論到 musician，那麼音樂人 Brian May 最著名的又是甚麼？他用一個英國錢幣做 pick，而且他的結他是由他父親用桌子造出來的。所以 Brian May 有個很 unique 的聲音。另外，剛才我們討論 sound engineer 是如何得到他心目中的聲音，他們所有東西都是一塊塊地 hand made 的。現在大家覺得 hand made 是很大件事，但以前所有東西都是 hand made 的，所以聲音很好。最早期的那些機，每一部都是不同聲的，因為都是 man-made 的嘛。你可以 make-to-order 般去製作你想要的。

站在一個 sound engineer 的立場，他們會想每次錄的東西和 play 出來的東西盡量一樣——我是指「盡量」！但錄音是用 magnetic tape 的，在 play 的時候會有些磁粉剝落，以前玩過 cassette 的人都明白。現在 cassette 開始再流行，有些人特地買一部 cassette 機。你要知道 cassette 帶會越 play 越朦，你甚至會看到磁粉剝落出來，那麼你怎樣 deal with the situation？首先我們想聽的東西和錄的東西一樣，所以就有一班人去造 microphone，盡量做到那個 response 是 linear 的；但接着很有趣的是，你發覺原來人是不喜歡 linear 的！Linear 只不過是 accurate 而已。如果你明白甚麼是 dB（分貝），你會知道 dB 不是一個 linear 的數字來的。例如 6dB 不是 3dB 的兩倍音量。行內有些很厲害的 engineers，他們 technically、academically 和 creative 都是很好的，例如 Frankie Hung（洪天佑）、Raymond Chu（朱偉文）和 Simon Li（李耀文）。因為是有些 rules 存在的嘛，好像 miking，你如此放就一定會 out phase 的了。但是，it's just a rule，maybe 我刻意想它 out phase 呢？譬如日本八十年代就很喜歡那些故意令結他 out phase 的音效。

我們運用了很多科技及想法，在錄音時能令它（聲音）輸入和輸出的效果盡量一樣，譬如有些甚麼知名的錄音機可以用呢？以前有 3M 的 M79（24-track analogue tape machine）、Studer 的 A800，還有 Ampex 的 ATR-102，都是很 Hi-Fi 級數的，再故意以很 linear 的方式來做 mastering。你要記着其實所有發明都是給誰用的？所有發明都是用於軍事的。因此以前的 tube 很耐用，所有電子產品大品牌如 Telefunken、Siemens，它們都是 supply for armies，是 military grade。以上說的三部都是大機級數，但已經有不同的聲音了。除此之外，tape 也有不同聲音，例如 Ampex 的 456 Mastering Audio Tape，它是八十年代大家都經常用的。另外，有「G 甚麼甚麼」的 tape 就很 linear，適合做 mastering……它們全部都會呈現出不同的音質。有些人會喜歡這個牌子，而有些則喜歡另外一個。此外，全部機和帶都不是 linear 的，每部 cassette 機、每部 tape machine 都有 sweet spot。即是好像你駕車，機件推動到達 sweet spot 就可以很順利上到山坡。Analogue 的特色就是它有 sweet spot，而那個 sweet spot 就是那部機某個最特別運作狀態下所呈現出的聲音。

Engineer 都在做 creative 的 job，但是那個 engineer 或者那個 musician，even in jazz，in whatever genre or in classical，其實我們在做甚麼呢？我們在想方法去 excel 其他人嘛，是吧？例如 Beethoven 是 make big use of “do so”，這是「結他佬」常用的 power chord！所以，我們會説 Beethoven 是「heavy metal 友」來的；Bach 是「jazz 佬」，因為他用很多 figured bass 嘛！我常常提到讀大學的同學，在讀完書之後，如果你夠 open-minded 的話，你便會將所有東西思索在一起，好像我那樣「癲」了，有 ADHD（專注力失調及過度活躍症）一般，那你便開竅了，就像《Lucy》那套電影，因為所有事情本就是連結在一起的。然後接着大家就繼續 excel。我叫舒文，是 inspired by Robert Schumann，我是有少許 pessimistic（悲觀）的人。如果你認識 Schumann，你應該知道他有一個很慘的 ending。其實 Schumann 很想彈琴的，本來他是一個律師來的嘛；even Robert Schumann 都想用任何的方法去 excel 呀。人類都想 excel 的嘛，無論是想厲害過別人，厲害過自己，或者厲害過個天；即是如《聖經》中人類建造巴別塔的故事一樣，大家都想建成那個塔。

先說回音樂，那些 sound engineer 在想甚麼呢？因為錄音帶不是 linear 的，你知道要達到那個 sweet spot，而那個 sweet spot 在任何 analogue 的東西中都會存在，無論是那個 tape，還是那個 tube，所有 high current tube 或 low current tube。喜歡玩 Hi-Fi 的人便知道，如果你買 Mullard 出產的 tube，中音音色就好聽點；買 Telefunken 就會多些低頻及多些 euphoric color……所有東西都有 secret recipe 的，譬如在我房間旁邊的這一部很 typical 的 TUBE-TECH 牌 compressor，雖然它是 industry standard 的 compressor，但也可以說不是 standard，因為原來你用了一個甚麼機膽，它便會變成甚麼聲音。原來大部分 analogue 機實情只有中間是 linear 而已，頭尾都不是 linear 的，但不是 linear 的部分反而幾好聽，它出到一個特別的聲音來。即是說，如果我 drive 它多一點，就會得到某一些 artifacts，另外一個說法我們叫 distortion。其實關於 creativity，無論文字、書畫，for all arts，其中最重要的兩件事是：scarcity 和 persuasion，反而不是 choices。

是否每一首歌之中都會有創意？

Yes or no，首先你要 understand 我個 point of view of creativity。其實你是不需要每次都創新的，you are not paid to do that only，你要 define 清楚你的 job 嘛，不是每個人都是愛迪生來的。首先你要有生活，住到屋開到飯才能創新，對吧？大家要 realistic 一點。我們先不要 glorify 這件事，倪匡在書展都回答過何時才創作的問題，他說如果他有靈感才創作，他便要乞食了。那個不是一個 working musician，靈感 is overrated，muse is overrated。有時你是會有靈感的，但靈感只可以幫你開始一個 project，你是要用血汗去完成它的。靈感不會完成你的 project，首先你要能「搵食」，才可以創新，如果你只注重創新但搵不到食，你就會變成梵高，即是死了才有人知道。In music industry，我想創新是要 applicable 的，創新是英國足球，要穩守突擊，即是例如我有 idea⋯⋯陳奕迅有一首歌叫做〈沼氣〉，是我作曲和編曲的，是 industrial rock，是創新的，而填的詞也很 obscure，但是你要做到這首歌，就要等 right time at the right place and meeting the right artist。

另外，創新之餘要有用才行。有兩個 extremes，這其實和 classical music 沒有分別的，這兩個 extremes 就是 theme and variation，若有太多 themes 就變得陳腔濫。其實不單止音樂，所有 arts 都一樣，對不對？你跟着一個 format 拍一套戲，例如《開心鬼》很好看，但如果拍第十集《開心鬼撞鬼撞鬼撞鬼》就開始不好看了。在 avant-garde（前衛）的世界裏，所有東西都可以改變，avant-garde 在 jazz 的世界就像 free jazz，撞音也行，撞得好聽就沒有問題了。在 classical music 的世界中，可能是 the three German composers， 或者 Arnold Schoenberg 之類，用數學來作曲，atonal 和 twelve-tone。Pop music 就是 somewhere in-between，你只要找到最漂亮的中間線就行了。所以你說那個創新呢，你要 find a right song to do it。甚麼叫創新呢？創新可以 apply 在其中任何一個環節：the songs、lyrics、arrangements、唱片封套、電影、電影配樂等等。

大的投資，做不做是個人的選擇

我小時候每做一首歌，分到了一些錢，便用來買一部新的機，所以到現在都是那麼窮。我們常說的 ultimate example 是甚麼呢？如果當年你不買 Tesla 第一架車，而是花錢買 Tesla 的股票，現在已經賺多過一百倍了。但對我而言，我買那條線、那個頭，它都會 sounds differently。你發現原來雖然一條線那麼短，但中間只要轉了一條線，便不同聲了。有些人會說我都聽不到——在你的家可能聽不到，但在這裏可以聽到，然後這便是一個 choice 了，看你想不想做這件事去到一個地步。有人試過將那些線全部拿乒乓波去墊高，得到了不同聲音。再 crazy 一點的例子：在 New York 的 mastering house，我們發覺早上和晚上是不同聲的，因為晚上沒有那麼多人用電，所以全個 city 的電量都穩定點。

當我一開始做 producer 時，最早期的 Pro Tools 要三十萬一台。為了讓我可以有多點時間睡覺，所以我便在家剪 vocal，於是我便「嘔」了三十萬出來買個 Pro Tools。反而現在入行的人更幸運，你買個 Mac 只需萬多元，買個 Logic Pro 只需三千元。我們經歷過所有這些的，就知道用了多少錢，那麼你做不做？這就是你的 choice 了。

但這也算是個 business 來的，因為那時我剛開始成功了一點吧。當時在香港除了 Avon Recording Studios 用的咪之外，只得兩支咪比較好，就是 Neumann M149 和 Sony 的，沒甚麼 choices。早一代歌手例如 Sally Yeh（葉蒨文）或者 Sandy Lam（林憶蓮），她們都有自己的咪放在錄音室。我是一個由十三歲開始看完所有 recording magazines 的人，是所有，有六本就看完六本！因為我自己錄結他，我還看了《Guitarist》magazine。我甚至也看了 bass 和 keyboard 的雜誌，全部看完，一個月看十本 magazines，看了三十年；再看完網上所有 forums。因為那些 user experience，例如哪支咪換了哪個膽會得到甚麼聲呢？雜誌上會有討論的。之後再看多十年 Internet，我就開始對這些東西有所追求，我就開始買自己的咪、amp 和 compressor，還有自己的線、pop filter 等等。你會發覺甚麼都是不同聲的，你會和自己說：「那個 pop filter 只是五百元而已，你就買吧。」然後開始玩到線，那就慘了，線才是最貴的，你想想你在 studio 要有多少條線？線是佔 studio 運作成本的三分一，那你就得每種都買。你要做很多功課，因為我在 Waterloo 讀書的時候，這個世界才剛剛開始有 Internet，那時候如果你想買本 magazine，你要寫一封信去歐洲訂，然後它會覆信給我，我便要去銀行做一張匯票，大家只有一個「信」字，然後希望歐洲會突然寄一本 magazine 來，就是這樣了。

但有一個很重要的東西我一定要說，就是「technology 是死的」。我經常都和自己說，就算沒有這些東西，我都要做到音樂，我要沒有這些東西都做到歌才可以。因為 after all，I'm a song maker，I'm a producer。I strive to make good songs and I strive to make as many good songs as possible。我不是一個 recordist，這些東西只不過是用來輔助我而已。因此，我會買一個 pedal 給一首歌，特意買一個 pedal 去錄一首鄭秀文的歌，因為需要那個 sound 囉，當然你不買那個 pedal 也是無壞的，那便看看有甚麼其他辦法。

剛才說過 scarcity，每個人都有自己的聲，所有東西都是 secret recipe 來的。為甚麼有些人那麼喜歡吃法國菜呢？因為它用了 mix and match 的東西，你不知道他怎樣弄這個味道，可能他用了一塊海膽撻在牛扒上面兩日，令那塊牛扒有甚麼樣的味道，可能會再撻多一塊你不知道是甚麼的東西。即是每個人都有自己的 secret recipe，令有些東西怪一些。當某天發明了 reverb，有錢就可以買到 reverb，然後突然間所有歌都很「濕」。八十年代樂隊 Roxy Music 有一隻很著名的碟叫做《Avalon》，mixed by Bob Clearmountain， 他用了很多 reverb 去 mix。然後 automation 了出現，就有甚麼呢？就有樂隊 Yes 的《Owner of the Lonely Heart》，它用了很多 automation，即是會 over do 那件事。到剛剛開始有 L2（Ultramaximizer）時，那部 hardware machine 可以把歌曲 mastering 到很大聲，那部機大約是在 2000 年發明的，所以所有 2000 年的歌都是沒有 dynamics，很平的。

另外，又出現了五年左右的 ADAT 和 TASCAM 出產的 8-track recorder，令你可以錄八條 tracks，買兩部就有十六條

tracks。TASCAM 是用細帶的，於是各公司便不斷推出帶了。這就令到 home recorders 可以錄多些東西，也代表我們終於不用搬機了。我在家裏買部 ADAT 要多少錢啊？三萬元！買完又要有個 controller 去 sync SMPTE，這才可以拖到家裏的 Digital Performer 或者 Logic Pro 一起使用，這裏又一萬元。一餅帶多少錢啊？如果你買 ADAT 或者有 Apogee version 的，三百元。你打開後面的抽屜，裏面有五十隻 hard disk，因為以前你 mix 一首歌要用四個 15000 轉的 hard disk，一萬元一隻，即是要用四萬元來錄音。我們就這樣在家裏拖 SMPTE 了，然後你的 module 終於不用搬了。但最慘是甚麼？是 16-bit 啊！之後大家很快就知道原來 16-bit 是不夠好聲的……Anyway 啦，being able to do that at home was really cool。不過，你都要抬那部 ADAT 去錄音室，而且你是有錢收的，因為一搬機就有個 rental，所以以前的人就辛苦點，搬多點就賺多點錢。那是真的，因為整個市場 afford 到嘛，當時有些 artists 賣到廿萬、三十萬隻碟，最經典的廣東唱片在亞洲可以賣到六百萬隻。所以你搬一部就有五百元，你不怕辛苦便搬多些去。我試過搬到不見了手提電話！搬到不見了我的手。到了現在，終於都不用搬了，我們都在家裏用電腦 track。

你要知道 as a producer，我們要很 focus 在自己正在做的內容。例如我有個 project 是做快歌，快歌是個 function，快歌等於甚麼？它是一樣要用 technology 設計的東西，要 have a current sound。如果我現在 send 一條模糊一點、類似 VCD quality 的片給別人，我都會被人罵了，對不對？快歌就是這樣的東西。但 normally song 是一個 content，剛才我說要 present programme，如果我只有幾部 machines，那我便 programme 一下它。例如你有沒有那部 effect 機？容祖兒有一首歌叫做〈煙霞〉，前部分有段 piano，我就是買了那部琴，我不是故意買給這首歌的。這部叫 NordLead 的一台紅色的琴，它著名的地方在於可以扮 analogue 的東西。其實它不是真正 analogue 的聲，也未夠好聲，不過它是頗有趣的。

〈煙霞〉這首歌是說一個人約了他的 ex，最後一次遊車河，即是兜風。〈煙霞〉是林夕先生填詞的，那麼我前面就用 EP（electric piano）吧！然後你就會想……你要知道每一個 good writer、producer 和 arranger 都會想那個 intro 是 instantly recognizable，即是你一聽便會認到那首歌。於是我就問：如果你和一個喜歡的人去遊車河，可以有甚麼 adjective？Happy or sad？唱歌是不可以只有 sad 和 happy 的，It's the two big kindergarten words。我們在音樂這個世界是不可以只有 happy or sad 的，你要有「Fifty Shades of Grey」才可以叫做 art 嘛！如果你沒有一個幼細的 sensibility，你就不會是一個 artist，你不會進步得很快。可能你天生聲音感很好，但你不會進步，因為你看不到感情那樣東西。Let's put some adjectives。「希冀」好不好？「不捨得」好不好？There are even more，譬如你知道這個 memory 會在你的腦中愈來愈模糊，那一刻很 surreal。OK，再給你多點 ideas，例如最近或者九七以前有沒有為家人或朋友送機？以前比較傷感，因為真的要走嘛，現在走了都可以 FaceTime，不明白為甚麼那些人就是要哭一場。做音樂的都會明白，雖然可能你覺得我很 technical，其實我都可以比你們更 emotional。我常常都說，其實我們比 artist 更加

emotional，我試過 mix 兩三首歌 mix 到哭了。OK，那麼我就選了一個很「唔肥」，即是很不 stunning 的 EP 聲；之後我就會用一些 bit reduction 的 technique，令它由 24-bit 變成 16-bit，讓它先有點 raw；然後再混了一個很 subtle 的 noise，好像快要裂一樣，混了一個類似 white noise 的東西，希望做到我們剛剛所說的 adjectives。OK，容祖兒，〈煙霞〉很單薄，很 lonely，不是很胖的 Rhodes 來的，就是這個了。

你一聽到這個，if I did my job right，你會 instantly feel 到這首歌。你聽到這麼「寡」，probably 你會覺得這首歌是在 sad song 中有點希冀。這個聲會 inspire 你覺得「回憶」一點的，而那個爛聲代表不完美。我想說的是甚麼呢？就是 technology 是死的。我都可以用這些聲來做快歌，那些 technology 就是用來 serve 甚麼？就是我剛剛說的那樣東西。如果你做不到那個 connection，you are not doing it right。很有趣，過了幾年後有個 show，有人負責彈〈煙霞〉，歌手立時說那個 EP 不是這樣的！即是甚麼？It works, it makes a mark！她想要那個聲音啊，這就是這首歌的 ID。我們會說以下是 pop music 最強的幾個 ID，例如 Michael Jackson〈Billie Jean〉的 intro，它沒有音，只有鼓的「boom pak … boom pak」，然後你就會知道這個是〈Billie Jean〉；還有另外一個很強的 ID 就是 Queen 的〈We Will Rock You〉，他們特意建了一個台去錄那個鼓。記住喔，那就是 1960s and 70s，the art of recording 的年代。他們建那個台就只是為了收那個鼓聲，就是「boom boom bak，boom boom bak」，就是〈We Will Rock You〉，instantly recognizable。現在反過來，我給你所有 plug-ins，但不可以用 sample，叫你弄一個〈We Will Rock You〉，可能就會很困難。你要 exactly 收〈Billie Jean〉的鼓聲，你也不知道怎樣去 set 那個鼓聲，又不知道蓋了多少張被子，是很難的。

說回 ADAT，它是 digital 嘛，它的那個 A/D 及 D/A 很爛，所以那個年代用 ADAT 錄的 CD 是很爛的。之後便零零星星地出了一些 third party 的 A/D converter for ADAT。那時我做了一首挺好聲的歌，就是由容祖兒主唱的〈Lovin' U〉，之後我就不用 ADAT 了。我買了一台 Yamaha 02R，是很重要的一個 console，你終於可以有自己做 automation 的 digital console，我那部是全香港第三部。漸漸我又開始買咪，因為香港那時選擇不多，主要只有兩支咪，其中一支是 Sony，它錄的音色比較 bright 和尖，即是現在稱為 vintage 啦。當年如果你要做 R&B，如歌手 Mariah Carey 那些，你沒有那支咪是錄不到的。這支咪是很 bridge 的，用的人著名的如玉置浩二、Sting，他們叫這一支做「沒有 bias」的咪，沒有 bias 的咪就會很 bright，因為沒有東西壓着它。當全世界都想要多一支有 different sound 的咪，然後 Neumann 就出了一支 M149。

容祖兒那首歌就開始用另一樣東西了，開始有電腦 8-track audio。然後我就自己 track 所有的聲，都是 tailor-made 的，全部自己調聲。所以我就和以前的 engineer 一樣，要自己思考怎麼可以令聲音好一點，但又不用搬機那麼慘。我做這首歌時用了二、三十部機，每一部機只用少少聲，因為真的太重了，所以我都搬不動。ADAT 又不好聲，TASCAM 又不是特別好聲，所以當我開始有 02R 之後，那個 A/D 好聲一點，我就是因為這個原因，用三十萬買了一套 Pro Tools。當時大家都知千萬不要用 Pro Tools 本身的 interface，而是要用當時最強的 Apogee interface。Pro Tools interface 只是兩萬元一部，但是 Apogee interface 要四、五萬元一部，不過它是公認好聲的。我就由那個 sound source 的 module 直入 Apogee，又或者直入 02R。那我要做些甚麼呢？我會做 A/B test，聽聽哪個好聲一點。是不是 worth it？我認為是 worth 的，我用了當時 technology 最 clean 的那個 path，我還在每一隻聲都加了個 finalizer。可以說，我是用了我所有的錢才買到最好的 technology。

Anyway，說回過去，我在加拿大做 part time，做過超級市場和 pizza。有了錢，要一台 drum machine，便買第一部 Alesis SR-16，然後又要 sequencer，就買了一台八條 tracks 的 sequencer。我再工作多一點便有錢買雅達利電腦，然後再買了一個琴。原來又要有 mixer 才行，有沒有一萬元啊？有便買 Mackie 出產的吧，當時是最乾淨的了，那個 preamp 也好，幸好外國有 second-hand market，就買吧。但那些 vocal 是不好聽的，因為沒有 reverb 嘛，記住電腦那時是沒有 reverb 的，它只能夠錄音。那就買 reverb 機吧，買那個 Alesis 甚麼甚麼，但不一樣的啊！人家的聲音是很甜的，喔，原來因為他是用 Lexicon 480L 的，多少錢？二十萬。不過不要緊，Lexicon 出了 LXP-1、5 和 15，LXP-1 就是主要 for reverb，LXP-5 就是 delay，LXP-15 就是 multiple effect，那麼應買哪一台先呢？還是 reverb 吧，盛惠一萬五千元。啊，你聽到好似像一點了，但還不是完全一樣，因為你沒有最重要的那樣東西，就是沒有那位歌手，而且你亦沒有那支咪。那支咪要多少錢？五萬、六萬！那便買兩萬元的 U87 吧，它的聲音比較接近了，因為所有人都用 U87 唱，只不過仍然很貴。之後又發現了另一支咪……因為當時剛剛柏林圍牆倒了，原來 Neumann 當年有分東德 Neumann 和西德 Neumann，西德的已經被美國公司收購了，它開始製作 non-transformer mic；但傳統地造的 Neumann 仍然存在，就是東德那間叫 Microtech Gefell（它是原本 Neumann 東邊的廠房），所以它才是真正的 Neumann。Microtech Gefell 的咪，就是有那個 M7 capsule，如果你想得到 M7 的聲音……當時我只是用七千多元便買到了，我到現在仍然有用它。那支咪的特性是甚麼呢？它是很 sweet 的，如果是很尖或很高音的女聲，用那支咪就會得到很 sweet 的聲音。例如薛凱琪的〈Better Me〉，那個聲很 sweet，另外就是連詩雅的〈說一句〉，聲音好像突然間不同了，她那個中音的 distortion……當然另外也有點關乎 production 的方法啦，也就是我要她怎樣唱。即是我不用那支咪，我不用 Sony，也不用 M149 也可以做得到。當時全世界都想買 M149 和 Sony 這兩支咪。

我想指出，technology 是死的，人們常常覺得這些就是 technology，其實技巧都是 technology 來的。說回〈Lovin' U〉，當年的監製 Tony Kiang（江港生）拿着這首 rough mix 便說：「這就叫好聲了。」有一天 Peter Kam（金培達）打電話來，當時下午電視正在播〈Lovin' U〉這首歌的 MV，他說：「原來是你做的？我以為是外國歌來的呀！」

做音樂要有心機和想法，technology 是死的。我介紹你一部松隆子的戲，叫《告白》，即是有一個學生殺死了另外兩個學生的故事。它到最尾的一個 CG 做得很漂亮，我常常在講 talk 時都會提到它。炸彈擺了在教室，看看是不是那個年輕人殺，班主任給了他最後一個機會，如果那個同學不肯認錯，甚至連班主任都想殺，那麼他就會被炸死。那個 CG 怎麼做的呢？它不是弄那個爆炸的場面，而是，當最後那個兇手有一點悔意，那滴眼淚飛出來，掉在火上，然後那滴眼淚就掉到地上，最後被火蒸發了。我覺得這個表達手法很厲害。這和我剛才 programme 那個 EP 有甚麼關係？就是它們都是用來做感情的。你不是做來去 impress 別人。為甚麼我覺得以前的《Blade Runner》好看呢？因為以前的特技是做那個 abstract form and feelings，你需要運用你的 creativity，what can you make with your limited budget and resources？ What to keep？ What to abandon？你要去用 imagination，你只有這麼多錢，這麼多 technology，而你要做的就是用你有的 technology，做到令其他人能夠 understand、connect 和 feel。

如能擁抱科技發展一定是好事

嗯，對科技怎麼看？其實不能說不好的啊，一定是好的，視乎你能否 embrace 這件事而已。例如之前做演唱會是要帶 hardware 的，因未有電腦嘛。你要帶一部 hardware sequencer 去演唱會，加上一隻 floppy，你要把所有要用的 modules 都搬去。所以如果以前做郭富城，你要搬甚麼呢？你要搬一個 sampler、一部 drum machine，也要帶 modules 去。譬如〈狂野之城〉，它有甚麼聲你便要把做那隻歌的那部機帶過去，要帶 exactly 那部機去，因為觀眾需要聽到一樣的。即是如果你用了十部機，你就要帶十部機去了。現在的 programmer 就只需帶部電腦，他將所有東西都錄在裏面。當年我最後沒有做 live，可能是因為太重，左右每邊一共兩個 4U rack cases，我試過收工時一拿起那些 racks，突然聽到我的腰「喀嚓」一聲！此後我便不做 live 了，太辛苦。那時已經是九十年代。

但是倒轉頭來想，反而那時候很多歌都不會編得那麼複雜。那時候，有錢的 tour 是兩個結他，一個 bass，兩個 keyboard，還有個 programmer。第一個彈 keyboard 的只是彈鋼琴加一部 synth；第二個 keyboardist 可能有三部琴或者四部琴，他可能在彈 strings 及 bell，bell 都要彈的，他有兩隻手的嘛；有時如果有其他東西要彈的話，那就再多加一個 keyboardist，由第三個人去彈。總之根據彈了多少東西，剩下來的就留給 programmer。你重聽那時候的歌，還未有很多真樂器。我不會説那是簡單，你聽那時候的坂本龍一，都不會認為是簡單的。

我們會説，technology 的最大影響，就是它給大家太多 options。Option is always good，option 會衍生不同的思考方法。我舉一個例子，有一個很著名而且大家也常用的鼓聲 plug-in 叫 RMX。它每個 bank 有八十八個 kick drums，有六個 banks，即是加起來有 6 x 88=528 個 kick drums 的聲。如果以前你要編曲，你對你心目中的聲音有個 idea，就需要自己嘗試去做一隻聲。製造這隻聲的過程，其實已經是一個 learning process；就算你製作失敗，也是一個 learning process，因為你可能做了另外一種聲給另一首歌用，這樣就是令你進步的一個很重要的元素。你有可能會製作失敗，那麼你便要 compromise，compromise 也是一個 learning process。所以你會進步，而這也是我們常常說為甚麼以前的前輩音樂人例如杜自持先生、徐日勤先生，他們做出來的聲音很 balanced，他們做出來的 range 很好。

現在的 producer 有 idea 的時候，如果要揀 kick drum，what to do？你要打開那個 programme 的 pre-set，行一個 loop mode，然後逐粒逐粒音試。如果你有時間和耐性的話，可能會不斷 pre-set scrolling，因為有 6 x 88 次。所以，你明白到製作的 idea 已經不同了：以前的製作是一個 active creation，當中有失敗、成功、processing 及 learning；現在的製作等同買六合彩，essentially it is。當你覺得好聽便代表你選對了，雖然你仍然需要知道自己要甚麼聲音，當中涉及某種美學的批判能力。But it's still different。

我們當時做很多 cover songs，例如我收到韓國的 demo，我可以在半小時內找出它所有的聲音，因為他們沒有投放時間去 scroll 完所有的聲音再去找聲。現在和以前做音樂的方式已經完全不同。例如，有一位 writer 給我的 demo 音質非常差，我在 1984 年製作的 demo，就算當時連電腦都未用，聲音質素都遠遠比那首好。當然他們 brought up by MP3 而我是 brought up by vinyl 和 CD，而且我很早已經在錄音室這種 environment 工作，而他們在家中通常都聽不清楚低音。所以有一些 hip hop producer，做 hip hop 需要很多 samples 及 modules，他們會怎樣做呢？他們會刻意去 constraint 自己，目的就是要離開 pre-set scrolling，去變回 music making。

另外有一個例子：有個 sound engineer 用了很多天去 mix 一首歌，但最後發覺不好聽。為甚麼呢？因為他開始 picky，他在雞蛋裏挑骨頭。你認為 mixing 是甚麼？Part of mixing 是 rebalancing，即是將你覺得太過大聲的部分拉至細聲，太細聲的部分推大；你覺得尖聲的地方便令它朦一些。但是，當你這樣做了一、兩個星期之後，可能整個音樂都很 flat，失去了原本的起承轉合和人性。

講到人性，其實 pop music is all about 性格，它好玩的地方正正就是因為關於性格。That's why 有些人唱歌技巧雖然不是最好，但那首歌仍然可以很「爆」。因為 recognizable 是很重要的——當然也不可以唱得太差。以一首「爆」的 pop song 來說，我覺得性格是比 virtuoso 更重要的。性格加 being recognizable，再加匹配的曲詞編監，再加 right time at the right place，這暫時仍然不是有了 technology 就可以做到的。當然現在的製作人都會有一些 plug-ins that one cannot live without；雖然如此，但到現在 2021 年，如果是一首慢歌，仍然有人可以只用一個鋼琴、一隻結他及一個 vocal，而這首歌仍然是可以很 hit 的；同時也有人 produce 到很 full 但都不會 hit⋯⋯Think of Adele！

本地流行樂壇前景：如果 AI 都能創作音樂[1]

我有一個讀 Waterloo 的師弟，他很努力地寫 algorithm of melody generation，他希望用 AI 去 generate melody，他其實是用叫電腦下棋的 idea，類似 capture 全世界所有的棋局，而

1　在訪問時，普羅大眾還未有機會使用發展成熟的 AI，ChatGPT 也未面世。

他的做法就是 capture 全世界 melody 的走位，看看是怎樣作的。這是個 AI 的想法，我不知道他會否成功；但其實現在已經有一些歌是由 AI 創作的。現在韓國已經會用 AI 報新聞，你甚至可以叫 AI 寫那份新聞稿，可以叫它用 documentary 或者 sport commentary 的文風，它甚至會跟着那個 tone 去講述。Apply AI 這個科技在 audio 和 visual 上，可以 inspire 出另外一個 commercial opportunity，例如 Tom Cruise 現在可以同時間拍兩套戲，他親自拍就收一個價錢，而用他的 AI 就收另外一個價錢；他甚至可以同時間開二十套戲，可以賺盡全世界的錢⋯⋯ Yes or no，因為 AI 這個科技也會影響到供求的本質，為世界帶來一個很大的變化或進化。（但結果 Tom Cruise 在最新的《Mission Impossible》卻選擇盡量不用 CG！）

我認為音樂需要有一個「X」factor，即是大家估不到的元素。當一首歌未出現，你應該永遠都不知道原來音樂是可以這樣的。這個「X」factor 是很重要的，因為它令到大家有工開。我用坤哥（吳業坤）的〈原來她不夠愛我〉作為例子，這句歌詞其實是電影《2046》的一句對白，後來有很多人打電話來問我：「你可不可以再做一首類似這樣的歌？」這是不可能的！在這個宇宙裏面，這句歌詞應該只可以出現一次。創作就是 theme and variation，而這個 variation 就是全世界都未曾出現的。不過將來 AI 可能可以做得到，如果你相信達爾文的進化論，我現在有一個假設性的 argument：AI 機械人問了一個很有趣的問題：「為何你們人類那麼害怕 AI 機械人？為何你們不可以接受你們的 next evolution 就是我們？你們連一隻猩猩可以變做人也相信，為何你不能接受這一個推論？」所以你不應該問有關 AI 的問題，而是應該問 what is the next human ？Next human 會作甚麼類型的音樂？

編者的話

舒文（行內人稱他為「舒老闆」）對科技和創意有非常獨特的看法。雖然他認同科技對創意有正面的影響，但他始終認為科技只是輔助的角色，就算缺乏科技的幫助，也不應該妨礙他做好音樂監製的角色。眾所周知，舒文是一個完美主義者，他會為了追求完美的音質，而不惜工本地投資天價的器材。在超過兩小時的訪問中，我們充分感受到他那淵博的知識。聽到他對音樂的分析會以為他工作時很注重理性思維，但原來他也可以是一個很感性的音樂製作人。正正可能因為有這樣的背景，才令他能夠製作出很多非常高質素的音樂。

（訪問日期：2021 年 10 月 1 日）

第十三章

趙增熹

趙增熹，多年來在樂壇擔任作曲、編曲、唱片監製、演唱會音樂總監及電影配樂等工作。在逾三十年的音樂事業中，曾合作歌手多不勝數，包括張學友、劉德華、葉蒨文、陳潔儀、李克勤、陳慧琳、鄭秀文等等。監製歌曲亦多番在各大流行曲頒獎禮中奪得多項專業推介及獎項。歌曲及專輯監製以外，他亦為許多本地及亞洲巨星演唱會的音樂總監。

他曾出任香港管弦樂團每年舉辦的「港樂流行音樂會」系列的音樂總監及音樂顧問。此外，他亦活躍於廣告音樂和電影配樂的創作，其中以《甜蜜蜜》獲得香港電影金像獎最佳電影原創音樂。近期電影作品包括《梅艷芳》及《武替道》。2016 年成立「大台主」音樂先導計劃，為有志投入香港音樂行業的學生提供製作音樂的培訓和發佈作品的平台。

堅守樂壇三十多載，對音樂不離不棄——趙增熹

因為「新秀歌唱比賽」而入行

我 1986 年中學畢業後就投身唱片公司，當上了製作助理。高中時，我就讀的學校（聖若瑟書院）很積極舉辦課外活動，那時候有很多聯校音樂比賽、對抗賽、音樂表演等等。我是學校 music club 的其中一個成員，會和同學仔一起搞活動，一起參加歌唱比賽。那時候最大型的歌唱比賽應該算是「新秀歌唱比賽」吧，我有同學想去參加，我便陪他去試音，而那首參賽歌曲是平日出 show 唱的歌。那時大部分人參加比賽會唱廣東歌，當時應該是一九八幾年吧，卡拉 OK 在香港還未成氣候，所以沒有 music backing 這回事。

為甚麼我會陪他去試音呢？那是因為試音通常都有琴師，琴師懂得所有歌曲，只要你提供歌名和歌曲的調子，他就可以彈奏出來，然後試音者就跟着唱；但我朋友選唱了一隊英國的組合 Culture Club 的歌，是 Boy George 的一首歌。老實說，應該沒有人懂得彈奏伴奏，但我們是同一隊樂隊，平時出 show 都有用過這歌曲，我同學既然想參加比賽，就捉了我去彈。他最後的成績是三十強，變相我居然在電視直播上幫他作現場伴奏，我第一次在電視出鏡就是幫這位朋友彈琴。

這經歷令我認識了我第一個老闆黎小田，我猜在試音時可能他覺得「呢個覗仔都幾夠薑喎！陪個朋友嚟。」因為沒有人會自己帶朋友作伴奏，參加者通常都會用琴師的伴奏。剛巧黎的助理升職做監製，於是他問我有沒有興趣做助理，我當然是有興趣做，我其實都很想入行，因為我在搞學校 show 的過程中，已經覺得自己很想「做音樂」。有機會當然要「𨅝身」做，不會放過機會吧。不過他問完後就沒有下文，也沒有留下電話。比賽完了，朋友沒有勝出。負責歌唱比賽的 TVB 製作助理幫我找到他的電話，當然打不打給他就由自己決定了。那時我「膽粗粗」便打了過去，我應該還在讀中六吧！他其後就請了我做暑期工，但這個行業我一做便做了幾十年了。這是我入行的由來，想起都覺得很好笑。

第一天上班，我就已經返 studio 了。那 studio 叫星島傳音，在北角的新聞大廈。我上班第一天工作就抄譜了，抄分譜：琴、鼓、bass、結他，一人一份。除了抄譜，當然要做助理要做的東西：入錶和叫飯（笑）。其實我在 studio 上班了一個月之後才返公司，返公司只做一件事就是「開單」——將我們 studio 的飯單全部寫好，然後 claim 錢。那時上班是很離譜的，要帶錢打工，因為所有人都收現金的：音樂人收現金，外賣也收現金，公司不會給你 petty cash，要回公司 claim 錢。如遺失了單就慘了，便要請人吃飯。當時華星娛樂有限公司的 office 在舊利舞台入面，是很奇怪的。因為戲院裏面有唱片公司，而不同的部門分散在不同的角落，老闆的 main office 就在戲院超等堂座和 stall 的中間[1]；我們唱片部就在圓拱形的閣樓

1 以前的戲院分有不同的座位級別，包括前座、後座、超等及特等，它們的票價不同。

上。這是一段很有趣的回憶，因為第一份工是返戲院但又不是做戲院相關的工作。

由抄譜開始的音樂旅程

那時是全 analogue 年代。樂譜是要用鉛筆或鋼筆抄寫，所有樂器都是現場演奏，我是處於 analogue 年代尾轉去 digital 的時期。那時錄音很「大陣仗」，我第一天上班錄的 rhythm session 有四個人：鼓、低音結他、琴、結他。編曲人通常都是不到 deadline 不會交貨的。第一天我要抄寫的樂曲是〈求你講清楚〉，是呂方主唱的，來自英文歌曲〈Nothing's Gonna Change My Love for You〉（George Benson 主唱），編曲人將它編寫至總譜，他分好琴、bass、結他、弦樂等。

那時錄音其實是很複雜的過程，是沒有可能獨自做的。例如，錄音用的機器是 analogue 的磁帶，它是需要 calibrate（校準）的，早上回到錄音室的第一件事就是做 calibration，否則錄完音之後的 level 會不對的。只是這個動作已複雜得不得了，錄音帶都有幾款不同類型：有人會用 3M 帶；有人用 Ampex，每一款帶都會有相應的 test tone tape。例如 3M996 Model 的帶，就需要 3M996 Mode 的 test tone tape 去校準錄音機。一定要 calibrate 完才可以用準備好的錄音帶錄音，而這個步驟都花一小時。

除此之外，還未提及到每一個位置都要 set up 呢。例如，set 一套鼓都需要十至二十支咪，還有要 set guitar 等等，所以每一個位置都需要一個專業人士，而 engineer 是要很

professional 的。那時錄音的方式是 fixed 的：先錄 rhythmic session，再 dub second guitar，然後錄 strings。那時錄 strings 是錄完十人後，再 double 一次，令聲音似二十個人，我們就會十人錄一個 pack stereo。到最後 strings 佔四條 tracks，通常是三三二二的 line up：三個第一 violin；三個第二 violin；兩個 viola；兩個 cello，然後就是 brass。但我入行的年代，就不太常用 brass 了。

我錄過一、兩次 brass……嘩！抄 brass 的譜真是惡夢！因為很少抄 brass 譜，而且編曲人是寫 broad chord 的，需要給最高音的那條 trumpet 去 transpose（轉調），然後第二條 trumpet，跟着 alto saxophone，然後 tenor saxophone！他們很厲害的，用墨水筆寫譜！我有一次試過寫錯得很厲害，是錄梅艷芳的〈玫瑰玫瑰我愛你〉，全首歌由頭到尾都是 brass 8+8 的制式：四支 trumpet、四個 trombone、三個 alto、三個 tenor、兩支 baritone。這是很大的 brass session，但編曲人寫譜時，只是用 piano stave 寫，所以 transposition 的知識是必須的。還有，壓力在於錄音當天早上得到樂譜之後，十個樂手就已經 standby 在等拿樂器分譜，然後就錄音。幸好，需要 transpose 的機會很少，而很多編曲人都是來錄音的結他手或 keyboard 手，他們看了總譜就知道怎樣做了。

回想當年的錄音科技

早期做 mixing，是五個人坐在 console 前面，你管這三條，他管那幾條！音樂去到這裏你就推吧！是全手動人肉的 automation。其實去到好後期，automation 也不是每個人用，SSL console 可能比較多人用，Neve 的 automation 則要 maintain 得很好，否則就很容易死機。基本上，所有 studio 都有負責維護的 engineer，否則 studio 很可能不能運作，因為 console 全是 analogue，一時這裏沒有聲音，一時那裏有問題，很多「頭暈身㷫」的問題，所以錄音室旁邊總要有個人長期駐守，而那人要懂得做焊接和電子相關的東西。

那時是 24-track 的 analogue 機轉去 48-track 的 digital 機的年代。當時還是用磁帶錄音的，用 tape machine；然後再過渡到用電腦，中間有所謂的 digital recording 時間，或者所謂的用 digital 帶的時間也橫跨十年、八年。那時唯一的電子樂器是 synthesizer。甚麼是 analogue 的 synthesizer？就是要 tune 的，入面是用 oscillator（振盪器）的。因它是 analogue，所以是不穩定的。以前的 synthesizer 後面有一粒 tune 掣，是可以扭去 sharp，扭去 flat 的。錄音之前要先 tune 好 oscillator，因為溫度會影響 oscillator，同時電壓不穩又是一個因素。後來所謂的 digital synthesizer，只是變了 digital 的方式去製作 sine wave 或者 triangle wave，而不再用到 hardware 後面的 tune 掣。

我在美國見過一次全 analogue 製作的歷程。他們一個 project 有十隻歌，會用六十盒帶。為甚麼要用那麼多盒帶呢？正如我較早前講過，錄一個 rhythm session，鼓都用十條 tracks，還有 bass、結他⋯⋯當已經用了十條 tracks，為了令一盒帶不會因為重複錄製而影響音質，所以就即刻用 analogue 做一盒叫 slave，將 rhythm session 變成兩條 tracks，那是儲存在另外一盒 24-track 帶。香港是沒有這種 machine，美國當時可以有兩部 analogue 的 24-track synchronize（同步）在一起用，單是一部 synchronizer 都已經過百萬港幣了。

他們盡可能將過帶的次數減少，做完 rhythm session 後，相關的帶就不再被郁動了；到做完那盒 slave 之後，就再 dub 別的東西；而那盒 slave 又再做第二盒 slave 出來，再 dub 別的東西，所以一隻歌就有十盒帶。最後才將它們變成兩盒帶，再用 synchronizer 來 mix。在 analogue 年代做錄音如要 push 到最盡就是這樣了，他們是「黐線」的！因為要記得自己錄完的東西所佔的位置都煩吧！是六十盒帶……反觀我們是「羞家」的，當時已經做張學友的 project 了，一盒帶錄三隻歌；一個 project 十隻歌就總共只用到四盒帶。之後，在美國見到樂隊 Red Hot Chilli Pepper 要用六十盒帶，他們 mix 一隻歌要一個星期，因為要做很多的準備功夫。只談那種聲音的乾淨度已經比我們好，在 analogue 的年代就是要講求怎樣減少 tape noise。七十年代有一隊樂隊叫 Steely Dan，他們在美國的工程師有幫我們做張學友音樂的 mixing，我問他們聲音那麼乾淨的原因，原來他們做一隻歌要一星期，要先將 tracks clean up。例如鼓聲要到第二十個 bar 才有的話，就會將頭 19.5 個 bar 錄一次，這樣就不會洗到那套鼓；而去到某個位就要做 spot erase，這要用手去扭的……你可以想像每一條 track 都要做這個動作一次，就需要一個星期了。我聽完當場「靜晒」囉！要做到這樣質素是要進行很多 steps，和現在的做法很不同，現在按一個 strip silence，就搞掂！一個掣！

最大轉變是由 analogue 去 digital。以前的 studio 是沒有電腦的，就算有電腦，都是用來控制 console 的 automation。

雖然電腦可以用來call automation，不過很少人會用，因為programme的過程很複雜，所以automation都只是在這裏「擺」的，一直做到studio拆了，我也從沒見過舊式Neve console work過。直到以前的Sony Studio（即現時的Avon Recording Studios）換了新console之後，就真的有一陣子用automation了。用automation其實都可能「有辣有唔辣」，例如SSL的automation是用VCA（voltage-controlled amplifier）的，聲音會「再過多一浸嘢」，又會再degrade signal。它的原理是要用voltage去modulate聲音，所以聲音又會再差一點，又會再被degrade一點。直至所有console轉做flying faders，有摩打推動的，就比較多人用automation了。

還有，現在不必去處理synchronize的問題，反之在以前這是很複雜的。例如，我的鼓聲用drum synth出，除非我的drum synth可以一次過出很多套聲音，即是kick、snare、hi-hat、tom-tom這麼多種聲作為output，否則我又要先錄kick和snare，怎樣可以再將它們synchronize呢？這是當年的大課題，因為錄音是用analogue machine，你用手控制是很難可以synchronize的！

到了後期，每一餅帶都有time-code track，叫SMPTE。那是一條audio的time-code來的，是很嘈的。有一部機叫decoder，可以read這條audio time-code，並將它變做timestamp，告訴那機器現在時間到了哪裏，而那機器就instruct它在那裏音樂開始play了。然而，這條time-code經常會出事，因為它有多種format，有二十五格版本，有二十四格版本；有PAL制式，有NTSC制式，還有SECAM及很其他不同的制式。如果你放這條 audio time-code 上去時忘記用了哪一個版本，而你的錄音機器 synchronize 時用錯了、read 錯了的話……哈哈！哈哈！（苦笑）我們試過把一條二十五的 time code 用了三十去讀，位置錯了就會甩 sync 了！哈！你會癲的！還有 time code 的 signal 會漏聲去旁邊那條 track，二十四條 tracks 的 machine 要留一條給 time-code 的話就已經少了一條，有時我們會放它去最盡頭，即是放在 track 24，而 track 23 我們通常都會將它留白，所以真正錄音只有二十二條 tracks。因此，如果你要錄有 synchronized 的東西的話，track 就會不夠用了。所以會出現鼓機的 programming，之後再進化到電腦，就是 Macintosh（Mac）。

電腦革命，滑鼠改變一切

Macintosh 的出現是非常革命性，因為它可以被滑鼠操作。以前的電腦是要入 code 的，要打 command line 才可以操作，所以音樂人基本上是不懂得操作電腦的，直至有滑鼠的出現。我想那時是九十年代初，1991 年左右吧，是我做了兩、三年音樂之後出現的。我用 Mac 的時候已經不是 Plus 了[2]，而是用第三代的 SE（System Expansion），那時開始有 hard disk，20MB 的 hard disk，真實 size 是很大的，要花幾千元！那時有 20MB 的 hard disk 已是很厲害的了！我們真的不敢動那 hard disk，因它不是 removable 的，要很小心移動它；當時用的

2 指在 1986 年推出的第二代 Macintosh。

connector 叫 SCSI（Small Computer System Interface），size 也很大呢！相比現在那些 USB-C，真的是細到顯微鏡也看不見！如果 drive 讀取資料的時候你碰到它的話，它就會「炒」了，幾千元就 bye bye 了！那時候如要使用 hard drive 是要很小心的，將它放好了，就不會再移動它。

Macintosh 第一個 workable 的 sequencer 就叫做 Performer。這 Performer 現在還存在的，我現在還在用它呢，它確很厲害，有幾十年歷史，當時它是存在於 floppy disk 上面，是 key disk，然後你用 programme 就要放 key disk 入去 run programme，你的 data 就 store 在另外一個 programme 上。我的年代第一個 Mac Plus 機是沒有 hard disk 的，大家能想像到沒有 hard disk 是如何做音樂嗎？如果你要做音樂的話，就只可以用唯一一部 drive，要 read programme 同時間又要 read data，要開或者轉換十七次才開到 file、run 到 programme（笑）。

用電腦做之前，也有用 sequencing 做音樂的，只是它是一個 hardware 來的，是由 Roland 生產的 MC-500，相當出名。現在我們常用於配合的 click 動作的聲音，那很高頻的聲音就是源自 MC-500，是 MC-500 的專利。MC-500 當時是難用到頂點，基本上是要懂 programming 的。所謂 sequencer，其實即是 drum machine，通常用來 programme 鼓，因為當時 disco 和快歌很流行，由真人去打鼓，dynamics 和 timing 始終會有少許偏差，力度也有不同，但 machine 就可以完全解決了這個問題。例如，想做 dance music 每一下鼓聲都要大力的話，那所謂的 sequencing 的用途就是要將鼓聲「黐埋」在 drum machine

上；有些 drum machine 更內置了 sequencer，這也有道理，因為只需要 programme 套鼓才會用到這東西。

還有，我們也會將聲音記錄於 sequencer 裏面。當時，sequencer 有個 editing 的功能，在 analogue 年代有二十二條 tracks，如果要做很多 synths 的話，就將它們 bounce 在一起，例如：我有十條 synths 我會將它們變做兩條，做一個 stem mix，bounce 在同一個位置，就節省了八條 tracks；如不這樣做，我有時 mix，會 synchronize 着 keyboard 一起行，而不錄在帶上，這就可以剩下多一、兩條 tracks 出來做其他東西，sequencer 最初的用法就是 machine tape 的延伸。

接收新的科技，我們是覺得頗好玩的。不同的 machine 其實可以有不同的玩法，例如鼓的話，dance music 是其中一種；又好像我剛才所說的，如果錄音帶不夠，又可以拿來做 track extension，這又是另外一種做法，所以當時其實大家都很接受新事物，welcome with open arms，老闆也不用理會啦，studio 的 engineer 他們會自己研究。

應該是在 1994 或 95 年吧，當時我幫第二個老闆許愿，幫林憶蓮做歌，已開始用 digital software 做 audio editing，但當時的聲音質素是不夠好的，因為要在 analogue 和 digital 之間轉來轉去，是要經過 analogue 轉去 digital 的轉換器；然後由 digital 轉去 analogue 又要一個轉換器。當時的轉換器還未做得太靚聲，這樣的話，其實 audio signal 是會 degrade 的。Analogue 的聲音我們盡量不 play 那麼多，你每 run 一次，其實它也會 degrade 的，analogue 帶就是這樣。因此，認真的製作其實會做很多 slaves 出來。

老實說，我會懷念以前錄音的過程，但對於隨之而來的technical hassles，我覺得沒有是好的，因為校準機器的過程真的用很多時間。現在，整個製作過程和彈性是精簡了很多，因為手提電腦已經是整個 studio 的大部分了，變相我的 studio 就可以去不同的地方錄音了。我也有做管弦樂團的錄音，以前如你想錄一個管弦樂團，你需要一間很大的錄音室，因為器材很笨重，你很難帶出街的；若要帶的話，搬運價錢是難以置信的昂貴，你不會這樣做，除非那是一個 multi-millions 的 project 才會考慮這樣做。那時做製作會受限於 studio 的大小；但現在不是了，所有配置都是便攜的，如果要錄管弦樂團的話，我只需要一部手提電腦，加一個 interface、一支咪，全部配置都可以 portable。

若這是在以前發生的話，你想起都想死！最麻煩是錄音機，去到新的地方又要再 calibrate 多一次……唉，想起都麻煩。到進入 digital 年代已經好很多了，但都是很麻煩的，曾在一個時期，例如錄現場的話，都會搬一部 digital 的 48-track 去錄，但搬 analogue 的我就未見過。到後期 digital 的 machine 不斷進化，有一期叫 ADAT，是用 8-track 的 video tape，他們會用幾十盒 video tape 串連一起錄音。現在當然是用 hard disk，一部電腦裏面有 2TB 的 memory，基本上整個 concert 錄完有找，一個 concert 都只是用到幾十個 GB，所以現在的分別是 mobile 很多，彈性也大很多，製作上的空間和想像都多很多。

我覺得今天製作的成本真是便宜了很多，便宜到它的 quality 可以和 professional 比較，因為現在 professional 和非 professional 都是在用同一個 software，變相 production 的層面上的 playing ground 是 levelled off 了，大家都有同樣的武器，就看看你用得厲害一點還是別人厲害一點了。

從抄歌中學習，編曲形式的改變

我初入行的年代，cover 歌比較盛行，改編比較多，通常喜歡那首歌就相應喜歡那個 arrangement，要 transcribe 到和原本的 arrangement 一樣。我也覺得這是一個很好的訓練，因為逼自己抄足一模一樣的東西，然後把那編曲拿去錄音。這樣去學 arrangement 我覺得最徹底，例如你去 transcribe orchestra，你就會知道它樂器的用法；要有寫譜的 skill，不是每個人都懂得寫譜的，在我那個年代也有一堆人只懂得看 chord，by ears 去做，給他們看樂譜也未必懂得看；他們聽完、執完就彈出來，但千萬不要叫他們寫出來，因為他們不懂得寫。

編曲的過程，最初就是以 transcription 寫譜為主；而除了自己多寫譜外，間中也有一些原創歌要先想像到編曲，然後才可以寫出來，這是難很多的。有科技的幫助當然好，可以彈出來聽聽好不好，科技最強的地方就是令我可以聽到自己的編曲，可以在錄音前就知道音樂的聲效，這對我錄音有很大幫助，尤其是對於我這類不是傳統學過配樂法的人，這幫助真的很大！例如，聽到 bass 和 cello 這樣放原來像一堆泥，就不這樣做了，那是以前我想像不到的。以前是寫譜的年代，你要有經驗，有 internal ears。

在全 MIDI 的年代，同時興起了 multi-channel 的 sound module，它愈出愈細。原本做編曲是很佔空間的，因為以前的 keyboard 是一個 keyboard 做一樣東西的。例如，如果那是一個 analogue 的 synthesizer，就只做一件事：pad、聲或 bass，各自同一時間只可以做一件事，做 EP 就做 EP；如 tune 了它做 bass 便是 bass，將它變了做鼓便是鼓了，只能同一時間做一樣東西。

後來愈來愈多人用 sequencer，當中有一個很大的變化：multi-channel 的 MIDI output 可以 support 到十六條 channels。你可以想像是一部機切開了之後有十六個 keyboards，這樣就可以做十六種不同的東西了，變相方便很多。以前有很多 hardware 公司，很出名生產 multi-instruments 的 synthesizer，但它是索性沒有 keyboard 的，只是一個 rackmount（機架），Roland 旗下有一部叫 880，屬 JV 系列，還有 JV-1080，JV-2080 等等，全部都是這種 rackmount 的 synthesizer。

當時有兩大類科技出現：一類是 addictive synthesis，例如，它有 oscillator，可以 on top 再加 oscillator，再落 filter，再 modulate 聲音並 synthesize 聲音出來；另一種是 sampler，它在比較後期才出現，是先有 analogue 的 synthesizer，後有 digital 的 synthesizer，即是 digital oscillator 的 synthesizer，然後就有 sampler，sampler 就是 sample 一些聲音，然後 playback 出來。那時 sampler 的先驅是 Emulator 系列，它是來自其中一個大 brand 美國品牌 E-mu；另一個牌子叫 Fairlight，是更大的一個 brand，價值大概百幾萬，連着 sequencer 的。你可以想像得到的，例如你用咪錄任何聲音，它都可以被放在裏面成為 sample，然後再被 playback。

最初 sampler 的用法比較多是用來弄鼓聲，也是最容易 manipulate，因為它的聲音通常 pop 一聲就完了。如你要 sample strings，strings 一拉，拉一秒就只得一秒，想要四拍的話，你就要想辦法將這 sample loop，這動作要自己做，要自己放手它才會停止 loop，要自己學懂怎樣做 operation。直至後期發展到有 sample library，有些人是專門生產這些 sample library 的。Sample 的好處在於它的聲音是真實的，例如你要 sample 鋼琴，如果有人找到一部很靚的鋼琴，sample 了它你就擁有該鋼琴的聲音了。

這是身份的象徵嘛，有些編曲人擁有一部 E-mu，那時林敏怡是第一個擁有很大部 E-mu 的人，像一張枱那麼大，真的不能講笑！嘩！可以用來錄音的話，是很「威水」的，「成架 Rolls-Royce 咁！」那時是身份的象徵！大家會交流會「矖命」！哈哈！Sampling 的 system 很昂貴，要幾十萬啊！最初是癡線的，後來才普及，是很奇怪地有間日本公司叫 Akai 將它普及化。我們有時會自己做聲，有時會買 sample library 回來。

Fairlight 的 system 當時是獨霸武林的，最重要是它可以自己做聲的。大家若想聽到當時做出來的聲是怎樣的話，我記得我跟過的 production 入面有用 Fairlight 的應該就是梅艷芳的〈烈燄紅唇〉，倫永亮寫的。我是看着他 programme 的，當時的 brass 是假的，但聽上去，以那個年代來說已經很厲害，好 impressive。聽的時候，我以為是邀請了一隊 brass 樂隊來演奏呢。

Fairlight 有很齊全的 library，所以那麼昂貴，要百幾萬！它基本上是一座電腦來的！當時 Fairlight 和 E-mu 是在競爭中的，但後來 E-mu 贏了，因為它降到價，Fairlight 要百幾萬，哪有人買到呢？那次〈烈燄紅唇〉為甚麼會用得到這個 system？因為有一位名叫 Noel Quinlan 的音樂人專門做電視廣告音樂（TV commercial music），這是一種很能「叫到價」的音樂製作，價錢比起做唱片還要高一截，所以可以負擔一個昂貴的系統。

我第一次用 software 去做歌，看着 software-based 的編曲的誕生，那是多得 Macintosh 的出現。當 Performer 慢慢發展，本來 Performer 還未錄到音，所謂的 sequencer 也是 MIDI 範疇的，你只可以 programme MIDI，只有 20MB 你可以錄得到音嗎 (笑)？你錄一個狗吠聲都已經爆 memory 了，所以當時是沒有錄音這回事，直至 hard drive 的價錢便宜了和 size 去到 600 MB 才開始用來錄音。不過，當時 hard drive 都只用作 editing，我們不會拿來錄音的。那陣子的 software 未將 audio recording software 和 MIDI software 這兩樣東西組合在一起，現在的 DAW 當然可以了。以前是 MIDI 就 MIDI，audio 就 audio 或 pro-audio，最初只是用兩條 tracks 而已。Pro Tools 的前身 Sound Designer 就是一個 2-track audio editing software，那時我老闆很「威水」，去到後期 Mac Plus 出產了五、六年左右，我們就添置了一部 Macintosh II CI，四方形狀的，再買了一個 600MB 好像一塊磚頭大小的 hard drive 做 audio editing，但只可以做到 fade in 和 fade out，還有就是剪短或加長歌曲，除此就沒有其他 processing 可以做到了。

我很後期才用 DP（Digital Performer），因為 Performer 最初的 software 是 MIDI 來的，當有 audio 成為 plug-ins 去使用，會「拖冧」自己的電腦，根本「郁唔到」，多一點東西已經「郁唔到」。最早期 DP 也有很多古靈精怪的 bugs，播放音樂時 MIDI 和 audio 會甩 sync……唉，很多古怪的事情！我覺得它進步了很多，但如果你要我提議其他人用 audio interface 的話，我就不會提議用 DP 了。我會提議新人用 Logic，因為 Logic 最 logical、最簡單，更新得最快，功能最全面。我現在教學生，每一個都用不同的 software，有些用 Studio One，有些用 Ableton，有些用 FL Studio，都大同小異，現在沒有甚麼分別，只是 command 不同而已。各自都有 mixing 功能，有 tracks 是 audio 和 MIDI 檔案的，plug-ins 全部都通用，所以用哪一個 platform 全取決於「就唔就手」。

我現在還會用 DP，主要原因是它有一個 function 是其他 software 沒有的，是我做演唱會時很倚賴的 function，就是 playlist，叫 Chunks。我會將全首歌變成 Chunks，一 play 的時候，所有 tracks-audios 和 MIDI 全部一次過 play。我們的做法是將整個演唱會的 rundown 二十幾隻歌，在一個個不同的 Chunks 排好次序，可以跳換得很快；而 Logic 是沒有這個 function 的。在 Logic 裏，如果你要轉歌，你要將一個 file 關了然後再開另一個 file，這也太慢了，也沒可能將所有歌放在同一個 project 入面，因為 mix 和 tracks 會多到「搞唔掂」。DP 的 management 做得好好，每一隻歌的 Chunks 都是獨立的，我也只是因為這個 function，所以付錢繼續買，激死！如我能找到代替品，就會立刻換掉它，有人告訴我有其他品牌如 Reaper 是有此功能的，但 Reaper 更難用，聽講難用的程度是十五分，是超越十分的，我現在應該要取易捨難，無謂「再揾自己笨」了。

藉着音樂科技改變的演唱會

以前當然是全 live 啦，任何樂器都是真，要有 strings 的聲音就要有一堆人來拉 strings；要有鼓的聲音就要有人打鼓。甚麼都要人力，band 的 size 有三、四個鍵盤手，每個鍵盤手控制兩、三個 keyboards；兩個 guitar 手，兩個 bass 手，有時一個鼓手再加一個 percussion，而且要視乎用幾多個 brass，其中起碼要有一個 solo saxophone，多數有兩、三個 brass players；再加四至八個和音（backing singers），數一數，都有十幾二十人。

能夠用上這麼多音樂人，一來當時的 budget 比較大；二來，當時是演唱會最興盛的時期。當時一做就幾十場，相當不人道，每晚唱三個鐘，連續三十日！鐵打都死吧？每個歌手去到差不多最後都差不多失聲，很離譜的，沒甚麼地方是會這樣做 show 的。就算在外國做 musical 都有 day off，香港反而沒有，而是用盡紅館可以用的日子！

早期的 concert，沒有電腦、沒有 sequencing，連 click 也不用，直至有 sequencing 開始才用 click 的。做 live 的話，我們會評估一下機器可以處理多少個 tasks，如果全是 MIDI 的話，死機的機會很小，因為 MIDI 的 file 是很小的，每個大概幾十 KB，就算全首歌都是 MIDI，也只不過佔一百多 KB。

科技的進步是一步步的，首先是鼓的出現吧。鼓的部分變了 programme，那時現場音樂會還沒有 ear monitor，用的全是 floor monitor，是很難跟鼓 play 的，因為我們是人，不能聽 time-code，一定要聽 click，但 click 又不可以 flow 去 floor monitor，這樣會入咪。因此，當時會有兩隻 monitor 在台上，一隻是細細的近自己的，它們會播弱弱的 click，但都是會漏聲的，這是最初開始用所謂drum machine時做live show的方法。

到九十年代中期，Roland MC-500 出現了，音樂人都「用得很盡」。最初只可以做 rhythm 部分，後來林憶蓮早期的歌，甚至在唱片的 version 都是用 MC-500 來做的。剛才講到梅艷芳的歌為甚麼會用到 Fairlight，那是因為想聲音是 programmed 的聲音，所以才想全首歌都用 Fairlight。後來，演唱會製作都進步了，最初就只有一部鼓機，但之後開始會拖不同的東西入 programme，因為請鍵琴手其實很昂貴，如果有東西可以用 MIDI 播放出來就當然更好。

當時的 setting 是一個 MC-500 拖着鼓機和其他機器，而 programmer 坐的位置，好像 percussionist 一樣，有很多東西：既有 sound module，又有 keyboard；到駁了 MIDI 後，是一個幾複雜的 setup。那時 sequencer 主要控制 MIDI 的東西，MIDI 和 live band 各自的聲音一起出，這是 step one；然後，當然是開始有電腦出現，以電腦取代了 MIDI。電腦可以 play audio，現在也會這樣做的。現在做演唱會，你不可能分辨到甚麼是現聲、甚麼不是，聲音是可以做得很 detailed 的，例如歌手怕狀態不好，怕一粒音走音，就會預錄。不會每晚都用預錄的，狀態好就不用了，但如果你要用到盡就可以這樣了。還有，如果你要 on tour，setup 可以細一點，自己 home town 就可以 full orchestra，但在美國 venue 和 budget 都大一點，可以真的聘請本地的管弦樂團來。如果要他們來香港的話，都會先發樂譜過來，但可能要多請十多個 strings，加一個 flute，由 triple winds 變 single wind，然後不要 brass，其他東西全部都在 tracks 上。

基本上，live band 會帶一個完整 session，而所有東西都是分了 tracks 的，但如果我有這東西在台上，我就不用 tracks 了。例如如果打真鼓，鼓手做 musical director，鼓就可以真打，而其他東西可以是預錄的。

這樣的做法是好是壞，取決於觀眾想看甚麼，期望的是甚麼。如果我要看流行音樂，我可能更着重視覺上的東西，聲音上多一點 tracks 我也不會太介意，因為一個表演應該是一個整體的 experience 來的，timing 做得好，就一定有些音樂要行 tracks，最緊要是效果好，令大家都喜歡。

現在電腦又再進步了那麼多，五十條 tracks 也沒事。Live 出 video 對電腦很 demanding；出 audio 的話，新電腦隨時 play 幾十條 tracks 也全然沒問題，沒有 delay，開 plug-ins 都沒有事。Video 是很用 band-width 的，但 audio 是 never！Audio 不會成為嚴重的問題，由 playback 或者 recording，到整個演唱會由頭到尾，都可以用 Logic 錄的！都沒事，兩個鐘都沒事。

科技對合作模式的影響

我覺得科技對合作模式影響不大，不過要適應不同的人的方式去工作，有些人喜歡寫譜，有些喜歡用傳統方法做。對我來說，和不同的人合作就要「轉台」，和傳統的人溝通，就要用傳統的方式和他「傾偈」。其實 online 合作現在很盛行了，現在會容易看到年輕一代做甚麼，因為現在家用的平台都差不多，我們會將整個 session 扔來扔去，以前是很困難的。以前想看到人家的編曲是很難的，要不就看人家的樂譜才能看到；現在大部分人都用同一個 software，我可以很容易看到他們做甚麼。例如我現在和學生工作，他全個 Logic file 發過來給我，我就很容易看到哪一個地方有問題，科技促成了這過程，也不用做一個 rough mix 出來——如果 rough mix 做得不好，根本聽不到他做了甚麼。整個 session 來往的話，事情便簡單得多。現在 files transfer 容易了，製作上地域的限制也少了。

現在可以請美國人幫我們做 mastering，以前是很難的。以前要 physically 送過去，但也只能估計他做好的成果，除非你本人飛過去，這牽涉到 budget 的問題：是不是 budget 可以大到飛過去看 mastering？有的，我試過，去日本體驗別人的 mastering，「係好正嘅」，但很昂貴。在 mastering 之前你要有很好的預備，萬一有甚麼差池，你的 trip 就報銷了。因為那些年我們還在用 analogue 帶做 mastering，程序又複雜，如果本身帶處理得不好，其實會很麻煩的，所以我們很少去其他地方做 mastering，只可以在香港做。但現在 files 變了 digital，做 mastering 我們便可以有很多選擇，我們只需要 send files 去美國，問他們可否做十多秒來聽聽，我們喜歡才付錢；甚至有些 studio 可以做 automation，它們可以自動幫你做 mixing 和 mastering。我有一個學生，她付了十五美元，在網上找 e-mastering，效果好過未 master 的。我覺得由 AI 做 basic 的 setup 是可接受的，因為 sound wave 電子化了其實都只不過是一堆 signal，如要 balance 它們，AI 就一定做到。主要是就着全部 frequencies，只需弄走當中那些 spike，而這方面 AI 已經做得不錯。

不能被 AI 取代的創意

基本上現在只是鬥創意。科技已經令大家共同擁有技術上的東西，大家都有同一套武器，怎樣才算「叻」? 怎樣才能 stand out？就要鬥自己的想法。創意分數高就勝出，這是一個鬥創意的年代，不可以認為靚聲過人就賣到；以前的 CD 標榜靚聲，現在人人都可以「靚聲」(笑)，所以「靚聲」的分數就同分了！

不過，創意也有很多種演繹，可以是 vocal performance、melody 的寫法……有 AI 做的了，但短期內未必可以取代到以上創意有關的東西，有可能取代到一部分，情況有如寫稿吧，好 generic 形式的寫稿，但評論的話，就是人的想法。除非 AI 進步到有自己想法吧，否則，AI 寫評論真的很難，因為它裏面有很多變數。音樂上也是類似吧，有些類型 AI 可能做得 OK，但每個年代都會尋求一些新的聲音和鬼主意，和怎樣利用手頭上的東西去做不同的作品。我們渴望和別人不同，我覺得如果你有自己獨特的想法，我不覺得有甚麼問題，每個年代都應該有該年代獨特的聲音。AI 可能跟到潮流，但會不會做到一件事來領導潮流呢？如做到，就很厲害了，到時就要擔心了。

科技 free up 了我們去表達自己的空間，因為多了科技的支援，原本有些東西在技術上是做不到的，但借助現在先進科技就可以了。例如我有一粒音唱不到，我可以借助科技把我的聲 tune 到很高，甚至將一些 artefacts 變做自己創作的一部分。有一個 software 叫 Auto-Tune，現在創作人將它變做一種

sound，它以前是一個 artefact，因為 Auto-Tune tune 得差嘛，但現在可以將「tune 得差」變做一個表達方式。

我覺得是科技開了另外一種世界，令到我們的選項又再多點，表達的方式又再多點。我不覺得科技會限制我們，人總是會將錯誤變成創意，很多時都是這樣的，我曾看過很多報道，都講到創意怎樣來，例如很出名的 TV 的 theme，很多時是插錯線而來的。科技進步會令我們錯得更多，但又可能衍生出更多創意的材料。我也試過因為科技複雜了而做錯事，但做錯事的效果都「幾得意」，做錯事人才會意識到可以將錯誤變成創意的一部分。

另一方面，我覺得科技會令我們懶了，因為它會處理了很多東西，而對於 craft（工藝）的追求可以轉「走捷徑」；幸好還有一樣東西叫做 live performance，在 live performance 就好難「走捷徑」，除非你永遠不做 live performance。現在香港的流行音樂，我覺得對於科技的倚賴相比以前是偏重了，重到一個地步是做 live 時音樂人不能做出 studio 裏可以做到的東西，因為在 studio 你可以借助不同的工具做到平時想像不到或者做不到的技巧。然而做現場，人家是真金白銀來看你，你要做同樣的東西就要靠你自己的功夫了，這是一種 craft。我覺得某程度上是有影響的，尤其是 vocal 部分。我入行時的歌手，最初都是 live singers 起家，live singers 每天都要唱，例如梅艷芳由荔園八歲唱到十八歲，然後參加比賽，而比賽才是事業的開始。對他們來說，錄音室只是其中一個現場表演而已，只是演唱環境不同；但現在這年代是不同的和倒轉了的，歌手是在自己睡房開始唱的，也可以「P 靚」（修飾）它然後才「出街」，但問題是你在睡房「P 靚」了，但出 show 時又不能唱回同樣水準。

我想提醒一下新一代的音樂人，如果要用音樂做職業，你不表演是很難的，因為表演才最直接有工作可以做，但如果只懂得用修飾的技術錄音的話，出 live show 就好「蝕」，因為要用 live show 的器材做到之前所提及「P 靚」了的效果，其實是不容易的，也不可以即時做到。將來或者可以，但現在還是聽到兩者之間的分別。Vocal 的 craftmanship 其實很重要，要訓練然後唱好，才可以做到這一行。

本地流行樂壇前景：
獨立音樂人能擁抱時代優勢

我覺得香港現在是處於一個轉變的時期：由以前一個無錢賺的音樂工業變到開始有錢賺了。2000 年代 MP3 的出現，令音樂的銷量一直跌了十幾年，跌到有些時候我也在想是否應該要轉行呢？但前幾年形勢改變了，最實在就是看「盤數仲有無得做」，如果行業沒有利潤就不用去做了，怎樣想做都不行。音樂的銷量兩、三年前上升了，串流平台令音樂工業由谷底上升，超越所有其他音樂形式的銷量，令整體銷情向上，我覺得這對想從事音樂的人來說是很重要的資訊，因為之前做音樂你是送給人聽，現在做音樂你是真的有錢收了，縱使錢是少的，分紅很少，但有錢是很重要的。你的歌曲流行程度夠的話，賺來的錢可以津貼音樂創作，甚至可以是 OK 的收入。外國已經有很多人成功地營運自己的音樂事業，獨立地去做，反而倒轉頭唱片公司見到這些人做得好，想簽他們。我期待香港也有這一天的出現，我自己深信如果 craft 做得好，有科技支持令製作成本降低，獨立音樂人是有優勢去拼搏的。

就是因為看到這個轉變我才做「大台主」這個音樂先導計劃，我的想法是如果你可以將製作成本控制得很低，即是「一腳踢」：神又係你，鬼又係你，唱又係你，寫又係你，mix 又係你……你只要肯學是可以的，我有學生可以證明自己全部做到，又可以發行到歌曲，下一步就是做唱片，製作、宣傳和賣而已。他們做了一堆歌曲，我希望可以幫他們找到不同的方法做宣傳，除了 Facebook 和 Instagram 之外，還希望可以和不同的商戶合作，希望可以將 playlist 放在別人的地方播，做表演，幫他們開拓第一個市場，希望可以成事吧。

編者的話

趙增熹入行至今三十多年，從擔任唱片製作助理到編曲，繼而成為監製，在 1997 年後，更開始擔當演唱會的音樂總監，事業更上一層樓。最高峰時期，他曾一年製作四五十首歌曲，和他合作的都是當時的巨星。說他是香港流行樂壇和唱片業的權威和代表人物，絕不為過。他的事業，亦見證了香港流行樂壇和唱片業的興衰，當然他亦親身體驗了錄音和音樂製作科技的轉變，以及互聯網對唱片業帶來的影響。

難能可貴的是，這麼多年來，他不斷擁抱挑戰，直至今天，他仍然樂觀，馬不停蹄地培育新的音樂人和推廣音樂創作，繼續參與樂壇的發展。他在訪問中的分享，能令讀者了解到昔日的音樂科技和科技的轉變，實在非常難得。

（訪問日期：2021 年 4 月 29 日）

第十四章 蔡德才

蔡德才，本為註冊執業律師，「人山人海」音樂工作室成立後正式全職投入音樂創作及監製。曾先後與達明一派、黃耀明、梅艷芳、張國榮、鄭秀文、陳奕迅、許志安、楊千嬅、梁漢文、黃家強、梁詠琪、蘇慧倫、伊能靜、莫文蔚、許茹芸、陳珊妮、周慧敏、古巨基、蔡卓妍、at17、盧凱彤、麥浚龍、謝安琪、鄭欣宜、岑寧兒、陳蕾、王菀之、泳兒、吳雨霏、顏卓靈、觸執毛、Ansonbean、呂爵安、陳粒、白百何、好妹妹、周雲蓬、焦邁奇、王加一及陳婧菲等歌手合作，同時積極參與電影配樂、劇場音樂及電視廣告音樂創作。他參與監製及創作的作品曾榮獲四台聯頒傳媒大獎、香港電影金像獎、商業電台叱咤至尊大獎及 CASH 最佳歌曲等獎項。

從科技發展中探索音樂創作的可能——蔡德才

由讀法學走進樂壇

我一向都有玩音樂，有嘗試寫歌亦都組過樂隊，也有玩電子樂器，回港後有嘗試音樂工作。當時接觸了「進念・二十面體」劇團，我以前有看過他們的演出，也看過他們播放的活動，及後認識了何秀萍（「進念・二十面體」創團成員之一），曾找她幫我填詞參加作曲比賽。在因緣際會下，1990年我在紅館做《我愛你達明一派演唱會》，這就是我開啟音樂事業的第一個工作。自此之後，當然有繼續上學，讀 PCLL（Postgraduate Certificate in Laws）。事實上，那個演唱會是在我讀 PCLL 期間做的，讀完之後，我便在律師行實習。另一方面，時隔不久，剛好達明一派做完演唱會後，明哥（黃耀明）與阿達（劉以達）決定暫時分開。當時黃耀明計劃「單飛」，簽了羅大佑的唱片公司「音樂工廠」。他當時首次獨自當監製，很喜歡用新人。我跟他認識了後，有幫他的演唱會做歌，所以便被邀請交歌。這就是我人生第一次交歌，有幸參與黃耀明第一張單飛專輯《信望愛》，我的 career path 就從此出發了。

自九十年代開始創作電子音樂

現今世界 programming 就是「播帶」，播一些錄好了的東西，但當時電子音樂還未流行用電腦去做，雖然有這一回事，但並未普及。當時最普遍的電子音樂玩法是用一個 hardware，就是現在所謂的 MIDI。當年是用 MIDI 的 hardware 去 programme 歌曲的部分。那時也沒有電腦發聲，而是需要一堆 synthesizer，real-time 發聲的，跟現在的 programming 有一點分別。我之前做的主要都是這些 MIDI sequencing 的東西，還有做設計、setup 及如何運作 playback 等等。

1990 年那個演唱會，我記得是用 Roland MC-500。當時用兩部，因為一部裝不了全部歌。當時的記憶體是磁碟來的，磁碟容量不足夠支撐整個 show，我擔心到時發生意外，換磁碟便要搞好一陣子。後來我想到一個方法，就是用兩部，這樣才能裝起全部歌。還有 drum machine，而且鼓機是分開處理的，鼓機只出鼓聲。不過這樣的設置是有危機的，因為 MIDI 是有 latency 的，是可能甩的，通常一開始都是甩的，試過做一場就有一首歌出事了。

如何掌握這些技巧？

其實我小時候是個典型學鋼琴的小朋友。從幼稚園時期我便覺得有興趣，學校有琴，我媽媽要照顧哥哥，所以會晚一點來接我。通常學校沒有人，我就會玩鋼琴，我媽見到我喜歡，就讓我去學了。那種年紀學琴都是很傳統地學習，會考皇家音樂學院評級的那種。後來我考到了八級，完了那個學習的階段，我也升上了中四、中五吧，自己便開始有意欲想寫歌，而我早在中三時已經開始「執歌」，一邊參加歌唱比賽，一邊幫人伴奏，這也算是編曲最早期的鍛煉。我到預科（舊學制的中六及中七）也沒有繼續讀音樂，傳統音樂訓練基本上考到八級便停了。我在中六時有組過樂隊的，也是在中六的時候買了第一部 synthesizer。我記得是 KORG DW-8000，那個年代算是介乎 analogue 與 digital 之間，類似 hybrid synth 的東西。

我記得最早期，主要是通利琴行與曾福琴行有 synthesizer 賣。當時在中環萬邦行，通利有間分行櫥窗是很 prominent 的，用上落地玻璃展示所有樂器。那時應該是 1985、86 年，是我最早接觸電子樂器的時間吧。電子樂器的價格開始平民化，亦開始在一般樂器店出現，甚至有「combo session」專門賣 electronics（電子產品），主要賣鼓機及 synthesizer 之類的電子樂器。當時我走進商店，通利職員通常都很惡，所以我不太能觸摸到樂器。不過它們會有 catalogue，每一部機都有單張去宣傳及介紹等等。當時我只能望單張，對我來說，由零開始認知便是看商品目錄，那就是學習電子音樂的第一步。

通常商品目錄入面會有甚麼資料呢？除了吹噓機器有多新穎之外，還包括到底如何做聲，用甚麼原理發聲，特點在哪裏等，從這些資訊便能瞭解到聲音怎樣製作出來，這是很重要的。下一步，到你再有興趣一點，就會發覺有很多雜誌如美國的合成器雜誌，只不過不是周圍都找得到。八十年代那時在尖沙咀某條小巷，入面有些商店專賣外國雜誌，這也是相當重要的資訊來源。那裏會有一些外國的音樂及樂器的雜誌，香港是不會有這一類型那麼專門的雜誌的；而 Sogo 就會有日本雜誌，介紹日本的keyboard，就算我不懂日文也照買回來，怎樣也能吸收到一些資訊。這些雜誌便是另一個資訊來源，不論是新產品的資訊，還是技巧上的東西，包括樂理、電子樂器……各樣啦。

除此之外，針對編曲、音樂製作的，由於沒有學院式的訓練，基本上也是由這些資訊開始的，靠自己去聽、理解、分析整件事。當然也會買書研究，例如有一本講弦樂的編排……都是書及雜誌啦，也算是自己慢慢摸索。很多時候「限制」也可以掉轉過來給予很多幫忙，「局限」對於某些人來説反而可以激發到更多的熱情與追求，所以很難説。現在有很多資訊，有它的好處，但有時候有局限也未必是壞事。

科技進步方便創作，提升聲音的像真度

科技的進步帶來幾個方面的影響。對於一般人來説，technology令事情越來越accessible（可接觸）；我已經在一個相對來説較accessible的年代，起碼我在通利琴行可以接觸到最新的音樂知識。再早一點，電子樂器可能還未出現。如果集中講科技，我們都是後來才知道以前是怎樣做的，電子科技的accessibility令多一些人知道怎樣做音樂，令他們接觸得到更多音樂創作的工具和樂器。

電子樂器在最早期的時候……但其實也很難界定最早期是在甚麼時候。在我之前做音樂的人，可能使用analogue的機器，是比較笨重及比較貴的；再早一些應該是使用modular synth。當然現在大家會回去玩那種模式，它由很多部件砌在

一起，然後如果把它調校到某一個 setting，就出現某一個聲音，是這樣的一回事。在那個 moment 完結之後，拆開部件，無論下次怎樣重新組裝再製造某個聲音，都已經是另外一回事了。到後來有些琴可以用 pre-set，它有記憶，一按就會出現那種聲音，我就是屬於這個年代。我想表達的是科技有幾個特性，其中之一是可以令人愈來愈方便。由本來要用很大的裝置，直到「按兩個按鈕」、「找一個數目字」，馬上可以切換到那個想要的聲音，然後到現在我只需對着電腦，整個 browser 已經有目錄，如果我知道我要找甚麼聲音，只要按出來便成了。

另一邊廂，電子樂器漸漸趨向像真，似乎發展趨勢都會是這樣。以前你會努力調校一個 synth tone，盡力令它像 flute 的聲音。起初只是做到相似的效果，後來你用一個較便宜的價錢，便可以拉一個管弦樂團的聲音。只要你有一個 strings library，便可以有一個模擬效果。我想這些方便和 accessibility 真的帶來很多變化。現在的小孩子只需要手上有 iPad，便能夠創作到音樂，整件事進步了很多。

科技提供不同創作形式

我覺得玩電子樂器的過程是很 technology-driven（科技主導）的。我當時也有聽廣東歌及日文歌，但其中一個很大的影響來自 Pet Shop Boys。[1] 我很想做一些 synth-pop，但我的工具

---

1 Pet Shop Boys 是英國流行電子音樂男子二人組，成員有 Neil Tennant 及 Chris Lowe。

以及可以接觸到的合成器，可以做到的聲音並不像真，而鼓機也是某種特別的聲音而已。當然你也是因為這些聲音吸引才會去用和去買那些機器，但那些科技能夠提供甚麼都會影響到你去做些甚麼音樂的。

直到九十年代的時候——我也不太記得確實的時間了，應該是價錢比較可以負擔得來的時候。當時只是停留在用 CD-ROM 的階段，只要 load CD-ROM 便會有一個 violin 的聲。有一段時間大家都覺得像真樂器一樣，是很吸引的。以前大家未必可以這樣 master 類似弦樂團的聲音，現在可以用這種方式去做，所以有段時間我會做更多這類型的音樂。在後期一點，近這十年吧，像真樂器使用度很高，開始很悶，便開始覺得像真樂器的聲音不那麼吸引了。我試過購入一些 monophonic 的 synth，它每一次只可以出一個音，它本來就是一種早期科技的限制來的。當時科技做不到很多 soundboard 連在一起，不可以按整個和弦出來，每次只可以按一個 key。這當然跟市場有關，有人開始做這種 vintage 音樂，有陣時又會想回溯過去，有很多原因。現在當我打開不同類型的工具，有一萬個聲音可以選擇，但有時候我會想不如回到最初只有一粒音的狀態，只用單線條的旋律去做，甚至用一些沒有 pre-set 的 synthesizer，由零開始做一個聲音出來，這樣會做出甚麼來呢？現在會有這個想法。

當你的想法太多的時候，可以先揀好想要的聲音放在一起。不知道呢，可能我去到一個位置，用同一個模式做得太多時，都想轉換一下。可能也是覺得用同一個模式不太有趣。因此科技進步還是有趣的，絕對能夠幫助某些東西，起碼開了一道門讓大家可以有很多不同的工具，而且越來越多工具可以給人做音樂。但同時，當太方便的時候，對我來説會越來越難，越多選擇對我而言並不好——對其他人可能會很好，有一萬樣東西，他能馬上發掘到甚麼是他想要的；我並不是這種人，太多選擇會令我頭暈。越多選擇，那些東西便會變得很樣板了。

以我所知，有一些 construction kit，買回來之後，基本編曲的資源已齊。你會比較像是在做 editing 的工作，焦點已轉移，像是用現成的東西煮一味餸。跟煮餸一樣，之前由零開始的原材料，相比 construction kit 就是買了一個煮好的汁料，有這種意味。現在有很多不同資源的選擇，有很多可能性。

另外，啟發我創意的也包括我當時所聽的音樂，尤其是現在這個階段，我比較多經歷到這樣的過程。雖然這樣講很神化，但編曲裏面的元素，譬如我得到一首歌之後怎樣配 chord 呢？在這件事上我通常有自己的看法，所謂用不同的手段去製造聲音或旋律，但有些東西也在我掌握之中，我對音樂的 harmony 通常有自己的看法。

關於在 harmonic progression 的選擇上，這個範疇我不會想得太多。Harmonic progression 在我的創作中是可以最自然流露的，當然如果要我分析，我喜歡甚麼或不喜歡甚麼 harmony，口味選擇當然跟我聽的音樂有關。然而，在做音樂的過程中，我其實沒有想太多，例如如果是一個演奏者，自然覺得走向哪裏便走去哪裏，有些位置可能會覺得有其他選擇，但在這件事上我相對上較自然。

不同歌曲有不同編曲形式

這些年來，其實我接過的工作也有不同的類型，包括不同音樂風格類型。可能有些比較K歌，非常電子的也有，起碼大致上有幾種不同類型。例如，我與盧凱彤合作的歌就比較band sound-oriented，但亦不完全是，所以工作的模式是會有更多音樂人加入討論，而非我自己一個做或跟她兩人討論。亦有一些如跟黃耀明、Juno（麥浚龍）做某些電子音樂，模式就只是我自己一個面對機器電腦在拼湊。當然也有一些落在「中間一點」的，我也製作過一些所謂K歌，也有基本的應用模式例如使用鼓、琴、弦樂等等去創作。

至於K歌以外的類型，會比較多變化。我集中講一下自己正在做、也比較多做的音樂。我通常會想：「我今次會用甚麼方法去做呢？」不如這樣說：廣東ballad類型的歌我已經很少做了，反而多做非常電子的那一種，找很多現場音樂人一起做的也有，這兩種之間也有些不同。比較多音樂人加入創作的那一種模式，通常是我已經發掘到某些音樂人，而自己會先做一些樂器部分，先做一個大方向出來，然後我再找那些音樂人去合作。如果是自己做的話，模式變化會比較多。很多時候，我會先去想聲音應該怎樣，然後才去創作；甚至我已經找到些方法去做。例如，audio file被斬碎了，聲音大兜亂，有點跳線或重複，如在某一首歌我想做這種類型的話，我便會以這方法先行。

譬如當時做盧凱彤的〈圓滑〉，它有一個音樂過場，鼓聲和電子聲吵吵鬧鬧的樣子。她先做了一些drum loops，然後我用一些工具去 chop up 她的 loops，這種做法是以那種聲音及想投射的聲音和畫面為主。現在常用的方法就是這樣了，而這件事也很 technology-driven，因為很多聲音都可以在電腦完成。

我自己的做法是：譬如我會用某些機器，無論是鼓機或 sampler 諸如此類的機器，而每一種機器都有自己的原理，它有處理聲音、有提供音樂人做音樂的方法。現在我有時會用不同的機器來啟發自己。軟件上也一樣，例如我用 Ableton Live，而另一個很多人使用的是 Logic。Ableton Live 多些聲音設計的部分，它能夠提供很多工具，而這些工具可以是很隨機的 sequencer 來的。我可以隨便調一些東西進去，然後製造新的聲音出來，跟着它又會出現很隨機的東西讓你再去處理。你可以用各種方法處理，例如挑選哪一段可用，哪段不用；又或者它很隨機出來後，用另外一些工具去整理成為有規律的旋律。

例如，我最近買了一個 analogue 的 sequencer。它有十六條 tracks，有按鈕可以按 on 或 off，又或者你可以直接 skip 一個音。以前我一向對這些東西沒有感覺，當然現在 YouTube 可以看到很多東西，可以學習別人的 demonstration，原來只是簡單的十六個步驟，在這個框架下給你選擇「可行」或「不可行」。不過也有別的選擇，例如可以只走頭四個選擇，又或者省略某一個步驟……單單是這樣的聲音也能產生很多變化，我現在經常會由於一些工具的應用而有所啟發。

我有這種想法，也相信有其他人同樣如此想過。因為現在聽音樂的渠道變得有更多可能性，例如 YouTube。其實

YouTube 上有很多音樂家，甚至已經不是素人。試過一次，民間的素人發佈一條短短的片段，做了一段音樂。我心裏想：「搞錯？咩來的？咁勁！」我會從不同的地方受到啟發，而這些都會影響着我做音樂的方向。例如剛才所提及的 gear 或者工具都幫助到我創作。其實我也有受到我所看到及聽到的事影響，也會受其他人的作品影響。不過，整件事如何變得比較「我」，就在於我平時聽的作品比較偏 instrumental，比較貼近純音樂的東西。當我把這些東西放在一些有人聲的內容時，放在廣東話歌入面，便要有所調節，然後慢慢地整件事便會有多一些我本人（個人特色）的元素。

廣東歌的特性，旋律受制於咬字發音

廣東話的特性是 pitch sensitive，同一個音但不同聲調已經是另一個字了，這是廣東話最特別的地方。它對音樂的影響反而是在旋律上。對我來說，編曲的可能性是沒有被局限的，反而旋律卻因為要配字而有所限制。這不單是廣東話的問題，有時是文化的問題。我們聽歌詞喜歡聽得清楚，歌詞喜歡講很多、很具體的東西。先不講得那麼複雜，單單是「講清楚」這件事，對聲響來說已經有很大的分別。這也與潮流有關，曾經流行過像王菲一樣不唱字的，又或者唱得十分含糊，但大家也聽得很高興，這也是另一個因素吧。我本身並不覺得廣東歌的編曲有太大的局限，反而更多限制來自其他因素，例如「想聽清楚啲字」、「唔好搞咁多嘢」等等。

不過我比較幸運，以上這些要求我比較少遇到。一來我自己有衡量過，譬如我寫了一隻〈飛女正傳〉，聽歌名就知道擺明是甚麼意思，甚至〈飛女正傳〉這一次是我第一次決定不如不要自己編曲。你自己也不是編那些風格的，不如找 Ted Lo（羅尚正）做吧，所以〈飛女正傳〉就是第一首我寫出來給別人編的歌曲，會有這些狀況，所以自己也會有一種衡量。亦都可能因為我自己比較幸運吧，找我工作的人都相對瞭解我在做些甚麼，都很包容我。

曾做過覺得比較特別的作品

有一首尚未發行的，是一位中國內地作曲人的歌，他是一位彈結他自彈自唱的民歌歌手。他寫了一首歌，由我負責編曲。因為他並不會隨時在香港出現，這首歌是幾年前做的，但一直未發表。他表示自己有時間會來香港，不如上我錄音室先錄下來，錄結他和人聲。當時為了遷就他的時間，於是先錄下來再構思怎樣做。我亦構思了很久，要聽他以前的作品是怎樣的風格。他的歌比較民謠一點，但他聲線很強，唱歌實力很厲害，所以聲線永遠是主角。我想用他的結他做一個材料來編曲，後來便用了他的結他作為一個 sample，是很多做 hip hop 或者電子音樂的人都會用的，叫做 slicing，用一句 sample 切開八份、十六份，每一份都可以變成一個素材，然後再整合。以一個段落的結他聲做一個片段，試試可以砌到甚麼。開始時是用這個方法去整合，後來發現頗有趣，於是整首歌有一半都是用這個方法將他彈的結他聲音再重組。這是其中一個方法。

由這個方法開始，然後我再用不同的方法去處理結他聲，而真實的彈奏在某些部分的確有出現，但不是完整從頭到尾地出現。音樂的主骨幹都是經過處理的，後來我加了些弦樂。很有趣的是，該位歌手是失明的，他手上有一個很像膠造的笛，是用來調音的，進去錄音室也需要調音，他吹奏的聲音也有用在這首歌上，我們就這樣就地取材，這樣做很好玩。

另外一個 case，記得之前我幫 Juno 做過一首叫〈無念〉的歌，也很有趣的。因為在香港做歌很少是曲詞齊備才找編曲的人，很多時候都是同步進行；或者做到尾，歌詞才差不多完成，有各種狀態。現在比較好，那時候經常都是歌手要入錄音室了才差不多完成整首歌。我記得那次對我而言相對特別，曲詞齊備，陳珊妮寫曲，林夕填詞。內容很「佛」，因為整張專輯都是圍繞佛學概念，〈無念〉這首歌就是整張大碟的總結——或者不算是總結，而是最後一首歌。其他的歌曲像在訴說人生不同階段，喜怒哀樂，到了最後便是無念。

陳珊妮是製作人和編曲人，但 Juno 並不知道。其實我當時也不認識她，我也不知道為甚麼 Juno 會找我，可能他想找陳珊妮寫曲而不想找她編曲，想找另外一個人撞出一些火花。當時有歌詞幫忙，感覺相當不同。因為歌詞本身很厲害，在講一些很大很虛無的東西。其實很少是有看了詞後便知道編曲是怎樣的。歌詞講述人一出生甚麼都沒有，慢慢被周遭的東西感染、污染，去到最後人還是甚麼都沒有。當時我第一個念頭是在想：如何去表達甚麼都沒有的意境？

我突然間想起 sine wave（正弦曲線），一種最簡單、最純粹的 tone。我覺得歌曲的頭尾都欠缺一個 sine wave，而歌曲一路進行時，我想所有樂器都是 sine wave 的。當歌曲去到後面，講述很多東西想侵入你，去到這個位置就可以有一些比較複雜的編排。去到最複雜的位置，那一刹我在想，不如用一些管弦樂團的聲音，或者人類做出來的樂器，去類比較複雜的東西。因此，歌曲去到某些位置會比較重管弦樂，但基本上都是用 sine wave 做出來的。一來歌詞很有啟發性，二來我都是玩電子樂器而有所啟發，我會這樣去想這件事。

回顧創作歷程，鋼琴成就音樂的創作路

我在想，帶領我進入音樂世界的可能是鋼琴。因為我第一件接觸的樂器是鋼琴；以及我往後所做的事情，雖然也有跟鋼琴無關的，而是關於所謂很電子的音樂，但我第一個所謂的音樂訓練，或者令我對音樂有興趣的工具或方法都是來自鋼琴。這是很根深蒂固的，如果沒有鋼琴這回事我未必會玩音樂，見到笛子我不會走去把弄它，對我來說，鋼琴的出現是一件很厲害的事情。

我覺得對科技和音樂的好奇心對我而言較重要，因為經過這麼多年，我們總是會用某年代、甚至不屬於那個年代的聲音。例如，以前用 sampler，之後用電腦 soft synth；然後又發覺電腦發出來的科技聲音很 2D，現在又玩回 vintage synth。科技是不斷轉變的，我也不一定 stick to 某些東西。我也有所謂 vintage 的東西，是現在才買回來的，當時並沒有買，有一些是因緣際會吧。當時最沒有人要的 analogue synth 在琴行很便宜就可以買到，所以便買了。當時也未必很流行或很多人使用，但其實總有機會用到的。

科技促成虛擬工作網絡的建立，打造自己工作的世界

我不知道科技和創意有沒有關連，不過想到兩件事。首先如果你很喜歡音樂科技，物以類聚，會吸引有一樣話題、語言的人，這樣便會有凝聚力，而「人山人海」便是這麼一回事。然而，這亦不是音樂科技獨有的，例如你喜歡結他，便會和喜歡結他的人走在一起。另一件事很實際，科技進步令很多事情不需要大家在同一個地方做，無論是編曲還是任何一個工序，可以我做好了一部分再 upload 給你，你再加些東西；或者我做好 upload 給 Simon（Simon Li 香港著名混音師）去做 mixing，連見面也不需要了。科技進步的確有令音樂製造、令音樂人之間多了一種方法去溝通，例如和編曲人及 mixing engineer 的溝通吧！

我開始做唱片是九十年代，那時無論做甚麼都要去 studio 的。我做電子音樂，都會將所有琴搬去 studio，因為那時還在用錄音帶錄音。用 MIDI sequencer 錄歌，最多錄到二十四條 tracks。錄音當然需要在 studio 錄啦，mixing 的 console 也在 studio，所有東西都在那裏發生。現在很多編曲都在自己 home studio 做，甚至唱和音只要家中有咪就可以錄音了。時間趕的時候，我真的可以將音樂發過去和音歌手那裏，然後請他唱完就即刻傳送檔案過來。結他手也一樣，最近我找了 Tjoe（結他手）彈結他和陳兆基彈 bass，也可以用同樣方法。最後收齊各人的 tracks，可能就只差人聲錄音要處理，錄音完成後就可以發給 mixing engineer，事情可以這樣簡單地發生。相比以前，

根本沒有可能吧！分別是很大的。

和以前的工作模式比較，我會偏向喜歡現在這樣多些。其實有很多因素的，我向來工作模式都是比較以自己為主，自己帶着一堆機器去工作，有時要出外工作，我是 OK 的。有時是要見見朋友，但我不是那一種很享受一大班人在 studio 一起工作的人，我不是特別喜歡這種工作模式，所以我覺得也可以自己在自己的世界工作後，再在一個虛擬世界溝通。

科技是手段，有創意才能繼續創作

無論廣東歌是否需要創意，或者科技和創意的關係是怎樣也好，我想創意都是最重要的東西。任何時間創意都是最重要的，尤其是現在吧！至於科技方面，我不會將創意和科技扣起來看。當然有些科技會幫助到創意，但其實很多東西都會幫助到創意的。例如，以前甚麼科技都沒有，當時只得琴也可以有創意。可能有些琴手本身沒有「進化」過，沒有接觸過其他樂器，但也可以在限制之下發揮創意；又或者有人本身彈琴但去了彈結他，這些新事物也可能刺激到創意。甚至可能他突然對音樂不太有興趣，然後去了讀詩或寫詩也可以。創意我覺得是重要的，但不一定要規限用甚麼方法，方法只是一個手段，科技可能只是一種導體。新科技是很 fascinating 的，它可能引到你「入局」，除此之外，我覺得科技和創意是沒有必然的關係的。我經常覺得沒有缺一不可的道理，誇張地說，如果科技不是好像現在這樣突飛猛進的話，我們也一樣能生活的，可能是另一個模式的生活罷了。而創意這東西是不受局限的，如果我困在山洞裏畫壁畫，這已經是我的創意了，有限制就有創意的需求。

歷年創作上的變化，愈追求作品的精準與細緻

這麼多年，對於我自己來說，我會慢慢對某些東西追求得比較細緻一點、再精緻一點。例如我年輕一點時，做電子音樂會用比較 electronic 的東西去做，可能當時經驗不太豐富，原來的錄音在聲音的調校上會較 raw 或粗糙，準確度沒有那麼高。到人再長大一點後，就覺得要進步，覺得要精準一點，細緻一點。很有趣的是，現在已經做不到以前很 raw 的東西了，raw 的東西不代表它不好，年輕時的 raw 是一種 energy 來的，現在回顧起來也驚訝自己以前的想法和做法。

如果很 specific 地說，就是編曲和 mixing 上吧。例如，frequency（音頻）上的分佈，bass 和鼓的 frequency 成分都不一樣，為甚麼這裏的 frequency 突然之間不見了？為甚麼這裏的成分這麼古怪呢？這是其中一種可能。又或者可能是：為甚麼這個位置會有這種「九唔搭八」的節奏？年輕時我未必會這樣去分析，沒有那麼高的能力去 overview 或者看到更大的 picture——雖然現在也不太懂。以前會很沉醉於一條聲、一條 line 或者一些奇怪的東西，而忽略另一些東西。

年輕時的想法很多時都來自於一種不安全感。例如，以前我會填滿整首編曲，如果音樂有空隙，或者少了些東西，我就會放更多東西進去。長大一點後，我會更懂得珍惜和欣賞，更會想想怎樣好好鋪排我對音樂的想法。我可能會取走一些想

法，或者發現原來只是很少的音樂想法就可以做到某種高的標準，未必一定要放一堆音軌、聲音進去。那種不安全感，你可以用另一種模式去體現，等於現在有人會在 Logic 裏開一百個 plug-ins，這也是不安全感的一種體現，只是換成由科技去體現出來而已。

我剛才提到所有工序都要在錄音室做，那些 engineer 會覺得我很怪，因他們本身已經有一種套路去做編曲和錄音。我是比較不一樣的，他們已經用上了 Macintosh，我則自己帶電腦和琴去做，去到錄音室就會被質疑：「你的 track 是這樣的嗎？」但年輕時比較容易不按章法——其實到現在都可以的。那時這樣做是一種有趣的 energy，但人大了，不知道是受了外界的標準影響還是其他因素，會覺得要 evolve（進化），不可以整輩子也在「甩甩漏漏」吧？自己也會對自己有疑問。因此，你問我這三十年間的不同，我會說比較像是對技巧要有 precision（精準）和細緻度的追求吧。

本地樂壇前景：多元化音樂湧現

對於本地樂壇前景，實在不敢說。但我覺得是開心的，近幾年香港的流行曲音樂款式多了，有一段時間款式比較貧乏，現在似是愈來愈多元化，愈來愈多新的又高水準的音樂人出現，我覺得是好事。音樂多元化的現象，剛剛我們從「有趣度」去看，但如果從生存角度去看，起碼這個階段還好吧，似乎是多了人聽廣東歌，有受眾回來和受眾群變大的跡象。我們本身可能假設受眾是同一堆人，怎料是多了人的。在以前「有得飛」

（可出外）時，中港台的交流也較多，例如 hirsk（本地音樂製作人及現場電子音樂人）做了一隻 instrumental 的 CD，他出了一隻純電子音樂的 CD，找了台灣的一個 label 幫手發行，然後該 label 幫他報名金曲獎，然後他就順利入了圍。hirsk 他是新一代電子音樂 musician，也有做 commercial 的編曲的。

香港的受眾群本身會擴展，但音樂人也會將自己的音樂擴展去外地。我最近有聽過一個音樂人，叫 Gareth. T，我留意他的原因是有一天我在收音機聽到姜濤的〈Master Class〉，電台介紹作曲人叫 Gareth. T，然後便播了他自己的歌，我本身都覺得〈Master Class〉頗好聽，然後我更喜歡 Gareth. T 自己的作品，上網翻查了他的資料，原來他是唱英文歌的，MV 啊各樣東西都做得非常好，我覺得這樣的英文歌如果放在國際市場不是沒有機會紅起來的。當然機緣是很複雜的，不知怎樣才有那機會，所以我們的眼界要放遠。

至於香港廣東歌的曲風會愈趨向電子風格嗎？這些東西是經常變的，但香港的樂壇從來都不太「電子」，甚至抗拒電子。其實很多流行曲都是很電子化地做出來的，而香港的流行曲也有很多年不知怎的被慢歌或 ballad 主導，其實你看看世界的潮流吧，大部分地方的音樂都是由 rhythmic（節奏化）的東西主導，最簡單的解釋就是歌詞吧，但我覺得現在多了人喜歡 rhythmic 的東西。Rhythmic 點的東西，如果不是 band sound 或 rock 那些，那可能就會是電子了。快歌如果走韓系其實都是電子音樂的，我也沒有特別想這個問題。我覺得多曲風多花款是好的，還有多了很多新的音樂人作的東西可以 catch up 到外面的世界。

編者的話

蔡德才（Jason）是香港一位非常資深的音樂製作人。1999 年，他與黃耀明及梁基爵等人成立了「人山人海」製作公司，「人山人海」除了為主流歌手製作歌曲之外，也替不少非主流的樂手出版唱片。而蔡德才跟香港不少歌手都有合作，他們包括楊千嬅、梅艷芳、鄭秀文、陳奕迅、梁詠琪、at17 及郭富城等等。蔡德才可算是香港電子音樂樂手中的一位表表者，而我們從他訪問中所談及〈無念〉的編曲，可以感受到他對電子音樂與佛學哲理的獨特見解，以及他充滿創意的聯想。

（訪問日期：2021 年 6 月 1 日）

第十五章 劉祖德

劉祖德，音樂監製、創作人、專業和聲及歌唱老師。自 1995 年第七屆 CASH 流行曲創作大賽贏得冠軍後，多年來憑各類型音樂工作，於各大傳媒機構屢獲殊榮。曾創作流行曲逾 200 首，為超過 600 場演唱會擔任和音、和聲統籌或演繹指導，並為過千首歌曲灌錄和聲。曾合作的歌手包括張學友、陳奕迅、劉德華、鄭秀文、張敬軒、郭富城、黎明、李克勤、容祖兒、李玟、王傑等等。

隨音樂生態而不斷轉變創作形式
——劉祖德

參加大學比賽入行

我大約在 1993 至 94 年參加大學歌唱比賽，是用我自己寫的歌去參加的。之後在 1994 年，我代表城市大學出席聯校歌唱比賽。當時有一些在樂壇裏擔當幕後、很資深的音樂人，例如歐丁玉、趙增熹等等擔任評判。那是一個唱歌比賽，不過因為我自己寫了一首歌，他們就很留意這些東西了，可能因為他們是音樂製作人。當時趙增熹邀請我跟他談話，並留下了卡片。後來輾轉下，我就開始寫歌給當年的「星工廠」(當時由許愿創立)。然後，我就一步一步由 part-time 的形式開始，最初純粹寫歌，不過他們也有一些 production。那時我剛好大學畢業，因為我是讀電腦的，所以便去了政府做 programmer。後來我發覺太忙了，幾乎沒有時間睡覺，究竟能否繼續做政府工的同時又做音樂呢？那時候覺得不能這樣，雖然做政府工會有一份安全感，但最後我還是決定要離開政府，全職做音樂；加上，當時我贏了一個比賽，叫做「CASH 流行曲創作大賽」。那次我贏了冠軍，覺得這是一個很好的鼓勵，原來我所做的音樂有人認同，而我會視之為一個轉為全職的「藉口」——當然自己也很想全職做音樂。於是，我大概在 96 年年底左右開始做全職音樂人。

促使我去寫歌主要由於有兩種需要。第一種，是實際需要；第二種是「emotion」（情感上）的需要。實際需要方面，可以舉我第一首寫的歌為例，那是小學時寫用牧童笛吹奏，而不是唱的，因為那時我想可以參加獨奏，一個人去吹奏，或者一個人去彈任何東西也可以；另外，我也有參加唱歌的 category，只要是跟音樂有關的我都想參加。還有，我會想不如也參加合奏吧，於是當時就找了一個跟我很要好的同學一同吹笛，那時我們是校隊代表。我們找了一些學校的樂譜，好像只有一首還是兩首是牧童笛的 duet，沒有很多選擇。我就想有甚麼可以做呢？於是就寫了一首出來了，那時是小學時期。這就是為了需要而去寫，而當我入行後，也發現很多時候都是為需要而寫。

另外一個原因，就是想抒發和表達情緒。不同的人有不同的形式去抒發，會用不同的 art 的形式，例如寫文章，當然唱歌也是一種形式。我很喜歡天馬行空去做某些事，那就不如寫歌吧，於是我就開始寫歌了，是流行曲的那一種歌。大約在我中二至中三的時候，就有了一些歌曲的雛形，去到中四、中五就會寫一些更完整的歌參加學校的比賽，所以之後凡參加學校比賽也是唱自己寫的歌。

初入行寫歌：由用 cassette 到電腦科技的應用

其實某程度上，我剛開始正正式式寫一首歌的時候，已經有一些科技，但這些科技的能力程度比較低，沒現在這樣高。

最起碼當時沒有電腦，只有一些電子琴；而電子琴上有一些plug-in按鈕，只能做出一些比較簡單的聲音效果。最初寫歌的時候，就是先用電子琴錄奏音樂，然後再錄自己所唱的。其實是一種很原始的方法，但也算是一種科技，電子琴在那個時代就是一種科技。我年少時也沒有很多機會去學彈琴和樂理，家庭背景限制了我去做這些事，全部也需要自己去學。電子琴是我有能力去掌握的東西，幫助我去做音樂，就像是當時的電腦一樣。然而，那時有很多限制，我只能跟着那些限制去寫歌，只能跟那些plug-in去寫。我是很習慣這樣去配合的，利用手上有的技術去做。那時我有兩部cassette機，一部是爸爸的，另一部是我的。其中一部是用來錄聲音效果，但我覺得還不夠。那時我會overdub（疊錄），這一部在播放的時候，另一部在錄，同時又會播放。這樣疊加上去會有很多雜訊，但沒有辦法，而我只能做兩至三次，否則會有太多noise。第三次的時候我一定要唱了，而且不可以出錯，否則就需要從頭開始。那時候就是用低科技去做的。

如果是professional的製作，我們是不會用cassette帶的，因為cassette帶會有很多的noise和loss。它不是digital format，雖然聲音質素也可以很好，只不過它也會令原音流失了，亦很容易有noise，以及很容易變壞。那時ADAT就是multi-track的media，最多arranger（編曲人）會用，雖然那時已是一個不小的數目，不過以當時大約港幣五、六萬元投資，比起買一個studio size的大錄音帶、數以百萬計的投資，那數萬元又不是那麼貴，算是很少了。當時用ADAT有二十四條tracks，基本上是足夠我們去生存的，雖然算不上是很多tracks

(現在用電腦是可以無限 tracks 的)。當時，我們經常需要計算用多少條 tracks，這條怎樣，如果不夠用又要如何 overdub、去 stereo，以空出幾條 tracks，所以我們要不斷計算着。那些 multi-track 通常會變成我們的 product，並會用上 DAT（Digital Audio Tape）。

如果由入行開始計的話，當時做 demo 是沒有用電腦的，只用 cassette 帶。我的意思是，我交 demo 給別人時是用錄音帶的，那錄音帶是 dub (配入) 出來的。那時候有一種叫「multi-track」的錄音帶，我買的那一部 ADAT 就好像錄影帶 VHS（Video Home System）的大小 (如果大家還知道錄影帶是甚麼)。它是一種高密度的帶，特別為錄音專用，每一個錄音帶可以錄八條音軌，而且是 digital 訊號，所以沒有 noise 的問題。通常我們會 stack 三部機，總共就會有二十四條音軌，而這三部機又會自動校正，達致一起運作的效果。現在回想起，那只是一種很低的科技，但在當年已是一項高科技了。這只是二十多年前的產物，所以變化其實很快。

我第一首編曲，那亦剛好是我第一首寫的歌。那首歌並不是用電腦去做的，而是用當時一部 Roland MC-50，是一部一呎乘一呎、深灰色的，有像電話 key 的按鍵，還有提示燈，就這麼多了。它是一部 sequencer，本身沒有聲音的，但會記住一些訊號，當去 call 一些聲音出來時它才會有聲音。以前，我未擁有這部 MC-50 前，我想成為一個可以編曲的人幾乎是沒有可能的，因為我又不是受過訓練去做音樂，即是沒有讀過書，沒有從小接受訓練，或者自 Berklee College of Music 畢業回來；若受過訓練或讀過書，當我做編曲時，我可以不需要這台機器，因為我可以全部都寫在樂譜上，然後去請不同的樂手，如打鼓的、彈低音結他的、彈結他的，請他們去演奏，這樣編曲也是可以的，但我不是這樣出身的音樂人，我的做法就是靠 MC-50 這種科技，它是令我可以成為編曲人的一台機器。

直到 2000 年後，用電腦做音樂開始普及。其實，在 2000 年初，或在九十年代尾的幾年，科技出現了很大變化。當然，電子琴一直都在演變，這是硬體上的演變，再加上有了 sequencer 的出現。電腦實在太強大了，它很 flexible，變化得很快，又不斷 upgrade，而且不斷有新的 model 及新的 software 推出市場，並不時有新的 version。不知道大家知不知道甚麼是 sequencing 和聲音？Sequencing 就是 MIDI，它是一些訊號來的，即是我彈了一個 C 音，MIDI 訊號會 drive 一些聲音，這些聲音是來自其他的東西去發聲。Sequencing 和聲音慢慢的在 integrate，由 2000 年後的幾年開始愈來愈多這種 integration。只要利用一部電腦，無論是訊號或是發聲也是在同一件物件上，而且運作得愈來愈快，變相令我可以更加快地去完成要做的事情。

其實所有東西一路以來也可以做得到，當你去做音樂，從以前到現在，所有事情都可以做到的，只不過以前需要的時間和現在有很大分別。例如彈鋼琴，我要找一部很好的 Steinway 出品的鋼琴，如果家中沒有的話便要去找；另外，如果需要好的錄音，我們就要找一個 studio，當中要有一部 Steinway 鋼琴；此外，又要找一個鋼琴技術好的樂手，亦只能一 take 過。這是最沒有科技的時候的做法。現在我們只需要 call 這種聲音出來，用我們的 MIDI keyboard 去輸入，甚麼也可以做得到。有哪些小節彈錯了就再彈過，每個音差一點，我們也可以去修改；這個 Steinway 的聲音在「這個 hall」不好聽，我們就把這個 Steinway 放在「另一個 hall」裏面，只需按鍵就可以換「另一個 hall」的聲音了，是很簡單的事情。此外，如果我們發覺這個 Steinway 不太合適，我們想用 Yamaha，我們也可以按幾個鍵轉去用 Yamaha。其實這些都是很簡單的，這加快了整個創作的時間，而剛才我提到的只是鋼琴，但其實所有聲音都是一樣。

差不多是 1998 年，我買了一部電腦，是我的第一部 Mac。那時候的 Mac 機外觀跟現在有很大分別，起碼還不是 flat screen，後面有很大的一個東西。我亦見過但沒擁有過的，是最開初的 Macintosh，像一個盒子的外形。它的外觀十分精緻，很 classic 的感覺，相信有很多人會保留着，但未必會再用了，因為它的運算速度很慢，比我們的手機慢一千倍吧。然後，我就開始用 Digital Performer 這個軟件。不同的軟件會有不同的強項，Digital Performer 的強項是可讓我從零開始去做一些聲音，而 Pro Tools 的強項是將一些聲音做 mixing，將其變成 final product，做成一首歌。

其實當時我在「星工廠」有使用他們的 Mac，所以我才會覺得我不能沒有它。當你用過一些很厲害的東西，就會開始覺得自己的太弱了，於是無論有多昂貴，我也要買。那時候的 Mac，所有硬體組裝好，需要數萬元，但也沒有辦法，賺了錢就要買這些東西。Digital Performer 和 Mac 這兩件物品就促成我很大的轉變。那就是我有 flexibility 去做編曲，因為以前我用 MC-50 所能做到的編曲是比較「quantized」一點，是比較不「humanized」的東西，這是我的個人感覺。當時誰還會用這機器呢？例如徐日勤就是這樣做的，但他能編寫到很悅耳、很棒的東西，因為他彈鋼琴真的很厲害。我彈琴不太好，而當時又沒有那麼高科技，可以減慢、加快，因為用那台機器是很複雜的。我不能做這樣複雜的事情，所以它限制了我。某些事情我用電腦就可以做到了，做到一些比較難的事情，例如 strings 的一些 run，我用口也唱不了，彈琴好的人就做得到，但我不行，我會彈得不清不楚的，那我就彈慢一倍；做到了，然後聽的時候調校快一倍，就成功了。

有時候，我要每個音去找出來，因為彈得慢的感覺和彈得快有些不同，我要逐個音去修改。這都算是能把工作完成，雖然慢了一點，但也算是做到了，這是全靠電腦的幫助。這其實很重要，因為很多很多後來做的編曲，都是由那部電腦開始做到的。然後是可以買的，例如 sampler、modules，那時候我就夠膽去幫別人的歌編曲。以前我不敢編別人的作品，因為我怕會打擾到他們，幫他們的歌做編曲，我不想編得不好。自己的歌編得不好是自己活該，但編別人的歌就不可以了。有了電腦以後就夠膽，也不止是自己夠膽，而是其他的監製也開始夠膽找我為其他人的歌做編曲。那時應該是 98 年以後的事。

我是一個很懶惰、不想去改變一些習慣的人，所以到現在還是用同一個軟件。然而，現在其實有很多 competitor，例如 Logic Pro，是 Apple 推出的。Logic Pro 這個 product 比 Digital Performer 還要強，因為它有一個很好的 sound library，而 Digital Performer 是沒有的。很多新手會覺得 Apple 這個程式很 handy，因為一買下來就甚麼都有了；而且在價錢上，你只需用一個價錢，就可以買到很多東西，不用擔心買了以後，還要買 third party 出的這樣、那樣。如果這樣不停地買，那可以是一個天文數字。我一直都在使用 third party 的聲音，也是不錯的，聲音很好，合自己的心水。因為聽聞如果要加入新的內容……你也知道科技好的地方是帶來方便，但不好的地方是，當不斷升級以後，很多事情也愈來愈複雜。例如 Digital Performer，它所做到的可以很 powerful，很複雜，但同時有不好的地方，例如它會 crash，在一個你未知的情況下 crash。愈是加了一些新內容，就愈會有一些 unexpected 的事情發生，可能之後你就會有一星期的時間甚麼也做不了，因為你要 fix 那些 crash。為甚麼會 crash？為甚麼一打開就會 down？如果我早知道這樣的話，我就不會 take risk 了。因為我現在用的方法可行，就不想改變了。

我初期用的 module 是 Roland 的 JV 系列，剛開始有 JV-1080，然後出產了 JV-3080 和 JV-5080。我擁有的是 JV-1080 和 JV-5080。In fact，JV-5080 應該還在家裏，不過不知放在哪裏了。另外還有一個是 KORG 出產的 TRITON，是中期加入的。它有很多類型的聲音，然後還有雅佳（Akai）出品的 sampler。這個 sampler 不知大家知不知道是甚麼來的，剛才我提及過的 KORG TRITON 和 JV-5080，這些機器都是一些已經 synthesized 的聲音，利用電流和電子零件去模仿聲音，用不同的方式去模仿，而原來這樣模仿會和弦樂很相似，那樣模仿又會很像鋼琴，全部聲音都是模仿的。Sampler 是由真實的聲音錄製後播放出來的，例如鋼琴的 sampler，在做 sampling

的時候是逐個音去彈出來，然後逐個音錄。當然，它會在一個很好的地方錄製，有些更 detailed 的部分可以連大、中、小的力度都分開去錄。當你任何時候去按播 MIDI 的鍵，那個 sampler 就會把已錄好的鋼琴的聲音播出來，是一些真實聲音來的。Sampler 在那時候是一個很重要的器材，因為沒有它，很多東西都會很假，除非你有一個超級大的製作，並有很足夠的時間，否則我們很難去錄真的鋼琴聲、拉弦樂聲及銅管樂聲。其實，香港已經十分厲害，已經有很多 players 去做這些 professional 的 session。不過這同樣需要時間，香港人真的很恐怖，經常有一個情況是我收到一首歌，說兩個星期後就要 plug 了，在商台一定要有三甲。當年事情是會這樣的運作，現在的做法又會很不一樣。當年就是這樣子，很趕的去做一首歌，很難每一個 session 都是真的，其實是十分困難的⋯⋯所以，種種原因加起來，就會有這一種形式的製作。

這兩個最重要，而後來科技的轉變，是我們用的 modules 已預先掛載在電腦裏，即其實整件事的變化沒那麼大了，所以最重要的變化就是 98 年左右。再說其他變化的話，就不是跟創作有關， 而是 post-production。Post-production 的變化是電腦運算愈來愈快後才發生的，大概是 2003、2004 年之後了；到電腦再快些的時候，有些 post-production，例如 compressor、EQ，音質好一點的 reverb，都可以在電腦裏做得到，這進步是一步一步發生的。當然中途要不停把電腦升級，Apple 賺了我很多錢，哈哈！不過大家都被 Apple 賺了不少錢，例如 iPhone，大家都是逃不出它們的。

錄音工作工序的轉變

以前錄音工作有兩個階段。通常他們有一個 session 叫 mixing，但在做 mixing 之前，會有多一個 session 叫 tracking，但現在沒有了這個 session 了。在那個 session，我們要預約一個錄音室，要將我 ADAT 的聲音傳輸去做 mixing 的母帶上，當中有一個過程叫做 tracking，大約要花一至兩小時去做這件事。噢，有一些人是刻意不用 ADAT 的，因為他們認為 ADAT 的聲音不好聽，那他們就會跳過了 ADAT 這個過程。我是一個讀電腦的人，我覺得它始終也是 digital 的，傳輸過後也是 digital 的，不會有甚麼的 loss，所以我不會不相信 ADAT 的。就好像有一些人很怕用微波爐那樣，有很多人都會用微波爐，即使你不用，外出用餐時食物也有機會是用微波爐翻熱的。那時我會用 ADAT，而 ADAT 也幫了我很多，不用便會很麻煩，你帶幾個 JV-5080 及 TRITON 等，再加一個 sampler 是很基本的，還要把它們拖來拖去，我覺得挺辛苦的，是 physically 整個人很辛苦。我用 ADAT，如果那個 studio 也有 ADAT，那我就只需帶錄音帶。那時事實上有很多 studio 都是沒有 ADAT 這機器的，那麼我就會帶一部 ADAT 的機器，有兩個 racks，我起碼不用帶五部機去，很多、很重。至於 ADAT 的話，我怎樣也要帶，唯有抱着它上的士吧。

彈鋼琴激發作曲的創意

作曲前，我會首先開我用的軟件 Digital Performer，然後當然本身你需要有 idea，大概想做一首怎樣的歌。無論是慢歌、傷感歌、快歌、跳舞歌，你要有一個 idea 知道自己想做甚麼。接着用電腦開始，想一想，我要一首很憂傷的，起碼我會開一些小提琴的聲音出來，感覺很憂怨的，再去創作那些聲音。另外，我會選一些比較 mellow 的鋼琴聲，不要太硬的聲音。即是說，選擇聲音是第一件事，不過可以作改變的，那就是之後的事了。我特別是指一開始想好音色後去選擇不同的聲音，並排列好。每一種聲音都聽一下，自己感覺一下當刻我想要的 demo 的 idea 是怎樣，就這樣去找出來。雖然這不是最真實的聲音，即本身小提琴的聲音不是最真實的，它是由鍵盤彈出來的，未必是充滿着感情的，沒有 articulations。不過，它會給你一個 idea，你就能大概有一個概念：可能這裏有小提琴的聲音，那裏有一些結他的聲音；而我又找一些不同的聲音去試……就這樣堆砌出來。

我通常是先彈琴，因為這很容易做出一個 backbone，有 verse，有 chorus，齊齊整整的，會令我容易地去看通整件事。然後，我有時會把鋼琴拿走，彈一些結他，靜一點的，然後加一些弦樂；或者有一些位置是比較激昂的，就去打鼓，然後就是唱——所有事情都是在同一個環境下去做的，對着同一個軟件。作為一個 observer 在旁邊去看，你會覺得很恐怖的，因為那個人已經坐在這裏八個小時了，但我在這裏其實變了很多事情出來。一會兒我在模仿彈琴，我只是模仿彈琴的，我其實不是一個彈琴很好的人，很多時候我彈琴時需要把拍子機調慢一半速度去彈，因為我彈得很差。我把速度調慢一半，整個想法也要慢一半的去彈；然後轉個場景，我拿着一支電結他去彈，其實我又是按着同一堆按鍵，所以我大部分時間都是坐着。在流程上，我是 physically 沒有移動的，我只是對着電腦，電腦不斷有不同的東西給我用。直至最後去到唱的部分，我也是把咪高峰拿出來唱，然後錄下來，也是對着電腦做，只是多了一樣東西。錄好後我就把聲音作 tuning，例如這個聲音要薄一點，襯托某某東西，又可能要加一些 echo、效果等等。

其實成品只是 demo，而電腦又如此普及和 powerful 的緣故，所以這些 demo 我們也會做到和 product 有點相似，很多時都是這樣的。若很仔細地去分析，其實還是不行的，可能會有一些出錯，是可以更好的，諸如此類。不過基本上聽起來，這個 sound 好像能推出一般。這個就是我做 demo 的情況。其實這已經包含了開電腦之後，找 idea，找聲音；然後編、唱，再然後有一些 post-production，就是剛才說用 Pro Tools 和 Digital Performer 的分別。其實，Digital Performer 也可以做 post-production 的，不過可能沒有 Pro Tools 那樣快捷方便，但都能做得到。我就會在 Digital Performer 完成，因為我做得比較快，我對這個 software 很熟悉，我就在 Digital Performer 做 tune 聲、mixing，直至整件事情完結。可能我已經坐在電腦面前兩、三天，同一個位置，八小時又八小時，類似這種情況。

藉科技應用進入創作路，擴闊創意的疆界

對我來說，科技和創意的關係是十分重要的，因為如果沒有科技，我應該會做有關電腦的工作，而不是音樂。不過如果沒有科技的話，連電腦也沒有，那我就真的不知道可以做甚麼

了。因為科技會令到像我們這種從小沒有接受任何 music skill 訓練的人，也可以 make possible 地去做事。我們有一些東西是比別人優勝的，例如彈鋼琴不錯，但始終總會有一些樂器是我們未必在行的，不是每一種樂器都能彈奏得很厲害。科技就令我們可以好像懂得打鼓，雖然我不懂得打鼓；我找到這個 bass 的 sample 很好，彈出來很好聽，但我不懂彈 bass。它就令音樂創作整件事變得 possible。我們這個年代的音樂人的創意能容易地去 crossover 很多東西，而不只是做我們懂得的，或者技術上懂得的。我們靠 observation 也好，聽也好，例如我剛剛聽了一些中樂，將中樂放進流行曲，其實原來自己也可以作不同的嘗試，都是因為有科技的幫助。當然，我自己是不懂中樂的，最好也應該找一些相關人士去瞭解更多。

但當你開始有一些研究，聽多了這些東西的話，例如我剛入行時，我是完全不懂彈結他的，所以我找過很多彈結他很好的人合作。觀察他們彈結他久了，便知道了他們在做甚麼，如何可以做配合，還有那幾根弦線的用法。當然終究這是自己不懂的，始終是一種技術，需要很長時間的練習；而我只懂得彈鋼琴，那我就可以用琴去把聲音 call 出來⋯⋯噢！原來要用這些指法彈這些音才會像結他，而不是像彈琴般，要知道用彈琴的方法去彈結他是會很奇怪的。就是有了科技的緣故，令我略略懂得彈結他。最終我當然會找一個彈結他的人，令整體更有生氣，但 before 這件事去到 final product，我在中間的過程就可以 speed up 很多。如果我沒有這個科技的話，我每一次要找 idea 時，都要找一個結他手，他坐在我面前，「我想這樣那樣，你可否試奏一次給我聽」⋯⋯這樣來來回回，本來一小時可以完成的，可能要兩天才可以完成同一件事。因為他不是我嘛，我每一次都要解釋，和他討論，他又要去構思，這樣一來一回花很多時間。因此，科技令我們有很多的 idea possible；反過來，彈結他的人在電腦面前也可以組合到其他類型的樂器出來，一樣可以的，不需要找彈琴不錯的人去做也可以。

我再舉另一個例吧。例如本身我不太懂 orchestra，每一件樂器如何演奏，還有音域等等，我是不太熟悉的。然而，科技給予我很大的幫助，就是現在的 samples 也已經限制了你。如我開小提琴的 sample，我愈彈愈低，最後是沒有聲音了，那我就知道我已經 out of range，然後再看看最高音可以去到哪裏。雖然有些 samples 即使很高音也會有聲音，但如果你有一些經驗的話，就知道要避免用那些很高的音。我有時也沒有理會，我寫得很高音，然後那些跟我頗熟的樂手會跟我説這個音拉不了，很高音，又這麼長，那我就唯有改一改吧。不過基本上，我有一個概念，就是即使我沒有正式讀過音樂，但我因為電腦科技的轉變，而那些聲音的像真度也很高，我就會知道那些音應該如何處理、如何去 articulate 等等，這全都是因為電腦。

後來再加上 Google、YouTube，很多事情在網上都能夠學習得到。例如，最近我在網上教和音，很多都是我自己編的，也會找一些嘉賓參與。例如做〈春秋〉的那一次，我要吹管子，但其實不太懂，不過我認識阿謙（馬瑋謙），他是玩這些的。不過，我也要在網上做一些 research，不可以亂來，不可以亂叫別人吹其他東西，於是我就上網 research 了一下，原來香港中樂團在其網站裏有很詳細的樂器介紹，起碼我會有一些想法，要吹甚麼東西。我自己本身亦認識那位樂師，我知道他可以吹一些適合那首歌氣氛的東西，令整件事變得很有趣。其實科技的改變，容易增加大家對樂器的認知，令我們更容易理解如何去運用每一件樂器，因為有很多網上的知識。例如剛才提及的香港中樂團，它以前沒有這些資訊放上網的，我就不知道那些知識了。現在因為它已經放在網頁，我能夠看得到；然後 YouTube 也有很多示範，那我就會知道了，就是這個方法令我認識更多跟音樂有關的不同事物。

拍片教學，上載 YouTube

Pandemic 開始後，我沒有演出的機會。我近年少了作曲，有各種原因吧，可能是我懶。現在我也開始嘗試寫歌，而我亦看到現在寫歌的人也不錯，不一定要我寫的，有很多的藉口吧。做演唱會就是我近年的主要工作，就算現在身處加拿大，我都會飛回香港工作。我飛了很多次，2019 年我飛回香港或者亞太區都有十數次了，差不多平均一個月一次。有時回到香港，而香港只是其中一站，然後可能會飛去中國大陸的城市，或者是東南亞，飛很多次。某程度上，地域界限都不是太重要了，因為有很多演出都需要坐飛機，有時我會由溫哥華直飛到北京或者台北，都不用回香港。也有一些演出在美、加，例如 Las Vegas、New York、Toronto 等等，我就在這邊自行坐飛機，不用先回香港再飛這樣慘。所以現在的情況不同了，運作上也不同了。

但由於 pandemic 便沒有演出，我初時有一種可以休息的感覺。過去有時也會沒有演出，可以有個多月的空檔，那就自己休息一下，或者去旅行。不過，今次的情況不同，今次沒有工作一個月，你眼見將來也好像沒有工作，當時是有一點驚慌的。雖然個人生活上沒有很嚴重的經濟問題，工作了這麼多年，儲下了一些錢，並不會太擔心。但是人沒有了工作，感覺上的 frustration 便走了出來，因為一向 freelance 都是這樣運作，但現在行不通。有如此這樣的空閒，我還以為會令我很開心，但原來不是，太空閒會令我心理上有點不舒服的感覺。原來我是一個很喜歡工作的人，即是放一個月假其實還可以，但一個月後仍沒有工作，那就不可以了。於是我在想，不如我去找一些事做，於是就有了現在最能夠做到的事，就是教人唱歌。我 search 一下便發現原來已經有很多人教唱歌，那不如再收窄一點吧，教人唱和音。香港好像沒太多，那我就打算試一試。第一集的時候，我說話斷續不清，所以剪掉了很多。不過我既然已經知道自己說話不通順，我不如笑自己這麼醜吧，於是就這樣剪輯，是存心這樣做的，因為我說話時真的很 stupid，並斷斷續續，而剪輯會令整件事輕鬆、得意一點。

現在你訪問我，我可以說這麼多東西，但如果你要我從無到有，自己一個對着鏡頭說話，其實我會不知道我該怎樣做。開頭我在想，一按下「record」後，我該說甚麼呢？說了「歡迎大家來到這個節目」後，就想不到有甚麼要說了。其實我是做得不太好的，於是我又嘗試先寫下對白，但就會變得很生硬，讀了出來後，我再播放一次，我自己也看不下去。所以經過了一個過程，嘗試過好幾次後，我才夠膽推出第一集。但當然都是很好笑的。

其實到今天我還是做獨腳戲，只不過我會邀請嘉賓參與。

嘉賓的參與是有不同形式的，有時他們會做編曲，但很多時候是我編好後，他們就做我的樂手，演奏一個樂器，就像以前監製般，「你幫我把這些都彈出來吧，我把樂譜給你」，諸如此類。有時會有幾個人參與，我就會安排那幾個人怎樣做，但同時亦會複雜一點，因為他們也需要進行拍攝。然後，就是我負責剪片、加字幕、做校對、調色等等，很多工作要做。但整件事是不錯的，過程中學到了很多東西。其實也是因為科技，我哪懂得做這些工作？全部都是從網上學習回來的。我是去到一個情況，我想做某件事，但沒有能力做得到，因為有一些東西不懂，我就會去學那樣東西。我這個人就是這樣的，以前是這樣，現在也是這樣。

我現在的 subscribers 其實不是太多，剛剛過了三千多，views 也不是太多，只有幾千個 views，有一些可以超過一萬。不過真正有收入的 YouTuber，他們的片都有幾萬，甚至超過十萬的 views，那就可以變成他們的生計。我現在還不是，情況只是一般，廣告不是太多，甚至連那些 video 的廣告我也不要，我覺得很煩厭。如果你們有看 YouTube，需要時間去等待跳過廣告，就令人不想等了。有時如果你不跳過的話，那個廣告其實是頗長的，差不多兩分鐘的長度，很煩厭。所以我完全沒有落廣告，不想觀眾在收看的中途被廣告打斷，反正這件事的收入還不是很多。

我覺得最開心的是我能不斷地找回我的朋友，雖然未必全部都有，但大部分片都會找嘉賓的。其實最開心的地方就是找嘉賓，有時跟那些嘉賓未必很熟識，例如 Edmond Tsang（曾奕文），我本身跟 Edmond 並不是十分熟稔，但也是互相認識的，亦有可能是因為以前我們就讀同一間中學，是師兄弟關係。跟不同的人接觸感覺很好，有些是熟識的，有些可能只是在演唱會合作過幾次，未必很熟稔，但因為 pandemic 令我有機會接觸很多不同的音樂人。整個疫情令我們很難與其他人接觸，但反而令我覺得這是一個機會，去接觸一些以前很少接觸的人。整件事很 fruitful，可以跟不同的人合作，其實我很開心，那些朋友願意一起玩，不介意之餘還十分認真。因為我做這些影片，不是要有一些收入，而是想分享一下我認識的範疇，大家也是知道的。大家不會好像以前製作一首歌，有一些資金預算，然後我要聘請你去彈一些東西，完全不是這回事。我發覺這樣原來更開心，大家都不是向錢看，不會因為你聘請我工作而受到限制。原來這樣的音樂也可以做得很好，很有創意，大家也很付出心機去做，我覺得這些已令我很開心，不能用金錢去衡量。

另一個想法是，為甚麼我很喜歡找不同的音樂人去參與，是因為大家平常不會有機會認識他們。在我的頻道裏看到，大家就會留意到某一個人，原來他會玩甚麼的，而且玩得很出色。我想帶出的是香港有很多音樂人，其實是世界級的，很厲害的，但沒有太多人去 credit 他們。雖然我的頻道還未去到有很多人收看，但大家看了後會認識多了一些值得讚賞的音樂人。他們玩擅長的樂器，一輩子就是做這樣的事，他們的技術很高，但沒有太多人認識。我就是想讓大家看到，平常聽到的，不論是粵語歌還是國語歌，那些很好聽的音樂從哪裏來，知道他們就是作品的幕後功臣。

其實這是很有意思的。正如剛才所說，我剛入行時還有唱片，那時是黑膠碟的後期，CD 開始盛行，很多人去買。那時候買的 CD，裏面會有一本小書冊，印上了很多製作資料。我覺得當時很尊重音樂人，會寫上誰彈結他，誰唱和音，誰人打鼓等等，你可以看到他們的名字。然而，到了 digital 的世界，能上網之後，卻不會經常見到，更加比以前不知道是誰人做，focus 全都去了歌星身上，沒有了誰負責甚麼甚麼，反而多加了導演是誰，燈光是誰，場務、茶水，那些名字你會見得到。為甚麼呢？因為在那些影片裏，製片人會要求加進去，做製片的很緊張幫忙製作的人，想把所有名字都寫出來。然而，他未必知道音樂製作上，誰彈結他，誰彈琴，他除了只知道誰作曲、填詞，就沒有其他了，很多時都是這樣，就連編曲也沒有寫。其實也很可悲，因為這些人在音樂製作完成後才將整首歌交給做 video 的人，而做 video 的人真的不知道誰在彈結他，把這首歌交給他的人沒有提供的話，他真的不會知道，你也難怪他只可以把場務、茶水也寫上去，但寫不了唱和音的是誰，寫不了，因為他不知道。所以我覺得我們需要多些管道，去讓大家認識一班幕後的音樂人，給予他們 credit。

建立越洋的合作夥伴關係

越洋的合作之所以可行，都只是近五、六年間的事，十年也沒有。這幾年間，音樂人互相合作的地域界限開始不同了，這不只是我在加拿大有此情況，有些編曲的人，他可以身處新加坡或者美國，去其他地方時會帶備一些小型的 keyboard。它是十分 handy 的，按鍵比較細一點，彈的時候要小心一點，但都能用來做音樂。除了這些小 keyboard 外，還有帶上 MacBook Pro 就可以工作了。所以那些人做編曲，無論身處何地都可以工作。譬如錄音，我身處加拿大，雖然今年的 production 的確少了，但一直以來，我做的一些和音都是在自己加拿大的 workshop 裏錄的。負責的那個 producer 想找我唱時，就會把 MMO 傳送給我，還會把主音的音樂部分傳送給我，他 brief 完我該怎樣做後，我就在家裏錄幾條和音；試過最多錄了十多條，整首歌都在家裏錄。然後，就把所有都傳送回去，這都是因為近幾年 Internet 的速度夠快，這樣做也算是簡單和輕鬆的。如果是十年前，我們需要互相傳送音樂的話，我 upload 六條錄音，加一些不同的 variation 給 producer 選擇，可能一共十幾條錄音；當我把它們 zip 好後再傳送，可能要一至兩小時。這是十幾年前的情況。尤其是當我過了加拿大，越洋以後，不知速度會否又再慢一點，有很多考慮，所以如非必要都不會這樣傳送。如果是編曲的話，檔案數目可能去到四十至六十條不等。這樣，可能睡覺前上載，起身後就要望一望有沒有斷線，就是有這些事情要做。以前並不是完全不會這樣做，但因為太不方便，所以我們不想這樣做，那我不如在香港找一個人去錄、去編，以前就是這樣。但現在不同了，大家都感受不到這種麻煩。現在我按一按鍵，二百多 MB 的檔案，幾秒鐘就傳送完畢，上載到雲端了，下載也可能只是十秒八秒的事，就可以提取這二百多 MB 的檔案了，二百多 MB 其實已經是很小的檔案了。所以是現在的速度快了，才可以這樣做得到。

從事和音工作：需要可塑性高的唱法

我記得我第一次唱和音是 98 年，是參加「饑饉三十」的活動。我是第一次在這類型的活動唱和音，當時應該是協助劉德華。之後在 1999 年，劉德華便找我去他的巡迴演唱會裏唱，然後就有不同的演出機會了。如果從時間上來判斷，我就是從那個時候開始和音工作。

我覺得如果你發現身邊的人很喜歡模仿聲音，即是他們很喜歡去模仿某某歌星，不止是模仿一個，而是會模仿這個、那個的話，那他就有這個潛質去唱和音了。因為唱和音有一個很重要的特質，就是要很 flexible。有一天，你跟一個很 rock 的人演出，明天可能要跟一個很 soft 的 artist 演出；可能今天是男歌星，明天是女歌星，會有很多很多的變化。有時他們會要求你的聲音由很輕的氣聲，到很實在很 rock 的也有。如果你發現他很喜歡模仿不同的聲線，唱歌上就會遇到較少的問題，因為愈 flexible 愈重要。另外，最好是自己甚麼類型的歌都會聽，而不是只聽一個 genre、一個類別的歌，是要很廣闊，甚麼都會聽。這樣也會有好處，因為你不可以控制自己在那個演出裏只唱慢歌，不唱快歌，這樣別人是不會邀請你的，你一定要甚麼都唱才可。如果你本身並不是特別喜歡某些 style，例如 R&B 我不太接受，那就很嚴重了。例如在方大同的演唱會中，整個演出都是 R&B，即使你不喜歡 R&B 也是無辦法避開的。所以如果你甚麼類型的歌都會聽⋯⋯應該這樣說，唱和音時，你不能夠把自己的 ego 放得太高，不能把「me」放得太多，要將自己放低很多，才會做到一個好的和音。

和音編寫大致上有幾種情況。有時是由 arranger 去編寫，我就按照他寫的譜去唱。有些感情上要處理的可能要自己調整，但基本上音和拍子都是這樣的。有時他會連感情也寫上去，哪裏要細聲，哪裏要用氣聲，哪裏要有 power，哪裏要吸氣，他也會寫上去的。另一個情況是，arranger 會編寫，但有偏差，即是他本身不是常做 vocal 的事情，但 producer 叫他去寫，他只能答應做。於是他寫了一份譜，上面或許會有一些不太適合那一首歌的安排。如果發生這個情況，我就會向 producer counter-propose，表示有機會需要作出修改，你能否讓我去改。通常找我唱和音的都會讓我改，那我就會慢慢修改。因為他寫下去的都是他的 idea，起碼例如哪裏有和音，哪裏沒有。Execute 的時候，他把我當成一個小提琴般，但我不是小提琴，我是一個人，要調整一下。其實就是令整件事變成是人唱的，就像是我根據他編寫的內容重寫一次。這個情況是最難做的，因為需要很多溝通才可以做到。第三個情況就簡單得多了，就是編曲人表示他不會寫和音，如果負責的監製找我的話，我就會自己去編寫和音部分，全部自己處理。所以基本上會有這三種情況。

和音在一首歌裏的重要性其實是很視乎那個結果，因為有一些歌甚至是沒有和音的，有一定程度、不少歌都是沒有和音的。所以在沒有和音的歌裏，和音就不重要了，簡直是不需要。但亦有一些歌，你會發覺，如果沒有了和音的 support，你試試聽這些歌，把和音部分抽走，只剩下一個主音，你會發現沒有了 power，power 好像消失了一樣。那麼，這情況下和音就變得很重要了。至於甚麼時候才是最重要呢？就是演唱 a cappella，即是無伴奏合唱，那和音就變成了骨幹。所以和音是有很多很多的，有些是可有可無的，有時有比較好，有時沒有又比較好。某程度上，好些音樂 style 對和音的要求會特別清晰，而且特別需要，例如 R&B 和 gospel，如果沒有了和音就會變得很單調、很悶、很奇怪，完全沒有那種感動人的感覺。有些歌，例如 ballad，就是 yes and no 了：可能有時沒有和音會好聽一點，有時有又會好聽一點，視乎如何去處理，所以也需要考慮歌曲的種類。

回望歷年得意之作

在作曲方面，我覺得比較重要的是我第一首出版的歌，亦即所謂第一首賣得出的歌，就是李克勤的〈偷偷摸摸〉。其實這首歌是令其他人知道：噢，原來這個人也會寫歌的。我記得那時李克勤說，新人寫歌的好處是有新鮮感，因此他接下來也會唱我寫的歌，採納了好幾次，也有採納其他歌。這一首歌令其他人都留意我了，因為這首歌有拿去派台，亦上了一些金曲榜冠軍，多了人從作曲方面認識我。然後，開始有其他人向我「攞歌」，原來會有這種事情發生，我想也沒想過。其實那一首歌是我畢業旅行時寫的，那時我到了美國和加拿大探望以前的同學——我當時在香港城市大學畢業。我探望在那邊讀書的同學，因為跟我要好的朋友，不是去了加拿大就是美國，我很想探望他們，很久沒有見面了。我就在 Atlanta（亞特蘭大）寫了這一首歌，那時我在當地的校園裏等待我的同學，不知要做些甚麼，他就安置我在一間琴室裏，有一部鋼琴。他問我能否消磨數小時的時間，我說當然可以，有鋼琴就可以了。結果我待在那裏兩、三個小時，就寫了這一首〈偷偷摸摸〉。

我很快就寫好了，因為那時沒有太多的考慮，沒有想過做商業性的事，沒有想過如何去「賣」，始終那時我未真正入行，作曲時只要旋律好聽就寫下來了。哼出來的音也沒有很雕琢，哼了出來的就是這一句了。唯一是，因為我很快就作好整首歌，我就不斷地重複，令自己記得整個旋律，同一首歌彈了一、兩個小時，把旋律背下來。然後，我試過想彈其他的東西，但還是不要彈了，我怕我會忘記那個旋律，於是又彈回同一首歌。那時我沒有紙，甚麼也沒有，直至那同學回來找我的時候，我第一時間跟他說：「甚麼都不要說！先給我一張紙和一支筆，我一定要先寫下那個旋律。」於是他和我在琴室裏，我一直寫一直寫，用簡譜寫下來，那就不怕會忘記了，就是這樣子了。

後來我發現了另一個方法，我也有沿用。我會寫一句廣東話在一些重要的位置，例如副歌第一句，我填了一句廣東話進去。廣東話的好處是，如果填錯音會很奇怪的，「呢豪嫲 nei1 hou4 maa4」這樣是錯音的，「你好嗎 nei5 hou2 maa3」才是正確的。那我就用一些字去令自己可以唱回我作了的那一句旋律，沒有意思的句子也可以，總之令自己記得就可以了。這是另一個方法讓我去記住一些片段。

如果講編曲，就是陳奕迅的〈幸福摩天輪〉。這一首歌令之後有很多人找我編曲，他們發覺這個人的編曲也不錯。這一首歌在當時也有不少人談論過，因為那一年這一首歌是十分火熱的。另外一個會談論到和很多時候會被提及的，是當時 Eric Kwok（郭偉亮）寫的這首歌，是一首很憂傷、很 sad 的 ballad，跟我後來做的是兩碼子的事。那時候 Eric Kwok 入行不是很久，還不是歌曲監製，只是作曲。當時是王紀華做監製，是他找我做編曲的。我覺得那首歌很好聽，但我想為甚麼會有這樣幽怨的感覺，而王紀華也有同感，他便叫我不要理會歌曲本來是怎樣，你覺得是怎樣，你就去做，即他給予了我空間去發揮。這樣，就發生了編曲改變了整個氣氛，變成一種幸福的感覺。因此，這首歌在編曲上帶出了很多的 talking point。之後，因為這首歌，令我除了作曲以外，亦多了很多編曲的工作。另外，那首歌詞是在編曲後才出現的，所以才會是現在的〈幸福摩天輪〉，是之後才找林夕填詞的。當初監製並沒有打算把 demo 先給填詞人聽，他想我做好編曲、找對了感覺，才讓他去填。所以歌詞也跟着有新的感覺，變了「幸福」。

疫情期間，音樂人要認識網上世界

疫情下，大家應該去增值自己。例如我以前在香港，未搬到加拿大，我是會教唱歌的。通常是學生直接過來，我直接教，是面對面的。自從我移居加拿大後，我便沒有做這件事，沒有教了。然後，開始有人說，我們可以網上教，但我有很多原因而沒有開始網上教學；因為我有很多演出，飛來飛去，已經有很多事情要做，很忙了，教與不教也沒有所謂，回到加拿大就休息一下吧。當然，我在加拿大並不是沒有事情要做的，譬如錄音工作我也會做，但因為這疫情的緣故，甚麼都停了，甚麼事情都大幅度減少了，於是我就開始在網上上課，教學生。這些都要自己增值一下才可以做得到，譬如你要如何 set up，好像現在我 set 了一支咪高峰，說話就很清晰了，聽得到了；例如我有需要彈琴，你又會聽得到，會很清楚的。這些都是我之前沒有接觸過的，包括如何去接駁器材，如何用 Zoom 等等。或者大家也是一樣，用 Zoom meeting 已經很普遍，但第一次用 Zoom 也是要學的。

我亦預見未來的世界會愈來愈多 digital 的事物，都是透過網絡去發生的。除非你打算退休，否則你要生存在這個不斷變化的世界，你就要學這樣東西了。譬如如何用 Zoom，如何去接駁器材，並去瞭解網絡世界的人們如何運作；但與此同時，你又要懂得保護自己，因為網絡上有很多欺詐的事情發生，例如盜取你個人的 identity，模仿你本人……有很多這種事情。你又要 update 一下自己的 security、privacy 各樣去幫助自己，有很多都要懂得。雖然我沒有試過被其他人 hack 過，但我有朋友成為了受害者。可能我比較小心提防，也可能是因為我讀電腦，一路都有 cyber security 的 alertness，但我也會一直 update 自己，因為現在我不是讀電腦；我需要不斷 update，提醒自己如何可以小心一點，做好保障。

開始在網上教唱歌

我現在開始接收加拿大的學生，有一些香港的學生也在準備當中。雖然我住在溫哥華，但我的學生裏暫時沒有一個住在溫哥華，都是來自其他城市的，本身都不能夠 physically 來跟我學唱歌。所以，本來要找我學唱歌而我又答應，都要透過網上才可以上課。香港的學生我也正在安排中，因為時差問題，我要看一看哪個時段最適合教他們。我現在正 work on 這些事情，亦嘗試可否同時教多些，例如一對五至六個。因為暫時一對一最多，但我現在也開始嘗試一些以 conference 形式進行的，約十個學生左右，我又會否控制得到呢？其實這些對我來說是新鮮事，我以前在香港試過一對十數個的教學，是有做過的，但在網絡上如何去做呢？其實 technically 有很多問題要解決，譬如一開始大家都不可以開咪，否則聲音很容易會混在一起，即是不用說話的就不要開咪。

我教唱歌時，不是學生決定要學某一隻歌我就會教，例如如果你想學張敬軒的〈春秋〉，想我教你，我是不會的，這樣做沒有意思。因為你學完〈春秋〉之後，你未必懂得唱另一首歌，這些歌很難唱，是真的要用心學的。我不想學生學懂第一隻但不懂得唱第二隻；學懂第二隻但不懂得第三隻。因此，我教的全都是基本技巧，例如怎樣呼吸、運聲、練耳等等。學生們只要有 Zoom 的基本設定，聲音其實不用太「靚」，我聽到他們的聲音就可以了。絕大部分的進步是視乎課堂完結後學生有沒有乖乖練習，這是最重要的。對我來說，這樣教唱歌是可行的，但如果學一隻歌就困難了，學生那邊要自己播音樂；要夾到音樂，又要令老師聽到，學生那邊的設定就會很複雜了。

我現在這個裝備設定應該是不錯的，但如果學生是很 advanced 的話，可能需要將設定調整到像我的一樣。開首半年都不用這種設定，除非真的只學習一隻歌吧。最近我有學生去比賽，我們的課堂都是奏效的，我覺得我都可以幫到他去比賽。我是很習慣就地取材的，也很習慣善用自己本身擁有的資源；不是不斷添加新資源，而是善用資源，將其發揮極致。至於何時我會覺得不足？就是用盡了該資源而自己也覺得不夠用，當我很肯定新資源一定要買的話，我就會買了，我經常是如此的。

移居加拿大，依靠與舊好友的默契共同創作

我移居加拿大之後……（笑）轉變就是做完工作不可以和其他人吃飯囉！入行後，其實已經認識這些朋友那麼多年，他們也不會因為不可以吃飯而下次有工作機會時不找我的。但如果我是新人，沒有這些聯誼活動是會很「難搞」的，技術是需要的，但始終或多或少都要和人聯誼。就算不是吃飯，只是聊天也好。如果可以在錄音室裏聊天，也是一種聯誼。以前吃飯的機會是不少的，不一定出外用餐，例如，在兩個錄音 session 中間可能是午飯或晚飯時間，那我們都會叫外賣或一起出外用餐，這些聯誼是很重要的。不過，當前疫情的影響下，即使我在香港，這些機會都會減少了。

以前和現在合作人之間的交流情況一定有不同，因為彼此見不到面；但是認識了十幾年的默契是沒變的。有朋友傳錄音給我，都不用交代些甚麼，我就知道該歌曲要怎樣做，這是因為我跟他合作過很多次，知道怎樣做和怎樣合作是可行的。如果不計今年的話，我其實經常都在香港，如果在香港，我一定會積極爭取到人家的錄音室錄音的，因為也想面對面見到對方。可能因為我經常回香港吧，所以和我一直合作的人都不太覺得我不在香港。

或者有另一個看法：在香港專業的、可以夾到 band 的，同一表演時段應該有七、八隊樂隊吧。有一次在做 show 時，我們曾經研究同一時間有多少人在做 show，即是香港人在世界各地做 production 的 show。香港人真的厲害！同一天，例如星期五、六、日晚，因為不可能同一隊 band 同一時間在上海，又在紐約工作，所以我們粗略估算過應該同一時間（表演普遍檔期）有七至八隊 band 在不同地方同時工作。地域界限已經模糊了很多，其他人都不太覺得自己移民了；地域不是一個重點，做音樂需要的檔案一下子就收到了。現在 Zoom 更流行了，網上 meeting 只需按 facetime 就可以，所有東西變得更快更方便，科技令大家不太在乎工作地點。

我也試過在不同的地方錄音，肺炎爆發以前已經試過了。我現在唱和音比較多，vocal 的東西也有，廣告也有，products 主要是做 vocal 的。我在香港錄音，監製在外地，我將檔案傳過去，然後他給我們 feedback，這類來來回回的一直都有發生。當然合作上的分別是絕對有的：對於認識了很久、很有默契、知道大家想怎樣的人，這樣的合作我是不太緊張的；如果是未合作過的人，相比之下是難一點的，但同一時間又比以前容易了。我覺得往後的趨勢都會是這樣，以前覺得很麻煩的，現在不覺得了。

現場演唱會科技的轉變：入耳式 ear monitor 提升音樂演出層次

現場表演的方式不算轉變得太厲害。近十年開始用這一類

in-ear 的 ear mon（ear monitor），到現在一般的人也會用這類 ear mon 聽歌。十年之前，除了用 ear mon 之外我們是用 floor mon——是放在地下的監聽系統，一個大喇叭，和現在 ear mon 不同。現在 ear mon 清晰得來，可以聽得仔細，可以在錄音時使用。以前用的 floor mon，某程度上都已經很大聲，而觀眾聽到的聲音你又會聽到，所以如果你唱得很細聲就沒用，因為聽不到。現在台上沒有 floor mon，許多細聲和氣聲都可以詳細地呈現出來，live 都可以做得到，所以現在 live 的技術令音樂的層次進步了。

本地流行樂壇前景

對於本地流行樂壇的前景，我純粹用自己的角度說吧！音樂是不會死的，每個人都會用音樂去表達自己，只不過是音樂人怎樣生存下去。現在做全職音樂人困難了許多，因為收入來源和遊戲規則不停轉變，是非常不 favour 做音樂的人的，錢通常都只去了「明星」那裏，因為明星可以號召到一些事情的發生，又可以搞到演唱會。如果在第一關，明星已經收取了大部分的錢，這個影響便大了，因為這變相令大家收入減少了。現在做歌的人，要平衡自己的生活，要交租食飯。不過，我覺得音樂不會沒有人做，每個人都想表達自己，喜歡音樂就會玩音樂，不會因為沒有錢就不去玩，沒錢都會玩的，只是看看怎麼玩而已。我的方法是很好的，每一樣東西都用盡它，這樣就可以慳錢地玩到音樂。

另外，現在很多網上平台冒起，而網上發生的事也不停轉變，例如 YouTube——雖然我覺得它也快會被改變。現在的人很 mass 地看 YouTube，就有一班 YouTubers 透過 YouTube 裏的廣告增加收入。然而，這個形式好像在改變中，例如 Patreon 的出現，它可以很 specific，即是有一些付費者令到某些 artists 可以生存，主理人未必可以賺大錢，但如果有一百萬人很喜歡某些音樂而去 support 某一個 artist，這個 artist 就能生存到了。現在生存模式不同了，整個環境也改變了。但 Patreon 是慢慢 grow 出來，而將來的平台也不只有它吧？其他類似 Patreon 的平台也蠢蠢欲動。我覺得音樂不能死，沒可能死，死不去的。音樂生態是在改變中，可能未必每個人都知道。大家到街上問問人甚麼是 Patreon，他們可能會答：「咩嚟㗎？」他可能不知是甚麼，然後那個人就會說「樂壇已死」了。當然現在要找一個 mega star 是很難的，因為太多平台太多人了，人人都可以很個人化地選擇看甚麼平台；要同一時間，大家去看同一個人，現在是很難的。雖然不會沒有 mega star，但我覺得比起以前是難了的。我覺得整個 entertainment 的形式都很 distributive，連 performance、artists 都很 distributive，有些人有一百人或一千人支持都生存着，而這些人計算在業內嗎？我自己觀察到以上的轉變。

此外，香港樂壇是指「香港粵語樂壇」嗎？我覺得不可以局限於在香港地區生活的人，而是只要用香港的語言去做音樂，這也算是香港樂壇。香港可能是最多用廣東話去做歌的地方，其實也不算，還有廣東省地區呢！很難界定樂壇是甚麼東西，因為例如以前《勁歌金曲》也可以算做樂壇吧？但現在《勁歌金曲》已經沒有太多人理會了，各大頒獎典禮的影響力也減少了很多，如果說起近五年有甚麼金曲，也不太容易可以想得到，不像是十年、廿年前般，大家一講起某一首歌就眾人皆知。我覺得樂壇的生態轉變了。

而我覺得移民了的那班人，不代表和留在香港的人有着不同的文化和背景，現在我們也為了同一件事在 Zoom 着，地域已不太重要了。其實我在這邊溫哥華有一個 group 叫做 HKPMC（Hong Kong Professional Musicians of Canada），我們幾個 musicians 閒時會想想有甚麼搞作可以玩，那些觀眾或者來我們分享會的人是來自世界各地的。例如之前有個 demo 會便有八十多人參與，其中有三十多人不是在香港的，比例都頗高，他們可能來自倫敦、三藩市、加拿大，又有些可能在英國讀書，是很多元化的。

我上個月回來幫軒仔（張敬軒）做中樂團的 concert《張敬軒 X 香港中樂團盛樂演唱會》。回到香港後，時間好像經常被一些自己不情願的事情 occupied，經常很忙，忙到沒有空間。每天都想做自己的東西，但一直沒有做過似的；回到加拿大後，又可以做回自己想做的事情，所以我不知這是不是生活環境的不同帶給我的影響。加拿大的生活是輕鬆一點的，沒有那麼緊張，一天只做一件事情，例如一天只去銀行處理事務也可以，你不會又去銀行，又去修車，又有第三樣東西要做，兩樣已經很多了。當然可以再做多點事情的，不過不會有人這樣做。如探朋友，可能探一個朋友已經是一天時間了。生活的步伐會慢一點，但不等於 productivity 會慢下來，照樣可以短時間內做到工作上要做的東西，但在生活層面上我們是慢一點的。

編者的話

聽到劉祖德的分享不禁令我們想到七、八十年代的香港流行曲製作，當時有不少例如菲律賓的外籍音樂人，他們定居香港並為香港流行曲的製作出了不少力。相對地，現今由於移民潮，不少原在香港的音樂人移居到世界各地。但由於科技的發達，好像劉祖德和謝國維一樣，就算他們居於外地，仍然能參與香港流行曲的製作。正如劉祖德所言，今天流行曲的製作模式，甚至令他的一些朋友都不知道他並非身在香港。除此之外，他們一班居於溫哥華的香港音樂人更在當地推廣香港流行曲。我們不難想像未來可能會有一眾已經居於外地的香港音樂人，在他們居住的地方，而不是在香港本地製作廣東歌，這可能會令我們需要改變對香港流行曲的定義。

（訪問日期：2020 年 12 月 22 日）

第十六章 賴映彤

賴映彤，又名小彤，中文大學音樂碩士，香港著名音樂製作人。小彤涉獵的工作範疇包括：流行曲製作（作曲、編曲、監製）、演唱會音樂總監及鍵琴手、廣告配樂、舞台劇及劇場音樂設計和創作、電影及電視劇集配樂等。

她歷年來與不同歌手合作，總共參與流行曲製作（作曲、編曲、監製）作品過百首。音樂作品包括：〈愛是 2.0〉、〈青年危機〉、〈呼吸之間〉、〈深夜告別練習〉、〈時間作證〉、〈久天長地〉、〈四大發明〉、〈砒霜之後〉、〈天梯〉及〈一刻戀上〉等。

她所參與過的作品，歷年來分別獲得不同的音樂獎項：例如「十大中文金曲」、「十大勁歌金曲」、「叱咤十大」、「金帆音樂獎最佳旋律」及「金帆音樂獎最佳歌曲」等。小彤亦於 2012 年底獲選為香港作曲家及作詞家協會「第四屆顧嘉煇新生代音樂獎」得主。

孜孜不倦地求新求變
——賴映彤

由數碼鋼琴踏上作曲路

我由十一、二歲就發現自己喜歡寫歌，而科技發展及應用亦對我的創作有影響。為甚麼會對寫歌有興趣和喜歡寫歌呢？是因為小時候媽媽經常帶我去琴行，除鋼琴之外，最常見到的就是數碼鋼琴了。小時候我只會玩數碼鋼琴，覺得「好得意」，因為它可以同時間發出不同的聲音，既可以錄音，又可以有不同的 tracks。

媽媽最後買了一部數碼鋼琴給我，當時我並未有 DAW 這些 concept，只覺得數碼鋼琴很簡單，裏面有十六個 tracks 可供錄音，於是我便圍繞着十六個 tracks 做一些簡單的創作，這是我創作的開始。到了中學時，可能因為我讀女校吧，同學很少會夾 band，所以變相就自己一個人創作了。原來自己一個擔當樂隊全部的角色也不錯！就自己嘗試做一些比較完整的作品吧，中學時期我已儲了不少自己的創作。

大學時期一直沒有放棄創作，也希望將來可以繼續寫歌、編歌、做監製，所以我一直都有參加不同的歌唱比賽，希望透過參加歌唱比賽去認識不同的行內人，但不是想做歌手的。很多時歌唱比賽裏面初賽、複賽和決賽的評判都是行內人，那我就可以「借頭借路」問：「我寫咗啲 demo，唔知你啱唔啱用呢？」過去我問了很多次。

最後我能夠入行，是一個跟 C AllStar 有點淵源的比賽——理工大學宿舍的歌唱比賽。當晚我完成比賽後，回到宿舍的 common area 和人「吹水」，忽然間有人迎面而來：「喂！你唱得幾好喎！」那人是 C AllStar 的安仔（陳健安），但當時我是不認識他的：「你都幾好啊！」就這樣開始聊天互相認識。後來便相約一起玩音樂，參加歌唱比賽。我們多找了一個女性朋友，她的聲音幾雄厚，很好聽，感覺似 Adele，於是我們仨便一起玩音樂，在 Poly U Sing Con 贏了，之後便去參加 ICMA（大專聯校歌唱比賽），在這比賽中，我們認識了其後成為了 C AllStar 監製及經理人阿簡（簡敬慈），他邀請我們去試音。看着卡片寫着「私人國」，我們都半信半疑，上網 search 不果，但也沒有理會了，照去試音。

去到他公司，我也很快透露自己其實並不是想做歌手，是想做幕後，邀請他聽 demo，他又很爽快即刻聽，聽完之後就叫我：「下個禮拜返工啦！」於是我便成為「私人國」（Kingdom C）的 in-house musician 了，我的音樂之路就這樣開始。入去公司工作後，C AllStar 其實還未成立。「私人國」做了第一個 event「星投大戰」，招募各個大專院校的同學仔去玩，性質有點像「星光大道」那類歌唱比賽，每一 round 比賽有一個 theme，觀眾可以投票，評判也可以給 comments，參賽者會不斷被篩選，最後就只剩現在的 C AllStar 四子。其實本來公司只打算簽一個，但之後又覺得四個都 OK，就試試做 C AllStar 了。而我最青春和幼嫩的時期是在「私人國」裏面學習的，雖然我現在離開了，但我和他們的關係都很好。這大概就是我的音樂之路了。

我是讀 language 的，但我其實一直想讀音樂，不過家人有少許擔心，在香港這是很容易明白的。我完成 language 學士課程後，見自己能夠入行，仍然想讀音樂圓夢，於是我便去報讀中大的 Master。我再找多份工作供自己讀書，因為我不想問家人要錢。我有一份 part-time，那時 C AllStar 剛起步，所以很多時錄音所需的時間比現時長三、四倍；再加上當時設備較為簡陋，所以很多工作都是試驗階段，我經常要通宵達旦，然後第二天又要上學，又要做功課，我曾經連續三、四天一直通宵，回想起來是很痛苦的。當然我不是鼓勵進入這行業的人一定要通宵，但有時跟行內人談天時，發覺原來大家都有類近體驗，是要「捱」過去的。

科技發展：製作成本愈來愈便宜

入行時的科技是很簡單的，我只買了兩件東西：數碼鋼琴和 multi-track 錄音機器，但它的 storage 很小，說有 100GB 也說多了，應該沒有 100GB……對啊，就是那些而已。可能因為我媽媽很喜歡音樂吧，她年輕時很喜歡唱民歌，又很喜歡錄 cassette tape，cassette tape 錄完可以再翻錄，不斷翻錄就會有很多個 layers。我媽媽很喜歡唱和音，這對我也有影響，所以我都覺得我做歌時，要「放多啲嘢落隻歌」才會更有趣。這是媽媽的遺傳還是影響呢？我覺得和媽媽的興趣是有點關係的。

關於科技的改變，我想大概可以分為兩個層面。第一，是電腦的進步。除了電腦 processing 的能力及速度提升之外，storage 的價格也便宜了。這跟做音樂有何關係？我們做音樂很多時需要用 samples 或 libraries。基本上，那概念是很簡單的，像真度愈高，它所需要的 storage 就愈大。以前購買 1TB 可能比起今時今日購買 1TB……我想價錢應該便宜了起碼一半，甚至更多。我有印象讀大學時，市場剛推出 PSP 遊戲機，大家當然就去購買。然後再購買 memory stick，當時是購買 500MB，不是 500GB，都要幾百元。這是現時無可能出現的。現時賣 4GB 的 USB「手指」（USB flash drive）即使只是幾十元也沒有人要。此外，科技發展減省了工作時間，而對音樂人的好處是節省購買較為進步及新型的產品的開支。而在聲音 quality 方面，有進步是必然的，因為科技會隨年代一直進步，在錄製時能做得更為精細，聲音做得很好的同時，file size 可以很小……我認為有一天會是這樣的。

過往十至二十年，最大的轉變就是因着科技在創作中愈來愈重要，市面上普及的音樂類型如 EDM 都是要依賴科技才可以生產出來的。EDM 近年在華人市場興起，但其實 EDM 在歐美早幾年甚至十年就已經開始有。市場有做 EDM 的需求，所以製作者便製作較多這一類型的音樂，這是必然的循環。外國開始興起，漸漸傳入華人市場和亞洲市場。亞洲市場看見有需求製作這類型的音樂，自然會先參考前人作品，所以你會看見市面上的聲音貼近歐美的風格。因為有 EDM 市場的需求，間接令科技對音樂創作愈來愈重要，以致你會聆聽到更多科技在音樂上的影響。

與八十年代相比，顧嘉煇（煇哥）做的音樂，一定是很

organic 的，而在那個年代，因為基本上都是用 tape 錄製的，沒有太多也不太能夠有以電腦為主的製作，那年代大家較喜歡聽 ballad 的歌曲，很 organic，也未必是要很數碼化處理的一件事，所以那年代的音樂較多 strings，通常有琴。那是否代表今時今日 ballad 是不好的？不是的，市面上仍有人做 ballad，只不過暫時不是主要流行的類型。如 hip hop，我中學時 hip hop 忽然十分流行，例如 LMF 是大家都會討論的一個組合，但漸漸 hip hop 又沒有那麼流行；現在又回來，都是一個潮流。

轉換不同的 Digital Audio Workstation

在 techniques 方面，大家用的 libraries 也是一樣，但可能 EDM 要用多些 plug-in，有幾款 DAW 我也會使用，例如 Ableton、Logic。以前剛開始時，我用數碼鋼琴做歌，然後才認識 DAW。當時很流行 DIY 創作，那時我對 The Pancakes 很有印象，在 media 看見他們，才知道原來有一樣東西叫做「自己創作」或「唱作人」。看見一些報紙上面的文字，知道了有一款 DAW software 稱為 Cakewalk[1]，於是便開始嘗試用。原來很像數碼鋼琴，又是分 tracks，更可錄 vocal。就是這樣開始去嘗試。如果說到用 DAW，我一開始是用 Cakewalk，後來轉了 Cubase，原因是開始進入這行業，有人告訴我 Cakewalk 是不好的。那時我仍較年輕，不太清楚，但 Cubase 在 editing 各方面確實更好和更快，於是便轉了 Cubase。

---

1 Cakewalk 的母公司於 2013 年被 Gibson 收購後，該軟件在 2017 年起停止開發，次年公司被 BandLab Technologies 收購後，軟件又重新發行。

科技進步：提高音軌質素的要求

我覺得科技的進步令我最大得益的事情是「執口水」聲。RX7 這發明實在是太好了。「執口水」是一個十分令人討厭的工作。如果大家試過，便會知道它是一個災難。一條 vocal 是可以有很多口水聲的。我剛進入這行業，用最多時間便是和 C AllStar 四個人合作——相信你能夠想像有很多口水聲要執的了。到後期 RX 出現，確實減輕了我的工作量，變相可以投放更多時間在 creative 那方面。創作人當然想投放較少時間在「house-keeping」方面，但是有些工作如果處理得不好，歌曲的節奏便會不整齊或有瑕疵；就是因為那丁點兒瑕疵，會影響到你的作品好不好。這方面有科技幫助，便可多花些時間去討論 arrangement 是否應該多一條 line，這是我想起第一個科技進步最有用的影響。

第二個科技進步最有用的工具可能就是 vocal tuning，我入行時已經有 Melodyne。為何我提及 vocal tuning 呢？因為它可以減輕我的工作量，幫助 vocal line 的設計。如我只唱了一個（vocal line），copy and paste，我就已經可以知道是否 work 或如何 design 條 line，完成後我便可 export multi-track 出來作為一個 guide 給 artist 試唱。這樣節省了來回調整的時間。因為我先 design，你練習，然後你回來錄製，這流程就可以節省了時間。

至於對創作方法的影響好像沒那麼大，反而可能是科技的進步令到 samples 好了，我自己聽到製成品後會覺得開心一點。不是所有 production 都能 afford 去錄製真的聲音。當然，我也會認為如果可以錄真的聲音便盡量錄吧！但是 somehow 你會認為心理上的差距好像好了點，因為現在的聲音比以前好了。

我所用的 samples，款式也很多呢！我認為有幾間大的公司是值得提及的。Native Instruments 是一定要提及的，它發明了 Kontakt 這樣東西，令大家在做音樂的時候，可用的 libraries 的選擇多了很多，無論你做電影配樂也好，還是做流行曲也好，已有不少選擇。第二個我會 mention 的是 Spectrasonics。如果是在以前，大家比較喜歡用 Trilian、Stylus，而近來的 production 比較少用 Stylus，現在用得比較多的是 Keyscape。而 Keyscape 究竟是甚麼呢？它是一個 piano，或者是 Rhodes keyboard，或者是由兩者組成 hybrid 出來的一些 samples。我認為它挺好，是因為它做得挺像真，尤其是 Rhodes，那個 texture 做得挺真的，我認為這東西是蠻厲害的。這個也讓我覺得是科技上的一個進步。還有一個叫 Omnisphere，我認為它用在 film scoring 和 pop music 都可以。還有近年用得較多的一間公司是 Output。Output 是用很多個不同的 series，可能會有些 vocal chops，即是一些 synthesizer-based 的東西。在近年的 production，你會聽到很多 producers 會用，不論是 local，還是歐美，因為可能大家覺得做這些歌有這個聲音會很好，所以便放進去自己的創作。還有就是 iZotope，這間公司比較多是做 mixing，它的 plug-in 是一些 mixing、mastering，或者令你 vocal 上可以有些 effects 處理。這個要提及是與近年興起的音樂潮流有關。

如果我們說回千禧年，那比較多 K 歌的年代，Output 未必那麼受歡迎，iZotope 則可能是它的 mastering 會比較受歡迎，還有現在很多人會用的 VocalSynth（iZotope 的產品）。如果我要做一些大型一點的 orchestra，那我便會用 Vienna Ensemble，它整個 library、整個設計本身就是整個 orchestra，所以它每一樣東西都做得很 delicate。Let's say 你拉一個 violin，由 *ppp*（非常細聲）到 *fff*（非常大聲），你任何每一顆音都可以做得很 delicate，即是做得很像真人拉那樣。如果 synthesizer 的話，我便喜歡用 Spire。由於我的 working space 沒那麼多空間，所以我比較少購買一些 analogue 的東西再錄進去。我只可以在 plug-in 裏面，從「溝」聲音方面着手。科技對我做音樂帶來的改變，其中一個便是由 UAD 所帶來，UAD 這間公司很久歷史了，但它在近年來所推出的 hardware，再加上它 plug-in 的 design，做得到它最主要 sell 的「模仿 analogue 機」的聲音的功能，你不需要購買一部部實體機去做那個聲音。雖然我認為聲音相似程度不是 100%，但以價格和我的使用經驗來說，我認為已經 fair enough。它節省了很多很多位置，可以用那個錢做到那樣東西，我自己接受也覺得 not bad。

另一樣因科技而改變了我做音樂的形態或類型的，就是我會用多了 libraries，或者網上的資源，這情況有點像 Netflix。你給錢，你便可以計 credit。例如你可以 download 多少個 sample；或者你每個月參加甚麼 plan 便可以 download 多少個 sample，它便和你計 credit。基本上就是 Splice，或者是 Output 的 Arcade。不過，也不是所有歌你都可以用到它們的，例如你要做的那首歌是要砌一些 loop 性質的東西，可能是一些 city pop，或者是 hip hop、EDM，那你用上它們的機會便會大一點。

疫情下製作人隔空的創作與協作

我體驗得最多的，反而是因為近期疫情關係，大家都想盡量減少外出，在這期間，我試過 remote recording，它的效果原來是可以接受的。大家最 concern 的只有兩樣東西：一是 latency，二是 quality，即是你錄出來的東西和我聽的東西是不是一樣。而我發現，挺厲害的是，有一些 software 原來真的可以做得到。不是完全零 latency，但除非我要即時性，不然 latency 是可以接受的，大概只有 0.1 秒的 latency。而我聽傳回來的東西，它的 sampling rate 像真度起碼都有 48kHz，而不是好像你在聽 Zoom 那樣 compressed 了，有很多東西都 lost 了。我最近用的那個叫 Audiomovers，這是我在近期最體驗得到的其中一樣東西。至於你說在這十年裏面，科技有沒有影響溝通呢？我覺得少一點。我不是很覺得在各方面的溝通有多大的轉變。

我那首歌 remote recording 是在錄鼓。那時是鼓手在 studio（GIG Studio）裏，而 mixing engineer 也在 studio 裏，而我則在家工作。他錄音的時候，我就開 Zoom 看着，我會再多開一個 browser 用 Audiomovers 去聽他們的聲音。他們就會 real-time 那樣將他整個 produce session out 回 Audiomovers 裏，於是大家就是透過 Audiomovers 溝通。我覺得這樣也挺好的，因為如你只聽 Zoom，你有很多東西都聽不到，亦不是很 reliable，於是 based on Audiomovers 裏頭重播出來的音樂，就會聽得到這個 bar 我會不會想做些甚麼，那裏又會想做些甚麼。

但兩個 musicians 在不同的地方同時錄，可不可以做到呢？理論上 Audiomovers 是可以這樣的，它是一個 source，它有一個 Pro Tools session，可以發給十個人，那十個人聽的東西應該是一樣的。

寫歌時的創意來源

我覺得不同的角色對寫歌的動機或方向都會有影響。我的意思是如果我單純日常地今天想寫歌，寫完之後，我打算給的人是我的 A&R，那很有可能我只以最近喜歡聽甚麼歌，有哪些歌動聽，就以這樣的方向去做一首歌，這就是沒有特定目標地去製作一首歌。假設是接 order 的話，第一類比較少是有人走來跟我說他想要一首歌，然後就 full stop（沒有後續溝通）；第二類是，通常要歌的人會說：「我想要一首歌，可不可以跟這個 reference 一樣？」這種模式的創作是否就等於沒創意？我又不能這樣說，因為已經給了你 reference，通常發揮創意就是在此處開始的。「我想有點像這首 reference 歌，但不可以完全是這首歌。」就是你要一個很像它的東西，但你又不可以讓人感覺是在抄襲它，但你又要有它的影子。換句話說，你要想一想如何在聽完後，消化一下，把那個東西變成是你的東西，然後再去製作另一件物件。在這些 case 中，我覺得創意就是來自這裏了。你要 based on 他想要的東西去發揮，但你又要在上面加一些自己的元素，將它變成新的東西。

又例如第三種類別，就如近年我有幫 Zpecial 做監製和做音樂，我會比較傾向由他們整個 band image 去思考創意這東西，即是究竟他們要走甚麼感覺。因為是一個整體，而不是我們今天做了一首歌，好聽就行，這樣就不能去 build up 一個品牌或者一種感覺。因為我認為只有透過一系列歌曲累積，才能營造到一種感覺，不可能用一首歌就成功，我自己覺得是不可行的。當我們訂立了一種感覺，就可以圍繞這感覺的核心去創作一系列的作品。不是要每一首歌都一模一樣，但是我們可以做很多感覺一樣但是又不同的歌，這就是我所謂的第三個類別在創意上的想法。

所以我覺得，有時候我也會與不同範疇的藝術家討論，例如和做 drama、跳舞、製片的人一起討論工作上大家如何看待創意，如何能做多些。簡單來說，大家對創意的理解或多或少是關於各人想做的事的。每個做創作的人總有自己喜歡的事物，如果你只是去做一些別人想要的東西，我覺得你並不是一位 artist。當然，我們投身這個行業或崗位，便是一隊 team，永遠不是自己一人。如果我是一個自己付錢去做專輯的人，我喜歡怎樣也可以，因為這件事的主角是我；但當你要去幫一個 artist 或歌手做歌，或有一個 producer 找你工作，又或者你就是 producer，同時又有唱片公司的時候，其實那個 product 就已經不單單屬於你自己，在這方面創意就要劃分了。即是我可以盡我所能投放創意在我想要的東西裏面，而如果這東西是整個 team 能接受得到就更好。

這個就是在我投身這行業後，一邊工作，一邊學習，一邊觀察，從而感受到的東西。剛投身這行業時，我都會有個疑問：為甚麼我寫的歌不一定會 100% 以我所想的方式呈現出來？小時候做歌時我並不知道，我只想歌曲以這樣的呈現方式發佈出來，但為甚麼我製作完一首歌後，其呈現方式卻不像預期？這跟我當初想的完全不一樣，那唯有慢慢去觀察和理解，然後就會發現原來不是每首歌都能如我所願地完成。原來可能那一首歌 100% 用自己的方法去呈現給 artist，其實未必最適合他們。這樣是否就等於沒創意呢？或者只是做別人的東西呢？這也是當初開始做音樂時，我自己也有的疑問，我應該如何做呢？而這也有很多討論空間。可能參與的音樂製作多了，我終於都明白，其實可以既有你自己的方式，同時大家又會開心。

與科技創作有關的歌曲

若提到與科技有關的歌曲，C AllStar 的〈音樂殖民地〉一定是吧。因為在〈音樂殖民地〉裏，先不提那些 synthesizer，例如 music break 和 outro 的 vocal chops，我是用 Melodyne 來做的。我先用 Melodyne 去 chop vocal，我會從其中一、兩個人的 vocal 選某些 syllables，可能把這些 syllables 拉長，然後再 chop 開，再調校不同的音高；接着把它們 fit in 到 music break，直到我覺得動聽為止。跟着，我會再 process 它，讓這段音樂有……我忘記我加了甚麼 plug-in，但 somehow 有 reverb、chorus、delay 等等；之後會再用 aux 錄音，然後把錄音放進另外一條 audio，再把它 process，例如 reverse，再不停 chop。這樣才能生成那一段 vocal chops。

如果沒有 technology，我能做到嗎？我想仍有機會做到的，但會很麻煩。如果還在用 tape 的話，要用很多時間。雖然用電腦做都要花一些時間，但如果沒有電腦的話，我便不能立刻知道是否喜歡這個聲音，亦不能立刻修改。用 tape 的話，是沒可能每次都在某個位置上修改的，修改很費時。但為甚麼會做這麼多聲音上的處理呢？我想最主要是我覺得這樣做是動聽的，這個才是最 honest 的原因。我當時其實沒有想到要 fit 入歌詞，而其實那個 vibe 是舊式的 chants，所以我就有這樣的一些創作。

另外一首就是近期我和 Zpecial 做的〈我的片單〉。這一首歌其實有少許 city pop 和 urban pop 風格，即是近期歐美很流行的一種曲風。但為甚麼我會覺得科技在其中很重要呢？其實它的 vibe 是很可愛的，是有一點八十年代的 synthesizer 的那種 vibe，但你又會覺得它不完全是八十年代，反而是很 modern 的。至於在科技方面的應用就是，如果不是有這些 plug-in 和 soft synth，其實我是沒有辦法做得到這些效果。除了這些東西之外，我還要用一些 plug-in 去令它像那一種八十年代的「味道」，我也不知道如何形容，即是用了某種 plug-in，只要「過了那一種聲」，它就會比較像那一種聲音。我覺得做得到這樣都是科技的影響。

我自己會覺得科技與音樂是環環緊扣的，例如我在不同學院中教 music production 或者 composing，都會建議學生不要抗拒使用電腦，因為如果你太抗拒電腦，你會在創作音樂上很吃虧。最低限度你也要懂得電腦的知識，例如甚麼是 RAM、CPU，甚麼是 hard disk、SSD，即是最 basic 的東西你一定要懂。如果你不懂的話，先不談如何設置 software，就算你只是解決一些簡單的電腦上的問題，大多時間都是 self-help 的。我們製作音樂，很難每次遇到問題時就去電聯某人，請他來幫你，因為老實說大家也很忙，你也不能每次都求人，別人只能幫助你一、兩次，你無論如何自己都要能夠解決。我自己覺得如果你想製作音樂，你的電腦知識不能太差。例如打譜，你寫一份 orchestra 譜也不可能手寫，我們打一份 orchestra 譜也是趕快開 Sibelius 在裏面 input，所以我覺得科技和音樂是緊扣的。

個人創作音樂的方式和轉變

我做不同類型的歌，一般都是先做一個頗 completed 的 version。因為我自己認為音樂不應分開作曲和編曲。我認為創作一首歌，你要想辦法去完成最低程度的編曲。因為你要 present 一個 music，而不應單是一個 melody，全部應該形成一個感覺，一個整體。我不太喜歡直接唱 melody、彈琴、結他，然後就 pitch 或者給他人聽。我認為這樣沒有甚麼意思。因為即使我給你聽 melody，let's say EDM melody 是 repetitive 的音，其實你不會 get 到那個 melody，所以我反而想完整地呈現音樂。但做不同類型的音樂是會有不同的。如我要製作一首較 melodic 或較 ballad 的歌曲，會先設計 chord progression 和 melody，再 work on the arrangement。但如那音樂偏 EDM，或是現時較流行的 city pop、urban pop，arrangement 其實很決定氣氛，我便會先製作 arrangement 加 hook line，或者 chorus。

剛入行時，我只想作曲，簡單而言，是因為我對於製作沒有 concept。我不知道這是甚麼，只知道我想作曲，便寫更多更多的歌。後來發現原來我只寫更多歌，這想法是不行的，因如果你只寫更多歌，很有可能你會寫得很單一；你永遠只拿電話哼 melody 是沒用的，那你便做不到很多其他類型的音樂。譬如我想做一首 R&B，我不可以只拿着電話哼。於是我就開始思考，如何可以令我做的音樂類型更廣闊？那我就去聽更多音樂裏的 arrangement，看看如何可以做得更好。這是一個轉變來的。然後就開始發現，我只做那些 arrangement 的話，又有些音樂類型會做不到。即是如果你沒有 mixing 的 techniques，就算 EDM 很簡單，你也做不到那個聲——真是很奇怪；原來要再多做一樣事，於是我又去學習這東西。我想這就是逐漸轉變的過程。作曲不夠，編曲又不夠，我就再處理 mixing，原來可以令你的作品更完整。但之後就會發現我只是在做這件事，我是否應想想我的歌的 concept 是甚麼，才可以讓它可以 fit in 到不同的 artist 呢？它如何 fit in 到不同的 project 呢？或如何令我自己覺得更有趣、更好玩呢？就是要從 concept 上去想音樂創作，這就會邁出另一步。創作不一定只是做流行曲，我覺得我有時候自己對着畫面做音樂，都是十分有趣的。所以我想我是個比較以創作為主的人。

很多時候我和學生分享的是，你想學習做不同類型的東西，其實是要學懂如何做 listening——意思是，單聽這首歌，你會聽到它的不同。但究竟你聽到它有甚麼不同？可以有幾個層面：let's say chord progression，這一定少不了。一首歌的骨幹其中一樣就是 harmonies，另一樣就是 groove 的構造，例如如何去用些不同的 kick 或 snare 加 bassline，它會有怎樣的 groove 出來？這個和那個有甚麼分別？會是 syncopation 較多嗎？會是 down beat 較多嗎？或者它的音究竟多長或多短？這就是 difference。大家聽的 K 歌都會配一套鼓，那套鼓的聲有何不同？我不可以用同一套鼓做不同的 arrangement，那是不可行的。那究竟要做甚麼呢？需要甚麼 frequency 呢？又可能少了甚麼呢？我在這麼多年來，就是會這樣慢慢去理解這東西。

本地樂壇前景：多樣化的生態，面對世界競爭

CASH 曾邀請我寫過一篇關於香港當今樂壇的文章。我不肯定不同音樂的類型發展會如何，但我覺得香港的音樂會愈來愈多樣化。我們在最近五、六年，可以看到愈來愈多細廠牌的出現，這和以往主要的音樂市場運作模式相比，即大唱片公司才有 artists，而公司資源會給那些 artists，再去找監製，已變得很不同。你看到那時的樂壇就是那些大唱片公司的人，但見近年來，多了一個做法，就是獨立廠牌。而獨立廠牌亦非單單流於大家所謂的 indie——大家很喜歡把 indie 和主流，以能不能在 public media 聽得到來區別；如果我能在 media 聽到的話，它還是 indie 嗎？我又覺得不一定。現在雖然你的廠牌較細，可能資源較少，但聽眾都一樣可以在主要媒體聽得到。

這個現象的出現，第一，我覺得可能跟科技有關，因為大家更容易在家中做音樂，即是大家覺得做音樂不一定要 book 一個很大的 studio；於是做了個製成品，便自己拍片放上網，在 YouTube、Spotify、SoundCloud 不同的途徑發佈。以前唱片公司做了一首歌，一定是派去電台、電視台宣傳。那時沒有

Internet，但現時並非如此，現在你自己做完歌後，可以照樣派給電台；即使電台不播，你也可以使用 Internet 作為途徑。

第二，我覺得現在音樂的消費模式多樣化了。以前的人真的很單一，一直聽着收音機，收音機一播出：「哦！派新歌啦！」馬上衝到唱片店買唱片。真的有這樣的一個關係。現在並非如此，大家消費音樂的模式就是音樂串流。很少人的電話沒有 KKBOX、Spotify、MOOV、JOOX。大家聽歌基本上就是像看 Netflix，付了月費，我便可以任聽。大家習慣了這樣的模式，亦很習慣自己尋找想要的東西，於是就能夠接受到多樣化。如果你做的音樂「中」了我，我便聽你的。所以我不會看得太悲觀，我覺得這個市場可以接納到更多。

香港的市場的確小，她的競爭對手不止 local artist。其實無論音樂或各個行業，我們的競爭對手都是在世界各地。原因是有 Internet，大家都可以去尋找自己要聽的歌。我覺得雖然競爭對手多，但我們有一個主要的優勢，就是我們的語言，有時候你再聽回某些歌，也會覺得廣東話是較親切的。

從實際的數字來看，並非只有歐美的音樂作品才可以有很高的點擊率和播放數字。譬如，近年來因為 hip hop 或 retro 的興起，有很多人都在自己家裏做音樂。你看到 YouTube 有些是過百萬點擊的，而你又會看到那些 comments 很多——我猜——都是年輕一輩寫的，所以其實年輕人是否只聽外國歌呢？不是。他想聽的音樂類型外國非常多，那為何他要聽廣東歌呢？我覺得是因為有共鳴，這是他的日常，是他聽得懂的或者是他日常接觸的。所以那些音樂人會確立到一群受眾去跟隨他，而他的音樂繼續做下去是會有一群支持者的。我覺得雖然競爭對手是有的，但是反過來說，我們也有我們的優勢，不可或缺的一個元素，就是語言。再者，其實音樂基本上已十分全球化，從不同國家都可以選擇到很相似的音樂，那大家最大的 difference 是甚麼？就是 language。

編者的話

確如賴映彤（小彤）所說，粵語歌和其他地方的流行曲最大的分別就是語言。粵語不單是有聲調的語言，亦有深厚的文化底蘊，更是香港人的母語，用母語入詞的歌曲，自然更能引起本地人的共鳴。儘管粵語歌經歷了一段時間的低谷，但在 2019 年社會運動和 COVID-19 疫情後，卻又重拾風采，在不知不覺中再得到聽眾的青睞。如她入行後不久（2010 年）為 C AllStar 作曲和編曲的〈天梯〉，在 YouTube 錄得超過二千萬的 views，就證明了好歌是不會被忘記的事實。在和 C AllStar 合作的幾年間，她差不多一手包辦製作這組合的所有歌曲，這種的創作／合作模式在香港樂壇是少見的，而這種模式的成功，全賴創作者孜孜不倦地求新求變，在創作上作出了不同的嘗試，才能得到 artists 的信任和抓住聽眾的心，這也是她在音樂創作上與眾不同的地方。

（訪問日期．2020 年 8 月 23 日）

第十七章 澤日生

澤日生 (Christopher Chak) ，流行音樂作曲家，作品包括陳奕迅〈富士山下〉、〈任我行〉、容祖兒〈搜神記〉、謝安琪〈鍾無艷〉、〈年度之歌〉、張敬軒〈披星戴月〉、林家謙〈某種老朋友〉等。曾獲獎項：四台聯頒（作曲人）傳媒大獎、叱咤樂壇流行榜頒獎典禮至尊歌曲大獎、香港作曲家及作詞家協會金帆音樂獎最佳旋律等。

隨心創作觸動自己的音樂——澤日生

初踏作曲界的心理學工作者

我是在 2006 年發表第一首歌的。當時因為參加了一個全球華人創作比賽，評判之一是 Alvin Leong（梁榮駿），他聽了我的歌想用，聯絡了我，再交給了 Eason（陳奕迅），就這樣發表了第一首歌〈富士山下〉。我初期都是跟擔任監製的 Alvin 合作，產量一直不高，每年最多六首，因為我另外有工作，寫歌是興趣。到近幾年嘗試與不同的音樂人合作，開始參與部分的歌曲製作，都是抱學習的心態，始終自己未能投放很多時間下去；我到現在也有繼續寫歌的。

我小時候有個夢想是分享自己的音樂。我六、七歲開始學琴，早於學琴之前或學琴階段已經開始作歌，自己在琴上彈出旋律，配上歌詞，唱給親戚聽，好像兒歌一樣。到初中時，有想過會不會可以寫出一首歌呢？但當時都只是幻想一下。到了大學階段，在外國讀書，我想不如參加一下比賽吧，於是自己寫了旋律，也包括〈富士山下〉的旋律，再交給朋友填詞，沒甚麼結果，也沒得獎，但接觸到有一些喜歡音樂和流行音樂的人願意一起合作。直到回來香港，當時是 1999 年尾，最初都是摸索階段，互聯網還未如現在普及，雖然有 email，但要認識音樂人也不那麼容易；有些網站會開放給人放一些歌上去，就這樣我便開始接觸到不同的音樂人，在這氣氛下有多一些創作。

我不主修音樂，可能因為我在一個傳統家庭長大，中國人家庭都着重讀一些導向穩定工作的科目。我讀書是 OK 的，父母自然期望我會選讀一些熱門的科目，所以我沒有想過讀音樂，當時亦不太懂得選擇興趣，所以選了很熱門的 business/commerce 之類的專科。但後來想想其實對這些沒有興趣，對我來說，讀這些沒有太大意義，我對錢也不甚敏感，於是我開始去想怎樣將生涯轉變呢？我中學的時候曾夢想做一個心理學家，我很有興趣研究人的思維。後來我再去進修，去 CU（香港中文大學）讀了一些 postgraduate courses（研究院課程），再去 HKU（香港大學）讀 educational psychology（教育心理學），轉行做了 educational psychologist（教育心理學家），至今已近十多年了。我是在空閒時才寫歌的。

科技有助清晰仔細演繹音樂

旋律創作本身跟科技沒有直接關係，有關係的是腦海中浮現出甚麼，再用工具去表達出來。科技可以 facilitate 這個過程，可以令一首歌成為一個 presentable demo。我開始作曲的年代還不流行使用科技設備，在九十年代末有部分人會開始用數碼設備，但我只是個學生，未有機會用到。我當時用卡式錄音機，一邊播一邊錄 demo，直到後來九十年代尾到 2000 年代頭那幾年，回港後才開始接觸科技。我在這方面不算掌握得很快，跌跌碰碰，左問右問，學會了一些簡單的 workstation，才知道 interface 可以幫助我錄得好一點，用 programme、用 recording software 可以方便錄音。我第一首發行的歌是用 Cakewalk 寫的，也有用 MIDI，但我的編曲較簡單，用少許鋼琴加少許 strings。

如果說到再前期一些，我在加拿大未回香港時，是用卡式錄音機去錄的，做過一個很原始的版本，找些朋友來唱，比較粗糙一點，效果當然不怎麼好。雖然之後的 demo 都是偏向簡單的，但是比起當年已進步了很多。97 年左右錄的版本是很原始的，差不多 one take 來錄，音樂與人聲（balance）不平均，當時沒有甚麼技巧去做歌。所以後來用軟件做 demo，都幫助了我不少，我可以把歌曲以一個比較 presentable 的方式給監製聽。如果我用當年最原始的卡式帶交上去，我都不會知道別人的反應會怎樣，雖然後來的版本都不算很完善，但原始那個有很多雜聲，presentable 的程度更加低，不知道會否有人留意到。所以科技協助到我入行，這是很重要的。

如果講創作，科技進步令更多可能性發生。無論是合作的模式，還是用具上的可能性都多了很多。例如，我不是 technologically 很 advanced 的人，我用的是最基本的東西，但如果沒有這些科技的話，很多事情會變得更困難。有些歌我寫得難唱、難掌握，高低音變化大，做 demo 如果沒有 software 的話，我是做不到的。在用卡式帶的年代可以勉強分段去錄，但以前是要由頭開始重複錄的；有些很細微的東西很難去改，所以錄一兩次就算了。現在我做 demo，主要是為了給別人聽得清楚我所寫的是甚麼音；我可以天馬行空去唱難度高的東西，但當中有些東西不是「真」的，我一次過唱不到、不夠氣去唱，有科技的話，我就可以逐個音去錄，拼拼貼貼地做出來。這樣創作力也會提高了。

創意比科技重要

我覺得創意一定比科技重要，就算一個人完全不懂科技，若有很好的 idea，也可以創作。例如我有朋友賣過歌，他真的完全不會做 demo，他是哼出來找別人去做的，但聽起來倒是挺動聽的，是頗有感覺的作品。我覺得 technology 的 tool（工具）可以 facilitate 你創作或者 stimulate 你的創意，可以將創意放大或強化，但創意一定比科技先行。

我參與過一些 song-writing camp，但很不適應。當時有些其他國家的朋友，他們會做 sketching，例如做好 groove，再在上面隨意唱，錄下來再篩選，總之想到甚麼就唱。有朋友提到有些韓國流行曲的選歌方式，是監製聽到你突然有一句很 unpredictable 的東西彈出來，然後就要那首歌。但為了產生這種效果而創作出來的旋律，我不太 get 到當中的意義，因為我覺得 melody 應該是有自己的靈魂和個性的，單靠隨意撞出來看能否激起「火花」，在情感上能否跟別人聯繫得上呢？我覺得所有 art，都是概念上的東西，概念可以很 vague 很 abstract，很多時一開始未必有很清晰的故事。但我會 prefer 先有一個想法，再由這個想法開始發展旋律。

我覺得寫歌用「底」先行沒有問題，在上面 build up 一些旋律是可以的，但是要有目的。創作的時候應該要有個構思是要寫些甚麼，如何去營造整個結構出來。那次在 camp 之中有個 session 的感覺就是，大家都沒有任何 ideas，就這樣去撞……我真的不知道呀，這個我可能要再學習一下，因為這可能是個新的思維方式。

對我來說，科技只是讓我去發揮和表達我的歌，是一個「助手」，幫助我去表達，而不是被它主導，但它會幫助我有更多創意，是真的幫助了我的。

從經驗尋找靈感，內化創作風格

在創作方面，我說不上有甚麼秘訣，我寫歌本身都有目的，但不是為了賣得出或者成為大熱，我從來都不是用這個角度去想的。我自己在構思時，會覺得每首歌都有靈魂和性格，是一件很完整的事來的。那些音符的鋪排、旋律的結構，最重要的目的是能營造到一種美感出來。當然美感的定義人人不同，但在我的角度是想做一些有這個特質的作品出來，分享給別人聽，令別人聽了之後 well-being 會多些，或者是舒服一些，會想一直聽，我想用這個角度去做作品。但那首歌是否 hit，就不是我可以控制得到，會受制於很多因素，例如唱的歌手、整個製作等等，所以我並不會從這個方面想。

我從哪裏獲取靈感呢？我會有不同的方式。我會回想一些曾經感動過我的歌，它們的旋律是怎樣的？中間有些 hook line 或者有些部分我會參考，但不是將它們直接搬到我的作品，而是想想，我的作品中哪些結構部分能夠營造哪首歌的哪些效果呢？音階可以完全不同，但可以借別的歌曲作為參考去做到一些效果。我是用這個方式去構想的。

創作的時候，我從旋律入手，真的在腦海中有旋律，通常我都會回想那些歌手……如果有些 project 是讓我為某些歌手度身訂造時，我會回想那歌手，哪個 range（音域）發揮得好些，我會參考一下。我會在腦海中先想旋律的一部分，有可能是先從副歌開始，有時則從 verse 開始，慢慢組合成一首完整的歌。我知道有些人喜歡用別的方式，可能先從 chord progression 着手，很多人都這樣；但我喜歡旋律先行，因為旋律可以加不同的 chord。當然我作歌時都有 chord progression，但之後 chord progression 有轉變都可以，並不是固定的，我是真的以旋律主導創作的。

其實最初我可能有幾首歌，目標是向着中國風混合日式的味道，又或者是從國語歌曲出發的。因為小時候成長階段會聽那些歌，可能我方向上都想創作這一個系列。後來我沒再刻意向着這個方向想，就沒有再刻意去寫密集的音，也沒有想做到那個效果，誰知道做出來還是有人覺得有類似的風格，後來才發現自己是自然流露了這種風格。有 YouTuber 這樣形容我的音樂，亦有其他人在 forum 寫過類似的分析，有些寫得很詳細，甚至擺很多樂理在裏面，我覺得很有趣。我不是讀正統音樂出身的人，我不太執着用甚麼理論，用甚麼 skill，我只是想到就去做。看完之後才發覺原來自己有做過這些東西，也頗有趣，原來自己在做一些東西卻沒察覺是這樣一回事，那是一個 skill、一個 style 來的，自己原來一直自然地做着。

有趣難忘的創作經歷

〈富士山下〉那首歌是用十五分鐘寫的，當時我聽了一首國語歌，我很喜歡，希望可以寫一首類似 style 的音樂。於是我試着去作，誰料很自然便彈了出來，很簡單地寫和記錄下來。當時我身邊只有琴，就在短短的十五分鐘內寫成，當然只完成到旋律，後來才再做 demo。至於畫面和故事呢……可能是被啟發吧，我很想做到一首與那首歌很類似的作品出來，於是我試着將那些元素轉化成自己的東西，是很抽象的，不是有甚麼實體的想法。我最初希望這首歌似國語歌，似八、九十年代那種台式的國語歌。那些歌的旋律可能有人會覺得老派；但你用另一個角度看，那些歌是比較經得起時間考驗的，會給人一種 timeless 的感覺，可以聽完又聽，很容易在腦海中重複又重複，有種魔力令你很想繼續聽。正如有個例子，劉美君 2011 年推出過一隻翻唱的 Hi-Fi 碟，叫《Love Addict》，碟中翻唱的台灣國語歌，正正是我剛才説的這類歌，旋律較多用五聲音階（純五度的音階），是有種味道的，那正是我想要的味道。

另外，〈一絲不掛〉那首歌，我是聽了一首英文歌後才創作的，我喜歡那首英文歌的 chord progression，它的 time signature 是六八拍的，比較特別，並不常見，我就是想要那種感覺。當然我寫出來就不是那種英文歌的感覺，而且經過編曲後也多了些東方味道，這不是我刻意做的，但最初的旋律是偏向想將新元素加進去的。很有趣的是，這首歌會令人想起舊歌，別人會説似哪首哪首歌，我回去一聽又覺得有少許相似，有些東西是潛意識的，我絕對不會抄別人的作品而成為自己的，但會潛移默化吸收到別人的養分，可能會不知不覺中寫出來，某些地方會相似，但又不完全一樣。我認為音樂很有趣的是，它跟任何藝術或其他精神食糧一樣，是可以傳承下去的，你做的東西會啟發到別人，而這件事是頗好玩的，創作就是這樣。

我再講一首 2019 年的歌〈下一位前度〉，是跟林家謙（Terence）一起寫的，由他先寫他的部分，再給我寫我的部分。我以前很少做這類事，音樂上我比較執着，但近年覺得接受新事物也是好的。做這首歌時，最初可能是跟 Terence 聊天，談到試一下合寫有沒有甚麼化學作用，他很快就給了我他寫的部分，然後我就跟着他的部分延伸出來，他寫的是副歌，我寫的是主歌和其他部分：bridge（連接段）和 coda（結尾）。我寫時很着重歌曲的感覺，我寫的一定要配合到對方的東西，而不是要比較或者突出自己。我覺得歌曲的感覺要和諧平衡，不似兩個人作，才是最成功的。當然我不知道別人對這歌曲的感覺是怎樣，但希望做到啦。當時他寫給我的 demo 有個題目〈shelter〉，我兒子出生了兩年，他跟我説他的 idea 是「一個爸爸提供一個 shelter 給小朋友」，所以是他給了我畫面，我根據畫面再去寫歌。到了後來，他想成為歌手，才將這首歌拿出來，找夕爺（林夕）填詞時大家提議一個不同的方向，但最初是有個畫面的，感覺溫暖一些，對比起我其他的作品是溫暖一點的；節奏上有點特別，有些地方突然快了，有些轉音我也提出保留。如果只是自己寫，我可能未必會用這個出發點去寫，未必能在那刻寫到這東西出來；所以有時有別人的刺激，會帶動到我有其他嘗試。

最近有一首跟別人 co-write 的，只有 melody、demo，還未「出街」。這首歌是寫給女生唱的——女生的 key 是我唱不到的，經過 tune pitch；還有它是跟另一位作曲人合寫的，大家拼拼貼貼，那位作曲人朋友做了個 demo arrangement，大家溝通過後的創作方式是：我將我作的 vocal 貼下去，他做他唱的部分，我貼我的部分。這首歌用科技用得比較多，如果不用科技便不易表達出那種東西。Pitch 如果沒有 tune 過，那位朋友跟我的 pitch 不一樣，就很難做出一個 presentable 的 demo。他做完之後我會再修改的，再加一些東西落去，再大家一起 refine 下。這是其中一首算是有應用科技來創作的歌。

另外有一首音域很高的，就是麥浚龍（Juno）的〈暴烈・34〉。Demo 高音去到最盡的位置我自己唱得不夠好聽，所以我放了 VocalSynth 進去。〈暴烈・34〉據我理解是在講夫妻暴力的場面，雙方都無法忍受對方，是 family violence（家庭暴力），Juno 有講大概的情節給我聽，我就想到將其變成更歇斯底里的表達。他曾具體地告訴我他想要甚麼，跟他合作，我是全部為他度身訂做的。他叫我不要想那首歌給男唱還是給女唱，很女孩也可以，意思是不需要有性別框架；加上音域不需限制，最後 melody 我也沒有料到會那麼闊。不過，我覺得可以配合得到他想要的，他的歌有故事，我會跟情節去構想，當歌有雛形的時候，我覺得很合適，可以再刺激一點、情緒更加激烈一點，於是變成了這樣。

與林夕合作的「完全信任」

和林夕合作，最初都是監製 Alvin Leong 的安排，因為他跟夕爺合作多年；後來我有機會發表歌曲，有八、九成都是交給夕爺填詞的。經過一些時日，大家認識了，我開始自己接觸夕爺，有時會直接找他幫忙填詞，默契是「完全信任他」。我記得王菲好像曾說過，她找夕爺填詞，是完全不給題材和框架的，因為她知道他知道她想要甚麼，我也有相似的感覺。曾經有一首歌，我完全沒講題材就交給他——他覺得最好就是最好的，我絕對相信他。但也試過歌手有些想法，我也會跟他聊一聊，提議一些方向，請他考慮，然後尊重他的最後決定。

記得以前我讀書時期做 demo，很難找合適的人填詞。以前很難識人，沒有網上世界，只靠朋友介紹，未必能遇到合適的人選，所以當時我也很洩氣，覺得未必能找到一個明白自己的人。當然我很幸運一開始能得到 Alvin 的安排，有這個機會。我最初的幾首歌跟夕爺合作，我跟他還未熟，是很被動的，光是開心和期待；到後期熟識了，更瞭解對方，他跟我分享過一些對我作品的感受，舉出一些例子，是我自己也不知道的，例如我某些旋律的某個位置，有些甚麼動機，他會聽得出來。某程度上，他對我旋律的認識比我更多，我覺得是緣分，他是個天才，我很感恩有這個機會。

Demo 的創作形式和重要性

未做 demo 之前，最初只是在腦海中想，我很喜歡在腦海中 loop 一些東西，再修修改改。現在有了智能手提電話，有了干擾，我在腦海中 loop 的能力變差了。本來我創作一首歌，是準備好才會寫出來的，但是現在有了手提電話，便會有很多問題，例如我出街會看手機、家裏工作中途會看手機，少了空閒，也少了時間去放空。以往腦袋放空時，例如坐車沒事做就會在腦海中想一些旋律，但現在太多干擾，有時是公事上——看手機不一定是娛樂，有時候要回覆別人的 WhatsApp，要 check email，使我沒有真正放空的時間去集中創作。但不是沒有靈感，而是腦袋可以專注於一個旋律的時間少了。另外，現在有時有些 project 是寫給某個歌手的，有了目標去寫，會騰出時間集中構思。少了隨意寫歌，反而會有目標、對象；以前不是這樣的，早十年左右，我是不會特別寫給某個人的，通常隨意寫了出來，再看看適合甚麼人。

我主力不是做編曲，最初期我有一部 electronic piano，不是 digital piano，是比較 primitive（原始）的。在（琴）裏面駁 MIDI 聲音檔出來——那些應該不叫做 modules——再 real-time 錄出來。其實現在我用 stage piano，如 Roland 那些的，我都用類似方法，我始終少寫一些節奏很強、有 groove 的歌，而 drum pattern 我也用得不多，因為我寫的歌主要是抒情，通常鋼琴已很夠，就連弦樂都很少用。由於我主要寫旋律，所以科技轉變對我的創作來說並沒有很大的影響，但有些地方是有幫助的。對比十多年前，現在 Logic 提供很多功能，比以前方便，例如 shift pitch，有些歌要給女生唱，有些歌要用別的 key，有了科技的幫助，這些在做 demo 時便方便一些，在製作上亦更加 user-friendly，例如 demo 要「執位」，要往前往後，或加入某些聲效之類，都更加容易做。

Demo是我自己唱的，有位女性朋友幫我唱過幾首，但之前十幾年我都自己唱，方便嘛。就算歌是寫給女生的，我也是唱自己的key。我的key很低，女生唱高八度就可以了；反而我唱男key的話，我聲音低反而高音上不去，我唱到的，但會很辛苦，試過要「執」它、tune高。有些歌更誇張，會用synth的聲音去代替，但我盡量不用這些，唱得到就唱，效果會自然一點。自己唱是為了方便，因為很多時候有些事，別人是表達不到的。例如我會轉音，我會一字多音（melisma），這些有時別人未必有興趣用，但我喜歡保留；我寫的時候會有，如果我叫別人來唱，他未必會唱出這些，所以自己做真的比較快和比較方便。我不算唱得好，但至少唱得到，別人聽得明就可以了。

我做demo，通常做得很慢：我沒有複雜的東西，主要用琴聲、錄人音，再加些許EQ效果，但要做很久。我不知道算不算久，我要幾個小時才彈到琴的demo出來，然後唱可能四個小時，有些歌試過錄七個小時……因為我想錄出來別人聽得清楚，我想錄出歌曲的靈魂和個性，想盡量表達得到，想過到自己的關，要給別人自己的想像。

我聽說過早一、兩輩的音樂人，如某位台灣著名創作人，她做demo很簡單，只有旋律。我試過一次電腦壞了，因為趕着交project而只用電話錄，而且沒有editing；我彈一次demo arrangement，再唱vocal，後來有機會出版。當然那個demo很多瑕疵，只做one take而已，但對方感受到旋律，傳遞得到，這樣就可以了。那一次真的沒有辦法，除非放棄，不然只能用僅有的資源去做。

我做的 demo 雖然簡單，但都「似一首歌」的，不止有 chord，其實我以前做得更有心機。我曾經給前輩聆聽作品，對方覺得這個編曲都有意思，不止有 chord，還有 melodic mind 在裏面，也有 flow 和層次，如在第一、二次高潮時的氣氛營造，就算只有琴聲都會有少許變化，希望可以令別人看到畫面。編曲人有時也會用我的 demo arrangement，例如 intro 部分，以及第一段比較清的主歌副歌，出版的版本很多時有保留到部分。例如〈富士山下〉的 intro 基本上是跟我的，編曲人加了些東西進去，但都很接近。他在背景用弦樂的位置與我原本的鋼琴編曲很接近，當然他編得更美，加了樂器，層次更豐富。不過我近年少了作 intro，我想給編曲者空間，想收起自己的想法，想簡單一些，不想給對方框框。可能到歌詞出了，歌手也有方向時，我也想有些新的東西，因為有時太停留在自己做的東西，會少了新意。

不過，我自己很少只用樂器做 melody guide，始終覺得有些東西會表達不到；有些人用 flute（長笛）的聲音，但我覺得表達不到，我有很多地方要表達得到感覺，也想表達怎樣唱 melisma，雖然有些歌曲不是由我監製，但何時放輕、放重，強弱地方的表達，demo 是絕對會影響成品的。歌手有時會覺得「係咽係咁樣唱」，因為他吸收了我給他的畫面，雖然未有歌詞，但有些東西是共通的；除非他改到不同，如果他喜歡我的 melody，他會吸收到我的元素，無論是 vocal 還是 arrangement，都會影響到他。甚至 demo title 都會影響到他，我以前會填一些假歌詞，沒有意思，但有時詞人原來會放那些詞進去，也會放進 title 裏。不過，近年我少了這樣做，因為填假歌詞都很花時間，現在哼唱「啦啦啦」就方便多了。

科技對編曲工作的影響

現在我有時會 arrange 鋼琴的部分，而全首編曲我是沒有做的。若參與製作，可能就會用到科技了，例如剪 vocal，挑選 vocal，轉 timing，執一執細微的位置，這些（科技相關的技術）我間中會用到，它們的重要性就會大一點，而我通常都會找一些拍檔一起去做。我的理解是，流行曲都是在有限的資源下做到最好，例如弦樂，我們會找一些最專業的拉弦樂的音樂家來錄，務求做到最好；又例如彈琴，我雖然可以彈，但如果有人比我彈得更好，我就寧願讓他來彈。

科技對創作上的合作都幫助很多，例如 co-writing 這件事，沒有科技的幫忙是不可能的。疫情大家都不方便見面，其實都是用 email 和電話，send 一些錄音給對方聽，那就可以 co-write 了。有些 software 更加方便，轉 key 甚麼的，一個簡單的動作就可以做到，以前卡式帶年代是沒有的，就算很少事，要不自己唱，又或者要重錄過。現在編曲可以有不同的效果，如何調校歌曲可以有很多的可能性，跟別人合作也很方便，甚至可以跟不同地區的人合作。跟別的音樂人交流，溝通很重要，不同的編曲人和音樂人可能有很多不同的想法，編曲人有甚麼想法，可以即時用電話講，這也是科技。以前沒有 WhatsApp，也沒有甚麼 social media 和即時通話軟件，以前要用 text message（文字訊息）或者電話，不像現在那麼直接。我們現在用 audio message（語音訊息）溝通，就不會那麼容易忘記一些事，對方也會清楚一點，例如彈的方式可以用電話錄起，再 send 給對方就可以了，很方便，快很多。

但我知這樣亦會帶來很多壓力。我做過的 production 不多，我只是學習而已；但我感受到做 production 要用很多時間，而因為科技進步，變相有無限的可能性去調校…… project 可以 never-ending，音唱得不準又可以調校到非常準確，即使很細微的東西都可以調校，太多可能性反而是一種壓力，這是負面的部分。但如果大家有共識，也是 workable 的。

科技彌補歌手唱功上的不足

我看到的問題是：以前歌手會練得很好，或者本身天分很高再加努力，才進錄音室唱，唱出來是感動人的；但現在較多運用到科技調校，有時調校出來可能沒那麼人性化，太完美，音很準，沒有呼吸聲等，但現場演繹不是這樣的，你會發覺整件事很 unrealistic，成為了另一件事。有些歌手也有天分，可惜焦點不是在練歌上。以前的人可以長期在樂壇成功是有原因的，例如林憶蓮，由初出道到現在，相信她付出了很多努力，無論是音域上、技巧上都達到那麼好的狀態。但現在大家可能有很多阻礙，社交媒體上該如何宣傳自己，寫甚麼上去……要做很多跟音樂無關的東西。還有科技太好，很多人會覺得不需要練得太好，因為錄音室會修得好，變了沒有 persistence 去唱好一首歌，失去了那種初心。不是說沒有人做到，但少了人去做；有很多人都很有才能，但他們未必會善用天分，以致現在少了唱現場很強的歌手，少之又少，很可惜。

從雜誌看到前輩說，出現數碼製作之後，歌曲在情緒表達上差很遠。以前的人錄音不會錄那麼多次，當時真的有一隊樂隊跟你進錄音室一起錄，要唱便唱了，不能改那麼多，整件事會很 coherent（連貫地）去做。現在則有太多東西可以修改了，有時變成情緒表達失真。當然也有好處，如果沒有經歷過以前，你會覺得現在的人唱歌音準很準確，真的很準確，因為人人都 tune 過了。甚至 live 也是 tune 過才出街的，那些人經常說誰或誰唱 live 唱得好，其實放上 YouTube 的 live 是 tune 過的，所以有個假象，直到你去聽演唱會時才真正發現不是這樣的。

新科技帶來的音樂機遇

千禧年代，一個普通人、對音樂有興趣的人，就算他不懂得用數碼化的東西，只要他懂得在一部電腦安裝一個 audio interface，純錄音或錄樂器聲都可以錄得很好；反之以前就不那麼普及。在千禧之後，除了用 MIDI 可以容易修改，即時錄音亦易了很多，有些人即使不會玩樂器，都可以錄 demo。這也造就了大環境多了人對流行音樂的創作有興趣，想加入行業。

最近跟一位同事聊天，他提到他也有作曲、學編曲，又提到網上有教學，有很多學院/機構搞很多這些課程，很普及。我不是讀音樂本科出身，但有一點古典音樂的基礎，考獲八級鋼琴；而有些人未必有很多樂理知識，但都可以學編曲、做 demo，因為有了科技，真的方便了很多。就算樂理基礎不是很強，只要哼到音出來，又懂一點伴奏、把 chord 加了進去，便能完成 demo，變相就多了人加入了。

漸漸地多了人掌握到技巧之後，他們連 demo 都會做到很仔細，可能想做到接近「出街」的作品；但仍會有一些以 melody 為主的創作人。創意還是很重要的，即使有科技帶動，仍要有好的創意作為後盾。

本地樂壇前景：
創作人和歌手更追求自我的實現

雖然很多人覺得粵語歌式微，亦有很多人説現在聽歌模式主要是串流（streaming），沒有人買碟，做歌手很難，很難有 project。但我覺得會有新的趨勢：現在多了很多 indie（獨立）音樂人；我又見到很多曾經簽了大公司的歌手完約後不續約，想跳出來自己做。我想大家都更重視自己的創意，想由自己去控制，希望有更大的靈活性、更多的空間去做自己相信的東西；而很多所謂 indie，他們所做的東西其實是很主流的，他們很有經驗，而且是專業的，他們是大公司會用的音樂人和歌手，但他們選擇做 indie，因為他們想要多點自主空間。近年多了百花齊放的景象，我看到有這個趨勢。

公司的影響力慢慢減弱，看得出有些公司已經不能給予最好的環境去 cultivate creativity（培育創意），很多人相信可以由自己去做音樂——而我覺得永遠有得做。另外，如果不是只向錢看，其實還有很多可能性。我不是全職音樂人，不是透過音樂為生，我心裏面有一個想法：我不全職作曲，不以作曲作為我工作的最大部分，是因為我想有靈活性，不想給別人領導我去做甚麼，反而希望有更多的互動。音樂是一種藝術，流行曲也是藝術，最重要的是你去享受這件事；它帶給你更多 well-being 或啟發，在情感上讓你跟別人連結，這些好處比錢更重要。所以我覺得多了人為興趣去做這件事，樂壇前景是有希望的。不會沒希望，不會如某些人所説已死了，我相信是不可能的。

我自己不敢説自己如何，但我知道自己想怎樣，因為我以前有段時間，做了歌會擔心別人喜不喜歡，或者那首歌給了一位歌手，他會不會接受。但我現在反而沒以前那麼多考慮，不是不顧慮，而是更加知道自己作的是甚麼，更知道怎樣去作自己想作的東西，可能是少了包袱，而更投入創作。我不覺得自己的創意差了，但心態上開放了，會跟別人交流，看看怎樣會更好。我覺得最緊要是自己 enjoy，我不會擔心⋯⋯可能十年後人家覺得這些作品不適合他的年代，沒所謂。到時做些歌放上網，找朋友唱唱，不一定要很商業或做到 big hit 才叫成功，放上網有一兩個人聽到，覺得有共鳴，那就是成功。做到 big hit 不是我追求的東西，你愈追求這些東西，做出來的就愈容易扭曲。我相信做自己覺得最舒服、最enjoy的東西便足夠了。

我認為「好歌」、「好旋律」的定義隨着年代有些微調，三、四十年代的歌我也覺得很好聽。但可能後生一輩的人，有些會欣賞，有些不會，每個年代的焦點都不同。我希望我寫的歌的價值不止是由市場定義，而是由自己定義，是否自己最相信，才是最重要的。

編者的話

2006年入行至今，澤日生為香港的流行樂壇創作了不少hit歌。雖然他近年的創作多有特定的目的，但他在創作時仍保留初心，以個人表達和自我體現為出發點。儘管科技的應用對其歌曲旋律創作的影響，沒有其他崗位的創作人那麼大，但他亦認為科技可以令創作的過程更加暢順，令一個旋律可以成為符合專業要求的demo。不單如此，科技亦使他可以作出新的嘗試，方便他和其他創作人合作，並使他在創作時可以在旋律創新和演唱難度方面尋求更多的可能性。但他也指出科技對他創作帶來的干擾，以及對新一代的創作和表演方式的影響。如其他受訪者般，他對香港流行音樂發展保持樂觀的態度。

（訪問日期：2020年8月27日）

第十八章 謝國維

謝國維，一位資深音樂監製，主要從事作曲、編曲和歌曲監製，亦不時參與配樂、演唱會、混音和 A&R 策劃等工作。他曾創作多首為人熟悉的歌曲，當中包括：陳奕迅〈陪你度過漫長歲月〉、張敬軒〈櫬〉、孫耀威〈思前戀後〉、古巨基〈時代〉、小肥〈時光機〉、謝安琪／劉浩龍〈滄海遺珠〉、鍾一憲、麥貝夷〈勾手指尾〉等。不少參與的歌曲更曾得到主要媒體和 CASH 金帆獎最佳歌曲等獎項。曾合作的歌手包括：COLLAR、鄭欣宜、許廷鏗、鄭秀文、黃耀明、藍奕邦、鄧小巧、Twins、ToNick、岑寧兒等等。

走在跨地域創作的版圖上——謝國維

一人創作，慢慢入行

我最初做音樂是因為認識了一位本地音樂人，他現在也在行內，叫做劉祖德（Duck Lau，下稱阿德）。我在高中時期就已經認識他了，雖然不是同校，但我是在自修室認識這位朋友的。當年電子琴有 MIDI 面世的時候，他已經做了很多 demo、很多歌，我也對此着迷。因為當時有很多人會夾 band，不過我就沒有，而他讓我發現原來會彈 keyboard，有一台琴，有 MIDI 這些 technology，就可以自己一個人去創作及製作音樂，所以我就開始和朋友用 keyboard 去做，我也開始接觸並嘗試創作。我一開始也是和阿德及幾個朋友一起玩着，慢慢自己就開始 set up keyboard，加一個 MIDI sequencer 在家，然後就開始自己試着做 demo 了。

音樂創作的科技突破：DAW、plug-in 及 Internet 的出現

我最初用來做創作的 setup，包括有一部 MIDI keyboard，另外有一部由 Roland 出的 hardware sequencer（16-track），叫 MC-50，而且還有 sound modules。那些都是 hardware，當時

還沒有 software synthesizer 或者 DAW。玩多幾年後，市面上開始有 Cakewalk 及 Master Tracks Pro 等軟件推出市場，不過這些都只是在 Windows 上面運作的 programme，我並不覺得它們很好用。這些 programme 都只能做到 MIDI sequencing 的工作，但沒有 audio 錄音及處理的部分。後來認識了一些比較專業的音樂人，例如趙增熹，才知道有一個軟件叫 Performer，它加入了 digital audio 的功能並演變成 Digital Performer。當時的 Performer 要在 Mac（Macintosh）機上用，但 Mac 機很貴，所以並不普及。我便和朋友湊錢買了一台 Mac，大家共用，我在那時開始就用 Mac 機直到現在。那時的 Performer 是最專業的，而且很好用，它整個流程和我們慣用的 Roland MC-50 很像，不過它有畫面，所有東西便開始 visualized（視覺化）了，所以操作上也容易了很多。

無論是 Digital Performer 或其他牌子，我們都統稱這些 programme 為 DAW。我覺得這個科技的出現是一個很大的演進。DAW 是我們做音樂的骨幹，無論是做錄音、編曲、監製或是現場的 show，它都是一個非常重要的部分。因此，我覺得 DAW 的發明，特別是有了錄 audio（digital audio）的功能之後，整個音樂的製作便靈活了很多，亦多了很多可能性，而且一直發展直到現在。

我以前也試過用 ADAT 那些帶，當然不是 open-reel 那種，那時候也算是用數碼化的 tape 了。到真正可以用電腦錄音後，又多了甚麼可能性呢？這不止是多了一個錄音工具而已，而是 Digital Performer 這類 DAW 可以讓我們做 time stretching，即是將錄音片段的 sample 加快或減慢去配合歌曲的 tempo，這是一個偉大發明。雖然那時候已經有人會做 sampling，而這個發明也是重要的，但我覺得它不及 DAW 的出現重要。那時候仍未有 pitch tuning 等技術，但就算只能僅僅加快、減慢，我已經覺得很厲害了。一些以前只可以用 sampler 才做到的事，現在我們可以用 DAW 做，並可以在 DAW 錄音的時候順便做 time stretching。以前在 home studio 有台 4-track 機就已經很厲害了；但自從電腦也可以錄音之後，我們做 demo 時便有很多事情都可以做。

我記得可以在家裏錄音之前，demo 一般都很少找人唱。雖然可以用 4-track 機錄音去做，但不容易，也不是人人都能擁有那部機。那時候都是彈「doo doo doo」聲的 flute guide，即是用 sound module 出個聲音，再用樂器彈一條 melody line 出來，這樣就當作是 demo 了，別人也聽得明白。反觀現在，我們聽的任何一首 demo 都會唱出來，就算沒有歌詞也會用「la la la」的方法去唱。我們即使是在家、只有很少的 setup，也可以做出完整度較高的作品讓別人聽。因此，我覺得排名第一的是 DAW 的發明。

我認為另一個重要的就是 plug-in。因為 DAW 本身只有基本功能，它像是一個殼，只是一個平台，如何讓它有更多的可能性呢？那就需要加入很多的 plug-in。Plug-in 有兩類：一類是聲音效果（sound effect），另一類就是 sound library。其實兩樣東西都有很大幫助，因為以前我要用 sound module 的聲音，但那個 hardware 是帶不走的。我記得那時候如果要去錄音室 track 一首歌，就可能要拉一架「車仔」去拖那些 sound modules 去 track 那些聲軌。到有了 DAW，我們已經可以把不同的 tracks 錄入 hard disk 裏面，雖然這已經好了很多，但還是很不靈活，因為所有的 sound sources 本身還是在 hardware 裏面。直至出現了 plug-in 並愈來愈成熟之後，到現在為止，基本上我可以用一部 notebook 電腦走天涯，因為在 notebook 上已經有我常用的聲音及效果，我只需要帶着耳機及對着電腦就已經可以做 mixing 了。因此，有了 DAW 再加上延伸的 plug-in 後，創作就變得非常全面了。

另一樣對音樂造成很重要的改變的科技，就是 Internet。Internet 加速了很多東西的發展，例如我現在買聲音或其他的 plug-in 都可以即時上網買，而且即時拿到來使用。此外，做歌很多時候都要 reference，而那些 streaming platforms 很容易讓我們聽到很多歌。以前我們需要購買很多碟，譬如有監製要我聽一下某首歌做參考，我就會為了聽那一首歌而去買整張碟，因此那時候家裏會有很多 CD，但現在就靈活很多了。另外，大家聽製作中的音樂也變得容易，現在即使在製作過程中，歌曲也可以馬上 send 給其他人聽，所以在製作流程上是方便了很多的。

Demo 製作形式的改變

最初做音樂的時候，我也算幸運，因為我的 home studio 設備比較齊全。我剛剛也提到，那時候會和朋友一起湊錢買器材，由於我們當時都很認真對待這件事，我和身邊的兩個朋友後來都進入了音樂行業，所以大家都很願意投放資源和時間在其中，看到專業人士用甚麼設備，我們也會努力跟上。因此，我們比較早就有了 4-track 機，然後又買了 ADAT 機，算是最早期可以在 home studio 做 multi-track recording。最早期我們交 demo 都是用 cassette tape 的，而且要親身去交；後來演變成質素比較好的 MD，它比 cassette tape 小一點，但一樣要拿去交給別人，只不過在錄音工作上就容易了。MD 很快便被取代，變成了製作 CD，大家只要有 CD burner 就可以了，再過幾年就變成了現在所用的 MP3，從此就不用親身交給別人了。

科技引發更多樣化的創作

無論任何年代，音樂人都很喜歡發掘新的可能性，所以當有新的 technology 可以嘗試，通常很快就有人應用到音樂上面。舉個例子，當出了 Auto-Tune 這個本來是用來 tune vocal 的 software，馬上就有音樂人把這個效果用到最極致。原本正常的使用是把人聲調得準確而自然，但美國歌手雪兒（Cher）有首歌用了 Auto-Tune effect，將設定調到極端，就變成了很機械式的聲音，這是一個很有代表性的例子。

在不同年代裏，也會有不同的 keyboard，例如 Roland、Yamaha 及 KORG 那些大牌子，一出新的 keyboard 型號其實就代表有新的聲音及 library，然後很多音樂人都會很快購入，希望自己擁有最新的聲音可以放進創作裏。記得有一次我在通利琴行碰到一個音樂人，他問我買了 JV-1080 嗎？那是當時 Roland 出的一部很經典的 sound module，他說這部機器很棒啊，他說完令我當時也很想買。

所以，我認為聲音上面有新的東西出來，就會有新的演進，好像當年有一部 drum machine 叫 TR808（Roland 出品）出現之後，因為有了新的聲音，外國馬上就有很多 R&B 的歌去使用它們。有些聲音的出現是會影響了某些音樂類型的誕生的，這些都是很 natural 的演進和發展，我覺得很好。

另外，電子音樂近幾年在歐美那邊非常流行，那是因為現在的 sound library 有這些聲音，而且人聲可以轉換成很多音效，一把聲音可以變化出很多層次，這些以前是很難用錄音做到的。現在的新科技讓 plug-in 也愈來愈厲害，因此就會有很多聲音應運而生，如外國組合 The Chainsmokers 及歌手 The Weeknd 都有他們的 sound signature。現在這個年代不單樂器的聲音變了，而是整個 recording 製作的 sound design 都變了；又例如，前幾年 dubstep 之所以流行，是因為音樂的 technology 發展到某個地步，能夠容許人們在錄音的時候做某些 tricks、某些音效，然後那些音樂類型才能夠創作出來。

善用科技發展粵語流行曲

我不完全同意所謂「粵語流行曲不需要太多 technology 都可以創作出來」的說法，這說法背後是對粵語流行曲設下一個限制。我不排除有些創作人可能只想做傳統的風格，但我也見到有許多創作人偏向用新鮮的手法呈現。我自己很喜歡用 synthesizer 的聲音，為甚麼呢？因為我覺得一首很典型的廣東流行曲，通常都會有最常用的樂器：鼓、琴、bass、結他及 strings 等等，用這些所創作出來的歌曲聽起來都會差不多。

當然也可以用很多不同的和弦，或在那些旋律線條上面創造新鮮感，讓編曲突出，但事實上它們骨子裏還是差不多的東西。而 synthesizer 對於我來說是一個色彩很豐富的 palette，它是很 abstract 的，你無法形容那個聲音 exactly 是甚麼。它可以輕點、重點，或者 distorted（扭曲的）一點都可以，所以我是很喜歡去發掘 synthesizer 的 sound library 的，也很希望能夠善用它們。

我用的主要還是 soft synth（software synthesizer），即是 plug-in。Soft synth 也有兩類：一類是像真的樂器，另一類是拿來扭聲的，扭到怎樣都行。就我的音樂製作來說，可能因為自己以前讀電腦，所以有興趣去 explore 這些東西，而且比較容易 pickup。有些監製會買很多硬件器材，但我就希望有一天那些 software 可以做得像硬件器材一樣好，這確實是有個過程的。以前的 software 是沒有那麼好的，現在已經愈來愈好。為甚麼我會有上述的想法呢？首先是因為硬件器材都很貴，買不了那麼多，而且就算買了也不一定有位置擺放。在這個年代，我們很多時會在不同的崗位走動，譬如說 travel 去其他的國家或地區，而 hardware 是幫不了你的，反之 software 就有兩大好處：第一，一部電腦就可以完成所有的事；第二，百分之百 recall，即是兩個月前的 project，今天打開聲音也是一樣的。如果用的是 hardware 的話，把鍵扭多了一點，聲音就已經不一樣了。因此，當大家平時都做很多 project，如果每次都要扭回原來的位置就會很麻煩，所以在這些時候我就會盡量善用 technology。

此外，現在 technology 的發展令發掘聲音的過程也變得容易了。我舉個例子，有一個 online service 叫做 Splice，只要在這個網站 subscribe、交月費，之後每個月都會有一定數目的 credits 給你用來 download 一些 sound samples。比如我現在的歌需要比較新的鼓聲，我只需要搜尋「kick drum for hip hop」，就會有兩、三百個這樣的 samples 供我選擇。因為我已經繳費了，所以我選中哪個就可以馬上放進我的歌裏，僅僅是這一個功能已經方便很多了。以前我手上有多少聲音，就只有多少聲音，我不知道怎麼可以變一個新的聲音出來；現在我只需要在 search engine 上面搜尋，就可以做到。這個是近幾年的產品，這個服務我只要購買了，就會很方便。又或者有些 pre-set 的 library，例如有個 library 是 output.com 出的，叫 Arcade，它 pre-set 了不同的 library，可以 map 在 keyboard 上，你按的時候就會有彈好了的 idea 片段。我真的會用來製作歌曲，也可以用它獲取靈感。有時候我想有新的聲音，而我手頭上的設備都未有對的聲音，以往是不會想到可以用這樣的方法來做歌的。譬如，我去年編陳健安的〈在錯誤的宇宙尋找愛〉，那首歌裏有幾種聲音，都是源自我從這些 service 上找到類似的聲音；我不會搬字過紙地用，但我可以從中得到啟發，就好像尋寶一樣，這些都是很即時、很 up-to-date 的。正如我剛剛所講，當音樂科技一直發展，譬如出了一些新的工具/樂器/軟硬件，很多音樂人都會從中不斷尋找新的可能性。所以廣東流行曲能不能夠創新，也取決於音樂人是否想用新鮮的手法去呈現自己的音樂。

現在，我仍然會大量地使用傳統的樂器。其實兩件事情很不一樣，當然我們可以在一些 programme 上做比較多元化的事情，但我仍然覺得比不上用一個好的 musician 去彈很多部分。譬如說，electric bass 本身只有一條 line，而且那些 sample 的聲音已經很真實了，你彈一個音，幾乎難以分辨得到；但一個真的樂手彈的時候會有一個 touch，他不需要每一個音都 precisely perfect in a pitch，那個 touch、音和音之間的走動可能是我在 keyboard 上面弄很久都弄不出來的，所以近年在允許的情況下，我都會用多一點真樂器。曾經有幾年因為想省預算，又覺得其實用科技也可以做得到，便不找其他人，自己一個人可以隨時做改動，無論是做鼓、programme 或各種樂器。然而，幾年前，自從我愈來愈多和樂手合作之後，我真的覺得 sample 的音樂和樂手所彈奏的是無法比較的。因此，如果我的音樂裏面有需要，我一定會用真的樂手，但這又不等於科技沒有幫助到整件事。又譬如，有些結他樂手是很喜歡用真的 amp（amplifier）去錄音的。幾年前他還會說：「你聽一下一個電腦做出來的 effect，和我彈出來後再用一個真 amp 去錄的聲音，兩者是相差很遠的。」但由於科技的進步，後來反而慢慢變成他們會向我說：「最近出了一部新的機或一個新的 plug-in，可以把那個聲音變成像用真 amp 錄一樣，我自己用 amp 錄出來的聲音都沒有那麼乾淨，會有很多的噪音。」因此，科技的進步對於樂手錄製音樂方面的工作，也是有幫助的，但其實我們需要買和得到的，是他的 musicianship。

進行遙距錄音的經驗

我最近有一首歌和于逸堯（阿于）合作監製，就是許廷鏗的派台歌〈恨〉；由於我近一年都身在外地，就安排了 remote recording 的 setup。本身因為我老是到處走來走去，我早就安排了這件事（編按：在訪問進行時，謝國維正居於加拿大）。而自從 COVID-19 發生以來，更令這 setup 用量大增。那個形式是怎樣呢？我在香港仍然有個錄音室，而該錄音室還是要有同事在工作的，因為你始終需要有人幫你做一些 setup，譬如 set up microphone；最好還有一個 engineer，可以在那裏按鍵錄音。其實那一部分和平時是一樣的，但多了些甚麼呢？多了一些 software，好像是 Audiomovers 及 Source-Connect 等，它們也是以 plug-in 的形式加進了 Pro Tools 裏，然後就會 real-time 把在 control room 收到的聲音 send 一個 copy streaming 給我聽；而我在另一個地方，只要有適當的 link 去 login，就能夠以 real-time high resolution 的形式，聽到錄音室當時 real-time 聽到的東西。這不像手機那種很 cheap 的 audio，而是很清楚的，delay 也就只有大概半秒。還有按鍵可以 talkback，就像平時做監製一樣可以即時給 feedback，再配合我可以看到對方。其實這些科技現時一直都有，大家可以 remote control 別人的電腦，就像 TeamViewer 那一類軟件，Zoom 也可以。那我就可以看到 engineer 的畫面，我知道他在錄哪一條 track，甚至我也試過遙距幫忙 edit。最後就是視像，我 set 一個像 Skype、Zoom 之類的 cam 便可以了。軟件是有好幾套的，只是視乎你想怎麼設置。當你有得看鏡頭、畫面，聽得到身在另一方的歌手怎麼唱，大家又溝通得到，事情就是這樣了。

在 COVID-19 之前，我已經以這種形式創作了約半年左右，但只是間中才用。一開始其他人都有些 skeptical（抱懷疑態度），所以我通常都會找比較熟的人先試一下。在錄音的過程，除了錄音那一部分之外，還需要前後的溝通，而遙距合作欠缺的往往就是溝通的部分。我一開始也不想這樣，但回不到香港，而且又趕着做這個 project，那麼這也算是一個可行的方式。因為一開始會和比較熟的夥伴去試這個方法，而他們也覺得還可以，沒甚麼問題或隔膜，或者任何不方便；之後我便有膽量去建議給其他人，尤其是現在疫情期間，我就會對合作的人說：「可以試一下這個方式去錄音，因為之前都已經嘗試過了，可以相信我。」就算是初次合作的歌手朋友，他們都不介意了。

其實，我有很多歌都已經以這種方式錄音，例如我最近幫 Vicky Fung（馮穎琪）做的、一個叫「埋班作樂」的 project。我亦試過以這種方式和泳兒及布志綸等歌手合作。我和泳兒合作過一首歌叫〈披着人皮的獸〉，而跟布志綸合作的一首歌叫〈見多一面〉；甚至我自己公司的樂隊 per se，我已經和他們做過四、五首歌，是用這樣的方式錄製。由去年到現在，基本上所有的樂手和歌手錄音，我都是用這樣的方式去溝通的。再講一下替許廷鏗做的那首歌，因為除了我還 involve 了第二個監製阿于。Vocal 是他 take 的，而參與的還有其他樂手，這首歌就變成不止一個監製，還有 engineer 等幾個環節同時間進行，甚至連 mixing 也是這樣同步遙距聽。譬如 Raymond Chu（朱偉文）在 mixing 的時候我也一樣在聽，即使是 streaming，但聽得挺 detailed 的，因此我也可以給予很仔細的 feedback。那個聲音的 quality 可以當成一個非常非常高質素的 MP3，雖然未及得上 wav 檔的無損音質，然而一個 high quality 的 MP3 已經能夠聽到 details 了。我想當科技繼續發展，如果有 5G 這類技術的應用，就會更 possible 一些，real-time 的效果也會更誇張一點。

又例如，我會遙距地在 GIG Studio 那裏錄鼓，因為我的 studio 不能錄鼓，所以每次要錄鼓我就會去那邊做。其實那邊的 software 起初也是我提議他們裝的。我當時跟那裏的 recording engineer 阿介說，這個 software 可以試用七天，足夠幫我錄這個 session，反正也不用錢，不妨幫忙安裝，看看能不能用，而他又肯陪我玩，之後成功了就一直在用。其實，最主要的是 initial 的 setup，當你 set up 後並 run 順了那個模式，再 save template，下次便無須從頭設置。

做遙距錄音的好處就是可以更加專心。錄音室會有很多人走來走去，容易分心；現在就只是對着螢幕，所以更加專心。對方也知道我專門 set up 了一個 session，就少了些「hea」的時間，當然我們有時候中間也會 take a break，但你會知道就是有些不同了。為甚麼我覺得這形式的 setup 可行呢？就是因為很多年前金培達的 studio 已經不是把錄音房設在 control room 旁邊，而是錄音房裏有 webcam，他就看着螢幕和歌手溝通。這和我現在遙距錄音很相似，也是隔着一個房間通過螢幕溝通，也不會很難習慣，好處就是這些了。真的要說不好的地方呢，老實說，有時候會有聽不清楚聲音的情況，視乎你的網速，可能以後有 5G 會好一點。我現在也是插 Ethernet（乙太網路）那些 LAN 線就會穩定很多，如果用 Wi-Fi 就會聽不清楚，可能只是很偶爾地聽不清楚一秒半秒，會聽漏了一秒半秒，於是要播多一次來聽。幸好只有那幾秒，不會整晚都發生。如果用

Wi-Fi 一首三、四分鐘的歌會間歇聽不清楚三次左右。

另外，我覺得溝通是會差一點的。譬如說，本來坐我隔壁的是 engineer，歌手在旁邊的房間錄音的時候，我就可以私底下和 engineer 溝通。但現在做不到，因為我說甚麼兩邊都會一起聽到。除非我私底下 WhatsApp 他，而我也是試過的。然而合作的方式是不一樣了，就和大家開會一樣，大家坐在辦公室一起開和我現在 Zoom 也是有分別的，但你說這樣是不是「唔 work」呢？我覺得這是行得通的。如果你問我，是不是能夠百分之百 replicate 到 true scenario 在房間的工作情況呢？這就未必，大概有百分之七十，但那個不是聽聲音的質素問題，聲音質素的問題反而已經解決了，只是運作的 workflow 上有些分別。

坦白說，一開始我很害怕別人不接受我這樣的錄音方式，但因為疫情 speed up 了大家對 technology 的接受，大家覺得能夠 work 得到就可以，其他的都不是太重要。就好像大家現在已經習慣了 Zoom，但起初大家會覺得 Zoom 很麻煩，怎麼 set up 呢？但當你用了幾次之後，你習慣了便不覺得這個是一個 hurdle（障礙）。雖然我不想這麼久都不能回香港，因着疫情我也沒有辦法，但實際上對我的製作好像也沒有產生太大的影響，久而久之，其他人也已經習慣，而且錄製出來的成品並沒有甚麼分別。到目前為止，愈來愈多歌手合作之後的回應，都是覺得過程沒太大分別。剛開始的頭八次、十次，我都會問他們覺得可不可以、舒不舒服，但錄完 session 之後他們都覺得沒甚麼，和平時一樣，還說笑：「我叫了外賣不過你沒得吃。」我沒聽到任何一個歌手說我不在現場時，成品會差一點，或者溝通沒那麼暢順，甚至表達不到他要求的東西，一句這樣的評語都沒有。整體來說和我現在跟你們訪問團隊 Zoom 一樣，是沒有甚麼大分別的；開着視頻，互相都能夠看到對方的表情。所以，到現在為止，錄音工作並沒有受到太大影響。

我覺得這種工作模式在未來一定會增多。當我開始這樣做之後，便有好幾個音樂人來問我：「你是怎樣做的？是不是真的可以的？怎樣 set up 呢？用甚麼 software？」例如有一個音樂人本來要飛去台灣錄音，但現在不能飛過去了，那我便把我錄音的方法告訴他，於是他不用飛去台灣也可以錄音了。你想一下，我們這些音樂人經常會「走埠」，例如到北京、上海等地方做 show，現在有這個錄音的方法，我們只要約好時間就可以 remote 錄音，我覺得一定有人願意這樣做。譬如我知道 Lawrence Tsui（徐協倫）一直有幫人 online 打鼓，他以前應該沒有這麼全面的 setup，我也不知道他現在怎麼樣，可能現在的設備比較齊全了。他也有收別人的 order，外國的人找他打鼓，他就把 track 錄好再 send 回給別人。譬如以前也有人做配樂，要飛到捷克錄弦樂，現在已經是 remote 去聽的了。我有聽過做配樂的人分享，他們用過相關的 software 來聽，但就不像我般有這麼全面的配套，所以我相信是有人在用的，但我不知道誰用得最多。

科技對於流行曲的負面影響：入行容易，但持續發展難

剛剛說了很多好處，但其實我也見到有些壞處。譬如近年我聽到有很多歌的聲音和表現手法都很 homogeneous（同質）。

其實不止廣東歌是這樣，外國的也一樣。你在 Spotify 或者 YouTube 聽到的歌，其實你在 YouTube 上可以看到「how to do it」的 tutorial，裏面有人會教你原來 Taylor Swift 或者誰的那首歌是用了「這個聲音」，用「這個 trick」就做到了「那個效果」了。這就自然令很多人的歌都很相似，這是不好的。當然音樂本身是需要不斷衍生的，不是 100% 都要由音樂人從零開始有自己的想法，而如果那個人懂得怎麼再衍生、upgrade 當然是最好的。然而，現在很多人都只是搬字過紙，將 technique 照用。其實只要你願意花幾千塊，大家都可以用到最 update、最厲害的 sound library，但很多人是只用 pre-set 的。我想說的是，我聽到有很多歌其實是沒有個性的，手法和聲音很 homogeneous，我覺得這個是大家要思考的。當然也有很多好的方面，例如大家學習得快了，令多些人可以入行，接觸音樂製作。現在你也知道，只要有一部電腦，放幾個 software 在裏面，你就可以做到很多很 pro（專業）的效果，這也是件好事；不過在創作上就需要那些人發揮多一點，所以這是「好事」還是「壞事」，那個分別就是在這裏。

因此，我見到兩個方面的事情都有發生，好的也有，不好的也有。我看到很多年輕人的創意非常好，你有 toolkit 給他，他們很懂創作，不會跟隨別人，會自己用這些工具去發展一些你想像不到的可能性；但一樣也有人只跟隨大部分人的做法去做，覺得能夠「見得人」就不用再做得更好了。我見到兩個情況都有發生。

如果把音樂創作視為一個產業的話，這麼多年來，我覺得整體發展是愈來愈困難。以前是入行難，現在是入行容易但發展難。當銷售萎縮然後參與的人又多，就會發生剛剛我提到的事情。然而，如果說創意層面的話，就多了變化。其實視乎你怎樣發揮可能性，近年的音樂類型是愈來愈多的，不斷有新的東西可以聽。因此，我不覺得科技是在扼殺創意，而是 depends on 有沒有一些人可以發揮到他們的想法。我覺得不同的年代都有人有很好的創作力；但若說產業，是困難了的，不過你不可以用以前 CD 銷售或者黑膠銷售來做比較，因為現在大家 enjoy 音樂的方法已經不同了。以前你聽香港的製作為主，有時聽一些入口的唱碟，但不會聽到韓國所有的新作品，但現在你上網，全世界的新作品都可以馬上聽到。現在這個靈活和方便度，全是無法進行比較的；但當你現在是和全世界 compete，也不等於容易做了，一定是更難做的。

粵語流行曲的將來：借科技做更專業化的創作

我 observe 到的是多了 indie artists，剛剛都已經講了很多 direct 和 indirect 的影響，包括 Internet 的發展也是和科技有關的。其實科技令近年多了 indie labels 及 indie artists，因為他們不需要很多資源，甚至不需要唱片公司，也可以做到很有質素的作品。這只視乎他們的 skill，或者是他們身邊的人的 skill。我覺得發展趨勢一定是這樣的，這對於業界的發展好不好很難說，但世界會朝着這個方向發展。我自己覺得 technology 愈厲害對於業界來說，就是剛剛提到的那些擔憂：進音樂圈愈來愈容易，但要做得成功就愈來愈難，競爭愈來愈大。我覺得這個也是一個趨勢來的。

我覺得將來在業界如果要做得專業，是要有 performing skill 才能夠生存下去的。因為 live performing 的 musicianship 不是 technology 就能夠做到的，而是需要由你自己鍛煉出來。近年，我見到——撇除因為 COVID-19 之外——比較容易 sustainable 的是 live musician，但不是做錄音，而是做 live performance。剛剛你問我音樂人怎樣才可以容易一點 sustain，就是他去練好一點 skill 而不是閉門去做。閉門去做的那一類也就是我這一類，其實是難了的。我的 toolbox 多了，即是我的 software 及工具愈來愈多和高質，連這樣高深的工序也能在家裏做到很好的水準，我覺得很 amazing，因此我是開心的，我很喜歡 technology 的進步；但實際上我能做到的東西，別人在家裏也一樣可以做到，只不過可能我在行內做得比較久、經驗比較豐富而已。現在的新人 pick up 得很快，他們可以在 YouTube 上學很多東西。一個只關在家做音樂的音樂人就是這樣，我想我是 service provider 的形式，而我認為做 service provider 是愈來愈難的。

業界中仍然有新的 musician 很突出，譬如蘇道哲和林家謙那些都是我很欣賞的新晉 musician，還有 T-ma（馬敬恆），他們都超出了 technology 的界線，本身自己的 musicianship 夠高，所以不會因為用了和大家一樣的 sound library 就做很 homogenous 的音樂。因為他們的 musicianship 比較高，所以一樣是有人可以突出重圍的。不過，如果你的 musicianship 沒那麼高，科技對你會有甚麼好處呢？就是我剛剛所說，好像那些 indie musician 很想製作自己的音樂，他們不需要有其他人的阻擾、太多的意見；若他們本身有自己的思想，就可以由頭到尾把自己的創作呈現出來給你聽。這些情況容易發生了；但對於一個普通的 service provider 來說是困難了的，因為競爭多了。

隨心而創作的作品，合眾人的創意

有一首歌是鄧小巧的，叫〈煩可寧〉，那不是我作曲的，我是編曲和監製。鄧小巧是我在開了自己的 label Frenzi Music 後的第二個歌手。我想拿〈煩可寧〉作為例子的原因是：第一，在編曲上我有很多新的 idea 可以呈現出來，那是不是因為 technology 而促成比較難講，我平時也是有甚麼就盡量去用的，只不過我覺得那首歌在編曲上我做得挺好；第二，由於 Frenzi Music 是一個 indie label 的關係，那時候公司有很多作品都是我自己做 mastering 的。Mastering 對我來說，一開始覺得很神秘，不知道要怎樣做，所以我要找某些專業的 engineer。我仍然覺得外面的人做會做得比我好，但當時公司是一個比較小的 label，沒有那麼多預算，所以就去上了 online courses，然後不斷自己嘗試、實踐。現在科技很好的地方就是，它很像一個 sketch board，很多東西你都可以在電腦上不斷嘗試，不行的話就 undo，只要你願意用多一點時間的話就可以做得愈來愈 pro。以前你沒有一定的投資、沒有設備或者根本不懂得使用機器，這件事情很難發生的。現在我經常會和年輕的音樂人說，你可以開 plug-in 或者開其他甚麼去嘗試一下，又不會爆炸的。所以，我覺得現在科技最好的一面，就是變成了一個 sketch board，讓我們甚麼都可以嘗試。我覺得〈煩可寧〉那首歌我是弄得頗好聲的，而我在編曲上面的心思也呈現了出來，因此我就拿來當例子。以前我不能夠將最後的聲音呈現也做出來，但我現在可以一點一點的做到這件事；甚至現在我也開始比較多去做mastering，而我也挺喜歡做audio mastering這工作。

我主要是用software做mastering的工作，但我最近又買了一些hardware。其實software本身已經可以做得很好，但它有幾個limitations：第一，你要買一些很厲害的plug-in。最近有一個牌子——我不知道你有沒有聽過——叫Acustica Audio，我也是最近才開始用的。它的價格很昂貴，比UAD那些貴；UAD的聲音也算好了，但它還要比UAD再好一點，它不需要用hardware，亦能做到模仿hardware最好的聲音，但很消耗CPU。我想說的是，現在software的發展愈來愈approach到一個你已經分辨不到的程度了。我剛剛也有說過我喜歡software的原因，就是它可以total recall，但實際上要做到聲音這麼好的話，電腦有時候會受不了。因此，我最近投資了一、兩部hardware，雖然是很simple的機器，但是聲音很好，而且兩部hardware更可以total recall；那些knobs會配合plug-in，你可以在plug-in扭，然後hardware上的電動裝置就會跟着調校。所以我也喜歡買這些東西，它不僅是聲音好，而且發展到我可以配合它然後更靈活地去做的時候，我就會喜歡用它。很多時候，一些軟件其實仍然在扮演硬體，會追求音質要愈來愈好，然後人們就會覺得很不錯。其實，大家還是很喜歡硬體上的那種sonically imprint（聲音上的印記），於是我們就想辦法盡量去接近那個水準。

在音樂創作上，我比較喜歡的作品是很多年前寫給孫耀威的〈思前戀後〉，這純粹是因為我比較喜歡沒有規矩的東西，我覺得那種沒有規矩就是創意所在。坦白說，很多時候就是因為有太多的規限才沒有發展的空間，但我剛剛提到的〈煩可寧〉及孫耀威的〈思前戀後〉，其實我是沒有一個 template 或 format 要跟着去做的。我做的時候只是依循自己的心想怎麼樣做就去嘗試，再加些你可能想不到的聲效上去。我記得在孫耀威的〈思前戀後〉，我加了一個類似揚琴的聲音，是 sound module 做出來的聲音，類似揚琴又不真的是揚琴的聲音。那個聲音就成為了那個編曲之中的一個 signature，其實那首歌和中樂是沒有關係的；然後，所用的鼓是一套 hip hop 的鼓，但那首歌是一首 ballad，我怎麼會加一套 hip hop 聲音的鼓呢？純粹是我覺得合適。我覺得，歌曲可以做得 irregular 些，不需要那麼有規矩，只要開心，這樣就很好了。

雖然現在音樂人可以包辦整個過程，從創作、編曲到監製，甚至 mastering，但我覺得這樣會有很大壓力。因此，就算我全部都會做，很多時都會分出幾個步驟去和別人合作；當然偶爾也會獨自完成，通常是因為錢、時間和溝通的問題。有時候，如果你要把某件事情說給別人聽，不如自己做，因為自己最清楚自己想要甚麼。但是這樣有時你會把自己困住了，要足不出戶地「磨」出來，是一個頗大的折磨；你亦會令到自己無法放鬆。所以當你一個人要做完所有事情，就會有很大壓力。

其次，就是我喜歡有其他人的 input。Creativity 不是你自己一個人完成就最厲害，有時另外的人有一些想法加進來，可能會更加新鮮，所以我有時會 prefer 某些環節和別人合作。例如我會幫別人做 mixing，但我自己做監製的歌就未必是由我做

mixing，我喜歡交給別人做。因為我已經做了前面那麼多部分，又錄音又編曲又製作，做了這麼多事情之後和別人合作，就可以讓自己放鬆一下，減輕自己的壓力。有時候當你只有一個腦袋去想整件事情，有些地方你會看不透；有其他人來幫一幫你，讓自己客觀地去聽別人的意見，可能會有更好的處理。如果有其他監製找我去 mix 其他的歌，我也覺得很 OK，因為我是喜歡這個過程的，我 enjoy 可以做到這個工作。但當然，我知道有些人是喜歡自己完成整隻歌的製作的。

藝人與製作人共同塑造作品

有兩件事：第一，因為科技愈來愈能夠帶給我們不同的可能性，所以我們做的 demo 或者 rough mix，就算那首歌還未推出，還未做 final mixing，every step of the way 都是和 final product 愈來愈接近的。相反以前就很難做到這樣，原因是以前我們的工具不夠；而當 software 愈出愈厲害，以往的 rough mix 可能會和最終推出的版本有五成相似，現在已經可以做到七成左右，而且是愈來愈接近的。因此，音樂人在製作的尾段就已經可以預見最後的版本會是甚麼樣，如果發覺需要改動的話也可以早點提出，所以是更靈活了。不過有樣不好的是，雖然創作變得靈活了，但當大家都習慣了這麼靈活，那些 final version 就會有「final final」、「final final final」⋯⋯改完還可以再改，永遠停不下來。第二，大家見面會少了。現在可以直接以 send file 及 WhatsApp 溝通，我有時候覺得講電話才可以聽到語氣，更加方便我們溝通。我喜歡某些舊時的做法，錄音前後大家一直在討論，也是培養大家默契的一個階段；現在就變成了到時間就開機，失去了前期大家見面的機會。

成立細廠牌，創造更自由的創作環境

開公司的決定和科技發展是兩件事來的，indirectly 可能科技也有幫助到我開公司。開這個新 label 的原因，最初很簡單，只是我想自己的事業有一個新 step。自己在房間裏創作是自己做自己的事，會不會到了時候可以做一些新的 project，不是以自己為軸心，而是可以找到一個合適的藝人，幫他去製作及帶領團隊？這兩年多了一些 indie labels、musicians 及 artists，雖然以前也是有的，但沒有現在這麼熱鬧，那時候我覺得就算是 indie 也可以 prove 給別人看，其實 indie 也可以是有質素的，indie 反而能夠更加靈活地去做 creative 的工作。這些就是我們當初成立這個 label 的目的。

到現在，我覺得仍然可以靈活地發揮到我們要的創作自由。至於 technology 怎樣 indirectly 幫得上呢？我覺得是錄音室。我們只有一個細小的錄音室，一個這麼小的錄音室怎可以做這麼多的事情呢？第一，因為現在一部電腦加 software 已經可以賦予我很多的可能性，我不需要買很多機器設備，以及注入很大的投資去買 hardware，做出的效果已經可以很好。第二，我們可以用很少的人做到很多事。Technology 對於音樂製作，可能從 day 1 已經帶來這樣的影響了，one man band 就可以做很多事，用 MIDI 對着 keyboard 就可以開始。因此，在以前如顧嘉煇的年代，很少有一個人可以曲、詞、編、監都自己做好，甚至連 mixing 也是自己做，這是做不到的。並不是因為煇哥不厲害，而是他沒有這麼多的時間。但現在科技令到（例如從雷頌德、伍樂城及陳輝陽那個年代的音樂人開始）一個人也可以做到很多事，所以到我們現在的音樂人也是多功能的，我們的 label 也是一樣。我們的地方雖然很小，但只要多花一點心機和時間，同樣可以做很多的東西。這些都是 technology indirectly 帶來的方便。

不過 indie label 並不容易生存，如要說有甚麼關鍵的話，我覺得是要遇到一些不計較的人，因為如果大家沒有一個經濟基礎，這麼小的一間公司，資源也有限，其實在很多事情上都會受到阻礙的，不像別人夠資源去做這麼簡單。舉個例子，就算要拍 MV，因為現在很少有歌宣傳時是沒有 MV 的，所以有人會說：「如果 YouTube search 那首歌但沒有的話，等於那首歌不存在。」其實一個 MV 的製作成本可大可小，隨時可以比製作整首歌更貴，所以在這些時候就會更加容易發現瓶頸位，因為那些錢是不一定能賺回來的，我們沒有那麼強大的 network 可以幫歌手們找到很多 job opportunities，所以在這些地方是會有區別的。然而，我們做 indie label 得到的是在 creativity 上的發揮，而我 so far 的經驗，知道外界的迴響是不錯的。當你做到一些有質素的歌，這年代的樂迷是懂得聽音樂的，他們不因會因為歌手簽哪一家大公司，或有沒有甚麼娛樂新聞而喜歡他。若他們真的喜歡聽的話，會很支持你，而那些人是很忠誠的，因為他們欣賞 artistic 的 creation，所以我也不會覺得沒得做。這也就是說，大家不要那麼計較，不妨先做了，要有這樣的心態，說不定你做了某些東西出來別人就會喜歡。這些事情誰也說不準，還是要有個 entrepreneur（企業家）的心態，這是不容易做到的；不過有時候我自己也會和 partner 說，現在這個年代沒有甚麼是容易的。

參與音樂眾籌計劃 MusicBee

幾年前，我曾參與一個叫 MusicBee 的眾籌計劃，其實是和科技有關的，可惜最後不是很成功。事情是這樣的，當時我和其他 partners，包括馮穎琪、林一峰，還有一個 partner Kevin 是做 technical 而不是音樂人。我們幾個尤其是一峰，都覺得需要有這樣的計劃。一峰本身在香港就是 pioneer of indie musician，他覺得外國也有這樣的東西，如在香港可以有類似的平台，那麼我們自己可不可以 support 到一些 project 呢？他提出這意見的時候，我和 Vicky 剛有一個 label，就是我們的 Frenzi Music，我們也有自己的 artist，所以我們就更感同身受了。如果我們自己的 artist 可以 promote 到那些 projects，會不會好一點呢？我其實覺得有很多事都是要勇於嘗試的，不嘗試的話，任何可能性都不會發生，所以就去試了。我覺得本身的需求是有的，但是最後不成功，是因為 support 的 audience pool 不夠。這些 project creatives，他想發表自己的作品，發表自己的 project，這些 needs 是一直有的，但香港的樂迷有多少人願意以這個模式或者習慣，又或者已經會用這個模式去做 crowd funding（眾籌）呢？原來不是很快可以到達一個很大的數目，第一批能夠很快接受這個模式的人，很快就來支持我們的這些 projects、製作，不過後面沒那麼快有第二及第三批支持者。當一直都是同一批支持者，後面推出的 project 就不會容易了。

我覺得原因是香港整體的社會沒準備好。即便現在有很多不同類型的 crowd funding，但你也不會覺得 crowd funding 在香港很盛行。但換個角度，我們也可以說是頗成功的，比起外面很多地區及國家的 crowd funding 平台，我們平台眾籌成功的機率是挺高的，但我們要延續下去的時候，supporters 的數目並沒有增長，這樣就變相有難度了，所以我們才 fade out 了這件事。

本地樂壇前景：
要打破山頭主義，善用媒體宣傳的協同效應

我覺得如果音樂行業要發展下去，有兩件事：第一，media 要做得專業點，才能夠推廣到香港的文化。不單在音樂上面的文化，現在香港其實有很多人都很有心，而且做得很好，包括大 label 或是小的 indie label、musician，都做得很好，不過很多時候，有些人不能聽到那些作品，這是最浪費的一件事。那要怎樣令那些歌可以被聽到呢？這件事其實我也沒有甚麼方法，但我覺得 overall 就是關於媒體和資訊。第一件事就是你所做的教育，因為除了 musician 需要被教育去 pick up 一些 knowledge 和 skill，audience 也需要進步，當他們學會怎麼去欣賞一首歌的時候，自然就會去欣賞大家在做的事。

另外，就是歌曲在市場上流傳的時間不長。其實也有點沮喪的，有時候仍會聽到有人說：「還是覺得以前的歌好聽。」

我明白這樣說的原因，但我覺得不可以抹殺掉現在所做的所有事。很多以前的歌陪着你長大，你印象一定很深刻，而且有某個黃金年代所做的很多作品，真的做得很好，我也還在聽，相信大家也是；但不代表新歌沒有如以前一樣的價值，每個年代也有自己的演進，但就需要那些人懂得去欣賞。

香港是個彈丸之地，於是主流媒體就變得很重要。然而，現在它們「分山頭」，在這個台播就不可以在那個台播，其實是很傻的。如果同樣肯播放，其實可以起到一個氣勢；以前我們會形容一首歌「街知巷聞」，但現在是很難的，你看到的是某一個台有某些歌播很多，但另外一個人看另一個電視台，那個台從來都沒有播過那些歌，所以是很難做到街知巷聞的。這樣對整個行業、娛樂事業完全沒有好處，不過也不是由我們來控制。

當然可以這樣看，現在這個年代大家會用很多 YouTube、網上平台等。然而，現在很難聚焦，每個人聽不同的歌，例如 TVB 少了人看，是它們自己做得不好，但即使如此，TVB 的確有很多人在看。你在那裏播一次，聽到的人可能是電台的五倍，那就已經差很遠了。以前無綫還沒有跟那些唱片公司發生糾紛的時候，那個階段就是謝安琪和 Mr. 紅起來的時候，那時候環球唱片的歌手還可以上到電視台，而謝安琪的〈囍帖街〉正好大熱，所以就街知巷聞，名字響了之後到現在也可以 last 得到。但之後還有沒有一個女歌手是剛剛出來就可以街知巷聞，然後 last 得到呢？已經不容易了。譬如 AGA 唱得很好，歌也很好聽，但要去到以前那些女歌手的位置就會更吃力。

另外，生存空間方面，應該是愈不去理會地域限制就愈好。譬如，我早前飛過來錄音，我覺得在這邊錄音挺舒服，或者我需要遙控在香港錄音也可以。其實根本不需要太 highlight 你在哪裏，你的 mindset international 一點，其實最後都是放上網的。因此製作的 location 並不重要，怎麼在網上令曝光率高點才是要去想的事情。香港有些東西很奇怪，我不知道別人的 culture 是不是這樣，但以我最熟悉的香港來説，到底在網絡世界怎麼可以做得好一點？因為在香港，要嘩眾取寵才可以 draw 到很多的 attention，反而認真做又不是很容易被別人聽到，那要怎樣做才對呢？香港這幾年也有很多東西影響大家的心態，所以這件事情很難去解釋。

有個 research 可能大家也有留意，《經濟學人》曾利用 Spotify 的數據做研究，統計全世界聽歌的開心和傷心程度，其中香港是「最傷心」的，最喜歡聽傷心歌。知道這件事，我真的覺得很悲哀，但又不禁認同香港人就算不是近年的原因，可能也已經喜歡悲情，還是由於現在的社會狀況才是這樣呢？怎麼辦呢？有一次我和一個歌手聊天，説的就是有首歌比較沉重，我們不如試一下做得比較 upbeat 些，因為他説外國也是這樣的，那些悲慘歌都當跳舞歌去做，總比悲哀就繼續沉淪下去好，我覺得也 make sense 的，就嘗試一下！

編者的話

謝國維的例子可以充分反映到音樂製作是沒有地域限制的。由於移民加拿大並因為疫情的關係，所以當他有音樂工作時亦不能回港。不過由於科技的進步，就算身處加拿大亦對他的音樂工作沒有太大的影響。而謝國維的成功例子會令其他音樂人對於異地製作更加有信心，這必會令流行音樂製作有更大的可能性。編者深信將來在疫情結束之後，不同地域音樂製作上的合作，例子不但不會減少，反而會愈來愈變得普及。

（訪問日期：2020 年 9 月 28 日）

第十九章

鍾芳婷

鍾芳婷 (Soloan)，全方位音響工程師，積極參與唱片錄音、混音及母帶處理，演唱會監聽（包括現場及網上直播混音），劇場音響設計及控制，以及音景設計。她近期混音作品包括 Serrini〈月色魔美〉，演唱會網上直播混音包括姜濤 KEUNG TO "Waves" In My Sight Solo Concert 2023，劇場音響設計包括進念二十面體《驚夢》塞爾維亞演出，音景設計包括王志勇《幻夕記》。

專注雕琢音軌細節的混音師——鍾芳婷

入行經過

我 2004 年從香港演藝學院（HKAPA，簡稱 APA）畢業，為甚麼當初會入讀演藝學院呢？這就要回溯到我的中學時代了，當時我在「蒲窩」參加了一個青少年音樂活動。「蒲窩」有提供小型的 training，讓一些 indie band 每逢星期六去玩，我就幫忙做音響。當時我不是 on board，只是做 roadie（音響助理），跟着音響幕後人員學做音響。在那兒任教的阿 sir，原來是 APA technician 的「阿頭」。他提議我去 APA 讀書，他說香港當時除了 APA 之外應該沒有其他地方可以修讀到有關音響技術的課程，所以我便報名入讀 APA。我在 APA 讀書時都有做 internship，去過 Q-Sound Studio（現為 Q2 Studio）和「唐樓」錄音室。

在 APA 完成五年制的學位課程後，當時其中一位在這行業很出色的、並且在當時活躍於錄音界的老師 Frankie Hung（洪天佑）介紹我入行，去了方樹樑（Kenneth Fong）的錄音室裏做了一年，之後 Frankie 的公司 Air Studio 請人，我就去了 Air 那邊，一做就做了十年。全職在 Air 做了十年後，想嘗試跳出去，所以現在就做 freelance 了。

傳統和新式錄音室的分別

直至做實習工作之前，我沒有用過傳統錄音室的 system，但我在 internship 時有幫過手，那時是 02 或 03 年吧。我覺得最大的分別是，以前有些 open-reel recorder，是我們這年紀的人沒法處理的。當時我主要在旁觀察，那時是用 digital 的 open-reel recorder。例如一個 live 的琴前奏太長了，出碟時監製不想它那麼長，便着我替他 punch in 另一個 intro 入去。我很緊張，因為錄錯了就不能修補，簡直想滴汗！那時是用大帶（錄音帶）錄製的，好像以前的 cassette 一樣，如果錄了新的聲音就會蓋過原本的錄音，不像現在的電腦那樣錄完可以 undo。但是到了 digital 年代，digital 的大帶已預設一個功能：可以讓你 rehearse。你可以先試 timing，按下 review 功能，如果覺得 OK，便可以繼續錄下去，是頗「穩陣」的。但我只是錄琴也花了一個小時，因為當年自己對這個技術不熟悉，所以被人催促：「你搞掂未啊？」

其實在學校裏我也學過一些基本的知識，那時是需要交功課的，而交功課已經要用 Pro Tools 了。不過那時的 Pro Tools 是比較難應用的，有很多不同的問題。另外，在我剛剛入行的年代，如果要出一個 live DVD 的 production，前輩們都仍然用 Hi-8 帶，並由一個 time-code 拖着一堆機，那一堆機是用來做 mixing 的，他們在錄音時是錄入去 Pro Tools 的，但交貨出去時是錄進 Hi-8 帶的，因為 file 交去的那間廠只收 Hi-8 帶，不收電腦檔案。我們試過一個很好笑的情況，就是有人走進錄音室，踢了機器一腳，然後就「哎唷」，整個 master 要重新再錄過了。不過當我加入了 Air Studio，做了大約一年之後，就已經沒有人再用 Hi-8 帶了。

以前燒錄 master 出 CD 的話，要燒一隻 audio CD，即是一隻可以聽的碟，廠會派一個人去你的錄音室來拿取 CD；現在則要做一個數碼 file。以前試過寄 file 給廠但廠不收，現在每間廠都會叫你寄 file，免卻自己的員工過來拿。

不過，我其實不太需要適應新科技，因為我一入行便踏進了數碼化的時代，反而一些前輩要適應，但他們很厲害，例如 Raymond Chu（朱偉文）等前輩，他們原本是在大帶的年代工作的，我想他們應該很聰明和認真，所以很快便可以轉到 Pro Tools，完全沒有問題。但其實重新學習一個新的 platform 是頗難的，但這不會比要有做 mixing 的 sense 更難。我也認為就算操作電腦能力有多好，但如果沒有 sense，便做不到這一行，他們的耳朵很厲害。

科技的發展對混音工作的影響

在我初入行的時期，一般錄音室還是採用很巨型的 mixing console（混音操控台），譬如剛才提及的 Q-Sound Studio，一台 console 便要幾百萬港元。那時我還是一個實習生，我就邊觀察邊學習。挺有趣的是，他們用大帶機，其實會浪費不少時間，當時有很多 automation 都是在 console 台上面執行的，然後他們還要 rewind 那些帶，修改少許就要人手倒一倒帶。相對現在，我們只需要 click 之前的部分就可以 replay。還有就是以前 console 年代，弄不到像現在那麼細緻：假如你呼吸長了一點，應該可以改短一些；或者很快速地拉細聲一點，應該也可以，但不能像現在準確地修改需要的部分，例如修改唱出的那個「the」字，現在我們就能很輕易地做到了。

我沒經歷過用那些大 console 上直接 mixing 落母帶的日子，我之後去工作的那些錄音室，已經不會再用 console 的那種 automation，只會在 Pro Tools 上處理。所以，模式變成 console 只是用來採集聲源，而 automation 就會在 Pro Tools 上做。

談及科技如何改變我們的工作，就不得不提電腦、plug-in 方面的進化。以前的電腦開十個至二十個 plug-in 已經是極限，所以會盡量節省，而選擇用某些 reverb 也是基於耗用最少電腦資源的原則。現在就無須顧慮那麼多，喜歡哪一種就直接選用。雖然以前要加效果可以不用 plug-in 而只用 outboard，但你一定要去錄音室才可以做到，在家就未必有足夠資源了，所以以前一定要到錄音室工作。有別於現在，很多工序也可以在家完成；或者事先做準備，哪怕一個初步的想法，也可以先在家付諸實行。甚至乎 mixing，對方可先傳送 soundtrack 給我，我可以在家先做一個大概，看看初步效果。

不過，如果用 plug-in 和真正的 analogue 機做比較，雖然 plug-in 已經做得越來越好，其實還是有點差距。當然，如果你錄下來的 raw tracks 的聲底本身已經很不錯，不需要很大幅度地 tune，那麼 plug-in 都很足夠了。但若要大規模地調整，那 outboard，即 analogue 機就大派用場了。因為要是你有試過，SSL 的 console，上面的 EQ，無論你扭甚麼樣的 frequency 都會很好聽。

或者應該說，可能感覺不一樣。例如現在的音樂和以前已經很不同，所以需要的也不同。也許以前因為各種限制，tracks 比現在少，而且很多是真樂器，所以有需要細緻調校各部分。現在 tracks 比較多，也有更多新鮮的聲音，這些聲音的使用，是創造力的表現，用 plug-in 反而更適合。因為歌曲風格不同，編曲的方式也隨之而改變，所以用的 plug-in 也會不同，我認為用 plug-in 都可以做到很高水準的東西。

好像以前轉 tempo，加一點 delay 已經會心驚膽顫，因為 outboard 是不會跟着你的 tempo 一起轉變的，要花點功夫，才得以調整對齊。不似現在，在 Pro Tools 裏，只需一秒，你所用的 delay effect 都會跟着 tempo map 一起轉變，基本上不會出現任何問題。

現在用 console 或 outboard，主要是為了營造作品的某種空間感。就算你甚麼都不做，只是直接 route 一條 track 進去一個 console 或 outboard，例如我平日工作的 Air Studio，用的是一個小型的 Studer console，只要這樣 route 進去，它好像已經幫你完成了三分之一個 mix，還會自動將 low end（low frequency）弄得大一點、飽滿一點。

另外，以前監製給我 track 去做 mixing，可能會給我一個 hard disk 或者 USB，但現在不會了，可以 zip 了再將 track upload 上網。現在交 mix 完的 track 出去，如果是給 iTunes 的話，就要做到「Apple Digital Masters」的 standard，然後要做一個 4416[1] 的版本給 JOOX 或 KKBOX 那些音樂平台，又要再做一些 MP3 方便監製和歌手聽，最後更可能要做一些沒有壓

---

1 4416 是指 44Hz 16-bit。

縮的 stem，因為出 show 時音樂人會用，反而現在這些就做多了很多。

音訊工程師最需要的特質

我覺得怎樣理解那隻歌，或者怎樣理解監製想要的東西，是比技術還要複雜的。當然技術好有一定幫助，假設監製説：「我想要咁咁咁……」，我做不到的話，就是我的問題，但基本上如果我瞭解到監製的要求，而我又做到的話……另外，我可能心目中會有一些我喜歡的東西，而且又適合某首歌，如果又能加上去歌曲，這些就是 sound engineer 很重要的特質。

在處理音樂時，我會看看那一首歌有沒有某一種風格的元素，如果那首歌令我覺得可以是那一種風格，我就會試試按着去做。如果監製説風格要 J-pop 一點，我就會嘗試去做那種偏向 J-pop 的聲音。不過，風格這東西難以形容，我只能很籠統地説，每一個不同風格的 kick drum，基本上都可以不同：R&B 的 kick drum 一般很肥大，而 metal 的 kick drum 一般要尖一點，但這些都不是必然，是會隨着年代而改變的。

例如有一隻歌我覺得很「得意」，是林一峰、林二汶和何秉（何秉舜）做的，歌名叫〈好天氣〉，當中的編曲似乎容許兩三個 style 的聲音。我沒有去問何秉想要甚麼，自己先去猜，然後試了偏向 J-pop 的聲音，因為我覺得他的編曲有少許 J-pop 的傾向，試了我又覺得幾 OK。但這首歌如不是 J-pop 的話，也可以試其他 style 的聲音來 mix，例如 Cantopop 的 style 也未嘗不可。

作品混音前後的分別

經過了 mixing 之後，其中一個重要的改變就是空間感會有所分別。為甚麼呢？首先，我工作的錄音室有一個 analogue mixer，雖然不是很大，但這個 mixer 能影響作品的空間感。有些東西是沒有辦法很輕易用電腦直接做到的，其中一種就是空間感。因為那些 analogue 機器的專長就是這些，所以就算軟件的科技不斷進步，這些舊的硬體始終都會有人買。

另外，塑造空間感可以從 tuning、樂器擺位又或者 reverb 入手，需要運用想像力。我聽完一隻歌，可能我會覺得它應該處於某種空間。如果要將普通一首 Cantopop 做到好像在紅館裏面唱的話，我就會嘗試用技術扮紅館回音，但當然不可以做得太過分；如果要扮作在 concert hall 裏面唱，我就可能要加 concert hall 的 reverb 或者 delay 的效果。

混音可化腐朽為神奇

一套鼓中有 kick drum、有 snare drum 等等，但錄音時如果環境不許可，錄完的成果可能未達預期。我們的工作就是要「smooth 返佢」，令它聽起來「似返」個 snare 同 kick drum。例如，我想要 kick drum 有幾厚，又或者如果我想它薄一點，其實都可以做到。有時一些 indie band 錄的鼓 tracks 未必太理想，又或者錄了出來不是他們想要的效果，這可能是因為器材不理想，或環境未符合他們心目中的期望，又或者他們的鼓未調整至適合錄音；但透過一些技術或者 plug-in，如「拖」一些大師打鼓的聲音進去，那些聲音就可以很自然地融入那個

indie band 的鼓聲中，協助成品達到預期的感覺。

另外，如果樂手自己的 studio 沒有結他 amp（amplifier 的簡稱），又或者結他 amp 聲音未能配合風格的話，他可以在錄完之後用最原本的 raw track 去一個「靚啲」（設備較完善及高質素）的錄音室，再選一個 amp，我便會用電腦播回那條 raw track，再駁一個 preamplifier 並用咪重新再錄過。這種做法在外國是很普遍的，但在香港則比較少這樣做。

又例如，錄人聲時會有很大的口水聲。平時你聽別人說話時是不會聽到口水聲的，但用咪收聲音時會有很多這些「的瀝打勒」的口水聲。我會視乎那首歌是甚麼風格：如果是錄 Hi-Fi 天碟，聽眾喜歡聽這些聲音，執走了「口水聲」就可能會被投訴；如果是 Cantopop 的話，「執漏少少」口水聲大家都接受，但萬一「執剩好多」聽眾便會覺得很困擾，所以基本上執口水聲是必須做的步驟。雖然通常會有人先將口水聲執走才給我做 mixing，但有時會有「執漏」的情況，因為當所有的 tracks 一起聽時，大家會覺得無問題，但當做了 mixing 後，EQ 調校到有某些 high frequencies 出現，大家就會被口水聲嚇到「嘩」一聲。

不同年代做混音的分別

以前的歌所用的樂器數量通常比較少。讀書時，阿 sir 曾經給我們聽過一些 tracks，是一些很出名的歌。他們以前是用 24-track 機去錄，因為有 24-track 的限制：樂器數量就變得相對少一點。在 24-track 當中，有一條 track 要用作 SMPTE，鼓需要兩條，bass 需要一條，vocal 又要一條，那麼剩下的 tracks 已經不多，所以樂器數目會傾向少一些，編曲會「疏」一點。不像現在，動輒就六十多條 tracks，相比之下，現在創作的限制是少了的。

對於 mixing 而言，我認為各有各的難處。以前少 tracks 時，若有問題，就會聽得很清楚，例如我的 kick drum 錄得不好，大家就會說：「哦！你的 kick drum 很衰聲啊！」現在多了 tracks，有「一大堆嘢」，所以如果結他錄得不太好聲，我就可能「tune tune 佢」，令它隱晦一點，即是細聲一點，因為還有其他樂器可以幫忙隱藏它的問題。但另一方面，因為有太多 tracks 了，不同樂器就會「爭聲」，可能會導致有些樂器沒法被聽到。

在調校聲音時，有時可能也會看一看 waveform，但通常都是靠耳朵去聽的。我們聽慣了，就好像畫畫一樣。又等於玩樂器，如果你經常彈結他，當結他有怪聲你便會知道，但如果你的專長不是彈結他，你可能便不會覺得有問題。

面對不同監製的要求

不同監製的要求可以很不同，他們明白現在可以作改動的空間很大，好像我剛才提到的改鼓聲，「Snare 好似有啲奇怪，嘭嘭聲喎，不如轉做啪啪聲」。還有，以前的人錄 snare drum 時會用兩支咪去錄鼓頂和鼓底，有時甚至再多一支，這樣就三支了。但現在如果我不喜歡的話，我可以在上面疊多個聲，所以一個 snare drum 可能已經要用五至七條 tracks。

由於以前錄的聲音都是真樂器，就會要求聲音要「靚」。

但現在的音樂未必是用真樂器，所以傾向未必要「靚聲」，有時甚至要「怪聲」也不出奇。這類「怪聲」可以有不同的處理手法，有時監製本身做 demo 時已經有些想法，他可能弄了一個心目中大概的效果，例如可能 vocal 要有一種嗡嗡聲，雖然他自己已經弄了，但當我 mix 完之後，這個嗡嗡聲可能會和全首歌顯得不協調，我就會弄一個類似的、但又夾得到的聲音，代替本身監製所用的效果。很多時現在的監製心裏面想的都已經做到六七成了，所以有時我自己都有些壓力，因為他們的 demo 效果已經做得不錯了。

科技進步一方面幫我節省了很多時間，但另外有些方面卻令我用多了時間。有時監製自己錄音時，可能因為編曲尚未完成，未察覺到有問題，但到 mixing 時他就覺得有些字的 frequency 唱得尖了一點，因為那些字的發音偏高音，而低音的字 frequency 卻低了一點。我覺得這現象其實是正常的，因為頻率在過完咪收音後會更明顯及強烈一些，未 mixing 之前他未覺得是一個大問題，mix 完之後可能加強了一些部分（例如聲音的尖銳度），這就令他覺得有問題了。他可能會對我說：「呢隻字，你可以幫我執得唔好咁尖嗎？」到最後可能全首歌需要再調節一次。不過，改完之後，效果很好，我也覺得他的要求是合理的。有些字本身是高音，歌手發音時喉嚨會繃緊一點，這是人體結構來的，但聽完 first mix 時便會覺得不舒服，覺得自己聲音「太緊」，唱者感受可能會大一點。

科技的進步可能令人認為現今的歌手不用唱得太仔細，因為 mixing engineer 可以幫手執。我覺得這完全不是事實，因為歌手最終都要唱 live，到時其他人就會發現他的唱功如何。

混音師與監製的溝通

有些監製的溝通方法是「我要低音『肥』一點」，那我就要猜測一下，到底他所指的是 75Hz？64Hz？還是 32Hz 呢？但現在大家的家中都有一台電腦，大家都很熟悉 EQ，有些監製就會跟你說：「我要 125Hz 多點」，然後你便會回應：「想不到呢！原來你想要的是 125Hz」，因為其實在不同人心目中「肥」的感覺都不同。甚至有一些比較虛無的形容，例如「我想聲音『滑』一點」，究竟怎樣才算「滑」呢？有時對方心目中所想的跟口述的又未必完全一致，例如他說「我想要『肥』一點」，但其實是想加 3kHz！在我的角度，這兩個意思是有衝突的，但在他眼中可能完全正確。

混音師的創意來自觸覺

在創作方面，我認為 mixing engineer 的角色是很微妙的，因為要視乎監製是否容許我加創意，如果他本身做了的 track 已經很接近他心目中的想法，可能他最終只想我「執」一下人聲而已，其他東西只需簡單地「執」便可以了。不過也有一些監製會給予我很大的創作空間。其中的一個例子是高佬（Goro Wong，黃曉暉）所監製的一首歌，歌曲的 credit 中沒有我的名字，因為原本不是我 mix 的，但原定的混音師沒有空，他臨時找了我幫忙，而且那是一個很趕的 project，我得半夜開工。那一首歌叫〈重逢〉（Moonshine Version），是周國賢唱的，大約是 2012 年之前做，歌詞是說大家一起離開地球。因為離開地球，所以我認為這首歌的感覺應該是很 cyber 的；原本他們有他們自己的想法，但我就加了自己的想法進去，例如，鼓聲是和原本是一樣，人聲我也加了很多 effect 進去，另外有些樂器本身不是現時版本的聲音。那隻歌我做得頗開心，因為有很多古靈精怪的東西加進其中。

Mixing engineer 的創意其實是按照那首歌的題材而決定的。例如要視乎整個製作能否容許一些「天花龍鳳」的效果，如果可以，我就會做一些效果，與大家一同創作；如果曲風要很正經，可能就加不到古靈精怪的東西了。但如果歌詞的題材是很有畫面的，那我就可以加一些監製和歌手都接受到的「畫面」；又或者他們聽了我加的東西，又會有一些新的想法，這就好像大家 jam 音樂的感覺了。很多歌都有一定程度的創作空間，不過實情可以改變或創作的地方通常都很細微，例如鼓聲的 kick 比平時大少許，所以效果是不會太明顯的。

另一方面，歌詞與題材都很有關係。如果歌詞講到一個人很抑鬱，藏於角落，可能我就會嘗試令音樂予人很抑鬱的感覺，但怎樣的聲音令到人覺得「藏於角落」呢？其實沒有一個固定的套路，或者要考慮歌手的聲音是怎樣，但很多時是沒法計算的，有時我們聽歌，聽到某個編曲之後，可能會想加一個 delay 的 effect，那可能不是一個明顯的 delay，只是偷偷地加了一個「掩掩抰抰」的修飾聲音在後邊。如果 solo 那件樂器時你便會聽到那 delay 的感覺，但放在全首歌之中你就聽不到那個 delay，不過如果沒有 delay 你又會聽到音樂不同了，這是幾特別的。

這個 sense 是怎樣 develop 出來的呢？有時你聽到音樂中間有個空檔，空檔頗長的話，你可能自然會想加一個 delay 或者其他 effect；但有時你可能只想強調一些字詞，但又不可以推大它的 balance，你只想輕輕地強調那些字，這樣就可能只加少許 effect。但那是很微細的，可能從來都沒有人聽得到。另外，有時可能加了那 effect 上去之後，就發現除了可以加這一個 effect，或者還有兩三個不同的選擇。那麼我便會落不同的 effect 試試看，試到好聽就會用。原來有些東西是大家一聽都會喜歡的，很 universal，可能我悄悄落了這個 effect 後，其他人會說：「嘩，正啊！」或者又可能全部人一起說：「咦——」。

所以 mixing 是一件很有趣的事情，你永遠不會 mix 完。你今天 mix 完覺得很 OK，明天聽便可能覺得：「噢，原來有啲問題喎！」但後天聽你可能又覺得 OK；兩年之後聽：「嘩！點解咁樣嘅？」三年之後聽：「點解嗰陣整咗啲咁正嘅嘢出嚟？」這跟當時整個歌曲製作團隊的所思所想有些關係。可能某段時間，大家都喜歡 kick drum 的聲大一點，隔了一段時間，可能大家又會覺得 kick drum 聲大一點不是真的那麼好。

香港流行曲混音與外國的分別

其實我也不太清楚外國的情況，不過我記得我修讀一個課程時曾上過 Jimmy Douglass 的課堂[2]。他這個人是十分「狼」的，可能因為曾獲得格林美獎（Grammy Awards）吧，他的

---

2 Jimmy Douglass 是美國知名的 mixing engineer，曾合作的歌手包括 The Rolling Stones、Björk 及 Justin Timberlake 等等。

自信是與別不同的。Jimmy Douglass 給了我一個非常厲害的啟發：他都是在 console 上面做音樂後期的，而且可以很有創意，例如扭 console 的控制鍵時可以去到很極致，甚至扭到盡頭依然面不改容。我一直有個心理關口，就是覺得不應該這樣做；但自從看了他的示範，發現原來在 console 上扭到極點也完全沒問題，音色依然美麗，自此我可以選擇和掌控的範圍就大一點，成為了一種「taste」的體現，而不是一個障礙。但他製作一首歌，mixing 的過程可能需要七天的時間，而他也是能獲得版稅的。是甚麼原因令他需要用這麼多時間做 mixing 呢？就是因為他每一天只會花很少時間工作，哈哈！應該說他們的 work-life balance 比較好，而且他們做事不會太急。

不同地方的流行曲對聲音上的要求都有所不同。例如，如果你將 Cantopop 和 K-pop 作比較，你可能會覺得 K-pop 的聲音 EQ 去得很盡，去得「好狼」；香港的則比較斯文。

混音風格有沒有潮流？

這十年混音風格的改變應該不大，但對上二十年就應該有。雖然二十年前我還未入行，但由於以前傾向用真樂器，所以那件樂器是否靚聲很重要，例如一套鼓的聲音要靚。但現在一套鼓可以不只是一套鼓的聲音，一個人又可以不只是一個人的聲音。除此之外，我想也跟器材有關。可能因為以前的器材產生的聲音比較「厚底」一些，例如像 Lexicon 480L 的那些 reverb 機，我們覺得好聽就會推大一點。那些器材弄出來的聲音是十分配合那年代的樂器和人聲的。另外也可能是因為以前的歌比較慢，你會聽到那種很長很優美的「尾」(餘音)，然後就會想再推大 reverb 一點。但現在的歌速度比較快，音與音之間比較密，所以就沒有太多空間給 reverb 去發揮了。而且現在由電腦 plug-in 產生的 reverb 的聲音和以前 480 的聲音相比，聲音質素差了一截，自己使用時會有點心虛，所以不敢將 reverb 推得那麼大。

普遍做混音工作的過程

混音工作一般要多久？這就要看看大家想用多少時間和做些甚麼了，如果是 commercial pop，大約需要一天，有時可能比一天多一些。現在有些 project 的預算沒有包含去錄音室做 mixing，這樣我就會在家中做。由於監製或歌手不可以來我家聽，所以就不可能立刻執到他想要的效果。那麼就要用另一個方法，就是我在 mix 完之後 send 那條 mixed track 給他，他聽完後會通過 WhatsApp 把他的意見給我，我便再根據他的意見去改，改完之後又再 send 給他，來來回回，可能最終來回幾次；而最近的一個 project 就來回了七次，所以會用多了時間。但話說回來，在家 mix，沒有太多成本問題，多修改幾次也沒有問題，但若在錄音室，要做修改，我就需要租場地，要支付錄音室租金。

置身錄音室工作和在家遙距工作比較，最大的分別至少有兩方面。第一是如果對方不能親臨聆聽，便未能立即作出即時及實質的回應，而我單憑他的說話去理解，有可能會理解錯誤，就算我的理解沒有偏差，也不一定準確知悉他心目中想要的。但如果是身處錄音室現場，他便能準確指出：「『the』個字頭嘅『th』部分 peak 嘅地方可以大一啲。」大家商討後可以調整很細微的地方，甚至他可以自己用 mouse 畫自己想要的 volume。但若不在現場，那他只能告訴我大約的感覺，例如「Soprano 嗰一部分可以再調細一啲。」

但另一方面也有好處，由於他是在熟悉的環境去聽 mix，失誤及誤判的機會比較少。例如，我以前所工作的 Air Studio 比較幸運，錄音房的 acoustic treatment 都很 neutral，而在房裏聽和其他地方聽的效果，基本上是正常一致的，所以成功率都高。但如果是另一些房間，沒有好的 acoustic 效果，可能在房裏聽是正常的效果，但在外面聽就像完全沒 mix 過一樣。不過，你也可以花時間去適應那間房的設備，雖然我在那間房裏 mix 得很困難，但出到去其他地方聽卻可能有很高的質素——那當然是，如果你能熟習到，才可以達到這樣的效果。

科技進步：做混音前的「預演」混音

現在其實有一些 plug-in，例如 iZotope Ozone，只要把音源匯入至軟件中，就可以在 spectrum 上模仿到像已經過了 master 一樣——當然也需要稍作人手的微調。但當這一些自動化的軟件愈來愈多之後，對 sound engineer 的要求可能也有不同。

另外，之前已經有種說法，認為將來用 AI 就可以做到 mixing 了。其實很多年前有一個叫 Band-in-a-Box 的軟件，它可以幫你的作品編曲，可以根據你的風格去寫。例如你想寫一首 reggae 音樂，它就可以幫你編成 reggae 的曲式。其實我覺得它所做出來的效果也很好聽，但當然它不可以做到有很多變化，全首歌大約都是一個樣子。這種形式在我十多年前讀書的時候已經有了；當你每一次做不同的音樂，或者要因應不同監製及歌手去做不同的音樂，這樣 AI 就可能做不到了。例如某監製在這一次想要這個效果，但下一次他卻想要另一效果，因為他或許會在吸收其他人的意見後想作一個新嘗試，到下一次他又可能發現，這種音樂風格不盡令人滿意，於是又會有了另一想法。

科技進步也可以令以前沒辦法做的一些歌變得可行。譬如一首歌，本身有幾個風格，例如一開始是 rock 的，但去到中段突然變了另一個風格，好像放了另一首歌進去般，再之後又變回原來的樣子，這種效果現在是 make sense 的，但在以前還在用大帶的時候，我不知道如何可以「剪」得那麼準確。這種歌以前應該很難 mix 吧，一來以前編曲的 track 數量有所限制，以前一部機只有四十八條 tracks，用兩部可以做九十六條 tracks，但如果同時用兩部，console 又未必有這麼多的 input。所以，以前的限制大多是錢，因為甚麼都是錢，愈多錢就能買愈多器材。

這些科技的發展怎樣影響音樂風格的發展？電腦現在可以協助創作出更多新的聲音，未來的聲音。音樂變得更自由，更富想像空間。

科技如何影響演唱會？

以前演唱會用 analogue console，digital 的就算有都不會想用，因為聲音有點難聽，例如 02R、DM2000 等都是頗為難聽的。它們的聲音是怪怪的，tune 來 tune 去也會覺得不滿意，簡直難聽到要掩着耳朵。但現在新的 digital console 可以說是「勁到爆炸」，它們的音質非常好，channel 可以互相調位，又有不同形式的 channel 可供選擇。

我初次參與紅館的演唱會時已經是 digital console 的時代了，那時的 digital console 功能上還沒有現在的那麼好。現在那些真的很不錯，可以讓你逐首歌 save 一個 pre-set，基本上每一首歌的聲音、balance、樂器亦可以不同。當然以前也是可以做到的，以前我看過《The Phantom of the Opera》，他們會用類似 MIDI change 的方法去轉 scene，例如面前有一個 VCA（voltage-controlled amplifier），他們就會因應不同的 scene 轉 channel。這種做法需要有大量綵排，音響控制員才能完全掌握哪一條 channel 是哪一個 scene、哪一個效果。但現在我們所有資料都已經 save 進 memory 了，所以我們甚麼都可以轉得到，不用那麼複雜。再者，我覺得現在的 sound engineer 在處理現場方面會比以前容易，因為不會那麼容易有 feedback。

另外，現在演唱會的樂手在玩 live music 時都會想跟足 original recording 的效果，然後再在上面彈，所以可能會有多個 stems 一齊播：鼓一個、strings 一個、keyboard 一個、chorus 一個等等。有時可能真的有 chorus 在唱，你會見到可能有兩個真人唱，但現場一樣會照播原本的 chorus track。如果你在布拉格錄了 strings，然後出了 CD，在 live show 可以播同一個 strings 的聲音，在 show 上你就可以好像有八個人拉 strings 一樣了。所以現在現場的音樂通常都很「墟冚」，明明只有四個人彈，但聽出來便有「嘩」的效果！

除此之外，我認為 Aviom[3] 的出現改變了整個音樂會的模式（雖然 Aviom 都已經存在了很久）。我小時候看演唱會，所有樂手和歌手都是聽台 mon 的，如果在台 Mon 聽 click，就連觀眾都會聽到 click 的聲音，這樣就會影響演出的完美表現。現在的演唱會，樂手在現場演奏一大堆樂器，我在 panel 會將聲音分成幾個組合，例如鼓一組、bass 一組、琴一組、click 一組，人聲就另一組。[4] 由於現場樂手在 Aviom 上可以自行調整自己 earphone 內想聽的 balance，所以他們聽到的 balance 和觀眾所聽到的完全不同，而且也避免了觀眾聽到 click 的情況。另一方面，我會為歌手 mix 他想要的聲音和合適的 balance。通過 ear monitor，他可以聽到我 mix 完所有樂器的聲音；有些歌手可能會選擇聽 click，有些則選擇不聽；有些人可能要求一些歌的開首要聽到四下 click，之後就 mute click，這些要求我

---

3 Aviom 是一部可以供每一個樂手獨立使用的監聽機，他們可以調校自己喜歡的 setting，例如調低 volume。譬如有人習慣不聽和音，而同一時間很喜歡聽 bass，或者想獨立地把鼓和自己的聲音調大一些，又或者想將其他聲音包括人聲調細等，以上各種設定，他想喜歡怎樣調校都可以。

4 譬如樂手 A 用三部琴，樂手 B 用另外三部琴，sound engineer 就會將樂手 A 那三部琴 balance 成一條聲音，給包括樂手 B 在內的其他所有樂手聽。同樣，他也會將樂手 B 的三部琴放在另外一條 channel 給所有樂手聽。如果樂手 A 聽樂手 B 的琴時不想琴聲那麼大，他可以獨立調節對方的 balance。

們都會做。

歌手聽到甚麼就要視乎他們的意願，例如有些歌手不想聽到和音，有些則要很大聲的和音，他們會告訴我他們的要求。但有時也會中途出意外，而且很多時都是在大陸的演唱會中發生。所以不少歌手每次去中國大陸都要帶一個 sound engineer 同行，因為很多時他們唱 rehearsal 時是一回事，但正式 on show 時由於 rehearsal 做好的 setting 沒有 save 到，他們所聽到的聲音會完全不同，因而驚惶失措，不知唱甚麼，不知做甚麼，或者出現了爛聲、斷了 signal 等情況。

發生這些問題絕對不是因為大陸的科技不好，反而他們的一定是好的，因為他們通常都有很多錢。但可能因為我們慣用剛才我所講的 save scene，save 了後它每次播出來的東西就一定是我心目中那樣，而他們那邊很多時候都不習慣做這件事。

我們每一次用 console，都是自己看 manual 學習的，如果香港有代理便找香港的代理讓我試用，其實都是沒有人教的。但如果代理沒有 console 給我試，便唯有自己看 menu，然後就去用。

何韻詩較早前去了 Vancouver（溫哥華）的 Hard Rock Casino Vancouver 做音樂會。那裏是用 analogue console 的，當時香港樂隊「雞蛋蒸肉餅」的主音 Soft 在音樂會中負責唱和音，所以我就 set 了個給樂手的聲音給她們，但因為她們自己在其中一項目中要擔當主音獨唱，這樣便比較複雜了，因為歌手和樂手們所聽的 balance 是不同的。歌手的 balance 中通常要有較大的 reverb，因為如果沒有 reverb，她應該會唱得很辛苦。由於她要唱得很 soft，加上樂句很長，句尾連着句頭，如果沒有 reverb 的話，就會硬邦邦，所以我要很小心去設定 analogue console 的那一個部分。平時用 digital console，只要 call 個 scene 就搞定了，一 call 那機器就會自己 route 好，那她就可以聽到歌手應有的 balance 了；然後再 call，何韻詩接着出來唱，「雞蛋蒸肉餅」主音的 reverb 便變回和音的設定，那麼她所聽到的 balance 中的 reverb 可能就細很多了。但那次由於是用 analogue console，要用人手操作，我就很緊張。

另外，我想說一說有關 theatre 的情況。Theatre 有一個叫 QLab 的音效播放 software 很厲害，你可以把聲音直接拖入 software 裏。以前如果我想將三種聲音重疊一起播放：一個雨聲、一個雷聲和一個對白，便需要三部 MD 機。但現在不用這樣了，現在用一部電腦，按一個掣就能一起播放。每條 track 還可以獨立調校聲量、fade out 和長短。甚至如果你有買 license 的話，可以揀選 track 某一個地方的 sub-low 去校大，再 fade out 那個 sub-low；然後，又可以在某一個位置調低一些，這的確很厲害。

現在基本上可以預先計劃好聲音播放的時序、內容和形式。現在差不多只有 on/off mic 比較適合人手控制。基本上，如果只是播放聲效的話，很多時候便會由 DSM（deputy stage manager）去做，省去了 sound operator 這個崗位，這個工種也逐漸在這行業中消失了。雖然 APA 還有訓練 sound operator，因為咪的處理、調音、調校系統都需要人手，但我想某些工種應該不會再需要了。

科技對混音創意的影響

我認為科技進步會催生更多創意。因為現在每個人的創作都變得容易了，那你怎樣去突出你自己呢？現在每個人都買得到「好的聲音」，因為每個人都有一樣的設備、一樣的 plug-in，那到底一個怎樣的創作才可以令那效果變得厲害呢？現在每個人都有 128 tracks 可以玩，那你放些甚麼東西進去那 128 tracks 才算是「型」呢？試想想，要做到一種達標準的聲音其實相對容易，基本上每個人都可以做到，但要做出令別人覺得很棒的作品，這就比較困難了。

所以大家都要有一定的底子，要在某一個水準之上。但要到達這一個水準，過程是有點困難的，比以前更加難。以前困難的地方，是我要如何去為鼓聲收音、如何放置收音咪才有好的聲音。但現在不同了，現在是收錄聲音後，我要選擇一個怎樣的音色去轉化或取代它，若處理得好，就會覺得「嘩！很棒呀」。另外，現在我們想要的，並不一定是「正常的聲音」，所以創意變得更加重要。你可以看到，十年前流行的 dubstep，其實是怎樣的聲音呢？那些音樂當中其實沒有「自然」的聲音，可以說是人們想像的聲音、未來的聲音。

我覺得無論科技如何發展，沒有東西可以阻止到大家的創意。正如剛才所說，原來現在人人都可以有那堆 plug-in，設備及軟件價錢已經相對便宜，人人都可以嘗試到很多東西。而我也很喜歡 mix 一些監製已經用 Pro Tools 或其他 software 調校過的 sessions，當這些 sessions 直接交給 sound engineer 去 mix，我開啟所有的 plug-in 後，就知道那位監製心目中想要的是甚麼，就可以基於他所用的 plug-in 去做一些變化。

編者的話

鍾芳婷（Soloan）是新一代的 sound/ mixing engineer，與另外一位受訪者朱偉文（Raymond Chu）一樣，她也是流行曲製作的守門員，負責把守最後一關，以確保製作質素盡善盡美。由於她是新一輩的混音師，所以通常會參與不同的音樂製作部分，例如她經常會負責演唱會的聲音處理。在演出時，樂手們現在通常各自會有一部監聽器，令他們可以自己選擇所聽到的每一件樂器的大細聲，並且可以隨時作出調校。但歌手不會有這部監聽器隨身，所以她便會替他們調聲，令他們可以在最舒服的音樂效果下演出。由於她經常可以令歌手有一種安心的感覺，所以就算他們出國演出，也常常希望 Soloan 可以幫手。

（訪問日期：2020 年 7 月 13 日）

第二十章
Kenix Cheang

Kenix Cheang，從十九歲開始就擔任作曲、填詞、編曲和監製的工作。曾經合作的歌手包括陳奕迅、鄭秀文、容祖兒、李克勤、謝安琪、李佳薇、楊丞琳等等。她曾獲得香港電台十大中文金曲、商業電台、新城電台及無綫電視勁歌金曲等獎項。

擁抱科技帶來的音樂新創作形式——Kenix Cheang

在外地入行本地音樂創作圈

我大概 2000 年入行，已經二十多年了。最初我純粹因興趣而為 RTHK（香港電台）劇集《性本善》的其中一集做配樂，然後就誤打誤撞入了行。我當時是學生，居住在紐西蘭，像其他移民外地的人一樣，會上網去認識一些香港的朋友。那時自己對製作有點興趣，於是在 IRC（Internal Relay Chat）開了一個叫做「music pro」的 group，竟然引來一些香港的專業音樂人，如 Adrian Chan（陳偉文）！當時並沒有太多想法，也不清楚怎樣做製作，但又很想做一些音樂出來。

我 2001 年帶着自己製作的一張個人大碟回港。當時我做了一個大碟的網頁，在 IRC 發佈，就這樣認識了 Oliver（陳歷恆），最後他帶了我去 BMG（Bertelsmann Music Group），很快便簽了 publishing 合約。那段時間不知怎的有很多人找我簽歌手約，大概跟十間公司接洽過，後來才明白到，大部分都是為「慳到錢」，因為我可以自己做歌、彈琴和唱歌，較省製作費。06 或 07 年，我會在商場唱歌，我喜歡商場表演的感覺，因為是一種和一大群朋友玩音樂的狀況；若是很正經在台上有燈光照射、「企定定」在一個位置，那並不很適合我。後來發現自己更喜歡幕後的工作，所以之後就沒有繼續幕前的事業了。

最早接觸的音樂科技：Cool Edit

開始寫流行曲大概是 1999 年，當時在紐西蘭參加了一個比賽，優勝者會獲得五百張唱片的製作作為獎勵，但其實只是燒碟、包裝和封面印製，意思是我要自己想辦法提供碟中的內容。那我要怎樣「變」一些內容出來呢？當時我有夾 band，樂團鼓手恰巧是讀 recording 的，他教我用 Cool Edit（音訊編輯軟件）錄音。這個軟件是免費的，所以我就在家中下載來用。當時我只懂彈鋼琴，但我想做一些有其他樂器的歌，於是買了一部 Casio 出的電子琴，用電子琴附帶的結他和 bass 的聲音。那時我只是個學生，琴和 interface 都是爸爸買給我，「全部都是錢來的」！我也沒有特別想要買哪一個 software，所以就一直用免費的 Cool Edit。Cool Edit 當時只可 edit audio，沒有 MIDI function，即是所有東西都要以 wav 的方式錄進電腦，所以我用琴彈奏，是錄成 audio，然後才剪輯的。用這種方式來編曲會較困難，因為基本上你不能彈錯。當時還沒有 Cakewalk 和之後的 Cubase[1]⋯⋯這些跟 Cool Edit 比較，實在是先進很多了。

後來我想要真實一些的聲音，於是便借了一些樂器來玩。結他手朋友借了結他給我，有空會教我彈一下；bass 手朋友送了一支舊 bass 給我，我又自學起來。半年後我終於完成了整張唱片，總共有十三首歌。

1 Cakewalk 和 Cubase 在八十年代末面世，但當時並沒有 DAW 的功用。

回到香港最初都用PC（個人電腦），有兩隻容祖兒的歌都是用PC在Cubase做的，如〈最後的茉麗葉〉便是用PC做的，當時的PC還沒有很好的專業音樂配套。現在回頭一看，以前原始的工具都可以做出這個質素，我們現時先進和昂貴的工具，又是否真的必須呢？的確有時會這樣想。因為我教學生的時候，也會有一些反思；會想到現在他們可以擁有更多的samples，製作會否就容易一點呢？又好像不是。因為我當時只有三種選擇，所以很快便選完，直接進入編曲的流程；而今時今日，一個琴聲也可以有二萬種選擇，這樣光是一種樂器就要選很久，導致時間的運用上很不同。我現在也會先選聲音，但因為我做了很多年製作，累積了一些「我一定會用」的samples，這就比較方便。

現時我只會用Mac做製作。我的工作機會主要是來自舒文，當時我是因為自己找他錄歌而認識他的。後來有些歌手要歌，他就開始找我。他給了我很多機會，指導了我很多，包括要用甚麼器材。我也很信任他，他直接幫我上網選好器材，我就自己付錢安排送貨，然後他還替我安裝好。關於音樂製作的大部分東西都是經他指導下學懂的。

現在我教學生，會覺得他們很「爽」！因他們現在購買全套器材的價錢，如Mac機加一個keyboard controller，一對喇叭，已不像以前般難以負擔，而且現在很多samples都很真實，已經「夠用」。想當年我要拿起bass彈奏；要先擁有它、學會它，還要練習……現在的科技確令整件事差很遠，也令更多人可以做音樂。但又是否能讓更多人持續地做下去呢？當年接下挑戰、那麼難的情況下都繼續做下去而做得出成績的人，必須真的很喜歡做音樂。但現在變得有點太容易，基本上買了一部 Mac 機就可以了，用免費的 GarageBand 也可以做到一首尚算像樣的歌。科技可能令更多人接觸到音樂製作，但其實未必真的多了人去做。我認為要「足夠喜歡」，以及能忍受各樣難題，包括機器問題和工作上的各種煩惱，才會一直做下去。

科技帶動音樂風格喜好的轉變

在「超級遠古時期」，拿起樂器錄音是我製作裏的重要一環，因為總是覺得要有樂器才「有感覺」。而且當時一個學生仔能夠接觸到的電腦 samples，與專業的相差甚遠，最終效果是慘不忍睹的。電腦裏寫着這個是 bass 的 sample，我開出來聽⋯⋯不是吧，你跟我說那是 bass 的聲音？我還是拿真的 bass 來彈吧！所以當時會多點練樂器。而現在呢，我連結他盒的鎖頭密碼是甚麼也記不清楚了。

因為科技，令我開始去寫另一些種類的歌。十年前開始，我被引導到喜歡聽偏 groovy（有節奏感）的東西，而 groovy 的程度是可以去到 dubstep——對一個古典樂出身的人來說，算是另一個盡頭。寫這些歌，例如 EDM，只需要用鍵盤輸入，很少需要用上真正的樂器或模擬真樂器的 sample，整體需要的器材大大減少。而出 trip 亦不會勞師動眾帶樂器，我現在帶的是很小型的 25-key KORG Nano（鍵盤控制器），長度剛剛好是十三吋 Macbook 的大小，放在背包亦不覺得重，這樣就已經可以做一首完整的歌。這種方便有令我寫多一些不同類型的音樂。

因此，我覺得其實沒有甚麼東西正在被取代，因為各種工具適合不同的情況。一部 electronic piano 跟 MIDI keyboard 的分別是很明顯的：MIDI keyboard 沒有 touch，但琴鍵會回彈，用來打鼓最適合；如果歌曲需要鋼琴伴奏，我是必須用有 weight 的琴的。以前，如果我在需要交歌的時候需出 trip 的話，我的習慣是無論如何都會在家裏預先錄好鋼琴部分。最終那首歌是否真的要有琴聲呢？未必的，但這就確保了剩下的工序用便攜的工具就足夠了。我還有很多出 trip 用的工具，如 Launchpad[2]，nanoPAD 之類，各種器材是有完全不同的功能的。如果要很流動地工作，這就會逼了你去做 EDM，因為它可以輕易用電腦和 keyboard 完成。

我開始嘗試寫 EDM，是因為當時有歌手需要快歌。這個需求是必然的；例如開演唱會，出場第一首歌需要有聲勢；亦有歌手會跳舞，也需要跳舞的歌。我本身彈琴，喜歡靜和慢的音樂，但遇着當時有這需求，我也很想試，就逼自己聽了一個月 hard core 的 EDM——只有節奏沒有「音」。每日「炸」自己「炸」到快瘋了，然後寫一首快歌去賣；結果歌曲賣出了，就平衡了所有的「痛苦」，也令我覺得自己好像真的可以做這類型音樂。那一刻就是轉捩點，我不再慣性地用琴構想作品大綱，而是用節奏開始。

我覺得很 grateful，因為這樣我才有機會在鄭秀文演唱會裏聽到自己的歌。在 2014 年，我為她做了《Touch Mi 鄭秀文

2　一件實體的器材，使用家能在 Ableton Live 的平台快速操作、剪輯和啟動已有的音樂。

世界巡迴演唱會》的主題曲〈Bang Bang Bang〉。因為我本身是彈琴的，就算是創作R&B，我也會盡量找一些chords來開始。而〈Bang Bang Bang〉則是沒有用 chords 去寫的，甚至從頭到尾都沒有 chords。我先做好鼓聲，然後甚麼樂器都不寫，直接唱旋律和和聲部分，寫好了才加入 bass 去配合。我寫其他類型的歌，一開始或者很快就會有齊所有 chords，但這首歌一直只有節奏而已。我覺得這次的工序，完全脫離了「真樂器創作」的思維：連「音」都沒有就開始寫 melody。這首歌的 bass 來來去去就是一個長單音，而且不多變動；因此旋律以及和聲就變得更重要。只聽音樂底的話，就只有節奏和 bass，整首歌就如「沒有音」一樣，其餘小量的配樂都是錄好人聲後才加入點綴的。連 keyboard 都沒怎麼碰過就完成一首歌，可能是第一次。

真樂器 VS software sample

我很早已不覺得一定要用樂器來創作歌曲。以前在紐西蘭，作為一個學生不能大灑金錢買樂器，身邊亦沒有很多朋友可以幫忙彈樂器，所以我會較為依賴科技。後來我除了 K 歌之外，開始寫不同種類的歌，就更加多使用 samples。我喜歡編曲，是因為我喜歡各種 frequencies（頻率）的配合，喜歡那種多樣化而融和的感覺。我編曲的時候，往往是在找一些聲音來填充某一些 frequencies，而不一定要使用某種樂器。所以我連弦樂也不一定要用真人拉奏。因為說到底，聲音就是頻率而已，而且現今很多 samples 的質素已經能滿足這個需求。當我用「strings」這個字時，腦海中想的可能是 frequency，而不一定是真樂器的效果。有時候我的歌曲需要真實的樂器錄音，是因為 MV 裏會有那個樂器出現，又或者我特別在追求它的質感所帶來的感覺，這些時候我才會堅持使用真樂器。流行曲最終的重點是滿足人，這不單包括聽眾，創作人喜歡做創作也是因為設計一些很 meticulous 的東西時會覺得很開心。音樂人最喜歡做的事，是例如花半小時去調節單單一個聲音的 reverb，因為我們自己會覺得調節後是很大分別的，簡直是完成甚麼壯舉似的——其實就是一點點 frequency 和一點點感覺上的分別而已。而事實上，聽眾用 iPhone 的耳機會聽得出甚麼分別嗎？大多數聽眾只會有「聽過這首歌」和「沒有聽過這首歌」的分別……根本現在串流歌曲平台一首接一首地播下去，跟我們以前特意去買一張唱片去細味，是截然不同的。他們未必會這樣細緻地聽音樂，但我們還是會照做——是為我們自己的滿足感而做的。

現在的歌曲比以往少用真實的樂器錄音，我覺得是因為聽眾的 taste 轉變了。我這幾年都有出國跟別的 producers 合作，然後我就開始去瞭解世界各地的音樂人是怎樣做音樂的。韓國的 producers 説無法理解為甚麼要用真樂器，還問：「用真樂器要寫樂譜嗎？」他們覺得這些工序很奇怪。我也去了瑞典，他們會錄了自己打鼓的聲音來製作 samples，然後循環使用。每個地方都有不同的做法；比較多使用樂器錄音的地方，以我的認知是台灣。上年（2019）去台灣的一個音樂營，發覺他們跟我們一樣都是比較喜歡用樂器錄音的。我認為香港也在慢慢轉變中，不少聽眾都在聽其他國家的歌，我想現在十多歲的很多都不認識香港的歌手了，都被 K-pop、韓團吸引。他們的音樂製作，配合 MV 的效果，提供了另一個層面的娛樂。因為我也很喜歡看韓團，也去過韓國看 B.A.P，那個感受跟香港的歌手很不一樣，娛樂性也不一樣。

外國 VS 香港的創作方式

我覺得聽眾愈來愈喜歡聽一些簡單的東西，即是較短和較簡單的感情表達。我經常覺得香港的歌，與外國或西方的歌最大的分別是在歌詞上。西方音樂的歌詞大多是在描述「那一刻」的感覺，四分鐘的歌就是切實地在講「四分鐘內發生的事」，如「你很美，你很美……我喜歡你，我很喜歡你呀……」來來去去四分鐘都是在講同一件事。但我們的歌詞，會差不多由出生開始描述，然後遇見了「你」，跟着生了小孩，然後分手，再一個人回頭，又重遇「你」，但「我」已經牽着另一個人，又已經有了小朋友，而「我」見到「你」跟別人在一起又覺得有遺憾甚麼的……一生人的事情，都收攝在四分鐘內，變相整首歌的變化要超級多。你先是開心，然後下一段馬上就變得不開心，接着又要很開心，最後又要很不開心，甚至在最末段又突然看化了。所以音樂上會一直高潮低潮不斷地轉換。但外國的流行曲，四分鐘可以都是一樣的感覺，他們的編排就簡單得多了。音樂底是在不斷 copy and paste 的情況下完成，甚至連旋律也是可以 copy and paste 的。這樣導致他們可以一次過做很多的歌；而當做好了二百首歌，要有一首被歌手選用，機會率就變得很高了。我們則只可以在同樣的時間內完成大概四首那些「人生過山車」類型的歌。這樣比較下，他們的效率是高很多的。我跟外國音樂人合作時，他們會預期我要有差不多的速度。大家預算總共三小時去做歌：十五分鐘填詞，十五分鐘錄完主音，其他時間就編好整首歌，編曲至少要有八成的完成度，然後大家就一起去吃飯了。當時我才知道做音樂的過程原來是可以這樣 chill 的，如果以我們香港流行的 K 歌來說，三小時或許只可以做完編曲的初稿，要完成填詞和錄音實在是非常困難的。

我覺得香港的流行曲，歌詞像是佔九成的重要性，因為聽眾主要就是在聽歌詞，用歌詞來決定一首歌是否「好聽」。很少有人會鑽研樂器的編排，或是旋律的設計等等。其實我們是要刻意把旋律寫得複雜，讓填詞人可以把主角的整個人生經歷寫進去的。而西方的歌詞，正如剛才所說，可以只是講四分鐘內的單一感受，作品的旋律便因此可以簡單很多。這可能跟不同語言的發音有關，亦跟你想表達的東西有關。外國的旋律可以配上四句重複的歌詞，如：「當時很開心，當時很開心，當時很開心，當時很開心。」但我們比較難在「人生過山車」的情況下，有空間寫四句重複的歌詞。我們 K 歌的文化就是這樣。然而，當我和外地的音樂人交流時，有一些人原來很羨慕我們這個文化！例如我的韓國音樂人朋友說，他們因為這些歌不流行，已經不能賣這些歌了。其實很多音樂人也是喜歡做較為複雜的作品的，亦可能因為這樣，現在 K-pop 都越來越喜歡在一首歌裏有幾種強烈變化的編曲，盛載更複雜的感覺。

某程度上，我覺得香港的做法是不太喜歡依賴科技的，這可能跟整個文化和社會的生態有關。在 LA（洛杉磯）的時候，我去了一個音樂人的家中做歌，他的家是一所獨立房子，是他嫲嫲留下來的，他畢生都不用交租，所以他有錢就可以去買器材，去遊山玩水，有空時就去mega sale買不同的機器來玩玩。在香港的話，可能你要等生日才會買一個 plug-in 給自己玩。那天在他的家裏目睹一件趣事，他的朋友帶了一部琴過來，說：「今天我家沒有位置放琴，放你家吧！」然後他說：「你放一部琴過來？那麻煩你拿走那部 synth 去玩！」那些器材全都是非常昂貴的，而他們就是可以這樣交換使用，因為大家都有大量的資源；甚至大家都有爸爸留下來的整個車庫的寶藏，可能有五十年前的 synth，這亦代表着他們從小到大都習慣接觸和使用不同的器材去做歌。但香港主要的學校文化是：小學要認識樂器，入中學前最好已經考獲八級鋼琴，大家都是拿着證書來「過關」入學的，這個起始點很不同。我相信我們或許有人會較喜歡使用科技，但實際的情況並不容許，反而比較需要他有其他個人的技能。我們做一首 K 歌，基本都要有鋼琴、strings、鼓和結他，所以起碼要能夠彈琴、寫 strings 譜和結他譜，甚至鼓譜、琴譜等等。這就是我們在香港做音樂的門檻，如果是在瑞典或韓國，現在走在最前的那些 producers，可能在一百個之中只有兩三個可以跨越這個門檻去做香港的 K 歌。所以你很少見到香港 K 歌是由外國音樂人做的；無論他們多紅，多想請他們也好，你也未必挑選到合適的人選和作品。反過來他們比較熟悉使用器材，很快可以完成一首舞曲，跟我們所熟悉的東西很不一樣，所以他們的門檻我們也未必過得到。這就是大家做音樂的門檻的分別。

視覺影像對流行曲的影響

我覺得香港流行曲還沒有直接被科技影響，而外地的音樂創作受科技影響的層面，不止是在音樂製作上，他們已把音樂包裝成集視聽和各種官能刺激於一身的商品。MV 的製作是多麼影響歌曲的收聽率，例如「一班人在山洞跳唱」的畫面，是會令你更加想聽這首歌的；又或者用雪地上銀狐奔跑的視覺元素去包裝一首歌，這些東西都會令你對歌曲有更深的印象。他們在製作歌曲前就已經決定好這些視覺元素，而且是作曲人、填詞人、監製和 MV 導演一起開會決定的，這些程序跟我們香港的做法很不一樣。我相信我們如果也這樣做的話，作品應該會有很大迴響。我很幸運地做過一首歌，是鄭秀文唱的〈Creo en Mi〉。那個 MV 是在台灣拍攝的，動用了二百多人，配合了很厲害的科技，有人多勢眾畫面、有濺血、有巨大宏偉而可以活動的石像等等。這些畫面是我在做這首歌時沒有想像過的。我覺得現在有了 MV 才是一件完整的作品，視覺上的科技應用令外國的歌更容易被聽眾接受。

試想想韓國那些流行曲很多是在瑞典寫的，再經韓國製作後傳過來香港，為甚麼可以去到那麼遠？就算歌有多好聽，聽不明白的話，我們又會聽嗎？所以，現在外國的流行曲，除了有高水準的音樂，還動用很多人力物力去製作 MV，加上視覺效果製作的科技，令歌曲可以來到我們這裏。即使在語言不通、完全聽不明白歌詞的情況下，我們都可以得到娛樂感。然後世界各地的人就願意付錢看演唱會，歌手就可以巡迴世界去演唱。因此，現在做流行曲還呆在自己守舊的世界裏的話，很容易會被淘汰。我們現在生活上常拿着手機，聽歌都會看到會動的畫面——已發展成「看」一首歌。以前我們聽歌的機器是卡式錄音機、CD 機、MD 機等等，沒有畫面，你是「聽」歌的，最多只有字和時間或日期顯示，播到哪裏我們就聽到哪裏，來來去去都是那一堆歌。現在我們聽歌，聽之前要望一下選項，單是這件事已經差很遠，現在一個 playlist 可聽幾天，一鍵轉到另一個 playlist，就已經可以跟一整個語言的歌「講拜拜」。大家聽歌時，眼睛的注意力可以放在哪裏？會動的畫面，如會爆炸的、有動物的，這些畫面就會吸引到你的注視。我不是說為了視覺效果而做一首歌，而是關乎整體的配合，而畫面可以令歌曲的傳播和感染力相差很遠，就像〈Creo en Mi〉，我自己做編曲時是感覺到各種畫面的，但加上最終的宏偉畫面就更震撼。編曲裏的爆炸聲，和畫面裏的爆炸情境同時出現，是會更加加強感受的，如果沒有畫面就無法達到了。

視覺影像對我的創作一向都有一定影響，就算 K 歌也一樣。我試過做一首歌時，收到一個參考範本，是當年的一個廣告，音樂裏是有主唱的，而對方想要的就是類似感覺的歌。我當時想，如果我做出一首歌，可以配合到那個畫面，這不就是他想要的東西嗎？然後我就開始去做這首歌。當時 Mac 機內置的免費 iMovie 軟件可以讓你在家裏剪片，這就啟發了我：如果我的歌配上一條分半鐘的 trailer，它們的起承轉合是不是剛好能配合呢？於是我找了一條一分多鐘和一條二分鐘的片，把歌做好後放進去。那一次我是這樣交的，亦成功賣出了，那首歌就是 Gin Lee 的〈十年如當日〉。我不止這首是這樣，有時候自己完成了一首歌，我會開一個現有的 MV，mute 了它的聲音，然後播出自己的那首歌去看看配不配合。我現在也會叫學生去做這件事，多一點想像畫面。若你的副歌是比較平靜的，想像一下畫面，主角坐着思考着，那麼副歌就應該要跑起來，要去追那個女生。你的音樂要達到那個效果才行，特別是跳舞歌。這是跟外國人合作時學到的技巧：先想好畫面，覺得要有甚麼舞步才去做節奏；考慮團體有幾多人，先計算好，氣氛等等都堆砌好，再想旋律。旋律是最後最後才寫的。

科技、金錢和音樂的三角關係

做音樂是很花錢的，科技帶來的最大影響也關乎錢。因為大家都鬥用錢去做音樂，大家都一定要買新的機件，已經不可以像以前很浪漫地用一支破舊結他去完成一首 demo，大家都鬥做高水準的音樂。「帶錢開工」是必須的，做歌就是一直去添置不同的東西，光是 hard disk 就一定要不斷地買，就算不 upgrade 也會有東西損壞，壞了便要再買。Interface 會壞，線也會老化，要不斷地花錢買。你又不可以改變這種寫歌的方法，不可以只用 iPhone 來錄，因為每個人都有各種先進工具，每個人都已經用了這個模式，你做出來的東西跟他人比較，就會比下去。所以一定要繼續花錢，賺來的錢都會很快花光。除非你是做 sessionist（樂手）便不用追趕器材，有幾支結他就夠開工。

我覺得這工作跟收入有很大關係，寫歌賺回來的錢，先用來 cover 購買 gears 的支出，剩下的才是生活費和其他支出。所以我覺得能夠負擔得起、專業地去做流行曲的人，真的寥寥可數，著名的監製當然可以負擔到，其他創作人若有其他工作也勉強可以負擔到。但在西方國家，他們可以有一整套自己的工具，因為一首歌的收入可以夠用一段頗長的日子，並且有很多途徑可以出歌，如電視劇集或電影的背景音樂，不用單靠由歌手演唱的流行曲。一首歌可能是一、兩年的生活費，做了一首便可以買器材。若以同樣一段時間來比較，我們用同一部機賺回來的錢，是無法相比的，除非不斷瘋狂地、日以繼夜地工作。但在外國，人家監製三首歌已等於我們監五十首歌的收入，始終是很不同的事。

外國公司肯花金錢，拍出來的 MV 當然有獅子、老虎、爆炸之類。以香港來說，能選擇的 MV 創作方法雖較少，但也不是不能做到效果的。例如連詩雅〈到此為止〉的 MV 用了 iPhone 拍，她有點子，budget 低又做到效果。我不肯定香港是習慣沒有預算去做好 MV，還是根本不會有那種預算，但我們可以看到，我們無法像其他語言的歌曲一樣，那麼成功地衝出國際。

個人經驗上，我曾收到一些參考範本，叫我們跟範本去寫，多數這些範本都是在外地很成功的當紅歌曲。然後，當你知道誰會演唱這首歌，是甚麼公司的，是甚麼用途的，然後再回頭看一看參考範本⋯⋯可能那一刻我會有一點思疑，究竟能否做到範本的預期效果呢？那首參考範本的歌，MV 是用幾千萬去拍的，有一班專業的舞蹈演員去襯托這首歌，而我很肯定它們不會有這個預算拍 MV。如果他要我跟這個範本的話，我的理解是：他想得到如那首歌的流行度，甚至賺到人家所賺到的那麼多錢；但是別人是投資了那麼多，於是才賺到那麼多。我覺得那個預期是很有距離的。

科技對合作模式帶來的改變

我很早開始已經有用 message 溝通，但不是 WhatsApp，是 SMS 那些，我很少直接用電話溝通。後來我做監製的時候，有一次歌手很緊張要練歌，明天就要錄音了，於是他就在 WhatsApp 先錄一次給我聽聽。我覺得以前這樣做艱難很多，但現在他們就可輕易錄一次給我聽；如有一、兩個位置我想他調節一下，我就即時 voice message 示範一次給他聽聽。

其他人我不知道，可能因為我在較年輕的時候入行，一開始就習慣使用科技；我大學時是讀電腦的，自己的電腦是自己砌的，又會上網認識朋友，入行前已經很依賴科技了。以前我人在紐西蘭，上網聊天對我來說是每天的習慣；反而你打電話給我，時差等等會導致不那麼方便。如果留 message 給我，我就可以在適當的時候回覆。

本地樂壇前景：潮流起跌本是平常事

我覺得所有東西都有循環，時高時低。種種元素都在影響着這個循環會怎樣變化，以及它會維持多久；同時你不會知道到甚麼時候碰到底線，終於反彈起來，也不知道會否穩定地持續反彈。就好像股市一樣，股災過後你才會知道原來那個是低谷的盡頭。現在我覺得我們並不在這個循環中的高位。為甚麼香港樂壇會走到這個類似低位的狀況呢？其實，我覺得我剛才講的就是其中一些原因：大家都較容易接觸其他地方的音樂，能選擇自己想聽的東西；加上現在大家需要的是整套視聽娛樂。如果負責視覺方面的人員可以負責跟聽覺方面的人員更緊密地合作的話，可能就會有一些轉變。不過，暫時來說，我實在沒有見到過這種要求。

有些前輩說現在音樂行業市道差，是「夕陽工業」。我不太知道甚麼是差，因為我一直都未試過很好的市道，對我來說，一直都只是這樣。十多廿年來我都只是平常心，不要有太大期望，就不會太過失望，這樣才會舒服，否則就會不開心甚至放棄了。我見到很多同期一起入行的朋友都放棄了，因為賺不到錢。我自問是特別幸運的，所以我沒有資格去跟他們說不要放棄。當你知道對方一年以來連一元收入都沒有——他為甚麼不應該去試其他東西呢？

我覺得自己的幸運一半來自運氣，一半是「才華」。我真的很幸運認識到舒文這種各方面都很厲害的人。剛好遇到一個取向相近而經驗比我多很多的人，而他又肯教我。同時我很怕一個人去決定一些重要的事，我很需要尋求他人的意見。所以我也蠻喜歡這種「一人之下」的感覺，永遠有一個人把關。而我十年前已經知道自己喜歡在甚麼位置，剛好遇到可以配搭到的人，這是一種幸運。無論當年在外國還是回香港發展時，都剛好碰到對的人，這是運氣。至於「才華」，應該就是「可以不睡覺」的能力，哈哈。

另一方面，我大學不止修讀電腦，還有心理學，這些都是我從小到大的興趣。我覺得歌曲是在「販賣感覺」，而要成功賣出，首先要有分析感覺的能力，基本上要一直猜測別人在想些甚麼。所指的包括客人、歌手、公司、聽眾，在甚麼時候交甚麼歌給哪一個人會比較有機會賣出；甚至在甚麼時候推甚麼歌出來是觀眾比較接受的，這都要靠自己猜測一下。這個猜測是指如何用音樂帶出一些特定的感覺，而這個感覺需要是一個「賣得到」的感覺，這是第一關。

因此，我覺得如果我只是負責作曲的話，聽眾其實是不關我事的，因為一首歌要經過很多過程才去到聽眾那一關；甚至獎項也不關我事，都是公司之間的事。如果你真的想寫給聽眾呢，我當時就是直接出去商場，直接面對聽眾；否則，在音樂事業上是有很多商業考慮的，就算一首很 indie 但流行的歌，它的計算可能就是當時流行 indie，於是就做了一些屬於「當時賣得到」的歌。我覺得我一直賣得到歌都是很有運氣的，我的賣點也許是我寫得快，編得快。如果你今晚要，我可以今晚就給你三首，讓你拿去開會——重點是可以幫人「解決問題」。可能這樣不太浪漫，不太切合外行人對音樂人的幻想，但我相信這就是香港樂壇的運作機制。那種三小時寫完一首歌然後一起去吃飯的情況，尚未成為氣候，還是看看將來各方面的發展吧。

編者的話

Kenix 對香港流行曲的未來説得不多，這可能和訪問時樂壇正處於低位有一定的關係。2020 年夏天，受 COVID 影響，所有演出停頓。但亦在這個時候，香港人重燃對粵語歌的興趣，在訪問後的九個月之間，粵語歌在 YouTube 的點擊率倍增，僅有的現場演出都場場滿座。而

Kenix 為容祖兒所寫的新歌〈煙花紀〉亦有不錯的成績，這首帶有爵士樂風格的歌曲，亦是她的新嘗試，不單讓歌手有機會拓展她的聲演空間，亦展示了創作人對爵士曲風的掌握。在訪問中，她道出了科技對創作的正面影響，亦指出科技對創作人帶來的經濟負擔。在過往的二十年間，她因為對創作的熱愛，默默耕耘，成為了推動樂壇的幕後功臣。

（訪問日期：2020 年 8 月 25 日）

結語

這個有關粵語流行曲創意和科技發展的研究，基本上和 COVID-19 的爆發同步。眾所周知，因 COVID-19 而出現的隔離措施對世界各地的音樂表演行業，都帶來極大的衝擊，在香港也不例外。2021 年，有一首名為〈樂壇已死〉的歌曲派台，據説，這是一個自發的無酬創作計劃（由吳林峰作曲，小克填詞，樂壇眾人編曲和合唱，王雙駿監製），歌曲道出了當時流行樂壇市道低迷，以及儘管本地聽眾厭棄粵語歌曲，一眾音樂人仍然堅持繼續出歌的現象。亦在此時，香港樂壇開始走出低谷，步向重生。

其實，千禧年後，由於數碼和錄音科技的發展，音樂製作、傳遞、銷售、聆聽的方式都起了翻天覆地的變化。無獨有偶，2014 年出版的一首歌〈音樂殖民地〉（由賴映彤作曲編曲，梁栢堅填詞，簡敬慈監製，C AllStar 主唱），道出了因為音樂載體和錄音科技的變化，而引致老牌唱片店結業的現象。有關香港錄音科技的發展，在本書輯錄的訪談中佔了不少篇幅，基本上所有的受訪者，都親身經歷了過往二、三十年間音樂製作從大錄音室到小錄音室，以及從磁帶錄音到數碼錄音的過程。而亦因為科技發展，使到唱片銷量下降，新興的聆聽渠道如各種串流平台，給聽眾帶來更多的音樂選擇，粵語歌曲的小市場、有限的製作成本，都不利於本地音樂生態。但本地的音樂人，並沒有因為科技帶來的衝擊而灰心，反而利用科技去減省製作成本，譬如以多次複錄的方式使弦樂四重奏的錄音可以代替樂隊編制，用聲音檔的數碼音效取代真聲樂器的錄音，以及後期製作不再在專業錄音室內完成等等，都是當下流行曲製作其中一些可以減低成本的方式。

對於受訪的音樂人而言，科技為創作和製作帶來方便，但卻不會影響創意。他們認為，在錄音和製作普及化的年代，創意反而變得更加重要，當所有的製作都不難達到一定的水準，運用創意才能使歌曲突出，才能給聽眾留下較深的印象。其實，甚麼是音樂的創意呢？受訪者並沒有作出很實在的解釋，但每位都會因應他們不同的專業範疇而有不同的想法，例如對於監製來說，創意可以是為歌手製作出一首讓他發揮得到歌唱專長的歌；對於編曲人，能夠用相應的曲風帶出監製所要的音樂效果，使歌曲有煥然一新的感覺便已是創意；對於旋律創作者，能夠寫出打動聽眾的曲調便是創意；而對詞人來說，歌名、歌詞的題材、用字都是體現創意的地方。儘管流行曲是一件商品，但創作人還是會在既定的框架內尋求突破，這便是創意所在，而這種對「新」事物的追求，亦是樂壇進步的動力。

不約而同地，差不多所有的受訪者對粵語歌曲的發展都持樂觀的態度，認為本地樂壇不會死，反而會進入一個多元化的局面，會有更多新的創作人、新的曲風、新的歌手出現。而事實也證明香港樂壇在 COVID-19 的數年間已完成了一個世代更替，把一批已準備好的音樂人推上事業的高峰，引領了一批新的歌手和組合再次成為大眾的偶像；與此同時，樂壇亦有空間容納更多的獨立製作單位，使粵語歌曲的音樂更加多元化。因為錄音科技的改變，觀賞現場表演反而成為了聽眾的一種音樂消費模式，亦因此促進了新一批更加有實力的唱作歌手的誕生，使粵語流行曲無論在曲風上、表演形式上和題材上更加多樣化，景況用「百花齊放」來形容最為合適。而科技和創意的關係，百縷千絲，尤其在流行音樂的領域中，二者互相依賴，缺一不可。

香港藝術發展局全力支持藝術表達自由，本計劃內容並不反映本局意見。